DAXUESHENG XINLI JIANKANG JIAOYU

大学生
心理健康教育

主　编◎张洪英　王玉玲　刘　欣

副主编◎胡　纯　罗淑娟　杨笑蕾

编　委◎王　维　高　敏　魏　涛

　　　　祝晶华　罗　维　刘译蔚

　　　　张青林　陈　莹　张文静

　　　　戴　卓　柯　伟　李　慧

北京师范大学出版集团
BEIJING NORMAL UNIVERSITY PUBLISHING GROUP
北京师范大学出版社

图书在版编目（CIP）数据

大学生心理健康教育/张洪英，王玉玲，刘欣等主编.—北京：北京师范大学出版社，2021.8（2025.8 重印）

ISBN 978-7-303-10607-3

Ⅰ.①大…　Ⅱ.①张…　②王…　③刘…　Ⅲ.①大学生－心理健康－健康教育　Ⅳ.①G444

中国版本图书馆 CIP 数据核字（2021）第 065678 号

出版发行：北京师范大学出版社 https://www.bnupg.com
　　　　　北京市西城区新街口外大街 12-3 号
　　　　　邮政编码：100088
印　　刷：三河市兴达印务有限公司
经　　销：全国新华书店
开　　本：787 mm×1092 mm　1/16
印　　张：19
字　　数：399 千字
版　　次：2021 年 8 月第 1 版
印　　次：2025 年 8 月第 8 次印刷
定　　价：48.00 元

策划编辑：周雪梅　　　　　　　　责任编辑：周雪梅　　沈英伦
美术编辑：焦　丽　李向昕　　　　装帧设计：焦　丽　李向昕
责任校对：陈　民　　　　　　　　责任印制：马　洁

前　言

　　曾任世界卫生组织总干事的马勒博士说过:"有了健康并不等于有了一切,但没有健康就等于没有了一切。"健康是人生快乐、幸福、成功的基础和前提,而心理健康是健康的一个重要维度和指标。国家卫生健康委负责制定的《健康中国行动(2019—2030年)》发展战略中就提出了"心理健康促进行动"。心理健康是指人在成长和发展过程中,认知合理、情绪稳定、行为适当、人际和谐、适应变化的一种完好状态,加强心理健康促进行动,有助于促进社会稳定、人际和谐,提升幸福感。

　　大学生是国家未来的栋梁,肩负着持续发展的重任,大学生的心理健康素质直接影响到我国的社会发展。新时代大学生成长在我国社会高速发展、综合国力与国际影响力不断提升的时期,面临着社会价值观的多元化、生活物质条件的丰富性、高等教育的大众化以及网络信息发达的复杂的社会环境。他们衣食无忧,思维活跃,个性张扬,具有很强的自主性和独立性,但同时又存在以自我为中心、叛逆心理强、对群体及社会的认知较为单薄主观、团队意识淡薄等问题。特定的成长环境和独特的心理特点的撞击,更容易导致大学生心理失衡,引发心理冲突,产生心理困惑。国内学者调查显示,大学生心理问题的检出率达 20%～25%,发生比较明显心理问题并伴有症状的大学生约为 20%;如果按照有轻微心理问题或无明显生理症状的焦虑、抑郁等心理亚健康问题统计,则占大学生人数的 50% 左右。目前,因心理问题而影响健康已成为大学生休学、退学的主要原因。以上数据给我们敲响警钟,当代大学生心理问题不容乐观,大学生心理健康教育迫在眉睫。

　　本书编者都是多年从事大学生心理健康教育工作的教师、辅导员等,他们结合自己的教学、科研和咨询工作对大学生心理健康教育进行了深入探索。他们希望能把工作中的体会和做法总结出来,以帮助更多的大学生,使他们更明确心理健康的标准及意义,增强自我心理保健意识和心理危机预防意识,掌握并应用心理健康知识,培养自我认知能力、人际沟通能力、自我调节能力，帮助他们对心理健康、人生追求做更加深入的思考。

本书共有十二章，以大学生心理健康知识为基础，围绕大学生常见的心理困扰和应对策略进行编写。每章开篇以案例、故事或社会热点话题引发学生思考，以"心灵密室"和"心灵实验室"进行拓展，同时辅以"心灵加油站""心灵影院""心灵电台"和"心灵图书馆"为学生提供心理应对策略，再以"心灵健身房"为桥梁，便于大学生课上和课外进行自我了解和训练。2023年，从整体内容上，我们按《习近平新时代中国特色社会主义思想进课程教材指南》和党的二十大报告对教材工作的要求进行了修订。本书贴近大学生心理需要，层次分明，理论联系实践，具有较强的实用性和操作性，可作为普通高等院校大学生心理健康教育的教材，也可以作为相关学科教师和学生的参考资料。

本书编者结合自己的教学、科研和咨询工作对大学生心理健康教育进行了深入探索。他们希望能把工作中的体会和做法总结出来，以帮助更多的大学生，使他们更明确心理健康的标准及意义，增强自我心理保健意识和心理危机预防意识，掌握并应用心理健康知识，培养自我认知能力、人际沟通能力、自我调节能力，帮助他们对心理健康、人生追求作更加深入的思考。本书的编写工作采用集体讨论、分头执笔、交叉修改的方式，由上海交通大学张洪英、西北工业大学王玉玲、刘欣负责审稿、定稿；由西北工业大学胡纯、罗淑娟，清华大学杨笑蕾负责统稿。各章的具体分工如下：第一章由西北工业大学王维撰写；第二章由西北工业大学高敏撰写；第三章由西北工业大学魏涛撰写；第四章由西北工业大学李慧撰写；第五章由西北工业大学祝晶华撰写；第六章由西安科技大学罗维撰写；第七章由西北工业大学刘译蔚、祝晶华撰写；第八章由西北工业大学张青林撰写；第九章由西北工业大学陈莹撰写；第十章由西北工业大学张文静、戴卓撰写；第十一章由西北工业大学张青林撰写；第十二章由西北工业大学柯伟撰写。

在编写过程中，我们参考了国内外有关文献和资料，借鉴了许多研究成果，在此谨向有关学者和为本书的出版付出辛勤劳动的编辑、出版人员，以及帮助、支持本书编写的同人、朋友致以诚挚的谢意。

编写时我们力求做到科学性、实用性和创新性，但由于水平有限，书中难免存在疏漏之处，敬请广大读者批评指正。

编者

2023 年 8 月

目　录

第一章　大学生心理健康导论
——健康从健心开始

■ 思维导图

```
                                    ┌─ 心理活动的特点和实质
                    ┌─ 心理健康概述 ─┤─ 健康与心理健康的含义
                    │               └─ 心理健康的误区
                    │
                    │               ┌─ 大学生心理发展的特点
大学生心理健康导论 ─┼─ 大学生心理健康 ┤─ 大学生心理健康的标准
                    │               └─ 大学生心理健康的影响因素
                    │
                    │                   ┌─ 大学生心理健康教育的意义
                    │                   │─ 大学生心理健康教育的内容
                    └─ 大学生心理健康教育 ┤─ 大学生心理健康教育的原则
                                        └─ 大学生心理健康教育的途径
```

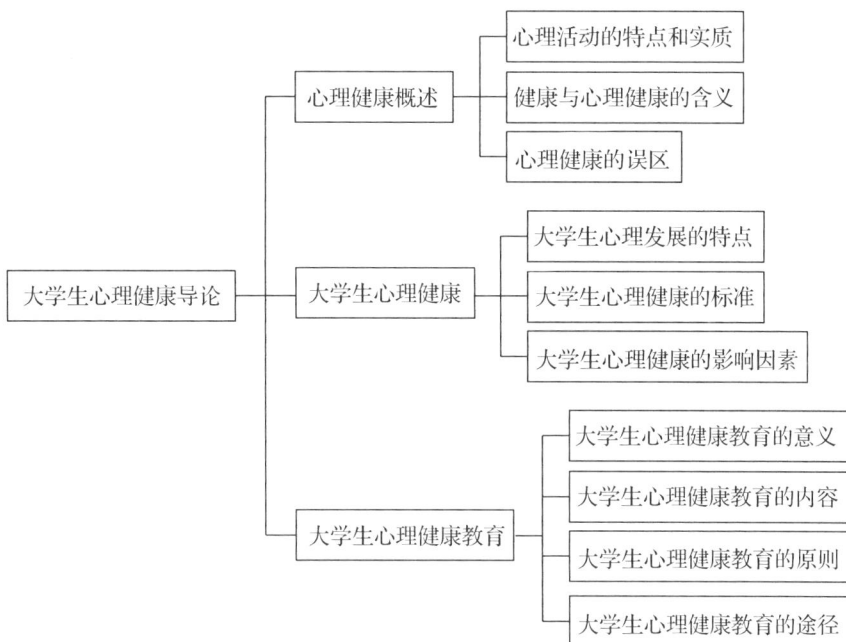

人的内心有一种神奇的力量，就是自我的思想，所有人都是自我思想的产物。

——美国认知心理学家鲁姆哈特

大学生是高素质人才，是推动我国科技文化、社会进步的重要力量，然而内在和外在的双重压力导致大学生的心理健康问题日渐突出。据调查，我国约有五分之一的大学生存在心理问题，这是导致学生退学、休学不可忽视的重要因素。校园中的不良事件引起社会广泛关注，针对大学生心理健康问题开展有效的心理健康教育刻不容缓。

张某，男，18岁，大一新生，性格活泼开朗，从小学习刻苦，成绩优秀。军训结束后，张某在班干部竞选中落选，一直情绪低落，后来参加了大量的社团活动，占用了很多个人时间。随着期中考试的到来，繁重的学业压力和社团工作压得张某喘不过气来，心情烦躁，上课无法集中注意力，和宿舍同学也经常因为一些小事发生冲突。晚上失眠严重，经常半夜里哭醒，逐渐变得越来越沉默。辅导员发现该情况后和张某进行了谈心谈话，并将该情况反映给张某的母亲，建议张某到学校的心理咨询中心进行咨询。张某的母亲认为其只是有些不适应，过段时间就会恢复，并觉得去心理咨询中心是件很丢人的事。那么，究竟什么是健康？在我们日常生活中大家是不是也时常注重身体健康而忽略心理健康呢？

第一节　心理健康概述

近年来，随着物质生活水平的提高和教育水平的发展，人们逐渐开始关注心理健康。了解心理健康的内涵，避免心理健康的误区，对于大学生心理健康教育取得实效性进展具有重要价值。

一、心理活动的特点和实质

1. 心理活动及其特点

日常生活中，在个体实践与周围环境的相关作用下，人们会产生一系列的主观活动和心理表现，这就是心理活动。人的心理活动是不断发展变化的，不同的人、不同的环境，心理活动没有完全相同的。从概念上讲，心理活动包括心理过程和个性心理。

心理过程是指人在客观现实的作用下，心理活动从发生到发展的过程。根据性质和功能的不同，分为认识过程、情绪情感过程和意志过程，即所谓的知、情、意。个性心理即人格，指一个人的心理过程进行时经常表现出来的稳定特点，由个性倾向性和个体心理特征两方面组成，是一个人区别于他人的总的精神面貌。个体倾向性是一个人所具有的意识选择和取向，包括需要、动机、兴趣、理想、信念、世界观等，是决定心理活动方向的内在动力。个体心理特征指个体在认识事物和改造事物过程中表现出来本质的、稳定的心理特点，包括能力、气质和性格等。

心理活动具备三个特点：①生物性。人的心理活动是依赖于生物学特质，比如人具有吃饭喝水的觅食需要、抵御侵害的防御本能、孕育后代的繁衍需求等。个体的心理活动离不开大脑结构和神经系统等遗传素质以及生理发展规律。②社会性。人的心理活动呈现明显的社会性特征，具有鲜明的时代性、阶级性和民族性烙印。马克思、恩格斯曾提出："人们的观念，观点和概念，一句话，人们的意识，随着人们的生活条件，人们的社会关系，人们的社会存在的改变。"个体的心理活动无法脱离社会实践而存在，一些地方出现的"狼孩""豹孩"等情况就是脱离了人类社会而丧失了人的意识。

③主体性。心理活动的主体性表现在人们能够自主选择，能动性、创造性地支配自己的活动，探究客观事物本质，这是人类区别于动物的重要特征。

2. 心理活动的实质

(1)心理活动是大脑的机能

心理活动是个体对外在或内在刺激的一种反射响应，大脑是心理活动的器官，奠定了心理活动的生理基础。如果大脑受损，将会影响人的心理活动。(德国唯物主义哲学家费尔巴哈说过："如果上帝的观念是鸟类创造的，那么上帝一定是长着羽毛的动物；假如牛能绘画，那么它画出来的上帝一定是一头牛。"恩格斯说过："我们的意识和思维，不管它看起来是多么超感觉的，总是物质的、肉体的器官即人脑的产物。")

(2)心理活动是对客观现实的能动反映

大脑是心理活动的物质基础，但是心理活动不是大脑直接的产物，并非如同镜子般简单机械反映。客观现实为心理活动带来源泉和内容(正如恩格斯所说："人的心理、意识不是从头脑中，而仅仅是通过头脑从现实世界中得来的")，人的心理活动不仅取决于大脑的生物性，其主观能动性也受到社会历史条件的制约。

■ 心灵实验室

1-1 关于猴子的心理学实验

预备实验：把一只猴子放在铜条里，双脚绑在铜条上，然后给铜条通电。猴子挣扎乱抓，旁边有一弹簧拉手，是电源开关，一拉就不痛苦了，这样猴子一被电就拉开关，建立了一级条件反射。然后每次在通电前，猴子前方的一个红灯就亮起来，多次以后，猴子知道了，红灯一亮，它就要受苦了，所以每次还不等来电，只要红灯一亮，它就先拉开关了。这就建立了一个二级条件反射。预备试验完成。

正式实验：在这个猴子的旁边，再放一只猴子，与第一只猴子串联在铜条上，隔一段时间就亮红灯，每天持续6小时。第一只猴子注意力高度集中，一看到红灯就赶紧拉开关，第二只猴子不明白红灯什么意思，无所事事。不到20多天，第一只猴子就死了。

科学家发现，第一只猴子死于严重的消化道溃疡，实验之前体检它没有任何胃病，可见这是二十几天内新得的病。它要工作，责任重，压力大，精神紧张，焦虑不安，担惊受怕，它的消化液和各种内分泌系统紊乱了，所以就会得溃疡。因此，我们要保持自己的情绪健康，对不合理的情绪我们要及时调整，拥有一个好心情。

——摘自：黄希庭. 心理学导论(第二版)[M]. 北京：人民教育出版社，2007：490－491.

二、健康与心理健康的含义

健康自古以来都是人们最宝贵的财富。古希腊哲学家赫拉克利特曾说过："如果没有健康，智慧不能体现，文化无从施展，财富变成废物，知识也无法利用。"联合国世界卫生组织(World Health Organization，WHO)也强调过健康的重要性："有了健康不等于有了一切，但没了健康就没有了一切。"WHO成立之初的章程指出："健康不只是没有身体上的疾病和虚弱状态，而是躯体、心理和社会适应都应处于完整状态。"1978年世界卫生组织(WHO)发布了衡量健康的十项标准，体现了健康在体格方面、心理方面和社会方面等内容："一是精力充沛，能从容不迫地应付日常生活和工作；二是处事乐观，态度积极，乐于承担任务，不挑别；三是善于休息，睡眠良好；四是应变能力强，能适应各种环境变化；五是对一般感冒和传染病有一定的抵抗力；六是体重适当，体态均匀，身体各部位比例协调；七是眼睛明亮，反应敏锐，眼睑不发炎；八是牙齿洁白，无缺损，无疼痛感，牙龈正常，无蛀牙；九是头发光洁，无头屑；十是肌肤有光泽，有弹性，走路轻松，有活力。"1989年，该组织重新深化了健康的概念，指出健康包括躯体健康、心理健康、社会适应良好和道德健康四个方面。

心理健康的含义众说纷纭，始终未达成统一的概念。正如卡普兰所说："许多人都试图定义心理健康，但这是一个混合的领域，它不仅包含知识体系，也包含生活方式、价值观念以及人际关系的质量。"第三届国际心理卫生大会提出："所谓心理健康，是指在身体、智能以及情感上与他人的心理健康不相矛盾的范围内，将个人心境发展成最佳的状态。"社会学家玻肯认为："心理健康就是合乎某一水准的社会行为，一方面为社会所接受，另一方面为自己带来快乐。"心理学家英格里斯将心理健康定义为："一种持续的心理状态，当事者在那种情况下，能进行良好的适应，具有生命的活力，并能充分发展其身心的潜能，这才是一种积极的丰富的情况，而不仅仅是免于心理疾病。"综合各个专家学者对于心理健康定义的各种论述，可以认为，心理健康是一种能够适应社会环境的持续积极的心理状态。

另外，在心理健康和心理疾病之间还有一个灰色状态，即心理亚健康。处在心理亚健康的人通常没有器质性疾病，但是相较于健康人群身体状态较差，活力、反应力降低，睡眠不佳、容易疲劳、易于烦躁都是比较常见的表现。世界卫生组织调查反馈，健康人仅占人群总数的5％，被确诊患有各种疾病的占人群总数的20％，处于健康与疾病之间的亚健康状态约占人群总数的75％。目前，在大学生群体中，心理亚健康人数的比例不断攀升，大学生的心理亚健康问题已经引起普遍关注。正如世界卫生组织指出："从现在到21世纪中叶，没有哪一种灾难会像心理危机那样带给一代青年无比的痛苦。"亚健康问题已经十分突出，影响着大学生的学习生活质量。开展大学生心理健康教育，帮助大学生掌握心理调适的有效方法从而摆脱亚健康心理状态具有重要意义。

三、心理健康的误区

1. 心理健康状况是固定不变的

心理健康状态所反映的是某一阶段内的情况，不是固定不变的。随着个体生理情况、周围环境的改变，心理健康状态可能也会有所不同。认为心理健康就不会出现心理问题或心理疾病，而出现心理问题也永远无法再回归心理健康都是一些误解。

人的心理一般分为白色区、灰色区和黑色区。白色区代表心理健康，黑色区代表心理变态，灰色区介于二者之间。根据调节的情况，三种区域是可以相互转化的，比如白色区可以变为灰色区，灰色区调节得当可以变为白色区，调节不当则进入黑色区。心理健康与心理不健康并不是非黑即白的对立面，其间通常是一种连续渐进状态。从良好的心理健康状态到心理问题再至严重的心理疾病，这是一个动态变化的过程，而非静止状态。正常心理和异常心理、常态心理和变态心理之间往往没有绝对的界限，而是存在着一个过渡带，表现出程度的差异性。

需要注意的是，偶尔出现一些不健康的心理状态并不等同于心理不健康或是患有心理疾病，具体的判断有一定的标准，不能随便简单下定结论。同时，心理健康不意味着没有心理困惑。人们在不同的发展阶段会面临不同的烦恼，大学生通常面临着学业、人际关系、情感困惑等各方面的困难，能否积极乐观予以应对十分关键。准确识别所处的心理状态，有针对性地及时采取有效措施予以调整，是维护心理健康的重要途径。

2. 心理问题就是精神病

在我们的日常生活中，普通一般的心理问题是普遍存在的。人们在遇到一些外在的刺激时可能会出现焦虑、抑郁等一些负性情绪状态。对大学生而言，譬如新生入学时不适应大学生活、恋爱不顺、舍友间发生矛盾等都是常见的外在刺激。这些一般的心理问题，通常对个人的学习、生活不会有非常大的影响，随着时间的流逝、环境的改变，个体的自愈能力可能就使其逐渐好转和消失。同时，在学校心理健康老师或心理咨询师的帮助下，通过心理咨询也能逐步恢复至正常状态。但如果是严重的心理问题，个体没有意识到并及时采取措施，有可能会逐步发展为心理疾病。

心理问题和精神病是两个不同的概念，但是人们有时会将其混为一谈。作为一门新兴的学科，在我国人们对心理学的认识程度还有待不断加强，许多人对心理咨询也持保守态度。人们去做心理咨询，通常都要思前想后才有勇气私下里走进咨询室，而且还担心别被人知道，害怕被认为是不正常或者有精神病。其实，一般心理问题和精神病有着本质的区别。精神病是大脑机体功能不正常，躯体发生器质性变化。精神病人往往没有自知力，不会主动求医，例如，产生幻觉、意志减退、行为怪异都是一些症状。

另外，人们容易将精神病和神经病的概念混淆，当听到说某人有神经病就容易联想到疯子，这样的叫法其实是将精神病误称为神经病。实际上，精神病和神经病是不同范畴的疾病，二者在发病原因、临床表现、治疗手段等方面都存在差异。神经病是神经系统的器质性疾病，又称神经性官能症，例如，强迫症、恐怖症、神经衰弱等都是较为典型的神经症。

一般心理问题，建议寻求心理健康老师或心理咨询师的帮助，积极参与心理咨询，进行心理疏导和自我完善。精神病患者就医，建议去专门的精神病院或者综合医院的精神科就诊。神经病患者的治疗，建议去医院的神经科就诊。

3. 求助心理健康老师或心理咨询师是件丢人的事

人们认为前往心理咨询室是不光彩的事，其实还是源于对心理健康认识不到位，缺乏相应的意识和知识。有的时候即使本人有进行心理咨询的意愿，也会受到来自家人方面的阻挠，认为当事人只是心情不好过段时间便会无碍，或者当事人是在寻找借口逃避问题，如果被其他老师、同学知道了会很没面子。家人的不理解会影响到当事人的求助行为，给其带来进一步的伤害。日常生活中，辅导员建议学生家长带孩子去做心理咨询时，有的家长消极应对或者带有畏难情绪，很大程度上都是对心理健康存在误解，缺乏对心理问题的理解和重视，这种忽视有时小问题会演变成大问题。

实际上现代社会人们普遍面临来自各方面的压力，当出现心理问题时能够寻求心理咨询师或者心理医生的帮助恰恰是当事人坦诚面对自我，积极进行调节的过程，是应该正向引导和值得肯定的。正如身体上有病需要看医生，心理上有问题去看心理医生也是正常的事。哈佛大学博士岳晓东提道："心理咨询是一种享受而不是痛苦，是明智的选择而不是愚蠢的做法。"同时，虽然心理问题往往会涉及来访者的经历、感受等隐私问题，但是专业的心理咨询都坚持保密原则，充分尊重来访者，心理咨询也通常是在安全、放松的氛围下进行，所以不需要担心隐私泄露，有太大的心理负担。

4. 心理咨询立竿见影或无甚作用

针对心理咨询存在两极论断，一种认为一两次心理咨询就能解决问题，对心理咨询报有不合理的过高期望值。然而，冰冻三尺非一日之寒，正如身体疾病一样，心理问题的痊愈也需要时间和过程。心理咨询不是万能钥匙，心理咨询的效果取决于多个因素，比如当事人心理问题的性质、当事人的个人的性格和领悟能力、咨询师的水平等。另外，有的来访者会把自己的心理困惑都扔给心理咨询师，请其帮忙为自己做决定解开问题，而本人却消极应对，不愿意努力和承担责任。其实这正是专业心理咨询要避免的，心理咨询的作用是引导、启发和支持来访者，帮助其寻求自身的潜力，从而应对学习、工作、生活的压力，而不是代替来访者做决定。

另一种论断认为心理咨询没有什么用处，就是聊聊天，进行劝解和安慰，或者将心理咨询视为心理工作。这种看法忽视了心理问题是需要咨询和治疗的，心理咨询无用论有时会延误来访者最佳的介入时段。心理学是一门严谨的学科，心理咨询有着科学的理论支撑和操作规范，以此为基础解决心理问题，不能将其简单地等同于思想工作或者亲朋好友的聊天。虽然心理咨询和普通的聊天都有语言沟通的过程，但是二者的性质和方法存在差异性。

■ 心灵加油站

1-1 你也在井里吗

人生必须渡过逆流才能走向更高的层次，最重要的是永远看得起自己。

有一天某个农夫的一头驴子，不小心掉进一口枯井里，农夫绞尽脑汁想办法救出驴子，但几小时过去了，驴子还在井里痛苦地哀号着。

最后，这位农夫决定放弃，他想这头驴子年纪大了，不值得大费周章去把它救出来，不过无论如何，这口井还是得填起来。于是农夫便请来左邻右舍帮忙一起将井中的驴子埋了，以免除它的痛苦。

农夫的邻居们人手一把铲子，开始将泥土铲进枯井中。当这头驴子了解到自己的处境时，刚开始哭得很凄惨。但出人意料的是，一会儿之后这头驴子就安静下来了。农夫好奇地探头往井底一看，出现在眼前的景象令他大吃一惊：当铲进井里的泥土落在驴子的背部时，驴子的反应令人称奇——它将泥土抖落在一旁，然后站到铲进的泥土堆上面！就这样，驴子将大家铲倒在它身上的泥土全数抖落在井底，然后再站上去。很快地，这只驴子便得意地上升到井口，然后在众人惊讶的表情中快步地跑开。

就如驴子的情况，在生命的旅程中，有时候我们难免会陷入枯井里，会被各式各样的泥沙倾倒在我们身上，而想要从这些枯井脱困的秘诀就是：将泥沙抖落掉，然后站到上面去！

——摘自：傅燕华. 你也在井里吗[J]. 成才之路，2011，(10).

第二节　大学生心理健康

大学阶段是人生的关键时期，大学生是国家和民族的未来和希望。当下社会竞争越来越激烈，当代大学生承受的压力也越来越大。心理健康教育是思想政治工作和高校人才培养的重要组成部分，有效开展心理健康教育应当正确把握大学生心理发展的特点、心理健康的标准及其影响因素。

一、大学生心理发展的特点

大学生的心理成熟度不仅与生理发育水平有关，更受学校、家庭等环境因素影响，同时社会生活实践也影响着大学生心理发展的广度和深度。大学生的心理水平还处于未成熟状态，它的发展具有以下特点。

1. 心理发展具有阶段性

大学生在校阶段可以分为三个部分：新生适应阶段、稳定发展阶段以及就业准备阶段。

大学生刚入校时期，面对着环境和人际关系等方面的变化，自信和自卑共存。在此阶段大学新生亟须建立新的心理结构，达到新的心理平衡。

经过一段时间的调整和适应，大学生进入最主要同时时间也最长的稳定发展阶段。大学生在这个阶段会面临很多新的情况和问题，大学生需积极面对当前阶段的问题，并在此过程中不断发展和完善自己。

最后就业准备阶段，大学生要从学业学习转变到职业工作。在此阶段，大学生各方面的素质得到锻炼，心理状态日渐成熟稳定。

2. 智力水平提高但思维具有片面性

大学期间，青年学生的个体认知水平迅速提高，智力达到了一个较高的水平。大学生的感官感知灵敏，记忆力深刻，拥有很强的抽象思维能力，通过对抽象事物进行理论性的思考以及研究因果关系等多种途径，提升了自己的思维水平以及创造能力。但是，由于个人阅历浅，社会经验不足，看问题容易"钻牛角尖"，并且掺杂个人感情色彩，缺乏深思熟虑，所以他们的思维容易产生简单、主观、片面、脱离现实或固执极端的不良倾向。

3. 情绪情感日渐丰富但不具稳定性

大学生对生活充满热情。随着他们对大学生活的逐渐适应以及社会经验的增长，大学生的社会需求不断增加，其情感也变得越来越丰富多彩。然而，社会具有复杂性，加之大学生往往精力旺盛、自尊心强、敏感程度高、情绪容易波动，这些使得大学生情绪两极化明显。在短期内大学生的情绪可能会从高兴奋转变为低兴奋，或者从冷漠转变为欢快。

4. 自我意识增强但发展欠缺成熟性

自我意识是个体对自身及其与周围环境的关系的认识，包括自身的存在以及自身的生理、心理和社会特征。大学生非常关心自我，他们往往通过对他人和社会的评价来认识自己。大学生具有鲜明的独立意识和自主意识，他们的自我意识、自我评价和自我调节能力明显增强。根据生活体验、个人知识体验、社会实践能力等因素的影响，大学生的自我认知与体验会与自身实际情况有所偏差。在自我认知方面，大学生可能存在过度的自我接纳或排斥。在自我体验方面，大学生容易产生过强的自尊心或者过于自卑的心态。这些都是大学生的心理特征，他们正在迅速成熟，但尚未成熟。

5. 交往欲望较强但易显心理闭锁性

人际交往是大学生自我意识成熟的重要途径，人际关系的质量直接影响大学生的适应能力和发展。每个大学生都需要与他人建立密切的关系，以满足情感互助的需要。

然而，大多数学生都把人际关系的处理想象得太理想化，他们倾向于用一种理想的沟通方式来对待人际关系，导致高期望和高挫折的共存。部分学生有一定的叛逆心理，缺乏与同学之间的包容和沟通，缺乏必要的信任和理解。此外，由于存在沟通方式不当、沟通能力有限、人格缺陷等问题导致沟通受挫。一些大学生在经历了多次失败后，很容易将交往视为一种负担，逐渐形成心理上的孤立。

6. 性意识发展但易出现心理失衡性

性意识作为一种对性的认识和体验，在青少年大学生中迅速发展。大学生的身体发育接近于成年人，性意识觉醒，他们与异性交往的欲望也越来越强烈，从而产生爱意，追求理想的爱情。从某种意义上说，大学生生活的丰富为大学生交流提供广阔的空间和时间平台。但是，由于性道德和学校纪律的约束，男性和女性的沟通可能引起性心理失衡，导致性认知偏见、性骚扰及性焦虑和其他不良心理，因此在高校开展有效的性教育和伦理教育显得尤为重要。

■ 心灵电台

1-1 电影《逆流而上的你》同名主题曲

希望你跟自己和解/希望你别轻易妥协/希望你依然为人着想/但不要再为难受伤

希望你还是那么的善良/但要学着让智慧增长/就算生活会让你失望/悲伤成河也逆流而上

希望你爱他也可以爱自己/爱花也可以迎风雨/希望你做什么都不要忘记/别弄丢了最珍贵的你

希望你知道所愿与所要/明白勇敢的重要/希望你清楚欲望的煎熬/希望你自由自在地笑

二、大学生心理健康的标准

根据心理健康的定义以及大学生的实际情况，评判大学生心理健康可以从以下六个方面着手。

1. 智力水平正常

大学生日常学习与生活的基础为正常的智力水平，这也是大学生心理健康的重要衡量标准。具有健康心理的学生需要具备强烈的学习欲与求知欲，能够运用自己的理解力、想象力、观察力、记忆力和创造力对新知识、新事物做出反应，不断克服困难，获得自我成就感。

2. 情绪意志稳定

具有健康心理的大学生常常表达积极情绪，能做到理性控制和释放消极情绪，保持心态乐观与稳定。同时，他们还具有坚强的意志力和耐挫力，平时行动目标明确，自控力强，总是保持稳定、乐观的心情。遇到挫折和失败，能做到理智应对，调整与控制自己的情绪。

3. 人际关系和谐

具有健康心理的大学生通常人际关系和谐且具有良好的沟通能力。能够理解、体谅他人，严于律己，懂得如何构建和谐的人际关系。美国一所大学通过对一万个案例的分析，得到结论为：成功的条件中"智力""专业技能"和"经验"一共占 15％，"良好的人际关系"占 85％。一个心理素质符合健康标准的大学生要具备和谐的人际关系，这也是健康心理素质的必要条件。具有良好人际关系的大学生在与人交往过程中采取的更多是积极的态度，这使得他们获得更多的鼓励、信任、支持和安慰。反之，如果大学生的人际关系不和谐，那么他们很难融入一个群体中，这会导致他们与同学疏远，易引起心理问题。

4. 环境适应良好

良好的环境适应性是大学生心理健康的重要表现。心理健康的大学生具有正确认识环境的能力，他们愿意接触环境、解决冲突且能够妥善处理与社会环境的关系。这种适应能力在进入一个陌生的环境时尤为重要。

5. 人格完整统一

人格是个体相对稳定的心理特征的总和。心理健康的大学生人格的各个方面均衡发展，具有积极的人生观和与之相符合的思想和行为。同时，他们具有正确的自我意识以及较好的自我控制能力和意志力，能够调整自己的心态平衡。

理解大学生心理健康的标准需要注意：首先，标准具有相对性。心理健康的标准不是绝对化的，在同一年龄、同一阶段、同一文化背景下的比较有时才有现实价值，大学生心理健康与不健康之间没有绝对化、明确的界限。其次，标准具备整体协调性。要掌握心理健康的标准，应以心理活动为基础研究内外关系的整体协调。从心理过程的方面来说，健康的心理活动是一个完整统一的协调体；从心理结构的角度看，如果不能进行协调操作，可能会出现一系列的心理问题；从个性角度来看，一个人的个性在没有被明显的、强烈的外在因素影响时，不会产生很大波动；从个体与群体的关系来看，不同的人属于不同的群体，不同群体之间的心理健康标准也不全相同。最后，标准具有发展性。心理健康的标准是不断发展的，不健康的心理状态客观存在，但个体在心理成长过程中会逐渐调整自身，最终趋于大学生健康心理的基本标准。

■ 心灵密室

1-1 症状自评量表 SCL－90

指导语：以下表格中列出了有些人可能有的病痛或问题，请仔细阅读每一项，然后根据最近一星期以内下列问题影响你感到苦恼的程度，在方格内选择最合适的一格，画"√"。请不要漏掉问题。

	从无	轻度	中度	偏重	严重
	0	1	2	3	4
1. 头痛	☐	☐	☐	☐	☐
2. 神经过敏，心中不踏实	☐	☐	☐	☐	☐
3. 头脑中有不必要的想法或字句盘旋	☐	☐	☐	☐	☐
4. 头昏或昏倒	☐	☐	☐	☐	☐
5. 对异性兴趣减退	☐	☐	☐	☐	☐
6. 对旁人责备求全	☐	☐	☐	☐	☐
7. 感到别人能控制您的思想	☐	☐	☐	☐	☐
8. 责怪别人制造麻烦	☐	☐	☐	☐	☐
9. 忘性大	☐	☐	☐	☐	☐
10. 担心自己的衣饰整齐及仪态的端正	☐	☐	☐	☐	☐
11. 容易烦恼和激动	☐	☐	☐	☐	☐
12. 胸痛	☐	☐	☐	☐	☐
13. 害怕空旷的场所或街道	☐	☐	☐	☐	☐
14. 感到自己的精力下降，活动减慢	☐	☐	☐	☐	☐
15. 想结束自己的生命	☐	☐	☐	☐	☐
16. 听到旁人听不到的声音	☐	☐	☐	☐	☐
17. 发抖	☐	☐	☐	☐	☐
18. 感到大多数人都不可信任	☐	☐	☐	☐	☐
19. 胃口不好	☐	☐	☐	☐	☐
20. 容易哭泣	☐	☐	☐	☐	☐
21. 同异性相处时感害羞不自在	☐	☐	☐	☐	☐
22. 感到受骗、中了圈套或有人想抓住您	☐	☐	☐	☐	☐
23. 无缘无故地突然感到害怕	☐	☐	☐	☐	☐
24. 自己不能控制地在发脾气	☐	☐	☐	☐	☐
25. 怕单独出门	☐	☐	☐	☐	☐
26. 经常责怪自己	☐	☐	☐	☐	☐
27. 腰痛	☐	☐	☐	☐	☐
28. 感到难以完成任务	☐	☐	☐	☐	☐

	从无	轻度	中度	偏重	严重
	0	1	2	3	4
29. 感到孤独	□	□	□	□	□
30. 感到苦闷	□	□	□	□	□
31. 过分担忧	□	□	□	□	□
32. 对事物不感兴趣	□	□	□	□	□
33. 感到害怕	□	□	□	□	□
34. 感情容易受到伤害	□	□	□	□	□
35. 旁人能知道您的私下想法	□	□	□	□	□
36. 感到别人不理解您不同情您	□	□	□	□	□
37. 感到人们对您不友好，不喜欢您	□	□	□	□	□
38. 做事必须做得很慢以保证做得正确	□	□	□	□	□
39. 心跳得很厉害	□	□	□	□	□
40. 恶心或胃部不舒服	□	□	□	□	□
41. 感到比不上别人	□	□	□	□	□
42. 肌肉酸痛	□	□	□	□	□
43. 感到有人在监视您谈论您	□	□	□	□	□
44. 难以入睡	□	□	□	□	□
45. 做事必须反复检查	□	□	□	□	□
46. 难以做出决定	□	□	□	□	□
47. 怕乘电车、公共汽车、地铁、或火车	□	□	□	□	□
48. 呼吸有困难	□	□	□	□	□
49. 一阵阵发冷或发热	□	□	□	□	□
50. 因为感到害怕而避开某些东西、场合或活动	□	□	□	□	□
51. 脑子变空了	□	□	□	□	□
52. 身体发麻或刺痛	□	□	□	□	□
53. 喉咙有梗塞感	□	□	□	□	□
54. 感到没有前途没有希望	□	□	□	□	□
55. 不能集中注意	□	□	□	□	□
56. 感到身体的某一部分软弱无力	□	□	□	□	□
57. 感到紧张或容易紧张	□	□	□	□	□

	从无	轻度	中度	偏重	严重
	0	1	2	3	4
58. 感到手或脚发重	☐	☐	☐	☐	☐
59. 想到死亡的事	☐	☐	☐	☐	☐
60. 吃得太多	☐	☐	☐	☐	☐
61. 当别人看着您或谈论您时感到不自在	☐	☐	☐	☐	☐
62. 有一些不属于您自己的想法	☐	☐	☐	☐	☐
63. 有想打人或伤害他人的冲动	☐	☐	☐	☐	☐
64. 醒得太早	☐	☐	☐	☐	☐
65. 必须反复洗手、点数目或触摸某些东西	☐	☐	☐	☐	☐
66. 睡得不稳不深	☐	☐	☐	☐	☐
67. 有想摔坏或破坏东西的冲动	☐	☐	☐	☐	☐
68. 有一些别人没有的想法或念头	☐	☐	☐	☐	☐
69. 感到对别人神经过敏	☐	☐	☐	☐	☐
70. 在商店或电影院等人多的地方感到不自在	☐	☐	☐	☐	☐
71. 感到任何事情都很困难	☐	☐	☐	☐	☐
72. 一阵阵恐惧	☐	☐	☐	☐	☐
73. 感到在公共场合吃东西很不舒服	☐	☐	☐	☐	☐
74. 经常与人争论	☐	☐	☐	☐	☐
75. 单独一人时神经很紧张	☐	☐	☐	☐	☐
76. 别人对您的成绩没有做出恰当的评价	☐	☐	☐	☐	☐
77. 即使和别人在一起也感到孤单	☐	☐	☐	☐	☐
78. 感到坐立不安、心神不定	☐	☐	☐	☐	☐
79. 感到自己没有什么价值	☐	☐	☐	☐	☐
80. 感到熟悉的东西变陌生或不像是真的	☐	☐	☐	☐	☐
81. 大叫或摔东西	☐	☐	☐	☐	☐
82. 害怕会在公共场合昏倒	☐	☐	☐	☐	☐
83. 感到别人想占您的便宜	☐	☐	☐	☐	☐
84. 为一些有关"性"的想法而很苦恼	☐	☐	☐	☐	☐
85. 您认为应该因为自己的过错而受到惩罚	☐	☐	☐	☐	☐
86. 感到要赶快把事情做完	☐	☐	☐	☐	☐

	从无	轻度	中度	偏重	严重
	0	1	2	3	4
87. 感到自己的身体有严重问题	☐	☐	☐	☐	☐
88. 从未感到和其他人很亲近	☐	☐	☐	☐	☐
89. 感到自己有罪	☐	☐	☐	☐	☐
90. 感到自己的脑子有毛病	☐	☐	☐	☐	☐

症状自评量表(SCL-90)标准解释:

SCL-90共有10个因子,分别反映10个方面的心理症状情况。下面是10个因子包含的具体题目:

(1)躯体化因子:1、4、12、27、40、42、48、49、52、53、56和58,共12项。

(2)强迫症状:3、9、10、28、38、45、46、51、55和65,共10项。

(3)人际关系敏感:6、21、34、36、37、41、61、69和73,共9项。

(4)抑郁:5、14、15、20、22、26、29、30、31、32、54、71和79,共13项。

(5)焦虑:2、17、23、33、39、57、72、78、80和86,共10项。

(6)敌对:11、24、63、67、74和81,共6项。

(7)恐怖:13、25、47、50、70、75和82,共7项。

(8)偏执:8、18、43、68、76和83,共6项。

(9)精神病性:7、16、35、62、77、84、85、87、88和90,共10项。

(10)其他:19、44、59、60、64、66和89,共7项。

SCL-90的统计指标主要为两项,即总分和因子分。

1. 总分:90个项目单项分相加之和,能反映其病情严重程度。

总均分:总分/90,表示从总体情况看,该受检者的自我感觉位于1~5级间的哪一个分值程度上。

阳性项目数:单项分≥2的项目数,表示受检者在多少项目上呈现有"症状"。

阴性项目数:单项分=1的项目数,表示受检者"无症状"的项目有多少。

阳性症状均分:(总分-阴性项目数)/阳性项目数,表示受检者在"有症状"项目中的平均得分。反映该受检者自我感觉不佳的项目,其严重程度究竟介于哪个范围。

2. 因子分:共包括10个因子,即所有90项目分为10大类。因子分=组成某一因子的各项目总分/组成某一因子的项目数,每一因子反映受检者某一方面的情况,因而通过因子分可以了解受检者的症状分布特点,并可做轮廓图(Profile)分析。

总分超过160分,或阳性项目数超过43项,或任一因子分超过2分,可考虑筛选阳性,需进一步检查。

三、大学生心理健康的影响因素

影响大学生心理健康的因素复杂多样，包括个体自身的心理素质和外部环境因素，具体而言可以概括为生物因素、个人因素和环境因素。

1. 生物因素

大学生的心理受到先天和后天环境的共同影响形成和发展，生物因素为大学生心理的发展提供基本的生物前提，主要体现在遗传、躯体疾病等方面。正是生物因素的差异性导致人和人之间心理发展的先天差异。科学研究结果表明，部分严重的心理疾病通常都和先天的遗传因素密切相关，某些躯体性疾病也是引起器质性心理问题的重要原因。

2. 个人因素

现在的大学生多数是独生子女，处在价值观和人生观逐步确定的阶段，呈现出情绪不稳定、个性有待完善、心理承受力较差等特点，如果不能正确处理各种诱惑和挑战，容易产生各种心理问题，影响自身的健康成长。

同时，心理健康是由健康的生活方式来保障的，不良的生活习惯会妨碍大学生心理健康发展，主要体现在以下五个方面：①作息时间不规律。大学对学生的自律、自理能力都有更高的要求，许多学生误认为"上大学就自由了"，思想、行动懒散懈怠，作息时间紊乱，经年累月有害健康。②上网时间不节制。大学相对而言比较自由，有的学生消耗大量时间在电脑上、手机上，长此以往容易造成眼睛、脊椎的伤害，更甚者易于引发神经系统问题。③日常饮食不科学。有不少学生饮食不健康，外卖、零食、速食产品这些屡见不鲜，暴饮暴食、挑食偏食、就餐时间不规律等习惯都对健康产生很大影响。④体育锻炼不重视。虽然体育锻炼的重要性不言而喻，但是许多大学生喜欢"宅"，体育锻炼"三天打鱼、两天晒网"，大学生的身体素质普遍较差。⑤宿舍环境不整洁。多数学生都是独生子女，缺乏自理能力，常见的宿舍问题有物品摆放凌乱、卫生清理不及时等。

3. 环境因素

(1)家庭环境因素

家庭是人类社会生活中最基本、最主要的组成单位，学生对社会的最初接触是通过家庭环境来实现的。孩子身上不可避免地要受到父母潜移默化的影响，因而家庭环境对学生的成长成才有着深远的影响。具体而言，对大学生心理健康有着重要作用的家庭因素主要有家庭经济状况、家庭教养方式、家庭结构、家庭情感氛围等。

家庭经济状况较好的大学生，往往更加自信，而家庭经济比较贫困的同学容易产生自卑、消极等情绪。父母的教养方式对大学生心理健康状况有着至关重要的影响，通常有四种形式，即权威型、专制型、放纵型、忽视型。家庭结构对大学生心理健康的影响较大，不同的家庭结构对大学生的心理健康影响也不同。目前我国的家庭构成情况中，单亲、再婚以及留守的家庭结构占据着较大比例，这三种家庭结构对大学生心理健康都产生了深远的影响。相较于家庭结构完整的学生，家庭结构不完整对孩子的成长会产生不良影响，因此需要加以特别关注。大学生心理健康与家庭氛围也有着重要关系，心理学有关研究表明，青年时期因家庭氛围形成的心理和人格问题甚至一生之中都难以改善。不同的家庭氛围对大学生的心理健康影响也不相同，和谐的家庭氛围有利于促进大学生心理和人格的健康发展。

（2）学校环境因素

大学学习环境与中学有很大不同，学习依然重要，但已经不是衡量一个人优秀与否的单一化准则。许多学生在进入大学后，发现身边同学都十分优秀，大学不仅要关注学习，也要重视综合素质的培养。同时，有些大学生在进入大学后，认为自己没有了高考的压力，开始将时间和精力投入到各项娱乐活动中。如果大学生不能及时做出有效调整，形成一种适应大学的生活学习方法，将可能会影响自身心理健康的状态。

（3）社会环境因素

社会因素是影响大学生心理健康发展的重要因素。在长期追求升学率的教学观念影响下，体育教育经常流于形式，易受到教师和学生的忽视。长期的体育锻炼不足，导致学生错过了培养吃苦耐劳精神的重要时期，失去了增强心理素质的重要途径，这些都在一定程度上埋下了隐患。

社会经济发展为人们提供了更多的教育机会，但是物质的丰富也带来了更多的诱惑。对于缺乏社会经验的大学生来说，很容易陷入一些诱惑而无法自拔。大学生面对来自各方面的压力，如果不能及时正确的疏导和排解这些压力，很容易产生负面情绪，严重影响大学生的心理健康。

（4）重大生活事件

大学生在生活中会遇到各种各样的变化，这些生活上的变化(尤其是一些突然变化的事件)常常是导致心理异常的原因，例如失恋、亲人死亡、父母离婚等。学生每经历一次生活事件，都要花费一定时间去调整自己以应对这种变化。如果短期内面对突发的重大生活事件较多，就容易影响学生的心理健康。

■ 心灵健身房

1-1 心灵电波

活动目的：让学生在安静环境下通过肢体语言的简单交流传递微弱的信息，引导学生用心聆听来自他人的消息，培养耐心和专注的品质。

活动过程：学生在一个安静的场所里围坐成一圈，左手手心朝上，右手手心朝下并搭在相邻者右手的手心，闭上眼睛，静静地等待左手相邻者发出的信息。由主持人将预先设计好的有长短停顿组合的节奏用手指在第一位同学手上轻轻触点，完成后收回手，由第一位同学依次传递到最后一名同学，主持人点评"心灵电波"的情况，同学们分享自己的收获和感悟。

1-2 收获"糖弹"

活动目的：在赞美与被赞美的过程中正确认识自己和他人，取人之长，补己之短。提升人际交往能力，构建和谐人际关系。

活动过程：活动分为 6 人一组，在 5 分钟时间内，每个同学对组内其他学生尽可能多地赞美，把这些词语或短句写在纸上，团成纸团做成"糖弹"。5 分钟后大家把"糖弹"抛给想要赞美的人，直到把手中的"糖弹"全部送完后，才能打开自己收到的"糖弹"。组内交流自己收到的"糖弹"，并把它读出来，并在全班进行分享交流。

1-3 生命线

活动目的：通过"画我的生命线"，认识到每个人的生命都是独一无二并且富有价值的，努力发现和创造自己生命的意义，体会生命的价值，提升自我。

活动过程：在纸上画出一条线，右侧标注箭头，代表自己从出生到死亡的生命线，并标出自己现阶段所处的位置。回忆过去、感悟现在、面向未来，在三个阶段分别将令自己愉快的列在"生命线"上方，令自己不愉快的列在"生命线"下方。观察自己的"生命线"，每个人的生活不尽相同，但都是在自己的生活经历中一点一点地构建自己的人生。

第三节　大学生心理健康教育

大学生群体具有广阔的视野和积极的思维，但是他们也面临着各种各样的心理压力。了解心理健康教育的基本内容，正确把握开展心理健康教育的原则和途径，对于合理调适心理问题，改善大学生身心健康状况具有十分重要的意义。

2020 年某大学的一场补考考试中，2018 届的学生小王（化名），被监考老师发现作弊，当场没收了试卷，并签下了作弊承认书，这也就意味着他这次补考成绩作废。小王在考场内又停留了 20 分钟后离开，之后小王给母亲发微信说让妈妈不要想他，他不配。下午 3 点左右，小王被人发现坠楼，经过医务人员抢救无效死亡，一个鲜活的生命就此殒落。该事件引发社会关注，大学生心理健康成为热门话题。大学生处在人生成长成才的关键时期，可能面临着学业、情感、人际、就业等各方面的困难和压力，关注大学生心理健康问题，加强大学生的心理健康教育十分必要，但愿这样的悲剧不再重演。

一、大学生心理健康教育的意义

根据健康的定义可以看出，心理健康是健康的重要组成部分。随着人们对于健康重视程度的不断加深，大家也逐渐意识到心理健康的重要意义。

1. 开展大学生心理健康教育是时代发展的必然要求

当前的社会发展迅速，社会竞争日益激烈，在校大学生总有一天要步入社会。为了培养学生以健康的心理状态去应对学习、生活、工作等方面带来的各种压力，开展心理健康教育十分必要。通过疏导大学生的心理压力，能够有效防范由于心理问题而产生的危害学生自身及他人的不良事件的发生，从而杜绝校园悲剧，保障正常的教学秩序，维护校园的安全和稳定。2017 年 12 月，中共教育部党组下发的《高校思想政治工作质量提升工程实施纲要》中将心理育人纳入"十大"育人体系，强调"坚持育心与育德相结合，加强人文关怀和心理疏导，深入构建教育教学、实践活动、咨询服务、预防干预、平台保障'五位一体'的心理健康教育工作格局，着力培育师生理性平和、积极向上的健康心态，促进师生心理健康素质与思想道德素质、科学文化素质协调发展"。挖掘心理育人要素，完善育人机制，发挥心理育人的功能都是这个时代的现实需要。

2. 开展大学生心理健康教育是学生成长的迫切需要

大学生所处的年龄阶段是树立正确三观的重要时期。与此同时大学生还面临着人际关系、感情以及美好理想与严峻现实冲突等方面的诸多问题，这些问题的客观存在使得心理健康教育不可或缺。心理健康促使大学生产生强大的内驱力，是其实现个人成长和人生理想的重要保证，也是未来进入社会不断向前发展的基本条件。心理健康教育有利于增强大学生的适应能力，大学生自入校到服务社会，要不断适应新的学习要求、多样的人际关系、不同的生活环境等。心理健康的大学生能根据周围环境不断调试自我，从而适应新的变化；心理不健康的大学生调节能力不高，所以较难适应这种不断改变的环境。同时，心理健康教育促使大学生克服依赖性，提高独立意识。大学生进入成人阶段，在全新的生活学习天地中，他们既表现出强烈希望独立的意愿，但是又因缺乏社会生活经验，难免对学校、家庭存在依赖心理。高校开展多形式的心理健康教育能够帮助大学生更好地处理这种矛盾，从而为其实现成长成才目标奠定心理基础。

3. 开展大学生心理健康教育是素质教育的重要组成

21 世纪大学生面临着机遇和挑战，一方面优秀的人才在这个时代拥有良好的发展平台，另一方面这个时代也充满了压力与竞争，培养健康全面高素质的人才尤为重要。《关于深化教育改革、全面推进素质教育的决定》中明确提出："在全面推进素质教育中，必须更加重视德育工作，加强学生的心理健康教育。"《中国普通高等学校德育大纲(实行)》强调了心理健康教育是教育工作的重要组成部分。教育部《关于加强普通高等学校大学生心理健康教育工作的意见》指出加强大学生心理健康教育工作是实施素质教育的重要举措，是培养高素质创新人才的必然要求，高校所培养的学生既要有良好的思想道德素质、文化素质、专业素质和身体素质，也应有良好的心理素质，从而提高高校德育工作的针对性和时效性。心理素质是个体的基本素质之一，是学生其他素质全面发展的重要基础。如果没有良好的心理素质，其他素质的提高也将受到限制。开展大学生的心理健康教育是推进学生各方面素质全面发展的重要举措，也是扭转以往重知识传授而忽略德育培养的关键举措。

二、大学生心理健康教育的内容

1. 自我意识培养

大学阶段是每个人成长成才的关键时期，也是个体自我意识发展的重要阶段。积极的自我意识能够产生积极正面效果，促使大学生更好地认识自我、发展自我，达到自身内在和外在环境的协调统一，反之消极的自我意识则会对心理健康产生负面作用。大学阶段个体的自我意识尚未完全成熟，仍然处于发展过程中。大学生容易产生自我认识的偏差，例如自我认识不足、自卑、自负等。培养大学生良好的自我意识是开展心理健康教育的前提，通过引导大学生探索自我意识，促使其自知自信、自尊自立。

2. 人格发展教育

人格伴随着个体一生的成长发展过程，不同的人格造就了多种多样的个体心理面貌。人格的成熟是个体心理成熟的重要标志，大学期间是塑造和培养人格使之不断成熟的重要阶段。因此，帮助大学生更好地了解人格的相关知识，例如人格的内涵、基本构成、优化策略等，对于其把握自身心理发展的特质，不断完善人格、健全人格具有重要意义。

3. 就业观念教育

就业是大学生进入社会的第一步。就业问题是大学生生活中的重要选择，也是全社会共同关心的问题。从入学时对专业的一知半解开始，到大学中期的焦虑迷惘，再到毕业时面临的各种日渐严峻的就业问题，很多大学生未能理性客观对待这些现实情况，没能做好职业生涯规划，对自己未来将要面临的种种困难未能有所预知。等到毕业季，这种隐患就会引发众多诸如心理冲突、焦虑迷茫、不平衡感严重等心理问题。

造成这些问题的原因很多，例如缺乏合理的职业生涯规划、大学生的就业期望过高、对现实与理想之间的差距缺乏正确的认识、激烈的就业竞争给大学生带来了巨大的心理冲击和心理压力等。

大学生应努力在就业过程中调整自己的心理状态，要认识就业形势，转变就业观念，建立长远的职业发展观。学生需要相对稳定的职业理念，调整过去职业选择是"一步到位"的观念，先就业，再择业。要加强心理承受能力，淡然面对就业失利。在生活中学会释放、转移压力，例如，参加团体活动来减轻心理上的压力。当大学生在求职的过程中不顺利时，要理性、客观分析自身失败的症结所在。要正确认识自己，清楚地了解个人的职业目标规划、需求、价值观等因素，根据个人能力和个人兴趣，结合社会形势，在周全考虑之后，选择适合自己的职业，并对自己进行客观、全面地评价。

4. 学习心理教育

学习是学生大学阶段的主要任务，正确的学习态度、良性的学习动机、有效的学习策略、良好的学习习惯等都对大学生的成长成才非常重要。掌握相关的理论和实践知识，有益于大学积极面对学习上的困难。

在大学，大多数学生可以经受住学习方面的考验，但也必须看到，他们存在不同层次的学习困难，如学习疲劳、缺乏学习动力等。

学习疲劳主要是在经过长时间学习后，在生理和心理上所引起的疲劳，会导致学习效率的下降。为解决学习疲劳的情况，可以从以下方面入手：首先，充分发挥自我调节能力，控制焦虑程度；其次，努力在课堂、宿舍同学以及师生中营造一种轻松愉快的学习氛围，这种情感交流和互动有利于学生的心理平衡。

缺乏学习动力是目前大学生普遍存在的学习困难，针对该问题，首先自身要有良性的学习动机。学习的自觉性是和动机分不开的。自觉性和动机存在辩证的因果关系，要想有学习的主动性，需要通过确立正确的学习动机来实现。教育工作者应不断启发学生对社会需求、价值观的正确认识，为学生创造良好的教育环境，使学生树立正确的观念，强化自我意识。其次，缺乏学习动力需要培养学习兴趣。在从事某件事的过程中所表达出来的心理倾向叫作学习兴趣，它可以不断激起学习过程中的注意力和潜力，激发学生克服困难，改变缺乏学习动机的情况。就像爱因斯坦所说的："兴趣以及爱好是自己最好的老师，并且远远超出了责任感。"最后，缺乏学习动力需要纠正学习态度。学习态度是指学生对学习有较长期积极或消极反应的倾向。教师通常可以从学生注意力、意识状态、情感倾向和注意状况等方面引导学生，使学生在学习过程中端正态度，解决心理问题。

5. 情绪管理教育

大学生处于青少年迈向成人的阶段，情绪较为深刻和丰富，容易受到自身和外在的影响而产生起伏。情绪控制管理能力是大学生健全心理的重要保障，良好的情绪能够激发大学生健康、向上的精神面貌，促使其对学习、生活充满热情，而消极的情绪则容易使学生陷入负面的心理状态。因此，高校应当教育大学生掌握情绪管理的技巧，积极主动调节个人情绪，合理疏导和克服不良情绪的影响。

6. 人际交往教育

心理学家丁瓒曾说过："人类的心理适应，最重要的就是对人际关系的适应。"大学生不良的人际关系时常诱发许多心理问题，尤其是在低年级学生刚开始适应大学生活的阶段。加强人际交往教育，端正学生积极的人际交往管理，培养学生的沟通技术，有利于促使大学生实现自我和他人关系的平衡。

大学生群体是一个具有独特特点的特殊群体。对他们来说，学校里的主要沟通对象是老师和同学。当他们面对新的师生关系、同学关系时，往往因为沟通和适应能力不足的原因，导致人际关系处理不当、心情低落，严重时会造成不同程度的心理问题。较好的社会适应能力和沟通能力是个人成长成才和社会发展中的重要动力，当代大学生应当不断克服这种心理障碍，保持良好的个人素养和心理健康。

克服人际交往问题要正确认识自己。将自己的现实与其过去进行比较，就知道自己是在进步或倒退；将自己的现实与未来的目标进行比较，就能找出自己的差距。

克服人际交往问题要调整不良情绪。把握人际交往的过程中的种种不良情绪，是大学生心智成熟的一项重要标准。因此，首先要强化道德和文化修养，培养高尚情操，形成内在智力，增强情感世界。其次，进一步调整对他人的期望，懂得每个人都不完美，在性格、行为习惯、价值观和个人的情绪方面都有或多或少的优点或缺点。在人与人之间交往的过程中，每一名大学生都应通过合理的方式处理与他人的之间的关系，不要求全责备，以免造成不良情绪。

克服人际交往问题要具有良好的沟通素质。青年学生这个阶段往往拥有强烈的交友意愿，而大学生人际关系又充斥着复杂性和未知性，人与人交往过程中难免出现摩擦。人的个性具有可塑性，大学生应当注意培养自身诚意、信任、克制、信心、热情等品质，积极塑造良好品格，以满足社会需求。大学生参与集体生活，不能太以自我为中心。

7. 恋爱心理教育

结束紧张的高中生活，大学生在学校生活相对宽松自由，有些同学通过恋爱寻求情感支持。恋爱问题导致的心理问题时有发生，教育学生养成健康的爱情观，正确处理学业和恋爱的关系都十分重要。

在大学期间的恋爱中，应引导学生进一步树立正确的爱情观。爱指的是一个已经达到一定心理成熟度的人的浪漫情绪。在没有爱之前，一个负责任的人不应盲目跟风，要用平常心对待。真正的爱情是个人自身发展的动力。与此同时应该引导学生正确处理学习与爱情的关系。在生活中爱情是必不可少的一部分，但是在大学期间学生还是应以学习为主。只有通过丰富自己的知识和培养自己的良好品格，才能为爱情提供更实质性的保护。

8. 压力挫折教育

人的一生当中会遇到着各种各样的压力和挫折，心理素质的高低影响着人们能否积极应对这些困难。大学是一个人成长成才的关键时期，面临着来自学业、就业、人际、情感等各方面的压力。大学生由于社会经验较少，耐挫力不强，容易产生负面情绪，例如，紧张焦虑、茫然无措、不适应感等。高校通过开展压力和挫折应对教育，积极引导大学生正确看待这些困难，辩证处理压力挫折和个人发展的关系，增强抗压能力和耐挫能力，采用适当的方法进行自我调节，在逆境中迎难而上，在困难面前不屈不挠，从而实现自我目标和人生理想。

9. 生命价值教育

高校校园内的一些负面事件为我们敲响了警钟，教育应当以学生为本，关怀生命，关注生命的价值。加强生命意识、生命信念、生命责任感、幸福观的教育能够促使学生更加懂得尊重生命，努力进行自我心理调适，消除心理困惑。正如意大利教育学家蒙台梭利所说："教育的目的在于帮助生命力的正常发展，教育就是助长生命力发展的一切行为。"

■ 心灵影院

1-1《大学新生》

《大学新生》是由美国环球影业发行的 108 分钟喜剧影片。该片由乔•努斯鲍姆执导，阿曼达•贝尼斯、马特•朗、萨拉•帕克斯顿等主演，于 2007 年 9 月 21 日在美国上映。

西尼•怀特是南大西洋大学的一年级新生，开学伊始便满怀热情的申请加入了学校的女生联谊会。西尼已故的母亲曾经是该协会的创始人，西尼的入会也正是想遵循母亲的过往道路，以此来寄托对母亲的怀念。但是，西尼从参加入会申请时开始，就觉得这个协会的味道不对，深入的了解后她发现这个协会已经比创立之初大大的变了质，如今的女生联谊会已然成了一个体制化的腐败权力组织。失望时，学校里的一个由七个人组成的乐队出现在了西尼的生活中，与他们的交往让她又重新找到了归属感和自信。在乐队中名叫泰勒的男孩的帮助下，西尼最终鼓起勇气，向女生联谊会的腐败成员们正式宣战，开始了校园生活体制的新生革命。

三、大学生心理健康教育的原则

1. 注重预防的原则

在心理问题出现后对其进行矫正的同时，心理健康教育应该更多地着眼于如何未雨绸缪、防微杜渐，着眼于如何做到心理健康问题及早发现尽早治疗，使心理问题预防与心理教育相结合。大学期间，青年学生的个体认知水平迅速提高，这是一个重要的变化过程。在此期间容易出现初期的心理问题，如果得不到正确地对待和解决，就有可能对其心理健康产生严重的影响。同时，部分心理问题学生在刚发现问题时，往往迫于隐私延误治疗。心理问题越早治疗效果越好，讳疾忌医往往是百害而无一利，心理问题出现后的不及时就医是开展心理问题预防工作的一大障碍。

在此过程中，引导学生树立正确的人生观、世界观及价值观尤为重要。正确的三观有利于学生正确对待理想与现实，在与人交往过程中规范自己的行为，还能在面对困难时给人正视挫折的勇气，而不是萎靡不振、怨天尤人。

2. 一分为二看问题的原则

心理健康教育提倡要确立积极的人生态度和生活态度，但这并不意味着要完全否定消极的情感体验。消极的情感体验不总是坏的，困境和挫折往往能激励人们正视自己，改正缺点。适度的消极情绪对于人们追求改变、成就自我具有积极的意义。心理健康是积极与消极相互辩证存在的，正如成长的道路不会是一帆风顺的，一点失败和挫折更能磨炼人的心智。

这个原则用鼓励大学生积极参与集体活动也能阐释说明。人具有社会性，正确的人际交往是打开心扉的钥匙，也是心灵的润滑剂。但是，大学生人际关系充斥着复杂性和未知性，人与人交往过程中难免出现摩擦。部分学生性格内向并不善于处理人际交往中的问题，可能变得孤独，甚至惧怕社交、远离社会。因此，开展大学生心理健康教育时应该辩证看待社交的作用，而不是一味盲目地鼓励大学生参与社交活动。我们应当在正确看待社交对大学生心理健康的促进作用的同时，理性认识到社交不当的危害，做到端正心态，健康社交。

3. 因材施教原则

中国古代著名教育家孔子提出了"因材施教"的概念，这一原则同样适用于大学生心理健康教育工作。每一位学生的家庭情况、成长经历、性情性格因人各异，面对的挫折和困难不尽相同，成长过程中产生的心理健康问题也多种多样。因此，大学生心理健康教育工作必须直面这种差异性。比如职业规划问题，大多数学生入学时对专业都只是一知半解，但是到后来有的人立志学术、有的人探索职场、有的人连毕业都困难、有的人对未来满是迷惘。在对毕业生进行心理健康教育时，就要深入了解每个独立个体的客观条件，才能有针对性地提供帮助手段。

虽然心理问题差异性明显，但是"积极改变"却一直是对各种问题的一种行之有效的解决方法。学会放弃和调整过去那些不合理不正确的思想方式和行为方式，建立一种合理、有效、可行的新的思维模式和行为模式，从根本上进行改变，获得脱胎换骨的成长和升华，对大多数心理健康问题的解决有所帮助。

4. 实践性原则

实践性原则注重在心理教育过程中通过多种方式使大学生形成特殊体验，在实践中感受理论知识。纸上得来终觉浅，绝知此事要躬行。大学生心理健康教育不能仅仅停留在理论阶段，而是要注意其实践性，泛泛而谈的理论总是空洞的。人格是在社会化的过程中逐渐形成的，社会是一所学校，而大学校园也正是社会的缩影。平时与老师同学的交往都影响着一个大学生的内在心理特点，这些潜移默化的影响都是通过平时的亲身体验而作用的，因此在有规划的心理健康教育过程中更应该注重理论与实践的结合。

比如，很多学生因为时间管理不当而出现学习生活问题，进行时间管理教育能让学生避免许多手忙脚乱的尴尬和心力交瘁的负担，将更多精力投入到有意义的生活中去。在相对抽象的时间管理教学中，通过实例解释什么是"重要的事"和"紧急的事"，如何优先解决那些"紧急且重要的事"，尝试放弃那些"不紧急且不重要的事"，适当处理"紧急但不重要"及"不紧急但重要的事"，可以更加直观、更加让人接受。

■ 心灵加油站

1-2 国王与大臣——一切都是最好的安排

从前，有一个国家，它的宰相总是觉得"一切都是最好的安排"，这让国王觉得又可笑又有些讨厌。

有一天，国王准备外出，突然下起了大雨，这让国王非常扫兴。但是宰相说："这是一件好事情，大雨过后的街道一定会被冲刷得很干净，国王您就可以享受清新的空气了。"国王没说什么。

又一次，国王准备外出巡视时却遇到了酷热的天气，十分郁闷。这时宰相又对国王说："这是一件好事情，在这么炎热的天气下出巡才能了解百姓的疾苦。"国王忍着一股无名火没有发作。后来，国王在检查猎器时，不小心被猎器斩断了一截手指。宰相居然也认为这是上天最好的安排，是一件好事情。国王听后终于忍无可忍，立即把他打入大牢，并以一种幸灾乐祸的嘲讽口吻问宰相："你认为这是一件好事情吗？你认为这也是最好的安排吗？"没想到宰相居然说是，国王更加生气地告诉他："好，既然你认为好，那你就继续在这里待着吧！"

过了两天，国王去打猎，不小心误入森林深处，被食人族捉住了。当晚，食人族准备了柴火，支起了大锅，准备烹饪国王。但是，当食人族清洗国王身体的时候却发现国王少了根手指头，这在族内是大忌，因为他们认为不完整的动物是不祥之物。于是他们用特有的仪式把国王送出离他们很远的森林之外。

劫后余生的国王回国后做的第一件事情就是去牢里拜见宰相，他激动地说："断了指头果真是一件好事情。"过了一会他突然想起了什么，他问宰相："难道我把你关在牢里这么多天也是好事情吗？"宰相说："当然是好事情了，陛下您想，如果我不在牢里而是像以往那样陪同您去打猎的话，我们都会被食人族捉住。您会因为那个断指而保全性命，但我必死无疑，因为我很完整啊！"

国王终于开悟：任何事情都有两面性，你所接受的都是最好的安排。

就像老子所说："祸兮，福之所倚，福兮，祸之所伏。"坏事可以引出好的结果，好事也可以引出坏的结果。当你的事业遇到瓶颈的时候千万不要灰心丧气，要接受现实并想办法进行突破，因为这刚好就是你百尺竿头更进一步的大好机会；当你在工作中遭遇重大失败的时候千万不要情绪低迷，这是一件好事情，因为经验教训是一笔宝贵的财富，你会避免今后再犯此类错误；当你与同事关系不好的时候，这也不是什么坏事情，因为这说明你该反省自己了，人只有不断反省才能不断成长进步。

总之，接受所有发生的事情吧，多点乐观精神，多把事情往好处想，不要让失意的事情来影响你的情绪，这样你会更加容易快乐，更加容易跨越所有阻碍与困难。

——摘自：萧莺．年轻人应该知道的经典心理学故事[M]．北京：中国

华侨出版社，2012：2—3.

四、大学生心理健康教育的途径

心理健康是大学生成长的基础，开展大学生心理健康教育具体可以从以下六个方面着手。

1. 开设心理健康教育课程

课堂教育是提高大学生心理素质和心理健康意识的主要途径。心理健康教育的主要渠道是在教学计划中为大学生提供心理健康教育课程，系统性地教授心理健康的基本知识，引导大学生解决常见的心理问题，从而更好地促进其成长和成才。大学生可以通过学习，进行心理自我调节，消除心理困扰，改善自己的心理健康状况。在教学中，教师应善于发现和运用科学知识中心理教育的具体内容，了解心理问题产生的原因以及其主要表现，及时辅导和帮助学生，使学生养成良好的心理素质，形成健全的人格。通过这种方式，可以有效地实现学生的心理素质和能力的提高，从而帮助其以乐观、积极的态度面对学习和生活。

2. 进行新生心理测试并建档

现阶段我国的高等教育不断普及，每年招生数量不断提高，越来越多的大学生在环境适应、学业学习、人际交往等方面都出现了问题，一些问题在进入大学之前就已经存在。高校在新生入学时可以进行新生心理普测，从而更好地了解学生的心理状况，为后续的心理健康教育奠定基础，提高学生的心理健康水平。建立和完善大学生心理健康记录是高校开展心理健康教育，加强对青年大学生心理危机预防和干预的基本方法。建立一个整体的心理健康记录，可以把握大学生的心理素质，确定普遍性问题，为学校制定有效可行的心理健康教育方案奠定基础。之后进一步广泛收集新生的心理行为资料，完善心理档案，并对一些有严重问题的对象进行追踪，及时发现和纠正问题，促进大学生心理健康。

3. 定期开展心理健康专题讲座

邀请著名专家学者和一些名人来学校讲授心理健康的相关知识，重点集中在大学生密切关注的问题，使大学生能够理解和掌握各种相关的信息和方法，从而提高大学生开展自我教育、自我保护和自我适应的能力。学校开展的心理学讲座应注重灵活性、趣味性，吸引学生的注意和兴趣。同时，不同的内容和主题应在不同的时期、不同的

年级或不同类型的学生中设置。例如，在低年级学生中，进行适应性心理教育；在高年级学生中，进行职业心理学教育。通过专题讲座、主题心理报告和心理沙龙，学生可以了解心理健康的基本知识和心理健康自我调节的基本方法，促进学生的心理健康的发展。

4. 心理咨询与朋辈辅导双管齐下

在大学中设置专业的心理咨询人员，为大学生提供心理辅导，帮助他们调整心理状态，解决心理问题。但是由于不少的学生因羞涩或是不方便的原因，在遇到心理问题的时候他们更倾向于寻找周围的同学进行倾诉，因此设置朋辈心理辅导非常必要。朋辈心理辅导是指同学和朋友在周围给予帮助的心理指导、安慰和支持，是一种类似心理咨询的帮助活动。对于有心理问题大学生，大学专业心理咨询和同伴帮助具有相同的性质。但是，两者的水平、特征、目标、方法、要求等并不相同。专业心理咨询可以对解决学生心理问题提供专业化的帮助，但是往往也会受人员和条件的限制。朋辈帮助是在更轻松的氛围下，以更灵活的方式促进学生之间的相互指导和帮助，从而解决学生中相对简单的心理问题。为了更好地解决学生的心理问题，我们建议专业心理咨询与朋辈心理咨询相辅相成。

5. 推动和组建学生自助活动

聘请专业心理学教师，加强学生社团的组织和指导，使团队成员能够更多地了解心理学。学生会加强心理健康周的宣传，经常组织心理讨论，组织开展心理剧表演活动，宣传心理健康知识，为其他学生提供信息咨询服务。

6. 大学生自身学会保持心理健康

大学生应当学会自我调节，构建合理的行为模式，学会放弃和调整不合理的思想和行为方式，建立一种合理、有效、可行的新的思维行为模式，学会管理时间，注意劳逸结合，比如每天坚持 1 小时身体锻炼，培养一个全新的兴趣爱好，早睡早起和杜绝熬夜等。如果出现心理问题时及时调节，必要时就医治疗。

■ 心灵图书馆

1-1 去做心理咨询，一定代表心理"有病"吗

在很多人的印象中，心理学神秘、有趣，心理咨询师都会"读心术"，知道我在想什么；一个人如果去做心理咨询，那么他的心理肯定有问题，甚至有可能是"变态"。事实果真如此吗？听听仁济医院心理医学科骆艳丽主任怎么说。

1. 什么是心理咨询

是指用心理学的方法，对心理适应方面出现问题并主动要求解决问题的求助者提供心理援助。凡是工作、生活、学习、家庭、疾病、康复、婚姻、育儿等方面所出现

的心理问题，一旦求助者体验到不适或痛苦，都可求助询师，协助解决。但并不是所有的问题都可以通过心理咨询解决。

2. 做心理咨询说明"有病"

未必。心理咨询分为三类：障碍型(如抑郁症)、适应型(如情绪管理)和发展型(如职业咨询)。心理咨询涉及面非常广，除了抑郁、焦虑等症状外，也可涉及家庭关系、亲子教育、工作压力、人际交往、职业选择，等等。但对于有严重心理障碍的人，应找有医学背景和心理学背景的心理医生进行诊断和治疗。

3. 哪些人不适合做心理咨询

并不是所有的人都适合做心理咨询。有严重精神病性障碍、记忆障碍、意识障碍、痴呆、反社会人格、诈病等都不适合做心理咨询。另外，心理咨询强调自愿合作，不能建立咨询关系者也不适合。

4. 为什么人们忌讳做心理咨询

一方面，可能和我们的传统文化有关，中国人比较内敛，有心理困扰倾向于自己调节，如果放在"台面上"，可能会被认为有严重的心理问题。另一方面，可能与媒体宣传有关，为了满足大众猎奇心理，有关心理学方面的内容，多倾向于变态心理学，使得大众认为心理学只关注变态心理学。其实，心理学的研究大多是针对正常人的。

5. 心理咨询可以解决问题吗

心理咨询师关注的是"助人自助"，来访者的问题需要来访者自己去解决，咨询师做得更多的是陪伴、支持，但不能代替来访者自己行动，类似于"授人以鱼不如授人以渔"。

6. 心理咨询就是聊天吗

心理咨询可以是语言性的谈话，也可以是非语言性的，比如绘画、音乐和舞蹈治疗等。心理咨询的谈话有别于一般社交性的聊天，它可以通过访谈呈现来访者的问题和心理状态，可探索现象背后的原因，然后对症解决。

7. 心理咨询师都会"读心术"吗

心理咨询师帮助来访者呈现问题，探究问题原因，并解决问题。一个问题的呈现，和来访者环境、性格、应对方式等很多因素有关，咨询师不会通过一个眼神或一个动作确切的读懂来访者。在真正咨询过程中，咨询师也是不断假设，不断验证，然后重新假设，重新验证的过程。

8. 心理咨询要做多久才有效

心理咨询分为长程咨询和短程咨询。长程和短程不是对立的，也不是非此即彼。长程更倾向于对人性的理解和人格的成长，短程更倾向于快速提出解决方案。具体需要多久，和很多因素有关，如咨询目标(目标越简单，时程越短)、咨询问题的严重程度(越严重，时长越长)、问题出现的时长(问题出现时间越长，咨询时长越长)、来访者改变的动机(动机越强烈，效果越好，时长越短)。除此之外，与咨询师的契合度、来访者的投入程度、咨询师的咨询取向等都会影响咨询时长。

9. 心理咨询和催眠是一回事吗

不是一回事。具体来说，催眠疗法是心理咨询方法的一种，但不等于心理咨询。通过催眠，可以将人诱导进入一种特殊的意识状态，将医生的言语或动作整合入患者的思维和情感，从而产生治疗效果。除此之外还有认知行为治疗、艺术治疗等多种形式。

10. 我的隐私会被泄漏吗

心理咨询师最基本的职业道德就是保守来访者的隐私，有责任对来访者的资料保密。咨询师对来访者的隐私本身不感兴趣，更重要的是和来访者呈现事情、探讨原因和找到解决方案。当来访者威胁到自己和他人生命安全时，心理咨询师可以采取一定措施，防止悲剧发生。

——节选自：骆艳丽. 去做心理咨询，一定代表心理"有病"吗？[J]. 大众医学，2017.

■ 问题与讨论

1. 如何理解"心理健康"这一概念？
2. 根据心理健康的标准，评价自己的心理健康状况。
3. 影响大学生心理健康的因素是什么？
4. 大学生心理健康教育的内容和途径分别是什么？
5. 去看心理医生是件丢人的事吗？为什么？

参考文献

[1] 郑洪利，刘国秋，李逸龙. 阳光心旅：大学生心理健康教育[M]. 青岛：中国海洋大学出版社，2012.

[2] 戴朝护. 大学生心理健康[M]. 北京：北京大学出版社，2011.

[3] 宋德如，张晓旭. 大学生心理健康教育[M]. 南京：江苏人民出版社，2012.

[4] 符晓航，符晓峰. 大学生心理健康研究综述[J]. 学理论，2010(20)：259－260.

[5] 吉家文，杨剑. 大学生心理健康教育[M]. 杭州：浙江大学出版社，2010.

[6] 罗新兰. 大学生心理健康教育[M]. 杭州：浙江大学出版社，2014.

[7] 李岩. 大学生心理健康教育整合模式研究[D]. 大连：辽宁师范大学，2014.

[8] 李新红，吴菁莉. 大学生心理健康教育[M]. 上海：同济大学出版社，2018.

[9] 牧之，张震. 心理学与你的生活[M]. 上海：立信会计出版社，2013.

第二章　大学生心理咨询
——传说中的"读心术"

■ 思维导图

　　为什么我感觉大学交不到真正的朋友？为什么和舍友难以交流？为什么晚上不想睡、早上不想起？为什么临近考试周就会莫名烦躁甚至失眠？为什么做事情总是三分钟热度？为什么我的脑海里经常响起奇怪的声音？为什么不好意思和异性说话？做心理咨询是不是就是心理有问题？

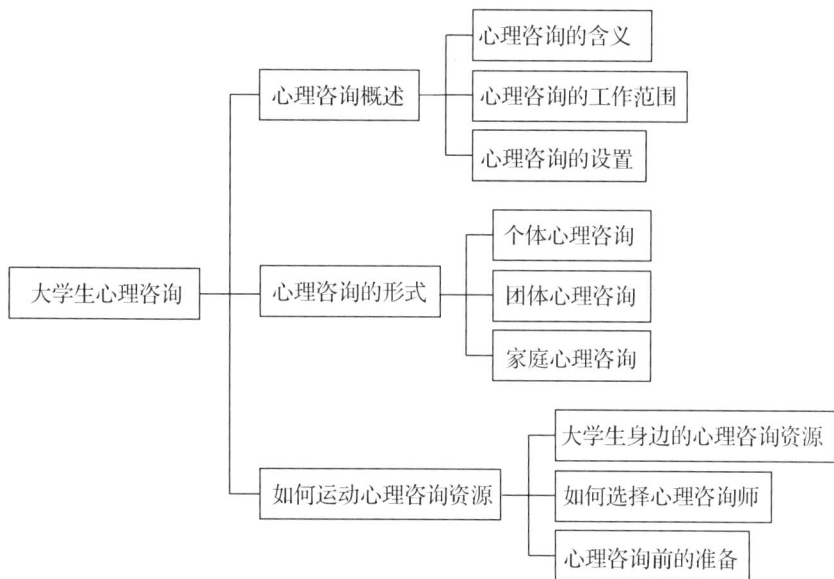

```
                          ┌─ 心理咨询的含义
              心理咨询概述 ─┼─ 心理咨询的工作范围
                          └─ 心理咨询的设置

                          ┌─ 个体心理咨询
大学生心理咨询 ─ 心理咨询的形式 ─┼─ 团体心理咨询
                          └─ 家庭心理咨询

                             ┌─ 大学生身边的心理咨询资源
              如何运动心理咨询资源 ─┼─ 如何选择心理咨询师
                             └─ 心理咨询前的准备
```

第一节　心理咨询概述

现在，越来越多的大学都设有心理健康教育中心，为学生提供心理咨询服务。在这里，同学们可以获得各种建议，比如未来的职业规划、适合自己的学习方法，以及如何应对人际关系和考试焦虑等。

一、心理咨询的含义

■ 心灵健身房

2-1 你会如何选择

设想这样一个情景。你通过了高考，来到一个离家千里的陌生城市上大学，举目无亲。在经历了军训和一个多月的大学生活后，你觉得上课的节奏很快，几乎都要跟不上；听不到熟悉的乡音，取而代之的是简练且略显冷漠的寒暄；曾经的好友也因为距离遥远、作息时间不同的原因聊得越来越少。自己的生活、周围的一切似乎也都按部就班，有序运转，但你就是感觉打不起精神，不知道自己怎么了。这时候你会选择哪种方法？

A. 向父母诉说自己的困境

B. 向班主任或者辅导员寻求帮助

C. 找校内的好朋友取经

D. 预约学校的心理咨询

1. 心理咨询的概念

心理学家艾宾浩斯曾说，心理学有一个长期的过去，但只有一个短暂的历史。心理咨询也是如此。它起源于国外，早期主要用来解决职业规划的问题。经过多年的蓬勃发展，逐渐涉及教育辅导、心理健康、婚姻家庭等生活的各个方面。我国的大学生心理咨询活动起步于20世纪80年代中期，在帮助大学生疏导和调适不良情绪、缓解并预防心理障碍和心理疾病的发生以及提升大学生心理健康水平等方面发挥着不可替代的作用。

心理咨询是一个助人自助的过程，即具有专业资质的心理咨询师和来访者一同探索，解决各类心理问题的过程。在这个过程中，心理咨询师将运用心理学的原理和方法，帮助来访者发现自身问题，挖掘来访者本身潜在的能力，改变原有的认知结构和行为模式，从而提高适应生活和环境的能力。

■ 心灵图书馆

2-1《心理学改变生活》

伊斯特伍德·阿特沃特、卡伦·达菲著，邹丹、张莹等译，世界图书出版公司，2011年1月第1版。

本书写给那些有兴趣在生活中应用心理学的知识和原理，更好地认识自己，更好地生活的读者。心理学看似神秘，实则有迹可循。人作为个体参与社会，从小到大、从恋爱到结婚、从职场到生活，无数磕碰与烦恼，无数自省与调节，都有心理学的踪影。心理学渗透在生活的各个领域，影响和改变着我们的人生。

本书从个人、职场、商场、恋爱、家庭等方面，多角度、多层次讲解了心理学对生活的巨大影响，结合大量真实心理案例，向读者传授了多种控制负面心理、走出抑郁生活的实用心理调节技巧，再辅以丰富多样的人格测试和心理测验，帮助读者在轻松阅读中激励心智，增长智慧，让生活变得轻松自如。

2. 心理咨询的一般过程

（1）建立咨询关系

咨询师和来访者之间的相互关系成为咨询关系，或咨访关系。咨询关系在咨询中具有非常重要的意义。良好的咨询关系是开展心理咨询的前提条件。咨询师和来访者是两个不同的人，双方的人生观、价值观、生活态度和生活方式等都可能存在巨大的差异。如果双方排斥、厌恶对方，咨询是无法顺利开展的，想要达到理想的咨询效果更是天方夜谭。因此，选择适合自己的咨询师是来访者在开始心理咨询的第一步。

（2）制定咨询方案

首先是咨询目标的确定。咨询目标不是咨询关系中任何一方的"一厢情愿"，而是应该建立在明确问题、澄清想法和探索深层原因的基础上由咨访双方协商确定。"应该读研还是应该去单位就业"，"是否应该和男/女朋友分手"等问题不能成为心理咨询的目标。恰当的咨询目标应该是属于心理学范畴的、积极的，并且可量化、可行、可评估，咨询师和来访者应达成一致。其次是咨询方案的确定。这其中包括咨询阶段的划分、咨询技术或者方法的选择、咨询效果的评价方式、双方的责任、权利和义务、咨询的时间及其费用等。

（3）咨询方案的实施

在掌握相关信息、明确来访者的情况，咨询师进行全面的评估和分析，商定了双方都接受的有效咨询目标，制定具有可操作性的咨询方案之后，就可以开始具体的咨询了。对于来访者而言，真实地将自己的所思所感展示给咨询师即可。对于内心不确定的想法、感受，或者不知道讲出来是否合适的担心等，都可以和咨询师进行讨论。对咨询师提出的问题不理解或者感受到自身情绪的变化时，也可以及时的反馈。

3. 心理咨询的特点

（1）心理咨询的专业性

看起来，咨询师和来访者就是坐在咨询室里"聊天"。事实上，心理咨询是围绕双方共同商定的目标通过心理学的方法进行工作，并非简单的"你一言，我一语"。甚至有些时候，沉默也是咨询过程中经常会发生的。那些在咨询师眼中看起来有用的信息绝不只是语言所传达的，还有更多"非言语"的信息包含在来访者所展现的方方面面。此外，心理咨询师是经过专业训练的、具备上岗资质的专业人员。心理咨询的过程中包含了咨询师对来访者的积极关注、对问题的分析与评估、对咨询方法的选择和应用等。

（2）心理咨询的适用性

做心理咨询不同于去医院看医生，能够药到病除；也不能保证来访者的问题一定能够得到圆满的解决，但它的确能够在一定的条件下发挥巨大的作用。中国学者王连生认为，心理咨询是一种帮助人们自我指导的高度艺术，是一种有爱心、有技术的专业，在心理咨询工作者与咨询对象的合作过程中，促进咨询对象的心理健康发展。在生活节奏日益加快、人际关系日益复杂的现代社会，许多心理生理反应和情绪障碍单用生物医学的方法不行，心理咨询能够很好地弥补这一方面的不足。

（3）心理咨询是"助人自助"

如果一位"咨询师"直接告诉来访者如何做选择，那么这位来访者一定是接受了一个"假"的心理咨询。来访者可以因为一个具体的困扰，事件来寻求心理咨询，但咨询工作是要追根溯源，找到这个困扰事件背后的心理问题的原因，然后双方就这一原因进行探索和思考，最后唤醒来访者自身的潜力和资源进行解决。因此，解决问题的是并不是咨询师，而是来访者本人。

4. 心理咨询如何发挥作用

心理咨询能够为人们提供全新的人生经验和体验。那些由于心理问题遇到麻烦的人，可以在心理咨询师的帮助下逐渐改变与外界格格不入的思维、情感和反应方式，并建立与外界相适应的方式。

（1）建立新的人际关系

咨询是一种诚实的人际关系，咨询师总是带着一种善意并且真诚的态度与来访者交流。咨询关系是一种相互理解的人际关系，为了达到帮助对方的目的，咨询师会与来访者共情。咨询关系鼓励来访者勇敢地表达自己，来访者可以直抒胸臆。咨询关系促使来访者做出新的反应。咨询人员对来访者做出的反应是具有建设性的，并且促进来访者自我理解，增进来访者的自尊、自信和独立自主精神，并有利于其潜力的发挥，来访者能够把自身与咨询师的关系以及发展关系的经验，成功地应用于其他人际交往之中。

（2）认识内部冲突

心理咨询可以帮助来访者认识到大部分心理问题是源于自己尚未解决的内部冲突，而不是源于外界。外部环境不过是一个舞台，冲突就在这个舞台上面展开。来访者遇到的与周围环境之间或与他人之间的问题正是内部冲突的外部表现和反映。长期以来，有着这样或那样心理问题的人会认为，他们的问题不是环境就是他们自身某些固有的、不可改变的缺陷造成的，而心理咨询能为这些人提供新的视野。通过咨询，来访者往往会发现，大部分冲突是他们自己造成的。并且，在咨询过程中，来访者将逐渐认识到，只要改变了自己的内部冲突，不仅问题得到了解决，而且他们会变得更加坚强。

（3）深化自我认识

心理咨询是这样一种经验，它可以引导来访者发现真实的自我并相应地生活。来访者关于自我的问题通常有以下三种：有的人能明确认识自己，但却要制造假象给别人看；有的人认为已经认清了自己，但实际上并非如此；还有些人则对自己感到迷惑不解，不知自己到底是什么样的人。通过咨询，来访者可以真正地认识自己的需要、价值观、态度、动机、长处和短处。而且可以根据自己的心理状况设计自己的行为，从而可以尽可能地成长并获得最大的进步。这也意味着，心理咨询不仅可以帮助来访者认清自己，并且还促进他们根据这个真实的自我同别人交往，进行社会活动。

（4）学会面对现实问题

人们很善于逃避现实，但心理咨询可以引导来访者回到现实中来，把身心集中到现在，认识此时、此地，而不再是一只眼睛留恋着过去，另一只眼睛又憧憬着未来。事实上人们进步的主要方式是同"目前"打交道，因为过去的不会再来，而未来的还没有到。当人们逃避现在或用不坦率的态度对待现在时，他们就容易陷入困境。心理咨询为来访者更加有效地面对现实问题提供了机会。在咨询过程中，来访者必须对此时、此地的体验敞开胸怀，用双眼看，用双耳听，用脑子想，用心去感觉，并采取有效的方式去面对和解决现在存在的问题。

（5）增加心理自由度

心理咨询允许人们有不足，并且帮助他们明白，一个人成长的道路总是与不完善和不足相伴的。而一旦这些人按照他们自身本性自然而然地成长起来时，他们就有更大的自由去享受生活了。来访者不愿让别人失望，心理咨询就可以给他让别人失望的自由，从而使他获得解脱。咨询也允许矛盾的感情同时存在。为朋友感到骄傲的同时也可以嫉妒他们，认为自己勇敢的同时也可以认为自己胆怯，这一切的情感可以共存。

事实上，一个人的感情几乎永远不会统一。如果人的们能够触及自己矛盾的感情并表示接受的话，他们会逐渐理解自己行为，这在问题的解决上也就迈出了重要的一步。

(6)纠正错误观念

许多前来咨询的人头脑里都存在着不同性质的错误观念，正是这些错误观念导致了各种心理问题的产生。由于这些观念是社会上一部分人所共有的，所以它们在寻求帮助者的头脑中不断得到强化。来访者常确信他们十分清楚自己需要什么和在干什么，而实践上并非如此。咨询帮助人们面对那些以前认为"无法解决"的问题。人们总认为自己对事物的观察和理解是正确的。直到去寻求咨询时，来访者对自己的看法依然是确信无疑。心理咨询也许使来访者有生以来第一次有机会审视其思想观念和理解的准确性，使他们对错误的观念进行思考，并代之以更准确现实的观念。

(7)做出新的有效行动

所谓新，是过去未尝试过的。所谓有效，指的是行动给需要带来新满足，如友好关系的体验、成就感等。启发、鼓励和支持来访者采取新的有效行动，可以是公开的和直截了当的，包括明确的建议和具体的指导，也可以是含蓄的、间接的或暗示性的。

只要鼓励来访者采取导致欲望满足的有效行为，就可以减少烦恼。心理问题的危害，不在于来访者控制不住自己的思想、欲望，而在于来访者不通过有效行动去改变或满足自己的想法、欲望。控制思想与欲望难，控制行为较易，我们可以通过行为的有效控制，减少心理困扰。其实，这就是生活的实践观点。

■ 心灵加油站

2-1 心理咨询与心理治疗的联系与区别

联系：心理咨询与心理治疗在理论上没有明确的界定，所采用的理论方法也常常是一致的。比如在心理治疗中常常使用的行为疗法、强化疗法等，在心理咨询中也经常使用。心理咨询和心理治疗在有些时候可以由同一个人完成，既可以由他做心理咨询，也可以由他做心理治疗，但是所做的工作还是有区别的。

区别：心理咨询的对象主要是正常人，咨询中更多的是采用发展模式，双方是平等的、非权威的咨询关系；心理治疗的对象主要是存在心理障碍的人，基本上采取病理模式，双方是医患关系。心理咨询着重解决正常人所遇到的各种问题，比如日常生活中经常出现的失业、下岗、人际关系、学业、婚恋问题等，心理咨询一般不使用药物治疗；心理治疗的适用范围主要是心理障碍、身心疾病等，往往需要药物治疗。心理咨询一般不需要住院；而心理治疗通常要在专业的医院进行。

二、心理咨询的工作范围

1. 心理咨询的工作对象

心理咨询的工作对象可分为两大类：一是正常人群，即遇到了与心理有关的现实问题并请求帮助的人群，或者是希望在某一方面做得更好的人群；二是有心理问题，但并非精神异常的人群。

心理咨询的主要对象是健康人群，或者是存在心理问题的亚健康人群，而不是人们常误会的"心理异常人群"，比如，精神分裂症、抑郁症等患者是精神科医生的工作对象。此类人群在治疗后期，经医生诊断，根据恢复程度可以加入心理咨询作为辅助治疗手段。

心理正常的人群在现实生活中会面对许多问题，比如，择业求学、人际关系、社会适应等，他们面对上述自我发展问题时，需要做出理想的选择，以便顺利地度过人生的各个阶段，心理咨询师可以从心理学的角度，向他们提供心理学帮助。另外，长期处于困惑、内心冲突之中，或者遭到比较严重的心理创伤而失去心理平衡、心理健康遭到不同程度破坏的人，也可以做心理咨询。尽管他们的精神是正常的，但是心理健康水平下降了很多，出现了程度不同的心理问题，这是也可以寻求心理咨询的帮助。

2. 心理咨询可以解决的问题

健康人群会面对诸如婚姻家庭、择业、亲子关系、子女教育、人际关系、学习、恋爱、性心理、自我发展、情绪管理，压力应对等问题，他们会期待做出理想的选择，顺利地度过人生的各个阶段，求得内心平衡，以及自身能力最大限度的发挥和寻求良好的生活质量。这时他们就可以寻求心理咨询的帮助。

在校大学生遇到的问题可以分为两种：发展性问题和障碍性问题。

发展性问题，是在某一发展阶段遇到的问题。如果不能顺利完成这个发展阶段的任务，就可能会出现问题，这些问题常人都可能会遇到。帮助每个人适应发展阶段的任务，增进身心健康、提高生活质量、实现自我价值是心理咨询的宗旨。发展性问题包括新生入学适应、人际关系、生涯规划、恋爱关系等。

障碍性问题，是人们在生活、学习、工作及各种人际关系中出现的困难和烦恼，心理难以调适，导致较严重的心理障碍。心理咨询主要解决的是发展性问题。大学生通过心理咨询可以了解自己处在什么样的发展阶段，需要发展哪些心理品质，以及怎样发展这些心理品质，以便顺利地发展自己，取得更大成功。

三、心理咨询的设置

心理咨询有其科学的理论和方法，具有严格的设置要求，这对于帮助来访者解决自身心理问题、维护咨访双方的心理健康都是极其必要且重要的。

1．时间设置

心理咨询中所需要进行的时间设置，主要是为了把咨询控制在来访者注意力最容易集中的时间段，这样对于解决来访者的问题更有效。咨询时间。个人咨询的面谈时间一般以每次 50 分钟左右较为合适，咨访双方都能全神贯注的限度在 1 小时左右。根据来访者的不同情况和选用的不同咨询技术，咨询的时间也会有一些差异，需要具体问题具体对待。咨询频率。经典精神分析的咨询频率通常是每周安排 4～5 次咨询，其他形式的个体咨询目前以每周一次的设置比较普遍。依据来访者的情况，设置心理咨询的频率，可以保证好的咨询效果。疗程：指从第一次会谈直到咨询目标的实现，整个心理咨询过程将持续的时间长度。心理咨询的疗程长短取决于求助者心理困难程度、咨询目标及所选用的咨询技术。短到一次的 50 分钟，长达几年时间，甚至是十几年的时间。目前心理咨询的疗程一般都在 6～20 小时。在不同的咨询阶段根据咨询的不同任务，咨询时间的长度和频率还需要不断进行适当的调整。

2．场地设置

心理咨询作为一项专业的助人工作，它必须有严格的地点设置。这是心理咨询设置中最根本的一点。因为心理咨询的场景，是在固定的，装饰得比较安全、温暖的场地——心理咨询室进行的。一般咨询师是不出诊的，如果特殊情况（如危机干预）则可以出诊。

3．预约设置

咨询师的自信时间安排需要有严格的预约设置。一方面是为了避免咨询中心经常有人任意来往，给来访者带来不安全的感觉；另一方面是为了保障咨询师有休息的时间，能够在咨询后有足够的时间整理思绪，做好迎接下一位来访者的准备。咨询师一般不接受临时到访者，危机情况除外。

4．其他设置

价值中立，也可以称为价值中立态度，或非评判性观点、非指导性原则等，就内容上讲以上几者是相同的。咨询师和来访者的价值观，生活态度、生活方式等很可能是不一样的，心理咨询师应保持价值中立，接纳求助者，不把自己的这些认识强加给来访者，不用自己的价值观改造来访者，不对来访者进行批评指责。心理咨询师能否遵循价值中立原则，对心理咨询至关重要，甚至是心理咨询存在的前提条件。

保密与保密例外。这是咨询师应该遵循的一条重要原则，指的是对来访者在心理咨询中所陈述的任何内容，包括来访者的认知、行为、个性、事件、经历、感受，等等，不论内容是否涉及来访者的隐私，咨询师都应该进行保密，不将上述内容透露给无关人员。因工作需要，对咨询过程进行录像、录音等操作时，必须事先征得来访者的同意。保密例外的情况指的是当咨询师判定来访者具有自伤或者伤害他人的意图、计划等情况时，不需要保密，而应当通知相关人员，采取适当的保护措施。另外，当公检法机关出于工作需要，前来了解求助者情况时，可以例外。

双重关系，指的是来访者和咨询师既存在咨访关系的同时，又存在一种或一种以上其他的关系。若原本心理咨询师与来访者存在某种关系，则不应再建立咨询关系；若原来心理咨询师与来访者无任何关系，通过心理咨询相识了，则不应再建立起其他关系。心理咨询师与来访者存在任何咨询室以外的联系都应视为建立了双重关系，在心理咨询室以外产生联系，哪怕是进行心理咨询，都是应该禁止的，更不应出现心理咨询师与求助者一起吃饭、喝茶等非咨询性活动。心理咨询师更不应该利用某些来访者的特殊身份、地位、金钱等为自己牟利。心理咨询中应避免双重关系，但并不是绝对的，在某些特定地点、人群中，如学校的心理辅导老师、监狱中的警察兼职心理咨询师可能难免出现双重关系，需进行特殊处理。妥当的做法是通过角色转换来解决。在校园范围内有老师和学生，在监狱范围内有警察和犯人。一旦进入心理咨询室，则只有心理咨询师和来访者，咨询结束后又回归到各自特定的身份。

第二节　心理咨询的形式

一、个体心理咨询

一般而言，心理咨询大多数情况下都指的是个体咨询，是指来访者和咨询师一对一的就咨询目标进行工作。咨询师的特点和来访者寻求心理帮助的动机各不相同，开展咨询工作时也存在不同类型的方法。

■ 心灵加油站

2-2 神秘的催眠

什么是催眠

说到催眠，你会想到什么？神奇、神秘、水晶球、怀表……在一些影视作品中会提到催眠，如果把一个人催眠后，让他做什么他就做什么。一个人被催眠后，会吐露他内心的秘密，或者是知晓过去和未来。这些看起来都让人觉得很神秘，也很恐怖。虽然现在的科学还未对催眠起作用的机制有定论，但它并没有那么神奇和神秘，它也并非无所不能的。催眠其实是一个很普遍的现象，在生活当中催眠随时都有可能存在。当你被一则广告深深吸引时，当你购买别人推销的产品时，当你沉浸在一段美妙的音乐当中时，当你发呆、全神贯注地阅读时，这些时候都有可能进入催眠状态，从而忘掉了身边的一切。

究竟什么是催眠呢？简单来说催眠就是对特殊的刺激产生的心理状态的改变。

大众对催眠的误解

通常情况下，我们对催眠有很多误解，常见的一些误解如下所示。

失去意识，就像睡着了。实际上来访者在经历催眠的时候并没有失去意识，他们并没有睡着，催眠不等于睡眠。

抛弃自己的意念，被催眠师所控制。来访者并不受催眠师所控制，在整个过程中来访者可以选择接受或者不接受暗示。

低智商比高智商容易催眠。人们都以为低智商的人容易顺从，容易被催眠，实际上高智商的人更容易被催眠，因为他们的注意力更集中，催眠效果更好。

泄露秘密。有的人害怕催眠，担心会不由自主地吐露内心的秘密，实际上并非如此。来访者在催眠体验中可以清楚自己的意识和所有事情，完全控制自己的行为和意识。

无法摆脱被催眠的状态。催眠是基于人类行为正常和自然的状态，而不是不受来访者控制的危险的意识状态。人们可以随时从催眠状态中走出来。

需要一个强势的、有魅力的催眠师。实际上并非如此，好的催眠师的品质和一个好的心理咨询师的品质一样：充满智慧、有同情心、具有良好的沟通技术等。

催眠可以用来做什么

催眠不是无所不能的，也不是要去窥探人的隐私和秘密。通常情况下催眠可以进行：

习惯控制和行为塑造。当一个人的行为重复多次后，会形成习惯。形成习惯之后，当你再这样做的时候就是无意识的。催眠可以在无意识层面做干预，减少意识层面的阻抗，改变不良习惯，塑造良好行为。

疼痛（痛苦）管理。疼痛管理并不是指催眠可以控制疼痛的感觉，而是可以控制疼痛带来的主观体验。主观体验可以通过催眠来进行控制，尤其适用于处理与压力相关的痛苦。

处理创伤。催眠对于那些过去遭受过重大创伤的人来说是很好的恢复方法。

1. 常见的理论流派

心理咨询包括四种主要的派别：精神分析理论、行为主义理论、认知心理学和存在—人本主义心理学。

（1）精神分析理论

精神分析是由西格蒙德·弗洛伊德创立的，是探索来访者内心的潜意识（无意识）动机和冲突的一种深层的、长期的治疗方法，其目标是重建个体心灵内部的和谐，增加本我的表现机会，降低超我的过分要求，使自我的力量强大起来。精神分析理论假设，心理问题是由人内在无意识的冲突造成的，咨询师通过谈话的方式帮助个体将外显症状与这部分冲突联系起来，引导其产生领悟。咨询师的任务是帮助来访者将受到压抑的想法带入意识中(称为"潜意识的意识化"),让来访者对症状和被压抑的冲突之间的关系产生领悟。许多弗洛伊德的追随者保留着他的基本观点,也在不断地建构着新的理论框架,寻找着治疗中新的关注点。当前的精神动力学治疗更强调来访者的社会环境、个人生活经历中具有持续影响的事件,以及社会动机和人际关系的作用和自我概念的发展。

■ 心灵加油站

2-3 梦的解析

精神分析师相信梦是病人无意识动机的重要信息来源。当人们入睡时,超我对来自本我的那些不能被接受的冲动的戒备有所下降,所以那些在清醒时不能表达的动机就可能在睡梦中出现。在精神分析看来,梦包含有两类内容:一类是显梦(以视觉形式表现出来),即人们在清醒时可以回忆起来的那部分梦的内容;另一类是隐梦(隐含的内容),即无意识中寻求表达出来的实际动机,因其内容是令人痛苦或无法接受的,所以在表达时需要进行伪装或以象征性的形式表现出来。咨询师为了揭示那些隐含的动机就要采用梦的解析,这是考察人的梦的一种技术,以发现那些潜在的动机或象征性背后的重要生活经历或愿望。

(2)行为主义理论

行为主义理论关注可以观测到的人的外部行为。行为主义主张异常行为同正常行为一样,是可以通过学习和训练加以控制的。行为治疗是使用实验确立的行为学习原则和方式,克服不良行为习惯的过程。行为治疗认为,有机体的中心任务是要学习如何适应当前社会的和物理的生活环境。当有机体无法学习如何有效地应付环境时,他们可以通过以学习(或再学习)原理为基础的治疗去克服那些非适应性行为。行为治疗非常广泛,包括不正常的行为和个人问题,如恐惧、强迫行为、抑郁、成瘾行为、攻击性行为以及违纪行为等。一般而言,行为治疗对于特定问题的干预好于对宽泛的个人问题的干预,比如,有些个体在面对无害的刺激(看到一只蜘蛛时)会非常焦虑或者恐惧。当强烈的情绪影响了个人的生活时,不需要什么特别的理由,人们就形成了条件化的反应,而自己却不能意识到这是以前习得的反应,个体要学习一个新的条件化的反应去替代或对抗适应不良的反应。

■ 心灵加油站

2-4 满灌疗法

满灌疗法是行为治疗的一种。在得到来访者许可的情况下,使其真正置身于令其恐怖的情境之中。以下是一个治疗气球恐怖的案例。比尔是一名21岁的大学生，患有噪音恐怖症，特别害怕由气球爆炸引起的声音，所以他躲避一切可能碰到气球爆炸的场合，例如，舞会、晚会和体育活动。比尔自己同意进行冲击治疗以克服他的这种恐怖症。这一治疗共进行了三次，连续进行了三天，共打破了上百只气球。在第一次治疗的开始，比尔在由0(完全平静)至100(极度恐惧)的主观感觉尺度上评定的主观不安的水平为100，在第一个气球爆炸时，可以明显看到比尔在发抖，而且眼泪也冲出了眼眶。但是，到第三天结束时，比尔在0~100的尺度上评定的不安程度只有5了，而且他自己还打破了第115只气球，他不再回避有气球的情境了。

(3)认知心理学理论

认知疗法是通过来访者对问题的自我陈述重建其认识模式，从而改变个体对困难的理解和认识，使其能够有能力应付问题和困难。通过改变来访者对其重要经验的思维方式来改变他们有问题的情感和行为。这类治疗的潜在假设是，人们所想的内容(即认知内容)和他们如何去想(即认知过程)是造成异常的行为模式和情绪困扰的原因。认知疗法将重点放在改变认知过程上，提出了重建认知的不同方法。认知疗法中较为常用的一种是认知行为矫正法，它的基本假设是，告诉自己你是什么样的人，你就会成为那样的人；你自己相信应该做什么，你就会那样去做。比如，他们可以用建设性的想法"下一次，如果我想表现得更好，我会事前做好准备，讲一个有意思的笑话"，来替代消极的自我陈述"我在晚会上的表现真让人觉得厌烦，他们再也不会邀请我了"。

■ 心灵加油站

2-5 对抑郁的认知疗治

作为认知疗法的先驱人物，艾伦·贝克(Aaron Beck)已经成功的通过矫正错误的思维模式的方法治疗了许多抑郁症病人。他指出，治疗应以下列简单的方式进行："咨询师帮助病人确认其歪曲的思维，并帮助他们以更为现实的方式去建构自己的期望"。例如，咨询师可能会要求抑郁的人写下对自己的那些消极的想法，并帮助他们分析为什么他们对自己的自我批评是不正确的，以使来访者对自己具有更为现实的(更少破坏性的)自我认知。

贝克相信抑郁症状之所以能够持续，是因为病人存在着自己没能意识到的且已经习惯化了的消极自动式思想。例如，"我永远也不可能做得像我的兄弟那样好"，"如果人家真的了解我，就再也没有人会喜欢我了"，"我的智力水平不足以使我在这个竞争性很强的学校中立足"，等等。咨询师通过采用下列四种策略来改变抑郁者的认知功能：

向来访者关于自己的基本假设提出挑战。

评估来访者自动式思想的证据，并指出那些自动式思想是不准确的。

对事件再次进行归因，找出当时情境的原因而不是指责来访者的无能。

一同讨论在面对可能导致失败的复杂任务时怎样找到其他解决问题的办法。

抑郁症最坏的方面是使病人始终生活在与抑郁症状相关的消极思维和丧失对生活兴趣的状态之中。病人会全神贯注于由其消极心境所致的想法上，所能够回忆起来的都是生活中的失败，这使得病人的抑郁情绪变得更加糟糕。他们所吸收的所有信息只要透过抑郁的黑色眼镜，就会看到原本不存在的批评，听到表扬时却感觉是讽刺，并把这些作为进一步感觉抑郁的"理由"。认知疗法通过阻止来访者不再为抑郁本身而抑郁，来抑制抑郁症的恶性循环。

(4)存在—人本主义心理学

存在—人本主义学派强调人的价值，关注改善人的心理功能，提高个体选择的自由，获得更有意义的人际关系，而不是纠正处于严重失调的个体症状。日常生活中的问题、缺乏有意义的人际关系以及缺少重要的人生目标等导致了常见的存在危机。每一个个体都是处于不断变化和成长过程中的，尽管环境和遗传对此有一定的制约，但是人们还是可以通过创造自身的价值，对自己的将来进行自由选择，并且坚持自己的选择。然而，伴随着这种选择的自由而来的是责任。因为每一个人都不可能完全清楚自己行为的所有含义，会感到焦虑甚至绝望，或者因为失去了发挥潜力的机会而感到内疚。将这些普遍适用于人性的理论应用于治疗，帮助来访者清晰地界定出自己的自由度，重视他们体验到的自我以及此时此刻的丰富性，陶冶他们的个性，寻找实现他们发挥全部潜能的方式(自我实现)，即存在—人本主义的核心概念。

■ 心灵加油站

2-6 来访者中心疗法

最初由卡尔·罗杰斯(Carl Rogers)所发展的来访者中心疗法，对许多不同取向的咨询师在确立与病人的治疗关系方面都具有重要的影响。来访者中心疗法(client-centered therapy)的基本目标是促进个体的心理健康成长。

这种方法始于一种假设，假设认为所有人都有基本的自我实现的倾向——即实现他们的自我潜能。罗杰斯认为"发展其全部能力是生物体的一种遗传倾向，用以维持或提高他们自己的生存状态"。来访者中心疗法认为人的健康发展可能会被错误的学习模式所阻碍，在这种模式中人们接受了他人的价值来替代自身形成的价值。此时自然形成的正性自我意象与负性外部批判之间的冲突导致了人的焦虑和不幸福感。人们可能无法意识到这种冲突，或者叫作不一致，所以只是体验到了不幸福感和低自我价值感，而不知道其中的原因。

罗杰斯学派治疗的任务是要创造一个良好的治疗环境，使来访者在那里能够学习怎样提高自己并达到自我实现的目标。因为这一疗法假设人们的本性是好的，咨询师的主要工作就是清除那些限制自然正性发展的障碍。此疗法基本的治疗策略是承认、接受并澄清来访者的感受。这些是在一种无条件积极关注的氛围下完成的——即接受和尊重来访者而不对其进行任何价值判断。咨询师也将自己的感受和想法毫无保留地向来访者开放。为了使这种真诚得以保持，咨询师应尽可能理解来访者的感受。这种完全的共情要求咨询师把来访者看作是一个有价值、有能力的人，不是被判断和评估的对象，而是一个在发现自身个性的过程中需要帮助的人。

在来访者再次尝试寻找真正的冲突根源并清除这些压制自我实现的不良影响时，咨询师的情绪和归因风格是很有帮助的。与其他治疗取向中进行解释、回答或者指导的从业者不同，来访者中心疗法的咨询师是一个具有支持作用的倾听者，他会不时地复述来访者自身的评价和感受。因为来访者中心疗法的咨询师的工作只是在促进来访者的自我觉知和自我接受，所以这种疗法又被称为非指导性的疗法。

2. 大学生常见的心理咨询内容

心理咨询能够帮助有需要的人从心理学角度进行自我的探索。事实上，并不是非要在心理上出现问题了才需要寻求心理咨询。大学生群体常见的困惑主要体现在以下几个方面。

（1）适应问题

面对新的环境和人群，如何调整自身的状态；远离家乡和亲人，任何事情都需要自己独立完成，如何科学地规划时间；每一所大学都有自己的文化和要求，如何融入其中，找到自己的位置；等等。

（2）学业问题

大学的学习方式与此前适应的方式有所不同，可能会遇到学习目标缺失、学习兴趣缺乏、学习动力不足等问题。

（3）人际关系

大学生主要参与的人际关系主要有：亲属关系，包括父母和重要的家庭成员；师生关系，包括导师、辅导员、班主任等；朋辈关系，包括各阶段的同学、兴趣团体中的成员等；亲密关系，特指恋爱中的另一对象。可能遇到的问题可能有：不知道如何与对方更有效地交流，不知道如何更加流畅地表达自己的想法，为什么在关系中总是想回避，总是看不惯他人的一些习惯，等等。

（4）情绪问题

来到大学后，要面对各类新问题：新的学习方法、新的生活模式、新的交流群体等，难免会对未知感到焦虑甚至恐惧。如何觉察自己的情绪状态，如何与自己的情绪相处，如何从不舒服的情绪当中解脱出来，等等。

(5)未来职业发展问题

自己的未来何去何从，想要成为什么样的人，自己的性格特点是什么，自己的职业兴趣是什么，擅长做什么类型的工作；是否适合攻读更高的学位继续深造，想出国读书又顾虑重重；不愿面对社会的复杂，职场潜规则根本不适合涉世未深的自己。如何扬长避短，将自身潜力发挥到最大。

■ 心灵健身房

2-2 自我体验：缓解焦虑的几种放松法

呼吸放松法

包括鼻腔呼吸放松法、腹式呼吸放松法和控制呼吸放松法。鼻腔呼吸放松法：在舒适的位置坐好，将右手食指和中指放在前额上，用大拇指按压住右鼻孔，然后用左鼻孔缓慢的轻轻吸气，再用无名指按压住左鼻孔，同时将大拇指移开打开右鼻孔，同时打开无名指用左鼻孔呼气，由此循环。腹式呼吸放松法：舒适坐好，一只手放在腹部，一只手放在胸部，先吸气，感觉肺部有足够的空间，来做后面的深呼吸，然后用鼻子吸气，保持3秒，再把气体缓慢呼出，吸气让空气进入腹部，让呼气的时间比吸气的时间长。控制呼吸放松法：是指一种通过呼吸控制缓解紧张情绪的方法，具体步骤如下。

①吸气缓慢并深深地接"1—2—3—4"吸气，约4秒使空气充满胸部。呼吸应均匀、舒缓而有节奏。

②控制呼吸把空气吸入后稍加停顿。感到轻松、舒适、不憋气。

③呼气要自然而然地、慢慢地把肺底的空气呼出来。此时，肩膀、胸，直至膈肌等都感到轻松舒适。在呼吸时还要想象着将紧张徐徐地被驱除了出来。注意放松的节拍和速度。

肌肉放松法

把头和肩靠在椅背上，胳膊和手都放在扶手或自己的腿上，双腿平放在椅子上，双脚平放在地上，脚尖略外倾，闭上双眼，这时很轻松地坐在椅子上，让身体肌内一步步地感受紧张，直到紧张到达极点后完全松弛下来，并且感觉有关部位的肌肉十分放松，用心体验彻底放松后的轻松感。

想象放松法

找出一个曾经经历过的、给自己带来最愉悦的感觉、有着美好回忆的场景，可以是海边、草原、高山等，用自己的多个感觉通道去感受、回忆。

3. 心理咨询中常见的误区

误区一：心理咨询能够一次性解决问题。心理问题不是一两天形成的，自然也不可能通过一两次的咨询就可以将其解决。甚至很多时候就像"冰山"一样，表现出的问题只是冰山一角，隐藏在水面之下的才是问题的核心。心理咨询则是需要咨询师不疾不徐、按照一定程序提供一系列的认识问题、分析问题、解决问题的具体方法，最终帮助来访者实现自我成长。通常来访者如果寄望于一两次咨询就能解决问题，这样的心态本身就是值得被讨论的。

误区二：心理咨询应该是免费的。校园里面向学生提供的心理咨询几乎都是免费的，那是因为国家、学校承担了咨询的成本。在社会上，心理咨询是一项收费的服务。一个人希望不通过任何形式的付出，就想有成长的收获，往往也是不可能的。甚至也有人认为，咨询师只是为了赚钱，才将咨询做得又慢又长，而且既然是为了助人，就应该免费。这样的想法本身就是误解了咨询存在的意义，也是对心理咨询师工作的全盘否认。

误区三：做心理咨询是不光彩的。心理有问题、精神病人才需要做心理咨询，拥有此类想法的人已经越来越少了，但仍然存在。事实上，一个人格健全、内心强大的人也可能在某些事情上遇到情绪的困扰、选择的焦虑或者人际关系的紧张等问题。心理咨询也能够在这样的情况下发挥巨大的作用，给求助者打开新的视角。因此，心理咨询是解决心理问题的有效途径，也是认识自我、发现自我的一剂良方。

误区四：咨询师应该能够完全理解我。心理咨询师是接受过心理学专业学习和训练的普通人，他们并没有特异功能，也不能通过问几个问题就能洞悉来访者的前世今生。但是，他们会遵循咨询过程中的设置和规则，特别关注来访者的某些方面，比如，情绪变化、问题的表述方式、肢体动作等，来帮助自己获得更多的与来访者心理相关的信息。很多时候，咨询师会通过共情的方式来理解、体恤来访者的经历，但每个人的生活经验、人生阅历具有个体差异，不可能做到完全的感同身受。其实，也正是有了这样的差异，能够帮助咨询师更好的看到问题的根源所在。

二、团体心理咨询

尽管大多数咨询都是在个人与咨询师之间进行的，但有时候也可以一群人一起进行咨询。团体咨询就是若干个彼此无关的人同时在咨询师的带领下讨论他们的心理问题。

■ 心灵加油站

2-7 团体心理咨询之父——普拉特

团体心理咨询的发展是针对人类在不断变化的世界中的各种社会需要而产生的。

随着社会政治、经济、文化的发展和变迁，人们的适应出现许多新的特点和问题，早期的团体工作主要是协助个人适应社会的变化，最早出现在19世纪中期的英国。在团体咨询发展的过程中，最早尝试团体形式用于心理咨询与治疗的是美国的内科医生普拉特(J. H. Pratt)。20世纪初，由于受科技发展水平及医疗条件的限制，患了肺病的病人缺乏有效的治疗方法，患者只能终身带病并有可能传染他人，被社会人士所恐惧、回避，得不到世人的接纳与理解，这对病人无疑是雪上加霜。因此，患了肺病长期住院的病人情绪低落，意志消沉，心情抑郁。1905年，在波士顿做内科医生的普拉特见此情景，将住院的20多位肺病患者组成了一个团体，他称之为class，采取讲课、讨论、现身说法的形式开展团体心理治疗。团体每周聚会1～2次，普拉特亲自向患者讲解有关肺病的常识、治疗及疗养方法，鼓励团体成员，激发他们战胜疾病的勇气和信心。他还专门请几位适应较好的患者现身说法，讲述他们如何面对疾病不气馁，克服身心适应不良，以积极态度对待疾病的事实，为其他患者树立了榜样，提供了示范，从他们身上看到了希望。通过团体讨论，成员在认识上相互启发，情感上相互理解支持，消除了因患肺病而产生的沮丧情绪与消极态度，改变了不适应的心理行为，能够乐观地面对疾病，面对现实，面对生活。普拉特的团体治疗的探索取得了成功，参加者纷纷报告自己的收获，反响强烈。因此，普拉特被认为是团体咨询与集体心理治疗的先驱。他的实践和尝试具有重要的开创性意义，他当年采用的治疗方法、技术，目前仍在使用。例如，酒精依赖或药物依赖的"团体治疗会"，由病人以本人的亲身经历与体验去勉励其他病人克服困难去戒毒戒酒。

1. 团体心理咨询的概念和形式

团体心理咨询是在团体情境中提供心理帮助与指导的一种心理咨询与治疗的形式。它是通过团体内人际交互作用，促使个体在交往中通过观察、学习、体验，认识自我、探索自我、接纳自我，调整和改善与他人的关系，学习新的态度与行为方式，以发展良好的生活适应的助人过程。

一般而言，团体心理咨询是由1～2名领导者主持，根据团体成员问题的相似性组成课题小组，通过共同商榷、训练、引导，解决成员共有的发展课题或相似的心理障碍。团体的规模因参加者的问题性质不同而不等，少则3～5人，多则十几人到几十人。通过几次或十几次团体活动，参加者就共同关心的问题进行讨论，相互交流，共同探讨，彼此启发，互相支持和鼓励，使成员观察、分析和了解自己的心理行为反应和他人的心理行为反应，从而改善人际关系，增强社会适应能力，促进人格成长。在校园中，团体活动可以作为团体心理咨询的一种不同形式，让性格各异的同学们能够快速地找到自己在团体中的参与感。

2-3 鼓动人心

鼓动人心是一个团体游戏，可由6～15人组成，适合在开阔平坦、无障碍物的场地进行。游戏的道具包括一只大鼓、数根软绳、一只具有弹性的球。

游戏操作：将数根软绳系在大鼓上，团队的每一名成员拉住其中的一根绳子，与大鼓保持一定的距离；将具有弹性的球放置在鼓面，通过众人的牵拉控制大鼓的颠球力度和方向。颠球时保持球的自然状态，当球落在鼓面以外的地方时计数停止。一次性计数的数字越大，团队合作的效果越好。

2. 团体咨询的原则

为了发挥团体咨询的作用，完成团体咨询的目标，获得理想的效果，团体咨询中应遵循如下七个原则。

(1) 专业原则

团体心理咨询是一种有组织的活动，也是一项有计划的工作，应由接受过专业培训的人员负责，事先应制订周详的实施计划。团体领导者应具有丰富的能力与经验引导团体发展。此外对团体的效果要有客观的评鉴与记录。

(2) 民主的原则

民主的原则有助于促使团体保持轻松的气氛而有秩序，增强团体的凝聚力。为此，团体领导者应以团体普通一员的身份，尊重每一位参加者，并参与团体活动，鼓励成员发表自己的意见，与他人平等沟通，共同关心团体的发展。

(3) 共同的原则

团体咨询是针对成员共有的问题而组织的，因此团体咨询进展过程中始终要注意成员共同的志趣和共同的问题，使个人与团体相互关注，保持共同的信念、共同的利益和共同的目的。例如，人际关系团体咨询活动的参加者都有想学习和他人相处的技术的共同愿望。

(4) 启发的原则

咨询的根本任务是助人自助。因此团体咨询过程中，应本着鼓励、启发、引导的原则，尊重每个人的个性，鼓励个人发表意见，重视团体内的交流与各种反应，适时地提出问题，激发成员思考，培养成员分析问题与解决问题的能力。

(5) 发展的原则

在团体咨询过程中，领导者要从发展变化的观点看待团体成员的问题，用发展变化的观点把握团体咨询过程。不仅要在问题的分析和本质的把握上用发展的眼光做动态考察，而且对问题的解决和咨询结果的预测要具有发展的观点。

（6）综合的原则

团体咨询的理论、方法、技术种类繁多。只局限于某种理论和方法往往难以使团体咨询获得满意的效果。因此，领导者应该了解各种理论和方法，根据团体咨询的任务和性质，综合选取有效的技术，以达成团体咨询的目标。

（7）保密的原则

尊重每一个团体成员的权力及隐私，是团体咨询中必须坚持的基本原则。在团体咨询过程中，团体成员出于对团体领导者和其他成员的高度信任，或者被团体真诚、温暖、理解的气氛感染，而把自己的隐私全部暴露出来，从成长及治疗的角度讲是非常有意义的，但是如果领导者和其他成员有意或无意地议论个人的隐私，会给暴露者带来伤害，也损害了团体咨询的形象。保密的原则要求领导者在团体开始时向全体成员说明保密的重要性，并制定保密规定要求大家遵守，不在任何场合透露成员的个人隐私。离开团体要承诺对团体中发生的人和事不传言、不议论，保护成员个人的隐私权。如果需要研究或发表，必须征得本人同意，并隐藏真实姓名，确保当事人的利益不受损害。但保密不是绝对的，当当事人的情况显示他或其他人确实处在危险边缘时，应采取合理措施，通知有关人员或组织，或向其他专业咨询人员请教。从根本上讲，仍是为了保护当事人的利益。

■ 心灵加油站

2-8 心理剧：一种团体心理咨询与治疗的技术

心理剧是20世纪20年代初由莫雷诺首创的一种团体咨询和治疗的形式，它不是以谈话为主，而是通过特殊的戏剧化形式，让参加者扮演某种角色，以某种心理冲突情境下的自发表演为主。它能帮助成员们将心理的事件，通过演剧的方式表达出来。在表演过程中，主角的人格结构、人际关系、心理冲突和情结问题逐渐呈现于舞台，达到精神宣泄，消除思想上的压力和自卑感，诱导其主动性，使主角及其他参加者从中找到自己的现实生活，增强适应环境和克服危机的能力。心理剧的基本过程大致可分为三个阶段，即暖身、演出和分享。心理剧的构成有五要素：导演主角、配角、观众、舞台。心理剧的基本技法有：角色交换、替身、独白、镜像法等。

3. 团体心理咨询的功能和特点

团体心理咨询为参加者提供了一种良好的社会活动场所，创造了一种信任的、温暖的、支持的团体气氛，使成员能以他人为镜，反省自己，深化认识，同时也成为他人的社会支持力量。团体心理咨询有助于培养成员与他人相处及合作的能力；加深自我了解，增强自信心，开发潜能；加强团体的归属感、凝聚力及团结。作用主要表现为以下七个方面。

①为个人提供了一面镜子；

②成员可从其他参加者和领导者的反馈中获益；

③成员接受其他参加者的帮助，也给予其他人帮助；

④团体提供考验实际行动和尝试新行为的机会；

⑤团体情境鼓励成员做出承诺并用实际行动来改善生活；

⑥团体的结构方式可以使成员获得归属需要的满足；

⑦团体中的互动行为可以帮助成员了解他们在工作中和家庭中的功能。

团体心理咨询影响广泛。个人咨询的过程是咨询师与求助者之间单向或双向沟通的过程；而团体心理咨询是多向沟通过程，对每一位成员来说，都存在多个影响源，每位成员不仅自己接受来自团体每一位成员的帮助，同时也可以成为帮助其他成员的力量。此外，在团体情境下，成员可以同时学习模仿多个团体成员的适应行为，从多个角度了解自己、洞察自己。在团体过程中，成员之间互相支持、集思广益，共同探寻解决问题的办法。

三、家庭心理咨询

1. 家庭心理咨询的概念

家庭咨询是以家庭为对象实施的心理咨询模式，其目标是协助家庭消除异常、病态的情况，执行健康的家庭功能。参与咨询的对象是整个家庭，如夫妻、一家三口等。家庭咨询解决的问题不仅是家庭中的问题，个人的问题也可以被视作家庭功能失常的一个"症状"，如孩子的厌学问题可能和父母之间的冲突有关。在家庭咨询中，心理咨询师和家庭成员共同合作，从家庭系统的角度解决问题。

■ 心灵图书馆

2-2《为何家会伤人》

家庭咨询也是心理咨询的一种形式。心理学家武志红所著的《为何家会伤人》就是通过三十多个现实中的案例来呈现父母和孩子在家庭教育中出现的问题，将专业的心理学问题以朴素、平时的语言和讲述方式展现给普通大众，帮助读者意识到家庭中也可能存在"小危机"。

2. 大学生适合进行家庭咨询的情况

大学生的心理问题与家庭有直接的关系，比如某大学生得了焦虑症，直接诱因是父母对该大学生要求太高，该大学生达不到父母的要求，这时，如果大学生和父母均愿意，大学生可以和父母一起进行家庭咨询。已婚大学生解决夫妻关系的问题或亲子关系的问题，比如想改善夫妻之间的关系，双方都愿意参与的情况下就可以进行。某些需要家庭成员照顾的大学生的问题，比如某大学生得了抑郁症，如果该大学生和父母均愿意，大学生可以和父母一起进行家庭咨询，磋商患病期间如何沟通的问题。

需要注意的是，有的问题虽然比较适合夫妻和家庭咨询，但如果有家庭成员不愿意参与，那也不要强迫对方参加，可以先从个人咨询开始。

第三节　如何运用心理咨询资源

一、大学生身边的心理咨询资源

1. 社会上的心理健康服务

社会上的一些高校或者研究机构依托手机小程序面向普通大众提供心理健康的服务。

中国科学院心理研究所心理援助平台（微信小程序），服务时间为 9:00—21:00，50 位专业咨询师提供科学、有效、专业的心理援助服务，咨询范围涉及情绪心理、人际关系、个人成长等。需提前预约，一次咨询 25 分钟。

全国心理援助热线查询，24 小时免费心理援助服务，是由健康中国政务新媒体平台联合国务院客户端推出的心理援助平台，可查询地方热线和高校热线。有两种获取方式：①关注"健康中国"微信公众号，点击"政民互动"专栏后再点击"心理援助热线"，即可进入"全国心理援助热线查询服务"页面；②打开国务院客户端小程序首页，可搜索"心理热线"查询。

除此之外，如果超出了一般的心理问题，如某种严重的精神障碍，可以求助医疗类的资源。每个地区都有专门的精神疾病专科医院。如果没有，可以到综合医院的精神科就诊。

■ 心灵加油站

2-9 心理健康服务的相关政策

自 2012 年 10 月 26 日我国精神卫生领域的第一部法律《中华人民共和国精神卫生法》出台以来，原国家卫生计生委统筹协调精神专科医院与综合医院精神科资源，提高综合医院精神障碍预防、诊断、治疗能力，印发了《关于做好综合医院精神科门诊设置有关工作的通知》，要求各省（区、市）、设区市县（市）至少有一家相应级别的综合医院设置精神科门诊或心理治疗门诊。随后，国家也加大了对精神卫生人才培养的力度。2015—2018年，24个中西部省份开展培训6000余人。2018年10月底，国家卫生健康委、中央政法委、教育部等10部门联合制定了《全国社会心理服务体系建设试点工作方案》。由中央经费支持，在全国开展社会心理服务体系建设试点项目，旨在探索如何在政府领导和多部门协作下，建立健全社会心理服务体系和工作机制，因地制宜地提供心理健康服务，总结提炼典型经验，以便将来在全国范围内推广。截至2019年6月，全国共确定了64个试点地区。在国务院发布的《健康中国行动（2019—2030年）》纲要中，针对15个重大专项行动之一的心理健康促进行动提出要从政府、社会、个人、家庭4个层面协同推进，提升居民心理健康素养水平，减缓心理相关疾病如焦虑障碍、抑郁症、失眠障碍等常见精神障碍发生的上升趋势。

2. 校园内的心理健康服务

早在20世纪80年代，在国内心理咨询的发展还处于初期探索阶段的时候，以清华大学为代表的部分高校就成立了心理咨询服务机构。随着社会各界对心理健康重视程度的加深，到目前，几乎所有的高校都设立了相应的服务机构，甚至不少的中学也都开设了心理咨询室。在大学校园里，心理健康教育中心会组织一些心理健康相关的活动，如心理电影放映、心理知识讲座、心理图书分享会等。尤其是在每年春季学期开学后，许多高校会在3—5月启动大学生心理健康月系列活动，邀请他们参与形式内容丰富的课外体验，帮助在校生更好地了解了身边的心理健康教育资源。

高校的心理健康服务机构通常对在校生免费开放。心理咨询作为其中一项重要的服务内容，对大学生而言，是经济、高效且专业的心理咨询资源。一般来说，高校心理咨询服务包括个体咨询、团体咨询、心理危机干预、开设心理健康教育课程以及知识讲座等。

二、如何选择心理咨询师

当前，通过国家认定、具备专业资质的心理咨询师越来越多，他们可能拥有不同的知识背景、来自不同的理论流派，从事咨询工作的年限各有不同；如果是校外的咨询，收费价位也有较大差异。但是，仅从这几个方面来选择咨询师还远远不够。大体上来说，首先要确认咨询师的专业资质，校内心理健康服务中心的咨询师都是经过学校认定的，专业性能够得到保证；如果是社会上咨询服务机构的咨询师，则需要考察其资质是否合格。此外，也是最核心的一点，即求助者本人对咨询师的感觉。自始至终，都是咨询师和来访者一同工作。如果来访者的感觉不好，那么不论咨询师的学识多么广博、咨询经验多么丰富，都很难收到良好的工作效果。大学生在选择咨询师时可以从以下几个方面着手考虑。

1. 听从自己内心的声音

在许多需要我们做出判断或者选择的时候，也许会认为感觉不是那么可靠的，但是确认一位咨询师是不是自己愿意倾诉的、能够信任的，跟着感觉走往往是一种有效方法。可以信任的、令人舒服的咨访关系是建立工作联盟的核心。如果在心理咨询中，感受到咨询师是可以信任的，让你感到放松和安全，这就是适合的咨询师人选。如果感觉无法信任咨询师，也可以在咨询中将这部分拿出来和咨询师讨论。同时也要关注，可能是咨访双方不匹配的信号，看看是否需要更换咨询师。

愿意向咨询师倾诉。在咨询的不同阶段，咨询会有不同的工作任务。比如，初始阶段，咨询师需要收集一些基本的资料，包括来访者的成长经历、重大事件等。如果来访者感觉不是很愿意向咨询师倾诉，或者有顾虑，可以与咨询师讨论，也可能意味着不合适。

在咨询的过程中，来访者可能时刻会有不同的感觉，心理上的或者生理上的。与自己的感觉保持联结，并在来访者愿意的情况下，将这些感觉反馈给咨询师，对咨询工作会有较好的帮助。当来访者感知不到自己的感觉时，这样的信息同样重要。因此，对自己所有的感觉保持开放的态度，是咨询的良好基础。

2. 了解咨询师的咨询取向

不同的咨询师根据自己的兴趣、学习背景等会在不同的理论流派中有深入的学习和个人的理解，会在咨询过程中倾向于采用熟悉的、习惯使用的咨询方法，即咨询取向。对求助者而言，适当的了解一些心理学的理论流派，在选择心理咨询师时能够提高效率，找到匹配的人。

针对同样的心理问题，不同的流派各有其工作侧重的方面。本章前面的部分已经介绍过常见的咨询流派的基本观点，这里对不同流派的常用技术进行介绍。比如精神分析流派，注重的是一个人对自己内心世界的探索。在咨询过程中，咨询师通过共情、面质和解释等技术与来访者在潜意识层面工作，并关注其在早期童年经历中形成的冲突，帮助来访者加强对自我的认识。精神分析取向的咨询一般需要长程进行，适合内心有冲突、想要调适自我状态但应对现实生活没有太大困难的求助者。行为主义强调以行为为中心，关注的是来访者目前的问题和影响这些问题的因素，不强调对可能的历史性的决定因素的分析。它广泛意义的行为不仅包括外显的行为，比如，强迫性地频繁洗手、做事拖延等，而且包括思维、语言和表象等内隐行为，也包括胃肠、血压等生理行为。行为治疗的目的是建立适应性反应，替代非适应性的反应。常用的技术包括行为功能分析、情绪宣泄法、角色扮演与模仿等。在认知疗法中，咨询师通常会通过一个"认知三角"来帮助来访者充分的觉察和探索自我。认知三角形的三个顶点分别是认知、情感和行为。三者之间相互影响，密不可分。认知疗法的咨询方式是识别出来访者对事情的"不合理信念"，进而验证其不合理性，并考虑其他可能，改变对事情的看法，从而改变自身感受和行为。在人本主义流派的咨询中，通常使用的是无条件积极关注、共情、接纳等技术。虽然看起来很简单，但是对一些来访者而言意义重大。当来访者在心理咨询室中体验到足够多的被关注、接纳，他就能在面对生活困境的时候聚集更多的能量来应对。

近年来，在后现代主义的思潮下应运而生了一些心理咨询方法，这些咨询方法统称为后现代心理咨询，比如叙事治疗、短期焦点解决治疗、绘画治疗和音乐治疗等。不同的方法对应不同的技术，但是背后的原理是一致的，即心理咨询师通过不同的媒介帮助来访者重新建构自身独特的意义，从而达到和谐状态。

3. 了解咨询师的相关背景

了解到心理咨询流派的理论和技术后，结合咨询师在个人介绍当中的擅长领域，能够帮助来访者锁定适合自己的咨询师。

受训背景。这其中可能包括咨询师的从业经历、学习经历和培训经历等，比如是否在心理专科门诊工作过，是否在心理学专业学习，培训的主要内容和时长等。

从业年限（个案积累）。一般而言，从业时间越长，个案积累的时数越长，经验是越丰富的。

擅长领域。包括咨询师的咨询理论取向，擅长的问题，比如情感问题、人际关系困扰、工作压力、性心理等。

咨询方式。心理咨询大多都是通过线下开展的，咨询师和来访者同在咨询室里面对面工作。随着网速提升和手机功能的日益强大，网络视频咨询也越来越普遍。这使得咨询师资源不再受到地域限制，来访者也能够在更广阔的范围内寻找适合自己的心理咨询师。但是，仍然有部分咨询师是不接受网络视频咨询的，所以需要提前沟通和了解。

咨询费用。校外的心理咨询服务绝大部分都是有偿的，单次收费从几百元到上千元不等。咨询师的从业年限越长，受训经历越丰富，也意味着费用越高。但是，并不是收费越贵的咨询师咨询效果就一定越好，合适的才是最好的。

三、心理咨询前的准备

在前面的内容中提到有效的心理咨询需要心理咨询师与来访者建立安全和彼此信任的工作联盟。在选择了可靠的咨询师后，又如何成为一个可靠的来访者，和心理咨询师共同搭建工作联盟呢？一个好的工作联盟可以提高心理咨询的效率，而真诚和开放是建立稳固工作联盟的两块基石。

1. 时间上的准备

时间投入是心理咨询开展的基本元素之一。稳定的、一定频次的心理咨询是咨询效果的重要保证。尽量让自己能够在固定的时间按时参与咨询。如果有临时的特殊情况，根据与咨询师的约定履行相关手续，并在下一次咨询中真诚地面对咨询师，必要时可以就这一变化进行讨论。

2. 对自身问题的梳理

上一小节提到了解咨询师擅长的领域，那么，来访者首先要能够梳理清楚自己的困惑或者困扰到底是什么，最想要通过咨询解决哪个方面的问题。作为非心理专业的普通人，如何对自己的情况进行初步的判断呢？是否应该选择医疗类的心理健康资源呢？可以从以下的五个方面进行观察。

（1）生理表现

生理表现指的是一些和心理问题相关联的，可以观察到的生理层面的表现。日常睡眠状况如何，是否有入睡困难、睡眠质量不高、早醒等症状；饮食状况如何，是否存在厌食、拒食、过度饮食、暴饮暴食等情况；是否存在物质依赖表现，如吸烟、酗酒或者借助其他物品来消磨意志等；是否有身体不适等感受，如是否抱怨自己身体感觉不好或其他症状等；总体生活节奏是否有明显改变。

（2）认知方面

认知指的是人认识外界事物的过程，即对作用于人的感觉器官的外界事物进行信息加工的过程。潜在危机评估过程中的认知，指的是人的总体思维能力（分析能力、记忆力、注意力等）和个人的看法。比如，如何看待自己面临的问题，是否符合实际；是否能够有效地解决所面临的问题；注意力水平如何，是否能够保持必要的注意力；记忆力水平如何，是否存在长期、短期记忆的损害；逻辑思维能力如何，是否存在思维混乱的现象；认知范围是否发生变化，是否过于狭窄；自我认知如何，是否存在自我怀疑、自我否定等现象；是否存在强迫性思维等异常思维表现；等等。

（3）情绪方面

情绪是人的各种感觉、思想和行为的一种综合的心理和生理状态，是对外界刺激所产生的心理反应，以及附带的生理反应，如喜、怒、哀、惧等。情绪是个人的主观体验和感受。在情绪支配下，个人会产生各种行为，情绪本身也会影响到认知。参考如下：总体情绪感受如何、情绪反应是否和环境、诱因匹配；是否存在消极情绪（忧伤、愤怒、焦虑等）；情绪是否稳定，是否存在波动，波动程度如何；情绪是否受其本人控制，是否有失控的倾向；是否存在情感解体或混乱的表现；等等。

（4）行为方面

行为是人们表现出的各种举止、反应，是判断是否存在精神异常最为直观和有效的判断指标之一。是否表现出他人难以理解的言行举止；是否言行一致；行为活动是否明显地减少或增多；是否表现出自杀意向、自杀行为或制订自杀计划；是否有威胁周围人群和环境的意向和行为；等等。

（5）社会功能

社会功能良好指的是能够正常进行学习、工作和生活，能够正常进行社会交往。和同伴/自身过去相比，能否正常进行学习、工作或生活；行为是否与其社会身份相符；是否对社会交往感兴趣；是否有与自己交往密切的人；是否保持与周围人群的正常沟通；是否有可以寻求帮助的人；是否可以帮助别人；是否愿意参加集体活动；等等。

以上五个方面只是一个初步判断的依据，并不能因此而下定论。如果有上面的情况存在，应该考虑求助心理咨询或到专科医院进行治疗。通常情况下，如果这些异常情况持续时间比较短，如几天、一周的时间，之后就能恢复正常，一般不用太在意，如果持续两周以上，则需要引起关注和寻求相应的帮助。

即便是自己确实不了解，也不必十分紧张或者在意。当你找到一位咨询师后，咨询并不是立刻开始进行的，而是需要经过三次左右的初始访谈，互相确认是否适合开展咨询工作，确定来访者受到困扰的问题是否属于可咨询的范畴等。

3. 心态的调整

在走入心理咨询室前，如果感到紧张和不安，这是正常的现象，你可以在网络上充分搜集有关心理咨询的介绍，包括设置、过程和如何发挥作用等，对心理咨询有个初步了解。还有一个更加有效地缓解紧张的方式是将自己的不安坦诚地告诉心理咨询师，这也是你表达"真实感受和想法"的第一步。坦诚地表达自己的感受不仅可以化解这份紧张，而且有助于咨访关系的建立，也对自身的心理困扰有益。在接下来的心理咨询中，这份真诚依然很重要，你的任何感受和想法都可以和心理咨询师讨论，这是心理咨询当中最为关键的部分，也是咨访关系和别的关系最大的不同。在别的关系中，人很难真的做到表达自己的信任。

虽然工作联盟靠心理咨询师和来访者的共同努力来搭建，但最终的改变依然要回归到来访者自己身上。来访者应该在心理咨询中更多地发挥主动性，要充分地参与和加入心理咨询中，通过心理咨询来发现自己的能力，依靠自身的力量来实现改变。

也许你对心理咨询还有这样一些期待：心理咨询师是权威而专业的，是拯救者，可以很快带自己走出苦海，甚至期待在一次心理咨询后，自己的困扰就能够化解。事实上这些期待是不合理的。心理咨询是一种科学的手段，不是神奇的魔法，无法在短短的几小时里就化解困扰来访者几个月甚至数年的问题。心理咨询是一个过程，是心理咨询师运用专业的方式方法帮助来访者，但心理咨询师不是万能的，心理咨询师是来访者的伙伴，双方在接受每个人都有缺点的状态下，一起学习和成长。

■ **心灵影院**

2-1《美丽心灵》

故事的原型是数学家小约翰·福布斯·纳什。英俊而又十分古怪的纳什早年就做出了惊人的数学发现，开始享有国际声誉。但纳什出众的直觉受到了精神分裂症的困扰——原来纳什的挚友查尔斯、查尔斯可爱的小侄女和威廉·帕彻都是纳什的幻觉。

在妻子艾丽西亚的支持下，纳什受到了她那坚贞不渝的爱情和忠诚的感动，最终决定与这场被认为是只能好转、无法治愈的疾病作斗争。

处在病魔的重压之下，他仍然被那令人兴奋的数学理论所驱使着，他决心寻找自己的恢复常态的方法。通过意志的力量，他接纳所出现的幻觉，与幻觉共存，一如既往地继续进行着他的工作，并于1994年获得了诺贝尔奖。与此同时，他在博弈论方面颇具前瞻性的工作成为20世纪最具影响力的理论，而纳什也成了一个不仅拥有美好情感，并具有美丽心灵的人。

■ 问题与讨论

1. 当你感觉身边的人出现了心理方面的困扰，会如何帮助他/她？
2. 身边的同学对心理咨询有好奇也有排斥，你会怎么做？

参考文献

[1] 郭念锋. 国家职业资格培训教程心理咨询师(二级)[M]. 北京：民族出版社，2011.

[2] 郭念锋. 国家职业资格培训教程心理咨询师(三级)[M]. 北京：民族出版社，2011.

[3] 夏翠翠. 大学生心理健康教育(慕课版)[M]. 北京：人民邮电出版社，2019.

[4] 夏翠翠. 大学生心理健康教育[M]. 北京：人民邮电出版社，2013.

[5] 魏改然，贾东城. 大学生心理健康教育[M]. 北京：高等教育出版社，2017.

[6] 孟娟，周华忠. 自助与成长——大学生心理健康教育[M]. 北京：国家行政学院出版社，2013.

[7] 理查德·格里格，菲利普·津巴多. 心理学与生活[M]. 北京：人民邮电出版社，2003.

[8] 陈滋润，吴霞民，马宁. 中国2009—2019年的精神卫生政策与实施[J]. 中国心理卫生杂志，2020，34(7).

[9] [美]麦格劳-希尔编写组. 妙趣横生的心理学[M]. 北京：人民邮电出版社，2013.

第三章 大学生心理困惑及异常心理
——成长路上的荆棘

■ 思维导图

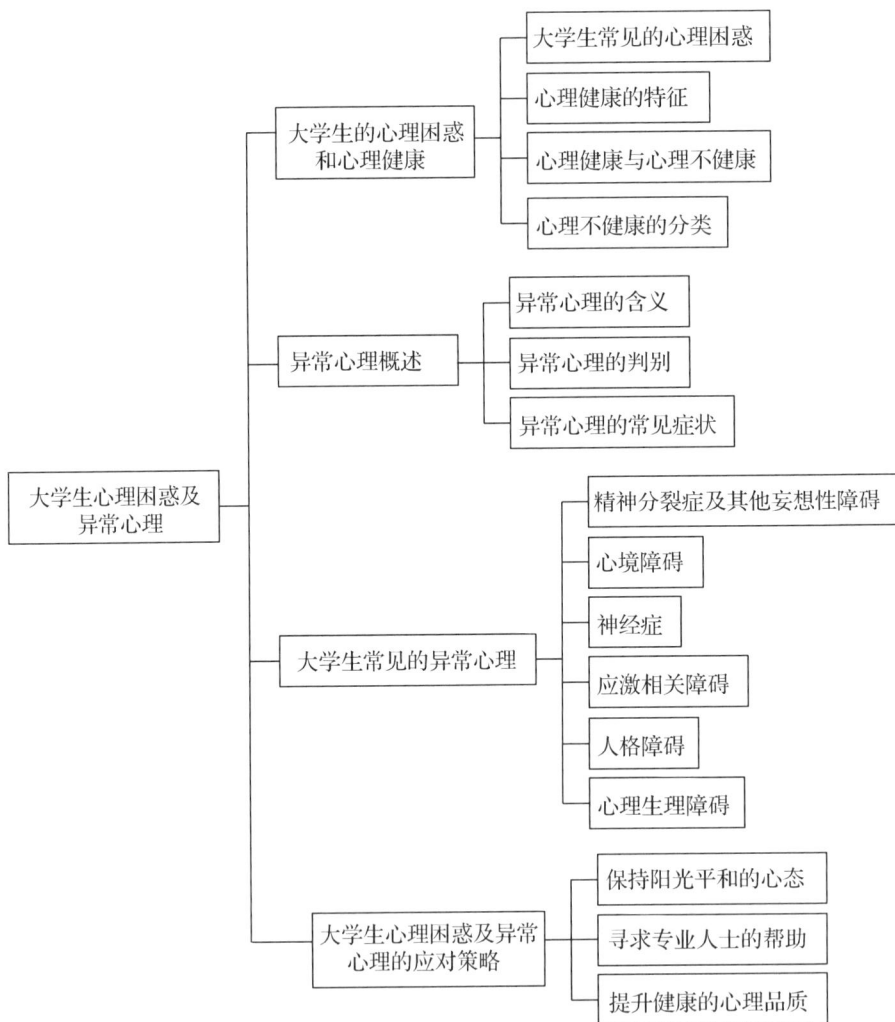

埃及国家博物馆，有一件奇怪的展品。一只用精美白玉雕刻的匣子，大小约和常用的抽屉差不多，匣内被十字形玉栅栏隔成四个小格子，洁净通透。玉匣是在法老的木乃伊旁发现的，当时匣内空无一物。从所放位置看，匣子必是十分重要，可它是盛放什么东西用的？为什么要放在那里？寓意何在？谁都猜不出。这个谜，在很长一段时间内，让考古学家们百思不得其解。后来，在埃及中部卢克索的帝王谷，在卡尔维斯女王的墓室中，发现了一幅壁画，才破解了玉匣的秘密。

壁画上有一位威严的男子，正在操纵一架巨大的天平。天平的一端是砝码，另一端是一颗完整的心。这颗心是从一旁的玉匣子中取出的。埃及古老的文化传说中，有一位至高无上的美丽女性，名叫快乐女神。快乐女神的丈夫，是明察秋毫的法官。每个人死后，心脏都要被快乐女神的丈夫拿去称量。如果一个人是欢快的，心的分量就很轻。女神的丈夫就引导那有着羽毛般轻盈的心的灵魂飞往天堂。如果那颗心很重，被诸多罪恶和烦恼填满皱褶，快乐女神的丈夫就判他下地狱，永远不得见天日。

原来，白玉匣子是用来盛放人的心灵的。原来，心轻者可以上天堂。

自从知道了这个传说，我常常想，自己的心是轻还是重，恐怕等不及快乐女神的丈夫用一架天平来称量，那实在太晚了。我喜欢未雨绸缪，在我还能微笑和努力的时候，就把心上的累赘一一摘掉。我不希图来世的天堂，只期待今生今世此时此刻，朝着愉悦和幸福的方向前进。

心灵如果披挂着旧日尘埃，好像浸满了深秋夜雨的蓑衣，湿冷沉暗。如何把水珠抖落，在朗空清风中晾干哀伤的往事？如何修复心理的划痕，让它重新熠熠闪亮，一如海豚的皮肤在前进中使阻力减到最小？如何在阳光下让心灵变得剔透晶莹，忠诚正直，诚恳聪慧，却不会招致悲剧的命运？

我们不是从一张白纸开始自己的心灵健康之旅，而是背负着个人的历史和集体的无意识，在文化的熏染中长大，它们对我们的影响复杂而深远，微妙而神秘。

——摘自：毕淑敏．心轻者上天堂[J]．参花(下).2014，(7).

第一节　大学生的心理困惑和心理健康

大学阶段处在人生成长的青年期，是人生当中的黄金阶段。青年期是个体生理和心理迅速发展的时期，也是个体心理迅速走向成熟而又尚未完全成熟的一个过渡期。进入青年期后，个体的逻辑思维能力、记忆力、想象力和创造力等都会显著提高，独立自主性也日益增强。虽然大学生在生理的发展上已经相当于成人的水平，但是心理上的发展往往会相对滞后许多，加之面临新的生活学习环境，很容易引发各类心理问题，甚至产生异常心理。因此，了解大学生产生心理困惑的原因，区分心理健康和心理不健康有助于我们更好地度过大学阶段。

一、大学生常见的心理困惑

1. 环境和角色的变化引发心理冲突

个体从熟悉的环境进入陌生的环境后，都需要一个适应过程。这个过程包括对新环境的认识，了解新环境对自己的要求，以及掌握适应新环境的能力。大学是进入社会的前站，是一个降维的"社会"，相比高中时期的校园生活，大学的生活环境在某种程度上是复杂的，大学生在大学的任务也不只是学习知识，评价学生好坏的标准也不再单纯是学习成绩。为了能够适应这种复杂性，大学生必须发展出很多应对技能。而现阶段的高中教育普遍关注知识学习较多，在学生个人能力的培养投入较少，直接导致大学生在面临新的环境时深感能力窘迫。

另一方面，大学生脱离了父母和老师的监督，自己成为了生活的主人，在拥有独立自主的安排自己生活和学习权利的同时，也扛起了独当一面和独自面对各种苦难的责任。调查显示，有近80%的学生在进入大学以前没有洗过衣服，生活自理能力差，对父母有较强的依赖性。这种角色转换对于很多没有建立好良好生活学习习惯的大学生来说是极富挑战性的，他们不知道如何规划自己的生活，一旦遇见问题又选择逃避；还有一部分大学生因为不知道如何适应大学生活而惶惶不可终日，随着时间的延续，这种内在冲突和矛盾都会加重。

2. 学习压力造成的持续性焦虑

一部分原本学习优秀的大学生，经过高考带着良好的感觉进入大学校园，突然发觉自己曾经"鹤立鸡群"的感觉一去不复返了，在高手如云的集体内，昔日那种优越感和底气已荡然无存，"众星捧月"的地位变了，无形中在心理上产生了一种失落感和压抑感。此外，随着我国建设高等教育强国战略的实施，各个高校越来越重视人才培养的质量，最直接的表现就是大学对学生学习要求更加严格了。在很多高校，如果学生成绩不达标就会面临失去学位甚至退学的危险。很多大学生进入大学后最明显的感受就是缺乏学习动机，与高中不同，在大学的学习中，老师只是起引导作用，绝大部分知识需要大学生自我学习，部分学生由于学习方法不当导致成绩不理想，很容易产生挫折感，伴之而生的紧张不安的情绪就是焦虑。

一定程度的压力和焦虑等情绪能够促使大学生更加努力和更有效率地学习，但是过度的情绪反应则会使人丧失自信，干扰正常思维，从而妨碍学习。久而久之大学生容易陷入负面情绪的漩涡，很容易引发各类异常心理。

3. 人际关系不良导致的性格孤僻

随着经济发展，尤其是网络现代化和智能生活时代的到来，人们的物质生活得到了极大的改善，但是也同时带来了新的问题，人与人之间的交流被各类社交工具代替，导致青少年生活在一个相对虚拟的人际关系环境中，使他们缺乏现实交际技巧。大学中的人际关系比高中要复杂得多，要求学生学会与各种类型的人交往。但部分学生不能或很难适应，总是以自己的标准去要求他人，凭个人的好恶选择交流对象，缺乏积极有效的沟通，导致人际关系不良，久而久之身边的知心朋友会越来越少，随之而来的便是孤独感和不被认可感，甚至逐渐形成孤僻的性格。

■ 心灵密室

3-1 人际信任量表(ITS)

下面有25句话，请仔细阅读每一句，使用以下标准表明你对下列每一项陈述同意或不同意的程度：1＝完全同意，2＝部分同意，3＝同意与不同意相等，4＝部分不同意，5＝完全不同意。

1. 在我们这个社会里虚伪的现象越来越多了。

2. 与陌生人打交道时，你最好小心，除非他们拿出可以证明其值得信任的依据。

3. 除非我们吸引更多的人进入政界，否则这个国家的前途将十分黯淡。

4. 阻止多数人触犯法律的是恐惧、社会廉耻或惩罚而不是良心。

5. 考试时老师不到场监考可能会导致更多的人作弊。

6. 通常父母在遵守诺言方面是可以信赖的。

7. 联合国永远也不会成为维持世界和平的有效力量。

8. 法院是我们都能受到公正对待的场所。

9. 如果得知公众听到和看到的新闻有多少已被歪曲，多数人会感到震惊的。

10. 不管人们怎样表白，最好还是认为多数人主要关心其自身的幸福。

11. 尽管在报纸、收音机和电视中均可看到新闻，但我们很难得到关于公共事件的客观报道。

12. 未来似乎很有希望。

13. 如果真正了解到国际上正在发生的政治事件，那么公众有理由比现在更加担心。

14. 多数获选官员在竞选中的许诺是诚恳的。

15. 许多重大的全国性体育比赛均受到某种形式的操纵和利用。

16. 多数专家有关其知识局限性的表白是可信的。

17. 多数父母关于实施惩罚的威胁是可信的。

18. 多数人如果说出自己的打算就一定会去实现。

19. 在这个竞争的年代里，如果不保持警惕别人就可能占你的便宜。

20. 多数理想主义者是诚恳的并按照他们自己所宣扬的信条行事。

21. 多数推销人员在描述他们的产品时是诚实的。

22. 多数学生即使有把握不会被发现时也不会作弊。

23. 多数维修人员即使认为你不懂其专业知识也不会多收费。

24. 对保险公司的控告有相当一部分是假的。

25. 多数人诚实地回答民意测验中的问题。

评分方法：本量表共有 13 个条目为反向计分，它们是 1、2、3、4、5、7、9、10、11、13、15、19 和 24。如得 1 分则记 5 分，如得 5 分则记 1 分，以此类推。所有 25 个条目得分之和即为该量表的总分，反映了被试人际信任的总体状况，得分高者人际信任度也高。

4. 爱情引起的情绪困扰

大学生正处于青春期，生理机能已经成熟，逐渐产生了恋爱的要求，这是人类发育的正常环节。在大学校园谈一场恋爱是很多大学生很向往的一件事情，部分大学生匆匆加入"恋爱族"。但是缺乏爱与被爱经验和能力的大学生，还不具备处理两性交往的不适、性冲动的困扰和感情纠葛的能力。一旦双方无法沉着、冷静、理智地对待恋情，就会造成很多现实和情感上的痛苦。对于缺乏心理调适技能的大学生来说，很容易陷入情感的漩涡难以自拔，甚至重者会痛不欲生，导致精神失常、自杀等严重后果。

■ 心灵密室

3-2 大学生恋爱心理压力源量表

下面是一份关于大学生恋爱心理的量表，请您根据自身情况，选择与各个项目符合程度最高一个选项（"无""几乎没有""有时有""大多时间有""经常有"）。本量表以 SCL－90 为基本工具参照，由能力相关、家庭影响、人格特质、相互感受（性心理）、价值倾向和学业负担 6 个分量表构成。采用五级评分法构成："无"计 1 分；"几乎没有"计 2 分；"有时有"计 3 分；"大多时间有"计 4 分；"经常有"计 5 分。

1. 我担心自己未来的经济能力不能满足爱情的需要

2. 恋爱中，我担心自己未来的就业能力

3. 恋爱中，我担心自己的人际交流能力

4. 恋爱中，我担心自己缺乏自控能力

5. 恋爱中，我对自己生活自理能力感到担心

6. 我担心自己仍不能及时转换自己的社会角色，承担相应的责任

7. 我对自己的性能力感到怀疑

8. 我担心对方的父母不喜欢我

9. 我对父母的干预和指手画脚感到不快

10. 我为爱人和父母之间的矛盾而伤神

11. 她(他)家庭认为我在欺骗他(她)的感情,对我怀疑和猜忌

12. 我害怕告诉父母,我在读大学期间恋爱了

13. 我担心自己不好的脾气,会影响我们的爱情发展

14. 我们会因性格不合而争执、吵闹

15. 我尝试忍受她(他)的缺点并因此感受到急躁不安,难受或不快

16. 我觉得她(他)过于理性,没有人情味

17. 我怀疑她(他)是否真的爱我

18. 她(他)的言行让我感到尴尬和不快

19. 整体而言,我感觉自己配不上她(他)

20. 由于交流少,我感到爱情正在慢慢变冷、变淡

21. 我担心我们的爱情观和价值观不同

22. 我发现她(他)把金钱看得很重

23. 我会因对方有性体验而不快、恐惧,厌恶或产生消极情绪

24. 我担心爱情会影响自己的学业

25. 学校和老师让我们的恋爱感到压力或阻力

26. 我们学习研究的领域不同,由此缺少共同语言的交流

(一)评分方法:

因素一:能力相关,包括第2、3、4、12、17、26、31共7个条目。

因素二:家庭影响,包括第1、8、10、11、13共5个条目。

因素三:人格特质,包括第14、15、19、22、32共5个条目。

因素四:相互感受,包括第5、6、27、28共4个条目。

因素五:价值倾向,包括第18、21、23共3个条目。

因素六:学业负担,包括第34、39、42共3个条目。

(二)总分计分方法:总分=$\sum$各题的选择对应档次×各题的权重。

各题的计分权重分别为:1~7题计200%、8~17题计100%、18~27题计50%。具体步骤是:先将被试者各题原始得分分别乘相应的权重系数,将27个条目加权后分数相加即得到总分。

(三)结果分析

0~45(不含)为低压值(区),45~75(不含)为常态值(区),75~105(不含)为显压值(区),105~145为高压值(区)。

5. 就业压力造成的心理失衡

目前,我国经济正处于高速发展、产业结构不断转型升级的关键时期,就业市场本身就存在一定的不确定性。另一方面随着我国高等教育改革的不断推进,毕业生规模不断扩大,毕业生因就业过程中竞争者大量增加,导致大学生就业竞争日趋激烈。

第三章 大学生心理困惑及异常心理
——成长路上的荆棘

受社会大环境影响，大多数大学生从一进校门起就开始考虑自己的前途问题，并有意识地为未来的就业做准备。即便是这样，也经常不可避免地陷入到一些不良的心理状态当中。

（1）焦虑心理

当机体面对环境中某些即将来临或者需要做出努力去适应新情况时，在主观上引起紧张、不愉快乃至恐惧的期待情绪，我们称之为焦虑。部分大学生从进入校园的那一刻起，就开始为自己的前途感到担忧，担心不能找到合适的岗位，担心不能够实现自己的职业理想……由于对择业前景无法准确预期，对毕业后的情况感到失控和失助，导致情绪持续紧张烦躁，往往容易产生过激行为，甚至会引起意志消沉、萎靡不振，严重的最终可能会发展成为焦虑症、心境障碍等。

（2）自卑心理

大学生对自己的职业选择自由度越大，承担的职业选择责任就越重，就业心理压力便越大。"95后"和"00后"已经成为大学生群体中的主流，这个年龄阶段的大学生还处在人格逐渐成熟和逐步完善的阶段，对自我认知缺乏准确性和一致性，其思想意识、行为指南、就业观念易被外部环境影响。一些大学生在激烈的求职中遭受几次挫折就开始产生自我怀疑，不能理性地看待就业竞争，不敢正视现实，对自己未来职业发展缺少信心和动力，容易产生错误的归因，觉得自己能力差，什么都不擅长，在求职中不敢展示自我，不敢大胆创新去发表自己的想法与意见，从而与很多用人单位失之交臂。而这种失败的体验又会再次加剧这种自卑心理。尤其在几次求职失败之后，更容易焦虑不安，嫉妒自卑和自我怀疑，严重者甚至直接造成社会功能受损。

（3）矛盾心理

作为即将走上工作岗位的大学生，对社会充满了美好的向往，正如高中生所憧憬的大学生活那般。大学生在择业过程中普遍存在一种完美主义倾向，苛求职业"最优解"，比如通常所说的"活少钱多离家近"，或者是必须专业对口，或者是能有出国深造的机会……而对某些大学生，家庭出身贫寒，从小就担负着全家的希望，极度渴望能在大学毕业后找到一份优秀的工作，改善家庭的生活条件。然而，往往事与愿违，残酷的现实常常会使其陷入矛盾之中不可自拔。

二、心理健康的特征

心理健康是时代的课题，是20世纪中叶以来由科技、文化和社会发展所决定的以一种全新、多元的视角看待健康的产物。1946年第三届国际心理卫生大会将心理健康定义为："所谓心理健康是指在身体、智能以及情感上与他人的心理健康不相矛盾的范围内，将个人的心境发展成最佳的状态。"精神病学家门宁格认为："心理健康是指人们对于环境及相互间具有最高效率及快乐的适应情况，不仅要有效率，也不只是要有满足感，或是愉快地接受生活的规范，而是需要三者兼备。心理健康的人应能保持平静的情绪，敏锐的智能，适于社会环境的行为和愉快的气质。"心理学家英格利什指出："心理健康是指一种持续的心理状态，当事人在哪种情况下，能做出良好的适应，具有生命的活力，并能充分发挥其身体潜能。这乃是一种积极的丰富体验，不仅仅是免于心理疾病而已。"

我国学者王效道等认为心理健康具有如下特征：①智力水平处在正常范围内，并能正确反映事物；②心理和行为特点与生理年龄基本相符；③情绪稳定、积极，与情境适应；④心理与行为协调一致；⑤社会适应，主要是人际关系的心理适应与协调；⑥行为反应适度，不过敏、不迟钝，与刺激情境相应；⑦不背离社会行为规范，在一定程度上能实现个人动机并使合理要求获得满足；⑧自我意识与自我实际基本相符，"理想我"和"现实我"之间的差距不大。

三、心理健康与心理不健康

区分心理健康和心理不健康之前我们要先区分清楚心理正常和心理不正常。这里说的"心理正常"指的是具备正常功能的心理活动，或者说是不包含有精神病症状的心理活动；而"心理不正常"是后文会讲到的"异常心理"，是指有典型精神障碍（俗称"精神病"）症状的心理活动。很显然，"正常"和"异常"是讨论是否有精神障碍等问题的一对范畴。而"健康"和"不健康"是在"正常"范围内，用来讨论"正常心理"水平的高低和程度如何。可见，"健康"和"不健康"这两个概念，都包含在"正常"这一概念之中。这种区分是符合实际的，因为不健康不是有病，不健康和病是两类性质的问题。另外，在临床上，鉴别心理正常和异常的标准与区分心理健康水平高低的标准也是截然不同的。

从静态的角度看，健康心理是一种心理状态，它在某一时段内，展现着自身的正常功能。而从发展的角度看，健康心理是在常规条件下，个体为应对千变万化的内外环境，围绕某一群体的心理健康常模，在一定范围内不断上下波动的相对平衡过程。上述就是健康心理的内涵，它涵盖着一切有利于个体生存发展和稳定生活质量的心理活动。依据上述含义，我们可以从动态角度把健康心理活动定义为一种处于动态平衡的心理过程。

很显然，这种动态平衡过程，在常规条件下是在主体与内外环境的相互作用中实现的。然而，人类及其个体不是静止的，无论他们自身状态，或是他们的生存环境，都是处在变化中的。倘若主体自身或内外环境发生了激烈的变化，这种动态平衡过程就可能被打破，心理活动就可能远远偏离群体心理的健康常模。这时，心理活动就可能变为另一种相对失衡的状态和过程。

假如在非常规条件下，当心理活动变得相对失衡，而且对个体生存发展和稳定生活质量起着负面作用，那么这时的心理活动便称为"不健康心理"状态。"不健康心理活动"涵盖一切偏离常模而丧失常规功能的心理活动。因此，"不健康心理活动"被定义为

第三章　大学生心理困惑及异常心理
——成长路上的荆棘

一种处于动态失衡的心理过程。

四、心理不健康的分类

在心理咨询中，根据求助者表现出的症状，内心痛苦的程度，对社会功能的影响情况，有无泛化和回避以及病程，通常将心理不健康分为一般心理问题、严重心理问题和神经症性的心理问题。

1. 一般心理问题

评估为一般心理问题，必须满足以下条件：第一，由于现实生活、工作压力、处事失误等因素而产生内心突，并因此面体验到不良情绪（如厌烦、后悔、懊丧、自责等）。第二，不良情绪不间断地持续满一个月，或不良情绪间断地持续两个月仍不能自行化解。第三，不良情绪反应仍在相当程度的理智控制下，始终能保持行为不失常态，基本维持正常生活、学习、社会交往，但效率有所下降。第四，自始至终，不良情绪的激发因素仅仅局限于最初事件，即便是与最初事件有联系的其他事件，也不引起此类不良情绪。

因此一般心理问题被定义是由现实因素激发、持续时间较短，情绪反应能在理智控制之下，不严重破坏社会功能，情绪反应尚未泛化的心理不健康状态。

2. 严重心理问题

评估为严重心理问题，必须满足如下条件：第一，引起严重心理问题的原因是较为强烈的、对个体威胁较大的现实刺激。不同原因引起的心理障碍，求助者分别体验着不同的痛苦情绪（如悔恨、冤屈、失落、恼怒、悲哀等）。第二，从产生痛苦情绪开始，痛苦情绪间断或不间断地持续时间在两个月以上，半年以下。第三，遭受的刺激强度越大，反应越强烈。多数情况下，会短暂地失去理性控制，在后来的持续时间里，痛苦可逐渐减弱，但是，单纯地依靠"自然发展"或"较专业性的干预"却难以解脱，对生活、工作和社会交往有一定程度的影响。第四，痛苦情绪不但能被最初的刺激引起，而且与最初刺激相类似、相关联的刺激也可以引起此类痛苦，即反应对象被泛化。

因此严重心理问题被定义为是由相对强烈的现实因素激发，初始情绪反应剧烈、持续时间长久、内容充分泛化的心理不健康状态。

严重心理问题有时伴有某一方面的人格缺陷。

在心理咨询临床上，对"严重心理问题"的评估并不困难，但关键问题是与神经症进行鉴别。根据许又新教授关于神经症诊断的论述，鉴别的要点是"内心冲突的性质"和"病程"。严重心理问题的心理冲突是现实性的（有现实意义的）或道德性的，而持续时间限在一年之内；至于社会功能破坏程度，也可以作为参考因子予以考虑。如果在出现严重心理问题后的一年之内，求助者在社会功能方面出现严重缺损，那么我们必须提高警惕，应作为可疑神经症患者或其他精神疾病患者提出会诊和转诊。

3. 神经症性的心理问题

这种心理不健康状态也叫可疑神经症，已接近神经衰弱或神经症，或者它本身就是神经衰弱或神经症的早期阶段。有时，我们也把有严重心理问题但没有严重的人格缺点者（如均衡性较差的人格）列入这一类。

有关神经症的内容将在本章第三节中进行详细介绍。

第二节　异常心理概述

人们在进行学习或工作等活动的时候，通过各种感官认识外部世界事物，通过头脑的活动思考着事物的因果关系，并伴随着喜、怒、哀、惧等情感体验，这个过程的发生、发展或消失对于我们而言都具有独特的心理意义。正常心理活动一般具有以下三个功能：生物功能，能够保障人作为生物体顺利地适应环境，健康地生存发展；意识功能，能够保障人正常地、正确地反映和认识客观世界的本质及其规律性；社会功能，能够保障人作为社会实体正常地进行人际交往，在家庭、社会团体、机构中正常地肩负责任，使人类赖以生存的社会组织正常运行。

人的心理状态受内在和外在多种因素的影响，当出现消极或是破坏性因素时，人的心理活动就会遭受不同程度的损伤，当这些损伤超过一定承受阈值时，便会严重干扰到我们正常心理活动的开展，导致心理活动的完整性、内在与外在的统一性遭到破坏，产生心理活动的偏离，进而出现心理异常。世界上的一切事物都有正和反两个方面，人的心理活动也不例外。异常心理活动就是丧失了上述三项正常功能的心理活动，故无法保证人的正常生活，随时破坏人的身心健康。

一、异常心理的含义

所谓异常心理，就是偏离正常的心理。这是一个相对性极强的概念，由于研究角度的差异，不同学者对"异常心理"这一概念理解和内涵阐释也有明显区别。所以，截至目前，心理学界也没有能明确地给出一个让所有人信服的定义。在本文中相关内容我们参照《医学心理学（第七版）》（姚树桥，杨艳杰等主编）一书，仅对异常心理作一般性解释：异常心理是指个体心理过程和心理特征发生异常改变，大脑的结构或者功能失调；或是指人对客观现实反映的紊乱和歪曲。其既反映为个人自我概念和某些能力的异常，也反映为社会人际关系和个人生活上的适应障碍。

二、异常心理的判别

异常心理与正常心理之间的差别常常也是相对的，两者之间在某些情况下可能有本质的差别；但在更多的情况下又可能只有程度的不同。异常心理的表现受多种因素的影响，诸如生物因素、心理状态、社会环境等，所取的角度不一样，判别的标准也就不一致了。

学者李心天对区分正常心理与异常心理提出了医学标准、统计学标准、内省经验标准和社会适应标准四个标准。不同的学者从不同的角度，按照不同的经验，在不同的学科领域中，按照不同的标准去看待心理正常和异常自然会有不一样的结果。

在心理学中，一般做法是把判别对象的心理状态和行为表现放到当时的客观环境、社会文化背景中考虑。在正常情况下，人体维持着生理、心理的平衡状态，能依照社会生活的需要适应和改造环境。正常人的行为符合社会的准则，能根据社会要求和道德规范行事，亦即其行为符合社会常规，是适应性行为。如果由于本质的或功能的缺陷使个体能力受损，不能按照社会认可的方式行事，致使其行为后果对本人或社会不适应的时候，则认为此人有心理异常。

需要说明的是，单纯的心理问题目前并没有什么仪器可以检查化验，主要依靠专业人员的工作经验或借助相关量表进行判别。如果判别对象的行为举止和心理状态能够被周围环境所认可，即便他出现不同程度的焦虑、压抑、人际纠纷或者其他相关困扰，也不能简单断定为心理异常。因为，心理正常是一个常态范围，是一个宏观层面的定性描述，允许个体在范围内存在不同的差异。

本书中在探讨心理异常判定标准和原则时，主要是从心理学角度切入，以心理学对人类心理活动的一般性定义为依据，按照学者郭念锋的心理正常与异常三原则进行判定。

1. 主观世界与客观世界的统一性原则

因为心理是客观现实的反映，所以任何正常心理活动和行为，在形式和内容上必须与客观环境保持一致。如果一个人坚信他看到了或听到了什么，而客观世界中当时并不存在引起他看到或听到的刺激物，我们就可以认定他的精神活动不正常了，他产生了幻觉。如果一个人的思维内容脱离现实，或思维逻辑背离客观事物的规律性，并且坚信不疑，我们就可以认定他的精神活动不正常了，他产生了妄想。如被害妄想、被爱妄想。如果一个人的心理冲突与实际环境不相符合，并且长期坚持无法自拔，我们就可以认定他的精神活动不正常了，他产生了神经症性问题，如强迫性洗手。

这些都是我们观察和评价人的精神与行为的关键，我们又称它为统一性标准。在精神科临床上，常伴有无"自知力"，作为判断精神障碍的指标，完整的自知力是指患者对其自身精神病态的认识和批判能力，是判断是否有精神障碍及严重程度、疗效的指征。所谓无"自知力"或"自知力不完整"，是指患者对自身状态的错误反应，或者说是"自我认知"与"自我现实"的统一性丧失。在精神科临床上还把有无"现实检验能力"，作为鉴别心理正常与异常的指标。

2. 心理活动的内在协调性原则

虽然人类的精神活动，可以被分为知、情、意等部分，但是他自身是一个完整的统一体，各种心理过程之间具有协调一致的关系。例如，如果一个人遇到一件令人愉快的事情，会产生愉快的情绪，欢快地向别人述说，我们就可以说他有正常的精神与行为。如果不是这样，用低沉的语调向别人述说令人愉快的事。或者对痛苦的事，做出快乐的反应，我们就可以说他的心理过程失去了协调一致性，称为异常状态。

3. 人格的相对稳定性原则

在长期的生活中，每个人都会形成自己独特的人格心理特征。这种人格心理特征一旦形成，便有相对稳定性，一般是不容易改变的。如果在没有明显外部原因的情况下，一个人的人格相对稳定性出现问题，我们要怀疑这个人的心理活动出现了异常。我们可以把人格的相对稳定性作为区分心理活动正常与异常的标准之一，比如，一个花钱很仔细的人，突然挥金如土，或者一个待人接物很热情的人，突然变得很冷漠，如果在他的生活环境中找不到足以促使他发生改变的原因，那么我们可以说他的精神活动已经偏离了正常轨道。

三、异常心理的常见症状

就像感冒了会发烧或者流鼻涕一样，一旦出现心理异常也会有各种明显的症状表征。为了帮助读者了解这些表征，以便在需要时能够有一个基本的常识，本书对常见的异常心理表现症状进行了介绍。在心理学上，对异常心理现象的描述和解释与精神病学中的症状学雷同，所以本书在对具体症状的描述时主要参考国家职业资格教程《心理咨询师》（郭念峰主编）一书，部分内容略有删改。

1. 认知层面的症状

（1）感知障碍

感知障碍主要包含感觉障碍和知觉障碍。前者主要包含感觉过敏、感觉减退和内感性不适三种障碍，后者主要包含错觉、幻觉和感知综合障碍。具体名词解释如下：

感觉过敏：对外界一般强度的刺激及躯体上的某些轻微不适感的感受性增高。

感觉减退：对外界刺激的感受性减低，如强烈的疼痛，或者难以忍受的气味，都只有轻微的感觉。严重时，对外界刺激不产生任何感觉（感觉消失）。

内感性不适（体感异常）：躯体内部产生各种不舒适的或难以忍受的感觉，都是异常的感觉，且往往难以表达。

错觉：是歪曲的知觉，也就是把实际存在的事物被歪曲地感知为与实际完全不相符合的事物。

幻觉：一种虚幻的知觉，是在客观现实中并不存在某种事物的情况下，患者却感知有它的存在。主要有听幻觉、视幻觉、嗅幻觉、味幻觉、触幻觉、内脏性幻觉、运动性幻觉等。

感知综合障碍：它是另一类较常见的感知觉障碍。患者在感知某一现实事物时，作为一个客观存在的整体来说，是正确的，但是对这一事物（包括个人躯体本身）的某些个别属性，如形象、大小、颜色、位置、距离等却产生与该事物的实际情况不相符合的感知。

（2）思维障碍

思维形式障碍：主要包含思维奔逸、思维迟缓、思维贫乏、病理性赘述、思维松弛或思维散漫、思维破裂、思维不连贯、思维中断、思维云集、病理性象征性思维、语词新作和逻辑倒错性思维等。

思维内容障碍：主要包含妄想、强迫观念和超价观念。其中妄想又包含：关系妄想、被害妄想、夸大妄想、自罪妄想、疑病妄想、嫉妒妄想、物理性妄想、特殊意义妄想及内心揭露妄想等。

（3）注意、记忆与智能障碍

注意障碍：主要包含注意减弱和注意狭窄。注意是一切心理活动的共有属性，感知觉、思维、记忆等活动过程均需要注意这个心理过程参与。

记忆障碍：主要包含病理性记忆增强或记忆减退、病理性遗忘、错构及虚构等。

智能障碍：智能障碍分为精神发育迟滞和痴呆两大类。智能主要包含注意力、记忆力、分析综合能力、理解力、判断力、一般知识的保持和计算力等。

（4）自知力障碍

自知力是指患者对其自身精神状态的认识和批判能力。神经症患者通常能认识到自己的不适，主动叙述自己的病情，要求治疗，医学上称之为自知力完整。精神病患者随着病情进展，往往丧失了对精神病态的认识和批判能力，否认自己有精神疾病，甚至拒绝治疗，对此，医学上称之为自知力完全丧失或无自知力。凡经过治疗，随着病情好转、显著好转或痊愈，患者的自知力也逐渐恢复。自知力也是医学上用来判断是否有精神障碍及其严重程度的重要参考指标之一。

2. 情绪层面的症状

（1）以程度变化为主的情感障碍

情绪高涨指个体的心境愉快、语音高亢、言语和动作明显增多、常常伴有明显的夸大色彩。

情绪低落指个体情绪异常低落，心境抑郁，忧愁、言语和动作明显减少、自卑、自责，严重者有明显的罪恶感，甚至可出现自伤、自杀念头或行为。

焦虑是对未发生的事件过度担心而产生的一种烦躁情绪。焦虑症则是指以突如其来或与反复出现的莫名恐惧和焦虑不安为特点的一种神经症，是没有明确内容和具体对象的恐惧。有人并无客观原因而长期处于焦虑状态，毫无缘由担心自己患有不可救药的严重疾病，以致出现坐卧不宁、惶惶不安等症状。这种异常焦虑，属精神病性。

恐怖是指当遇到特定的境遇或是某一特定事物时候随即产生的一种与处境不符的紧张、害怕心情，往往明知没有必要，但就是不能消除。

（2）以性质改变为主的情感障碍

情感迟钝指个体对一般情况下能引起鲜明情感反应的事情反应平淡，缺乏相应的情感反应。情感迟钝不仅仅指正常情感反应量的减少，更具特征性的是一些高级的、人类所特有的、很精细的情感（例如荣誉感、责任感等）逐渐受损，但是还没有达到完全丧失的程度。

情感淡漠指个体对一些能引起正常人情感波动的事情以及与自己切身利益有密切关系的事情，缺乏相应的情感反应。

情感倒错指情感反应与现实刺激的性质不相称，或是情感反应与思维内容不协调。

（3）脑器质性损害的情感障碍

情感脆弱指个体常常因为一些细小或无关紧要的事情而伤心落泪或兴奋激动，无法克制。

易激惹是一种反应过度状态，包括烦恼、急躁或愤怒。遇到刺激或不愉快的情况，即使极为轻微，也很容易产生一些剧烈的情感反应。易激惹的人一般也有偏执倾向，极易生气、激动、愤怒。

强制性苦笑指个体在没有任何外界因素的影响下，突然出现不能控制的、没有丝毫感染力的面部表情。

欣快是在痴呆基础上的一种"情感高涨"。个体经常面带单调并且刻板的笑容，连他自己都说不清楚高兴的原因，因此给人以呆傻、愚蠢的感觉。

3. 意志行为层面的症状

（1）意志增强

意志活动的增多，不同的精神障碍表现不尽相同。躁狂状态情感高涨时，患者终日不知疲倦地忙碌，但常常是虎头蛇尾，做事有始无终。而有被害妄想的患者受妄想的支配，不断地调查了解，寻找所谓的证据或到处控告，等等。

（2）意志缺乏

意志缺乏表现为患者缺乏应有的主动性和积极性，行为被动，生活极端懒散，个人及居室卫生极差。

（3）意志减退

意志减退指患者的意志活动减少，常见于以下两种情况：一种是抑郁状态患者，此类患者并不缺乏一定的一直要求，但受情感低落的影响，总感到自己做不了事，或是由于愉快感缺失，对周围的一切兴趣索然，觉得干什么都没有意思，以致意志消沉。另一种是意志减退，可见于上述程度较轻的意志缺乏。

（4）精神运动性兴奋

精神运动性兴奋分为协调性和不协调性精神运动性兴奋两种。协调性精神运动性兴奋时，患者动作和行为的增加与思维、情感活动协调一致，并且和环境协调一致。不协调性精神运动性兴奋时，患者的动作、行为增多与思维及情感不相协调，患者的动作杂乱无章，动机和目的性不明确，使人难以理解。

（5）精神运动性抑制

精神运动性抑制常表现为木僵、违拗、蜡样屈曲、缄默、被动性服从、刻板动作、模仿动作、意向倒错、作态或强迫动作等。

第三节　大学生常见的异常心理

心理异常的表现多种多样，可以是严重的也可以是轻微的。为了更好地认识人类的异常心理，也为了科学研究的总结和经验的交流，都必须有用共同的语言把心理行为异常进行详细的归类，国际上主要采用的两大主要的分类系统分别是世界卫生组织（WHO）的《国际疾病和相关健康问题分类（第 11 版）》（ICD－11）和美国的《精神障碍诊断和统计手册（第 5 版）》（DSM－Ⅳ）。国内精神科学界在 2013 年以前主要使用的是《中国精神障碍分类与诊断标准》（CCMD－3）。2013 年 5 月 1 日，我国新的精神卫生法正式实施，明确要求使用 ICD－10 作为我国精神障碍的诊断标准。

ICD－10 将精神和行为障碍分为如下十一类：一是器质性精神障碍。二是使用精神活性物质引起的精神和行为障碍。三是精神分裂症、分裂型障碍和妄想性障碍。四是心境障碍。五是神经症性、应激相关的以及躯体形式障碍。六是与生理紊乱和躯体因素有关的行为综合征。七是成人人格和行为障碍。八是精神发育迟滞。九是心理发育障碍。十是通常起病于童年与青少年期的行为和情绪障碍。十一是未特指的精神障碍。本节只介绍其中部分常见的异常心理。

一、精神分裂症及其他妄想性障碍

1. 精神分裂症

精神分裂症是一种病因未明的常见精神障碍，具有感知、思维、情绪、意志和行为等多方面的障碍，以精神活动的不协调和脱离现实为特征。通常能维持清晰的意识和基本智力，但某些认知功能会出现障碍。多发病于青壮年，发病时间较长，部分患者可发展为精神活动的衰退。发作期自知力基本丧失。

2. 妄想性障碍

妄想性障碍又称偏执性精神障碍，突出的临床表现，是出现单一的或一整套相关的妄想，并且这种妄想通常是持久的，甚至终身存在。妄想内容有一定的现实性，并不荒谬。个别可伴有幻觉，但历时短暂而不突出。病前人格多具固执、主观、敏感、猜疑、好强等特征。病程发展缓慢，多不为周围人觉察。有时人格可以保持完整，并有一定的工作及社会适应能力。

3. 急性短暂性精神障碍

急性短暂性精神障碍包括了诊断名称不同的一组障碍。共同的特点是在两周内急性起病；以精神病性症状为主；起病前有相应的心理因素；在2～3个月内痊愈。

二、心境障碍

心境障碍又称情感性精神障碍，是以明显持久的心境高涨或心境低落为主的一组精神障碍。心境改变通常伴有整体活动水平的改变。其他症状大多是继发于心境和整体活动的改变，严重者可有幻觉、妄想等精神病性症状。大多有反复发作倾向，每次发病常常与应激性事件或处境有关。心境障碍临床上需要进行系统治疗，心理咨询和治疗是辅助性的。

1. 躁狂发作

躁狂发作的特点主要是：情绪高涨、思维奔逸、精神运动性兴奋。躁狂发作的形式主要有：轻型躁狂、无精神病性症状躁狂、有精神障碍症状躁狂和复发性躁狂症。

2. 抑郁发作

抑郁发作俗称"抑郁症"，是各种原因引起的以心境低落为主要表现的一组症状，其情绪低落的程度不等，可以从闷闷不乐一直到悲痛欲绝，常有兴趣丧失、思维迟缓、自罪感、注意困难、食欲丧失和自杀观念，常伴有失眠、食欲减退或缺失、闭经等，并有其他的认知、行为和社会功能的异常，严重时甚至悲观厌世、自伤和自杀。抑郁发作是一种典型的心境障碍。

抑郁作为一种情绪在正常人中比较常见。但目前，从正常的抑郁情绪到病理性的抑郁存在不同的观点。有些学者认为从正常抑郁过渡到病理性抑郁是一个连续谱，是一个量变到质变的过程；精神病学认为，正常的抑郁与病理性抑郁是两种不同的情绪状态，具有不同的原因，二者不是一个连续谱。但是，不管争论如何，对病理性抑郁的判定却非常重要。判断病理性抑郁常使用的标准是症状标准、严重程度标准和病程标准。病理性抑郁往往具有情绪低落、兴趣和愉快感丧失、精力减退三个核心症状中的两个，同时个人的社会功能受到影响或给本人造成痛苦或不良后果，且持续时间达两周以上。出现原因一般认为，遗传因素或早年生活经历如童年丧亲的经历在抑郁发作中可能导致一种易感素质，具有易感素质的人在一定环境因素的促发下发病。①生物学因素：研究发现本病有家族史者高达30%～41.8%，血缘关系越近患病率越高；某些抑郁病人脑内的多巴胺功能降低，乙酰胆碱能神经元过度活跃，其中自杀者的脑脊液中5-羟色胺代谢产物5-HIAA含量降低等。②生活事件与环境应激事件：如意外灾害、亲友亡故、经济损失等严重负性生活事件往往构成抑郁障碍的致病因素。③心理学理论：精神分析理论强调早年经历对成年期障碍的影响，将抑郁障碍看作对亲密者所表达的攻击，以及未能摆脱的童年压抑体验，另一些精神分析家认为抑郁障碍是自我与超我之间的矛盾。学习理论则采用"习得性无助"来解释抑郁障碍的发生。认知理论认为，抑郁障碍病人存在一些认知上的误区，如悲观无助、对生活经历的消极的扭曲体验、过低的自我评价等。

抑郁发作组明显的是"三低症状"，即情绪低落、思维迟缓、意志减退，但不一定见于所有抑郁障碍病人身上。目前将抑郁发作的表现归纳为核心症状、心理症状群、躯体症状群三个方面。①核心症状：包括情绪低落、兴趣缺失，精力减退。情绪低落可以从闷闷不乐到悲痛欲绝，悲观、对前途失望甚至绝望，丧失自信或自尊，无价值感和无助感，十分消极；兴趣缺失为对以前喜爱的活动都失去兴趣，丧失享乐能力；精力不足表现为过度疲乏，打不起精神、行动费劲、语调低沉、行动迟缓，严重者可卧床不起。②心理症状群主要有：焦虑、自罪自责、精神病性症状如幻觉和妄想，认知症状如认知扭曲、注意力和记忆力下降等；精神运动性迟缓，面部表情贫乏或缺乏表情，或激越，无目的的失控行为增多；自知力受损；自杀方面，有自杀观念和行为的占50％以上，10％～15％的病人最终死于自杀。③躯体症状群有：睡眠紊乱，如不易入睡、睡眠浅、早醒，早醒是特征性症状；食欲紊乱和胃肠功能紊乱，如食欲下降、胃痛胃胀；慢性疼痛，不明原因的头疼和全身疼痛；性功能减退、性欲下降；其他非特异性症状如头昏脑胀、周身不适、肢体沉重、心慌气短等。抑郁症状常表现晨重暮轻。

3. 双相障碍

双相障碍主要表现为情绪高涨与情绪低落交错发作。

4. 持续性心境障碍

持续性心境障碍的特点主要有：持续性并常有起伏的心境障碍，每次发作极少严重到描述为轻躁狂，甚至不足以达到轻度抑郁。因为这种障碍可以持续多年，有时甚至占据生命的大部分时间，因而造成相当大的痛苦和功能缺陷。持续性心境障碍的发作形式主要有：环性心境障碍(反复出现心境高涨或低落)、恶劣心境(持续出现心境低落)。

三、神经症

1. 神经症的定义

神经症是一种精神障碍，主要表现为持久的心理冲突，病人觉察到或体验到这种冲突并因之而深感痛苦且妨碍心理功能或社会功能，但没有任何可证实的器质性病理基础。神经症具有如下五个特点。

第一，意识的心理冲突。典型的体验是，感到不能控制自认为应该加以控制的心理活动，病人对症状的事实方面有自知力。

第二，精神痛苦。神经症是一种痛苦的精神障碍，没有精神痛苦，根本就不是神经症。因此病人往往主动求医，或求助于心理咨询者。喜欢诉苦是神经症病人普遍而突出的表现之一。

第三，持久性。神经症是一种持久的精神障碍。

第四，神经症妨碍着病人的心理功能或社会功能。

第五，没有任何器质性病变作为基础。

2. 神经症的判定

许又新教授在《神经症》一书中，提出了神经症临床评定方法，该方法简洁快、实用。

首先，要深入了解病人的心理，弄清楚心理冲突的性质。从现象或事实的角度来说，心理冲突有常形与变形之分。

心理冲突的常形有两个特点：一是它与现实处境直接相联系，涉及大家公认的重要生活事件。例如，夫妻感情不和，病人长期想离婚又不想离婚，十分苦恼。二是它有明显的道德性质，不论你持什么道德观点，你总可以将冲突的一方视为道德的，而另一方是不道德的，上述的例子便是如此。

心理冲突的变形也有相应的两个特点：一是它与现实处境没有什么关系，或者它涉及的是生活中鸡毛蒜皮的小事，一般人认为简直不值得为它操心，或者使不懂精神病学的人感到难以理解，很容易解决的问题为什么病人却解决不了。二是它不带明显的道德色彩。心理冲突的变形是神经症性的，而心理冲突的常形则是大家都有的经验。显然，如果限于心理冲突的常形，甚至并没有什么痛苦的心理冲突，那么，充其量只是心理生理障碍，而不是神经症。要注意的是，一旦出现头痛、失眠、记忆差或内脏功能障碍，原来不明显的心理冲突便会尖锐化，也很容易发生变形，例如明显的疑病症状。

心理冲突的揭示和分析需要精神病学知识和技巧，一般通科医生可以用比较简单而容易掌握的方法来进行评定。这包括如下三个方面。

第一，病程。不到3个月为短程，评分1；3个月到1年为中程，评分2；1年以上为长程，评分3。

第二，精神痛苦的程度。轻度者病人自己可以主动设法摆脱，评分1；中度者病人自己摆脱不了，需借别人的帮助或处境的改变才能摆脱，评分2；重度者病人几乎完全无法摆脱，即使别人安慰开导他或陪他娱乐或易地休养也无济于事，评分3。

第三，社会功能。能照常工作、学习以及人际交往只有轻微妨碍，评分1；中度社会功能受损害者工作学习或人际交往效率显著下降，不得不减轻工作或改变工作，或某些社交场合不得不尽量避免，评分2；重度社会功能受损害者不能工作学习，不得不休病假或退学，或某些必要的社会交往完全回避，评分3。

如果总分为3，还不足以诊断为神经症。如果总分不小于6，神经症的诊断是可以成立的。4～5分为可疑病例，需进一步观察确诊。需要补充说明的是，对精神痛苦和社会功能的评定，至少要考虑近3个月的情况才行，评定涉及的时间太短是不可靠的。

3. 神经症的类型

(1)焦虑神经症

焦虑神经症俗称"焦虑症"，是一种源于内心的紧张、压力感，常表现为内心不安、心烦意乱，有莫名其妙的恐惧感和对未来的不良预期感，常常伴有憋气、心悸、出汗、手抖、尿频等自主神经功能紊乱症状。当人们面对潜在或真实的危险或威胁时，都会产生焦虑，那些有一定原因引起、可以理解、适度的焦虑，属于正常焦虑反应。病理性焦虑是指没有明确的致焦虑因素，或者是刺激和反应不对称，反应严重或持续的焦虑反应，也称之为焦虑障碍。焦虑障碍是一种以焦虑、紧张、恐惧情绪为主，伴有自主神经系统症状和运动不安等为特征的神经症。病人的焦虑情绪并非由实际威胁或危险引起，或其紧张不安与恐慌程度与现实处境很不相称。这是世界公认的一组高发疾病。我国调查显示，焦虑障碍在一般居民中的患病率为2%，女性多于男性，在文化程度低、收入低或家庭气氛不和睦的人群中更多见。

其分为广泛性焦虑障碍和惊恐发作，两种类型表现不同。一种是惊恐发作，即急性焦虑，患者在日常生活、工作、学习中，突然出现强烈的窒息感、濒死感和精神时空感，同时伴有严重的自主神经功能失调，如胸痛、胸闷、心动过速、心跳不规则；或呼吸困难、喉头堵塞等。有的表现过度换气、头晕、多汗、步态不稳、颤抖、手足麻木、胃肠道不适等症状。发作历时很短，一般5～10分钟，很少超过1小时，即可自行缓解。发作过后患者仍心有余悸，由于担心再次发病时得不到及时的帮助，因而主动回避一些活动，如不愿单独出门。

广泛性焦虑又称慢性焦虑，是焦虑障碍最常见的表现形式。以经常的或持续的，无明确对象或固定内容的紧张不安，或对现实生活中某些问题过分担心，这种担心与现实很不相称。整日处于大祸临头的模糊恐惧和高度警觉状态，惶惶不可终日。自主神经功能失调的症状经常存在，表现为心悸、出汗、胸闷、呼吸急促、口干、便秘、腹泻、尿急、尿频，周身肌肉酸麻胀痛、头与呼吸有紧压感等全；甚至出现阳痿、早泄、月经失调。运动性不安主要表现为搓手顿足、来回走动、坐立不安、手指震颤、全身肉跳等。由于紧张不安，以及警觉性高，对外界刺激易出现惊跳反应，注意力难于集中，有时感到脑子一片空白。

(2)强迫神经症

强迫性神经症是一组以强迫思维和强迫行为为主要临床表现的心理障碍。最大的特点是自身有意识的强迫和反强迫并存，二者冲突激烈使强迫症患者感到巨大的心理焦虑和痛苦。患者一般都有症状自知力，对自己行为也感到异常，非常希望能够停止不必要的行为，但是却无法消除。例如，某患者有强迫洗手的行为，只要到有水的地方或者是人流量大的地方都会忍不住重复洗手，他也明白自己的行为不仅没必要而且还很怪异，他非常努力地强制自己不要继续这种行为，企图用顽强的意志去克服，反而必须洗手的意念却更加强烈，如果不及时洗手整个人都会陷入混乱当中。

（3）疑病神经症

疑病神经症是一种以担心或相信患严重躯体疾病的持久性优势观念为主的神经症，病人因为这种症状反复就医，各种医学检查的阴性结果和医师的解释均不能打消其疑虑。即使病人有时存在某种躯体障碍，也不能解释所诉症状的性质、程度，或病人的痛苦与优势观念，常伴有焦虑或抑郁。对身体畸形（虽然根据不足）的疑虑或优势观念也属本症。本障碍男女均有，无明显家庭特点（与躯体化障碍不同），常为慢性波动性病程。

（4）神经衰弱

神经衰弱通常表现为慢性疲劳、情绪不稳、神经功能紊乱，并具有易于兴奋和易于疲劳或衰弱的特点，还常伴有许多躯体症状和睡眠障碍。绝大多数为缓慢起病。症状复杂多样，心理症状和躯体症状常并行出现，但因人而异。主要表现为：容易兴奋和激惹，自我控制能力减弱，性格变得急躁和容易激动，情绪不稳，常因一些微不足道的事发怒或伤感、流泪，明知不对却无法克制。有时变得似乎很自私，只想自己，稍不如意就大为不满，大发雷霆；容易疲劳和衰弱，伴随兴奋和激惹而来的是疲惫不堪，用脑稍久就头痛、头昏以至难以坚持。有意注意能力削弱，时间越长就越差，因而影响近事记忆，对记数字和姓名尤为困难；由于神经系统的兴奋性增高，患者常伴有头昏、头痛。触觉、痛觉和温觉也异常敏感，刺激稍强就忍受不住。病程较长可出现自主神经功能紊乱。

导致神经衰弱的原因一般认为：①持久的精神紧张、精神压力。如工作杂乱无序，感到任务繁重时所产生的慌乱和紧迫情绪，进行长时间的学习却不注意休息和睡眠，同时伴有思想负担和对工作、学习不满，对完成任务所产生的抵触情绪等，往往较易导致神经衰弱的发生。②亲人亡故、家庭不和、学业失败、人际关系紧张及生活中各种挫折等精神紧张刺激。这种精神紧张刺激所引起的忧虑、愤怒、怨恨、委屈和悲哀等负面情绪体验，导致大脑皮层神经活动失调，从而引发神经衰弱。

■ 心灵加油站

3-1 森田的故事

森田正马是一位精神病专家。早年体弱多病，有明显的神经质倾向。12岁时还尿床，16岁以后时常头疼、心跳、容易疲劳，还患有其他神经衰弱症状。中学时曾患上伤寒病，虽多方求医，坚持治疗，但收效甚微，森田总是对自己的身体健康担心，深受其苦。他大学一年级时，被诊断为神经衰弱。因受其症状的折磨，学业都难以坚持，考试将至，感觉难以应付。此时家中一时疏忽忘记寄钱给他。抑郁气愤之下，他想到了死。遂放弃一切治疗，彻夜不眠拼命学习，结果却出乎意料：考试成绩很好，而且多年缠身的各种疾病竟也不治自愈。由此，他意识到以前的病都是假想出来的，根本就没有病。这些对森田正马创立森田疗法有很大的影响。在专门从事精神病治疗工作之后，森田正马致力于寻找治疗神经质症的有效方法的研究，经过 20 余年的努力，于 20 世纪 20 年代初创立了自己独特的带有浓厚的东方色彩的疗法，用以治疗神经衰弱的诸多病症。

四、应激相关障碍

应激相关障碍又称反应性精神障碍或心因性精神障碍，是一组主要由心理、社会(环境)因素引起的异常心理反应而导致的精神障碍。

1. 急性应激障碍

急性应激障碍的患者在遭受急剧、严重的精神打击后，在数分钟或数小时内发病，病程为数小时至数天。急性应激障碍的患者主要表现为：意识障碍、意识范围狭窄、定向障碍，言语缺乏条理，对周围事物感知迟钝；可出现人格解体，有强烈恐惧，精神运动性兴奋或精神运动性抑制。

2. 创伤后应激障碍

创伤后应激障碍又称延迟性心因性反应，是指患者在遭受强烈的或灾难性精神创伤事件后，延迟出现、长期持续的精神障碍。从创伤到发病间的潜伏期可从数周到数月不等。病程呈波动性，多数可恢复，少数可转为慢性，超过数年，最后转变为持久的人格改变。患者的症状主要表现为以下几点。

①创伤性体验反复重现。闯入性重现(闪回)使患者处于意识分离状态，仿佛又完全身临创伤性事件发生时的情境，重新表现出事件发生时所伴发的各种情绪，这种状态持续时间可从数秒到数天不等，频频出现的痛苦梦境，面临类似灾难境遇时感到痛苦。

②对创伤性经历的选择性遗忘。

③在麻木感和情绪迟钝的持续背景下，发生与他人疏远、对周围环境漠无反应、快感缺失、回避易联想起创伤经历的活动和情境。

④常有自主神经过度兴奋，伴有过度警觉、失眠。

⑤焦虑和抑郁与上述表现相伴随，有自杀观念。

3. 适应障碍

在重大的生活改变或应激性生活事件的适应期，出现的主观痛苦和情绪紊乱状态，常会影响社会生活和行为表现。通常在遭遇生活事件后 1 个月内起病，病程不超过 6 个月。适应障碍患者的症状主要表现为以下几点。

①抑郁心境、焦虑、烦恼，或这些情绪的混合。

②无力应付的感觉，无从计划或难以维持现状。

③一定程度的处理日常事务能力受损。

④可伴随品行障碍，尤其是青少年。

五、人格障碍

人格障碍是指人格特征明显偏离正常，使病人形成了一贯的反映个人生活风格和人际关系的异常行为模式。这种模式显著偏离特定的文化背景和一般认知方式（尤其在待人接物方面），明显影响其社会功能与职业功能，造成对社会环境的适应不良，病人为此感到痛苦，并已具有临床意义。病人无智能障碍，一般能处理自己的日常生活、工作，但在社会生活中常与周围人发生冲突，从而使自己感到痛苦或使社会其他人受到损害，对个体或社会有不良影响，其却很难从错误中吸取应有的教训加以纠正。该病开始于童年或青少年期并长期持续发展至成年或终生，仅少数在成年后程度上可有改善。其形成的原因尚不清楚，通常认为，其是由生物、心理和社会文化诸因素共同作用的结果。人格障碍的表现比较复杂，目前的分类尚未统一，本文主要介绍以下几个类型。

1. 偏执性人格障碍

其以猜疑和偏执为特点，男性多于女性。多表现为：①对挫折遭遇过度敏感；②对侮辱和伤害不能宽容，长期耿耿于怀；③多疑，容易将别人的中性或友好行为误解为敌意或轻视；④明显超过实际情况所需的好斗，对个人权利执意追求；⑤易有病理性嫉妒，过分怀疑恋人有新欢或伴侣不忠，但不是妄想；⑥过分自负和自我中心的倾向，总感觉受压制、被迫害，甚至上告、上访，不达目的不肯罢休；⑦具有将其周围或外界事件解释为"阴谋"等的非现实性优势观念，因此过分警惕和抱有敌意。

2. 分裂样人格障碍

其以观念、行为和外貌装饰奇特、情感冷漠，及人际关系明显缺陷为特点。男性，略多于女性。多表现为：①性格明显内向（孤独、被动、退缩），与家庭和社会疏远，除生活或工作中必须接触的人外，基本不与他人主动交往，缺少知心朋友，过分沉湎于幻想和内省；②表情呆板，情感冷淡，甚至不通人情，不能表达对他人的关心、体贴及愤怒等；③对赞扬和批评反应差或无动于衷；④缺乏愉快感；⑤缺乏亲密、信任的人际关系；⑥在遵循社会规范方面存在困难，导致行为怪异；⑦对与他人之间的性活动不感兴趣（考虑年龄）。

3. 反社会性人格障碍

其行为不符合社会规范，经常违法乱纪，对人冷酷无情为特点，男性多于女性。多表现为：①严重和长期不负责任，无视社会常规、准则、义务等，如不能维持长久的工作或学习，经常旷工、旷课，多次无计划地变换工作；有违反社会规范的行为，且这些行为已构成违法犯罪行为；②行动无计划或有冲动性，如进行事先未计划的旅行；③不尊重事实，如经常撒谎、欺骗他人，以获得个人利益；④对他人漠不关心，如经常不承担经济义务、拖欠债务、不抚养子女或赡养父母；⑤不能维持与他人长久的关系，如不能维持长久(1年以上)的夫妻关系；⑥很容易责怪他人，或对其与社会相冲突的行为进行无理辩解；⑦对挫折的耐受性低，微小刺激便可引起冲动甚至暴力行为；⑧易激惹，并有暴力行为，如反复斗殴或攻击别人，包括无故殴打配偶或子女；⑨危害别人时缺少内疚感，不能从经验，特别是在受到惩罚的经验中获益。其在18岁前有品行障碍的证据，至少有下列3项：①反复违反家规或校规；②反复说谎(不是为了躲避惩罚)；③习惯性吸烟，喝酒；④虐待动物或弱小同伴；⑤反复偷窃；⑥经常逃学；⑦至少有两次未向家人说明的外出过夜；⑧过早发生性活动；⑨多次参与破坏公共财物活动；⑩反复挑起、参与斗殴；另外还有被学校开除过，或因行为不轨而停学一次及以上；或被公安机关拘留管教过。

4. 冲动性人格障碍

其又称攻击性人格障碍，以情感爆发，伴明显行为冲动为特征，男性明显多于女性。多表现为：①易与他人发生争吵和冲突，特别在冲动行为受阻或受到批评时；②有突发的愤怒和暴力倾向，对导致的冲动行为不能自控；③对事物的计划和预见能力明显受损；④不能坚持任何没有即刻奖励的行为；⑤不稳定的和反复无常的心境；⑥自我形象、目的及内在偏好(包括性欲望)的紊乱和不确定；⑦容易产生人际关系的紧张或不稳定，时常导致情感危机；⑧经常出现自杀、自伤行为。

5. 表演性人格障碍

其又称癔症性人格障碍，以过分的感情用事或夸张言行吸引他人的注意为特点，多表现为：①富于自我表演性、戏剧性、夸张性地表达情感；②肤浅和易变的情感；③自我为中心，自我放纵和不为他人着想；④追求刺激和以自己为注意中心的活动；⑤不断渴望受到赞赏，情感易受伤害；⑥过分关心躯体的性感，以满足自己的需要；⑦暗示性高，易受他人影响。

6. 强迫性人格障碍

其以过分的谨小慎微、严格要求与完美主义及内心的不安全感为特征。男性多于女性两倍，多表现为：①因个人内心深处的不安全感导致优柔寡断、怀疑及过分谨慎；②反复核对，对细节过分关注；③被思想和冲动所困扰，未达到强迫症程度；④过分关注工作成效而不顾及个人消遣和人际关系；⑤刻板固执，因循守旧。

六、心理生理障碍

心理生理障碍是与心理因素相关、以生理活动异常为表现形式的精神障碍。包括神经性厌食、神经性贪食及神经性呕吐、失眠症、嗜睡症和某些发作性睡眠异常情况，如睡行症、夜惊、梦魇等。

第四节　大学生心理困惑及异常心理的应对策略

自 1910 年普林斯顿大学将大学生心理健康列入大学章程后，国际心理卫生运动便开始萌芽与发展。我国大学生心理健康教育工作起步较晚但发展迅速，一直到 80 年代中期，部分高校才开始关注大学生心理健康教育工作，就在这短短的几十年间，取得了质的飞跃。随着心理健康教育的普及，大学生对心理健康的认识已逐渐加深，在理论层面对常识性的知识和方法都有了解，但在实际操作中却往往顾虑较多，常常不知所措。针对大学生如何应对生活中的心理困惑及异常心理，本书给出了几个简短的建议供读者参考。

一、保持阳光平和的心态

心理健康是一个相对的概念，不像人的躯体健康与不健康有明确的生理指标，如脉搏、体温，所以要区别心理是否健康并不容易。我们说一个人心理正常，"正常"这一概念不论对于整体还是个体都是有阶段性的，因为一个人随时都可能产生不良心境，所以个体的心理健康也不是一条直线。这里的"正常"是用于评价阶段行为的，不是用来描述某一阶段行为的。要区分心理正常与异常，尚无一个适用于任何人的任何情境的心理健康标准，因为人的心理世界是复杂多样的，即使一个健康的人，也可能有突发性、暂时的心理问题。因此，每个人随时随地都可能产生心理问题，心理冲突犹如感冒、发烧一样不足为奇。当遇见问题后，只有保持镇定开放心态，才能快速找到解决问题的方法。

二、寻求专业人士的帮助

判断一个人是否有心理问题，特别是判断是否有某种心理障碍或精神病，实质上是一个心理评估与诊断的问题，需要专业人员，如临床心理学家、心理咨询师、精神科医生等，运用心理学和精神病学的理论、技术、方法和手段，根据严格的诊断标准，按照严格的程序去实施的一项专业性很强的工作。因此，心理是否异常，不能仅根据一些情绪或躯体现象就轻易做出判断，更不能简单地"对号入座"。人在遇到挫折时，出现一些情绪反应和躯体症状，本来属于正常现象，但是有些学生盲目地从一些书籍上断章取义，给自己"诊断"为某种心理障碍，如焦虑症、抑郁症、强迫症等，这对降低紧张情绪和缓解心理痛苦是很不利的，这种消极的暗示作用有时还会使情绪和躯体反应进一步加重，反而给身心健康带来障碍。所以，要端正对心理咨询的认识，一旦感觉自己有问题，一定要寻求专业心理咨询师或是心理科医生寻求帮助，他们会根据问题的轻重和类型给予科学的建议和帮助。

三、提升健康的心理品质

授人以鱼不如授人以渔，心理咨询师或心理医生只是你在需要帮助时的一套支持系统，只能解决你一时的心理问题，要想成为一个内心强大，人格完善的人还需要自身拥有较高的心理素质。通过对心理健康知识的学习，增强个人心理保健意识，提升个人思辨能力和意志品行，掌握常用的心理调节技巧，不断提升和改善心理机能，慢慢发展出自我探索、自我调适、自我成长的能力，能够妥善处理遇见的各类心理问题，这才是大学生应该追求的心理健康。

■ 问题与讨论

1. 大学生常见的异常心理有哪些？它们都有什么样的特点？

2. 结合你曾经经历过的心理冲突谈一谈大学生应该如何应对各类心理问题。

3. 结合自身实际，你认为还有哪些方法或途径能更好帮助大学生走好成长的每一步路？

参考文献

[1] 姚树桥，杨艳杰等．医学心理学(第 7 版)[M].北京：人民卫生出版社，2018：135－143.

[2] 郭念锋等．心理咨询师(国家职业资格培训教程)[M].北京：民族出版社，2011：294－323.

[3] 欧晓霞，罗杨．大学生心理健康[M].北京：清华大学出版社，2018：24－62.

第四章 大学生自我意识与培养——知心知己

■ 思维导图

```
                                                   ┌── 自我意识的含义
                                   自我意识概述 ──┼── 自我意识的分类
                                                   └── 自我意识的特点

                                                           ┌── 自我意识的分化
大学生自我意识与培养 ──┼── 大学生自我意识的发展过程 ──┼── 自我意识的冲突
                                                           └── 自我意识的统一

                                                       ┌── "00后"大学生的心理特点
                      └── 大学生健全自我意识的培养 ──┼── 大学生自我意识发展中存在的问题
                                                       └── 大学生健全自我意识的培养方式
```

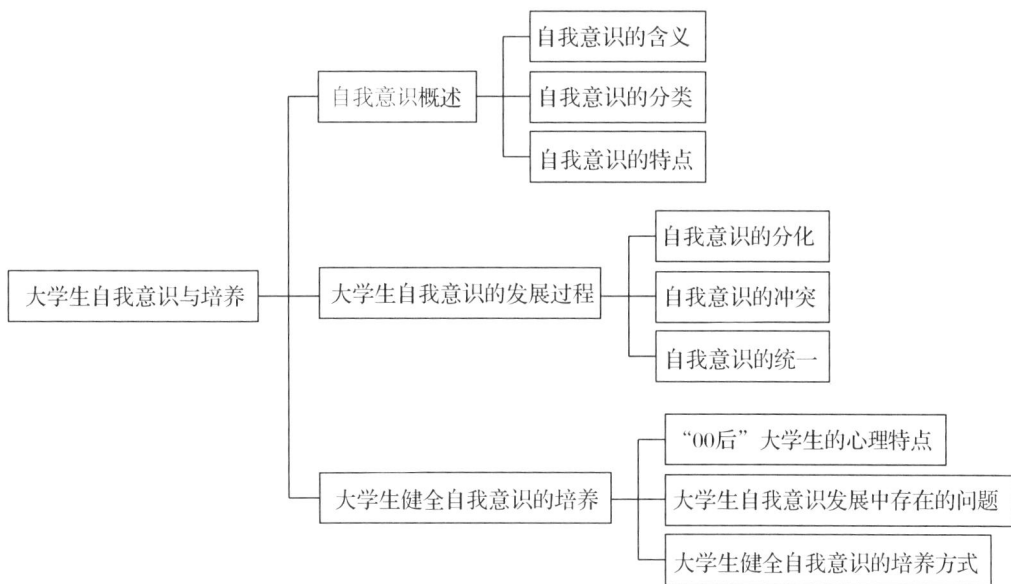

　　草丛中住着一群快乐的小田鼠，他们大多是灰色的，只有维维不一样，他比别的田鼠白多了。维维想："我有点白，也许我不是一只田鼠吧？"维维不再和田鼠朋友们一起玩了，他有点孤独，也很无聊。

　　这天，一只大白猫经过草丛。维维高兴地喊住他："嗨，可以和我一起玩吗？你看我也挺白的呢！"大白猫说："好吧，跟我来！"一看见维维，白猫们的眼睛全亮了。维维傻乎乎地想："太好了，也许我是只小白猫。"可当他发现白猫们看起了田鼠食谱时才发现不好。"快逃命！"维维总算逃出了猫的家。"看来我不是一只小白猫。"他想。

　　孤独无聊的日子又开始了。维维想出门旅行去。"北极，好白啊！我也许属于哪儿，我也许是只小北极熊？"维维决定去北极。"欢迎来到北极，小田鼠！"北极熊亲切地说。"不，我是小北极熊。"维维说。"北极熊不怕冷，北极熊会下水抓鱼。"北极熊告诉维维。维维想："真想和他们一起玩儿啊，可是我怕冷，也不会下水抓鱼。"

北极熊对维维说："你不是北极熊，你是一只有点白的小田鼠。不过，你能到北极来，真不简单呀!"维维有点想念草丛，想念田鼠朋友，他决定回家去。

啊，回到草丛的感觉真好！和田鼠朋友们一起玩真开心！

维维现在知道了：自己是一只有点白的小田鼠。

维维还是常常会想起北极和他的北极熊朋友，他给他们写信，说自己生活的很快乐。当然，他还是有点白。

每个小区的保安都是哲学家，因为他们每天都在反复追问三个终极问题："你是谁？你从哪里来？要到哪里去?"我们每个人为了使自己与周围世界保持联系和平衡，更好地服务社会需要，实现自我发展，在认识外部世界的同时都必须不断建立、完善对自我的认识和看法，自己是什么样的人，为什么会成长为这样的人，如何进一步自我完善和提升，等等。自我意识是自我完善的基础，是个体对其存在状态的觉知，是一个多维度、多层次的心理现象。本章将围绕自我意识的含义、分类、特点，自我意识"分化—冲突—统一"的发展过程，大学生自我意识发展的常见困扰和健全方式等内容，帮助同学们更好地知心知己，悦纳自我、超越自我。

第一节 自我意识概述

一、自我意识的含义

自我意识又称自我或自我概念，是个体对其存在状态的认知，包括对自己的生理状态、心理状态、人际关系及社会角色的认知。

自我是人格结构的核心组成部分。卡尔·罗杰斯认为，相较于真实自我，自我意识对一个人的人格及行为有更重要的作用，因为它是个体自我知觉的体系与认识自己的方式。

小田鼠维维经过一番游历，终于认识到自己是一只有点白的小田鼠。古今中外，对自我的探索始终是一个经典命题。我国古代伟大的哲学家、思想家老子曾有"知人者智，自知者明"的说法流传至今，古希腊哲学家苏格拉底也有"认识你自己"的醒世箴言。

对自我的认识不是与生俱来的，随着我们不断成长，自我意识也不断走向成熟。大学阶段是自我意识完善的重要阶段，合理认知、悦纳自我，有效调控、超越自我，将十分有助于大学生的健康成长与未来发展。

二、自我意识的分类

自我意识是一个多维度、多层次的复杂心理现象，可以从形式上、内容上分别进行分析。

1. 按照不同形式分类

（1）自我认知

自我认知是自我意识的认知成分，回答的是"我是一个怎样的人"，"我为何会是这样的人"等问题。自我认知主要由自我感觉、自我观念、自我观察、自我分析、自我评价等部分组成，其中自我评价是最主要的方面，它集中体现出个体自我认识的发展水平，是自我体验和自我调控的基础。

（2）自我体验

自我体验是自我意识在情感方面的表现，回答的是"我接受自己吗""我满意自己吗""我能悦纳自己吗"等问题。自我体验主要通过自尊、自信、自卑、自傲、自弃、自我效能感、荣誉感、责任感、失败感等形式表现出来。自我体验是每个人独有的，具有不可替代性，比如受到表扬会增强自信，做错事情会觉得自责，即使面对同样一件事，不同人的自我体验在内容和程度上也可能是不同的。

（3）自我调控

自我调控是自我意识的意志行为，回答的是"我怎样调节自己""我怎样改变自己""我怎样才能成为理想的自己"等问题。自我调控主要可以体现为自我监督、自我教育、自制、自律、自立、自强等方面。人可以通过调节自己的行为活动和心理活动，看到自己在这个过程中如何克服了内在和外在的障碍，通过怎样的努力实现自己的目标。良好的自我调控是个人保持良好自我意识的重要途径。

■ 心灵健身房

4-1 自我调控的启动与作用

请同学们回忆最近学习、生活、工作中某一件让你感到自己"很骄傲""很成功""很失败""很沮丧"……的事（自我体验），放松心情平静地思考。

（1）这是一件什么事？

（2）是什么让我产生了现在这样的体验？

（3）这样的反应是对的吗？有没有更适合的反应？

（4）这件事让我看到了自己内心有什么样的期待？

（5）我可以做些什么来实现自己的期待？

这个过程让我对自己有什么新的感受和认识？

4-1 元认知

根据儿童心理学家弗拉维尔(Flavell)的观点，元认知就是对认知的认知，包括元认知知识(个体关于自己或他人的认识活动、过程、结果以及与之有关的知识)、元认知体验(伴随着认知活动而产生的认知体验或情感体验)、元认知监控(个体在认知活动进行的过程中，对自己的认知活动积极进行监控，并相应地对其进行调节，以达到预定的目标)三方面的内容，其实质是人对认知活动的自我意识和自我控制。

由于元认知对人们的智力、思维活动起着监控、调节的功能，它的发展水平直接制约了智力、思维的发展水平。研究表明，学习能力强的学生在有关学习的元认知方面的发展水平都比较高，具有较多的关于学习及学习策略方面的知识，并且善于监控自己的学习过程，灵活应用各种策略达到特定的目标。学习能力差的学生则刚好相反，虽然他们在有关知识的水平方面与许多学习能力强的学生基本相同，但是他们有关学习和学习策略方面的知识却比较缺乏，也不善于根据资料、学习任务的不同而灵活变换不同策略。这说明，在具备一定基础知识的条件下，元认知特别是策略应用已成为学生学习能力的关键。

2. 按照不同内容分类

(1)生理自我

生理自我是自我意识的原始形态，主要是对自己身体的认知，例如身高、体重、外貌、性别等方面。生理自我开始于婴儿出生 8 个月左右，3 岁左右基本成形。

婴儿出生后，最初不能区分什么是属于自己的，什么是不属于自己的，他们会将自己的手、脚和身边的玩具、周围的东西看作同样性质的东西。3 个月的婴儿开始对人微笑，8 个月的婴儿开始关心镜子里自己的形象，但 10 个月时婴儿还无法区分出镜子里的形象就是自己。两岁零两个月开始，婴儿逐渐认识自己在镜子里的自我形象，开始学会使用"你"这个人称代词。3 岁左右，儿童自我意识中的生理自我才能形成，同时开始更多使用"我"这个人称代词。

(2)社会自我

社会自我是个体对自己社会属性的意识，例如社会地位、社会角色、社会作用等。大致从 3 岁到十三四岁，这个时期社会自我处于自我的中心，人能了解社会对自己的期待，并跟随社会期待调整自己的行为。

(3)心理自我

这个阶段需要 10 年左右，大约从青春期到成年，在这一阶段中，人从生理到心理都会发生巨大的变化，个体自我意识的发展也更趋向主观。发展到这个阶段后，人能知觉和调节自己的心理状态，并根据社会需要和自身发展的需求调整自己的心理与行为。例如，个体对自己的能力、气质、性格、兴趣、情感、意志等方面的认识和体验。

由于自我概念的发展，个体开始逐渐脱离对成人的依赖，表现出主动和独立的特点，强调自我价值和自我理想，特别重要的是发展了自尊和自信。大学生就处在自我意识发展的这个阶段。

三、自我意识的特点

完整的自我意识是人对自己、对外部世界共同认知的结果，主要呈现出独特性、一致性、社会性、能动性四个特点。

1. 独特性

先天与后天因素的不同，影响了每个个体都呈现出独属于其自身的特点。自我意识的独特性既体现在我们对自身觉知结果的独一无二，也体现在觉察方式、觉察过程的个体差异。个体的生理差异、外部信息来源差异、认知方式差异，都可能会影响到对个体自我意识的建立，同时，个体的自我意识一旦建立，又会对其日常生活中的认知方式产生新的影响。

■ 心灵健身房

4-2　20个"我是谁"

请同学们拿出一张纸，在8～10分钟内写出20个"我是谁"（我是一个怎样的人）的叙述句。这些句子是为你自己而不是为别人写的，要选择一些能反映个人特点的。请按自己思考的顺序来写，不必考虑其中的逻辑关系和不同条目的重要性。

我是谁？

（1）我是……

（2）我是……

（3）我是……

……

请评估你对自己的叙述是积极的还是消极的。请在每一条叙述后进行标记，认为是对自己满意的，请标记（＋），认为是对自己不满意的，请标记（－）。请观察你对自己的叙述更倾向于积极的还是消极的？是什么原因使你如此看待自己？这样的观察对你有什么样的启发？

请根据自我意识的分类，尝试将你所写的20个"我是谁"进行分类。

2. 一致性

依据埃里克森心理社会发展阶段划分，结合当代青少年成长的特点，形成成熟自我意识的最关键阶段体现在青少年期至成年早期，此后，虽然外部世界的人、事、物还会对个体的认知和行为产生影响，但其自我意识、自我同一性已基本稳定。正是这样的稳定性使个体自我意识呈现出前后一致的特点，展现在个体从认知到行为较为稳定的方式，也使外部环境对"他是一个什么样的人""他与其他人的区别"形成较为一致的看法。

■ 心灵加油站

4-2 埃里克森心理社会发展阶段

埃里克森(E. Erikson)是美国著名的精神分析理论家。埃里克森认为，在个体发展的不同时期，每个阶段都有其特定的发展任务。依照该理论，大学生主要处在个体发展的第五阶段至第六阶段。

埃里克森人格发展八个阶段的发展任务和所形成的良好人格品质分别是：

(1)婴儿前期(0~2岁)：这一阶段的主要发展任务是获得信任感，克服怀疑感；良好的人格特征是希望品质。

(2)婴儿后期(2~4岁)：这一阶段的主要发展任务是获得自主感，克服羞耻感；良好的人格特征是意志品质。

(3)幼儿期(4~7岁)：这一阶段的主要发展任务是获得主动感，克服内疚感；良好的人格特征是目标品质。

(4)童年期(7~12岁)：这一阶段的主要发展任务是获得勤奋感，克服自卑感；良好的人格特征是能力品质。

(5)青少年期(12~18岁)：这一阶段的主要发展任务是形成自我同一性，防止角色混乱；良好的人格特征是诚实品质。

自我同一性主要有以下4个方面的内容：①对个人未来方向和个人独特性的意识；②对个人以往各种身份、各种自我形象的综合感；③一种对异性伴侣和爱的对象能做出明智选择的意识；④对未来职业的向往和作为社会负责任成员的意识。可以通俗地总结为，我们已经是什么样的人，我们想成为什么样的人，我们应该成为什么样的人。

(6)成年早期(18~25岁)：这一阶段的主要发展任务是获得亲密感，避免孤独感；良好的人格特征是爱的品质。

埃里克森认为，只有建立了良好的自我同一性，才能敢于和他人建立亲密关系。亲密指关心他人，把自己的同一性与他人的同一性融合在一起，与他人共享的能力。这里的亲密关系不仅仅指性关系上的密切，还包括心理融洽和责任意识，以及相互的信任。亲密关系也不限于配偶之间，还可存在于朋友、同事之间。这一阶段如果发展顺利，亲密的比例大于孤独的比例，就会形成爱的品质。

（7）成年中期（25~50 岁）：这一阶段的主要发展任务是获得繁衍感，避免停滞感；良好的人格特征是关心品质。

（8）成年后期（50 岁以后）：这一阶段的主要发展任务是获得完善感，避免失望或厌恶感；良好的人格特征是智慧、贤明。

3. 社会性

完整的自我意识是个体生理自我、社会自我、心理自我的统合。自我意识的社会属性一方面体现在它通过社会实践产生，另一方面体现在个体对自己社会属性的意识。对社会自我的意识是个体自我意识成熟的重要标志，人际关系互动情况、社会角色平衡情况、社会功能实现情况，都与健全自我意识密不可分。

4. 平衡性

"吾日三省吾身"，自我意识的平衡性体现在对自我和外部世界的动态平衡调整过程。通过对外部环境的感知，对自身实践、他人评价、互动关系的评估，个体能够不断完善对自己的认识，使自身更好适应社会需求。同时，对心理自我的认识也能够促使个体具有创造性地采取行动、改善环境，使环境更加适应自我需求。

第二节　大学生自我意识的发展过程

大学生自我意识的发展会经历一个"分化—冲突—统一"的过程，这一过程是大学生自我意识发展到新阶段的表现，也会帮助大学生的自我意识逐渐走向成熟。

一、自我意识的分化

自我意识的分化是自我意识开始走向成熟的标志。进入大学，你会发现自己越来越多的像观察其他人一样观察自己，更频繁地进行自我分析、自我评价和自我监督。比较高中时，你花更多的时间来揣摩自己是什么样的人，有什么特点，你更关心自己在别人心目中的地位，你更渴望得到自己的一片天空，渴望得到理解和尊重，你对未来有了更详细、更具体的设计，你感受到由此带来的兴奋、激动、不安、痛苦，你学会了在困境中激励自己……

诸如上述体验中，个体对自己的审视，就是自我意识分化出的主体"我"对客体"我"的审视。借助英语中的"I"和"me"，比较便于区分这一组概念。主体"我"对应"I"，客体"我"对应"me"。在此基础上，大学生又把自我划分出"理想自我"和"现实自我"。"理想自我"是社会要求与自我一致的形象，是一种理想状态，不一定可以完全实现。

"现实自我"则是真实生活中自我的形象。

二、自我意识的冲突

自我意识的分化是自我意识趋向成熟的开始，在分化的同时，自我意识的冲突将不可避免地出现。这些冲突可能会给大学生带来困惑与痛苦的感受，甚至影响大学生的心理健康水平。但在有效解决这些矛盾和冲突的过程中，大学生将发展出更加成熟、稳定的自我意识。

大学生常见的自我意识冲突主要体现在以下几个方面。

1. 主观我和客观我的冲突

主观我和客观我的冲突是较为常见的。对大学生来说，作为同龄人中接受高等教育的群体，往往对自己有着更为积极的评价。但多数大学生在自身成长经历中，长期处于校园的学术与文化氛围里，较少接触社会，对社会的了解也缺乏实际与客观的目光，欠缺社会经验。另一方面，随着高校扩招、高等教育推广，社会对大学生的价值的评价也趋于理性。大学阶段是学生从校园到社会的转换阶段，容易出现没有得到理想中认可的失落感和挫败感。

■ 心灵加油站

4-3 谁先洗澡

老师问他的学生："有两位工人，修理老旧的烟囱，当他们从烟囱里爬出来的时候，一位很干净，另一位却满脸满身的煤灰，请问他们谁会去洗澡呢？"

一位学生说："当然是那位满脸满身煤灰的工人会去洗澡"。老师说："是吗？请你们注意，干净的工人看见另一位满脸满身的煤灰，他觉得从烟囱里爬出来真是肮脏，另一位看到对方很干净，就不这么想了。我现在再问你们，谁会去洗澡？"

有一位学生很兴奋地发现了答案："噢！我知道了！干净的工人看到肮脏的工人时，觉得他自己必定也是很脏的，但肮脏的工人看到干净的工人时，却觉得自己并不脏啊！所以一定是那位干净的工人跑去洗澡了。"

2. 理想我和现实我的冲突

理想我和现实我的冲突是大学生自我意识冲突里最集中、最突出的一种。刚刚跨入校门的大学生往往踌躇满志，希望能比前人做出更大的成就，希望能够充分展现自己的价值。这个一切皆有可能的时代，更加激发起大学生心中成功欲望的火种，或许自己能成为能载入史册的科学家，成为创造商业帝国的杰出企业家，成为极具影响力的政治人物，甚至成为明星……

这些理想我中包含了许多美好的愿望，然而理想与现实之间不可避免存在差距，合理的差距能够激发大学生更加努力，但如果差距过大，理想与现实无法良好平衡，就会出现各种各样的心理问题。

■ 心灵健身房

4-3 理想与现实

小张和小王是某高校大一新生，两人在高中时期都曾是班里的佼佼者。进入大学新的班级后，小张和小王虽仍对自己信心十足，但也深感大学学习与高中阶段的不同。第一学期期末考试，小张出现了挂科，小王的成绩排在班级偏后位置。

面对这样的"出师不利"，小张觉得大学阶段是新的学习阶段，同学们都很厉害，出现一次挫折也是对自己的提醒和鞭策。他积极向老师和同学请教，分析自己出现挂科的原因，利用假期做好调整和规划，如愿通过补考，他对自己过好大学生活也更有信心了。小王无法接受自己的排名偏后，觉得自己"太丢人了"，觉得同学们都在嘲笑自己，怀疑自己"是不是什么都做不好"。新学期开始，小王开始不愿意上课，也不愿意与同学们交流。

如果你是小张，你要如何帮助小王呢？

3. 渴望交流与缺乏知己的冲突

大学的学习和生活方式与高中时迥然不同，原先由老师和父母安排一切，现在都得靠自己。或许进入大学前，在家里都是关注呵护的焦点，现在要适应集体的生活。有很多人进入大学后远离家乡，距离的原因也导致安全感的缺乏……但这一阶段，大学生在心理上又遇到一种微妙的尴尬——自己已经不是儿童了，不能像小孩子一般任性，但自己也不是成人，缺乏成熟理性的思维方式和处世态度。

温室里的花朵突然失去了保护，遇到困难更加希望得到包容、倾听、支持和帮助。大学生迫切需要友谊，渴望理解，寻求归属和爱。他们有强烈的交往需要，希望能有知心朋友倾诉对人生和生活的看法，盼望能有人分担痛苦，分享欢乐。但出于自我保护或其他因素的影响，许多大学生在与他人交往时存有较强的戒备心理，总是有意无意地保持一定距离，不愿主动敞开自己的心扉，而把自己的心灵深藏起来，在公开场合很少发表个人的真实意见。这也是很多大学生常常觉得"大学同学没有高中同学真诚，有些人实在是有点虚伪"的原因。

4. 独立需求与依附需求的冲突

独立需求与依附需求是贯串我们一生的矛盾冲突，然而两者交锋最激烈的时期就在成人早期，也就是大学生努力探索自我的时期。独立需求与依附需求同时存在于一个人身上，人在一方面有保持自我完整、追求个性的需要，另一方面由于人的社会性，人又有强烈的寻求亲近的动机，这使得人们不得不放弃自己的一些东西，谋求与他人的一致。

大学生生理与心理的成熟使他们渴望独立，尤其是在离开父母之后，有了更多的自主空间，更加希望能在经济、生活、学习、思想等方面独立，摆脱成人的管束。他们一方面渴望独立，能够以独立的个体面对生活、学习与工作中遇到的问题，以证明自己已经长大；另一方面由于长期的校园生活使他们应有的社会阅历与经验相对匮乏，在心理上又对父母、朋友存在深深的依赖，特别是遇到困难和挫折时，这种依赖就表现得更为明显。特别是对于独生子女来说，由于长期受到父母的溺爱与保护，这种独立与依赖的矛盾就表现得非常突出。不成熟的独立性与依赖性相互纠缠，便构成了大学生自我意识冲突的主要根源。过分的依赖使大学生缺乏对问题的分析、判断与决策能力，显得优柔寡断，缺乏主见；而过分的独立又使部分学生陷入"凡事不求人"的偏执状态，采取我行我素、孤傲自立的行为方式，但在遭遇挫折时又会出现不知如何寻求帮助的情况。另外，多数大学生在生活形式上的独立与经济上的不独立也形成了明显的反差。希望独立，又无法摆脱依赖，这种独立意向与依赖心理的矛盾也一直困扰着他们。

三、自我意识的统一

寻求平衡状态是任何生物的本能，大学生在自我意识的发展过程中，虽然面对各种冲突，但他们也在不断探索寻找新的平衡点，来实现主体我与客体我、理想我与现实我的统一，从而达到自我认知、自我体验和自我调控的统一。达到平衡的方式有很多，既有积极的、健康的方式，也有消极的、不健康的方式。

由于成长环境、生活经历、智力水平和追求目标不同，自我意识统一的结果也不尽相同。在大学生群体中，自我意识的统一基本可以归纳为以下几种类型。

1. 自我肯定型

自我肯定型是一种积极的自我意识统一。这类大学生经过自我意识的冲突和新的审视，能够全面、客观看待自己的优势与不足，分析自己能够通过努力获得改善的部分和无法改善必须接纳的部分，从而调整对自己的要求和期待，使理想自我与现实自我趋于统一，达到自我肯定。

2. 自我否定型

自我否定型是一种消极的自我意识。他们的共同特点是往往以回避、自欺欺人的方式来解决自我矛盾，他们的意志力薄弱，容易放弃，不善于调整既有的行为模式。自我否定型又可以体现在自我扩张型和自我贬损型两种形式。

自我扩张型的主要特征表现为：对现实我评价过高，以至于形成虚妄的判定，虚幻的理想我占了优势；缺乏理智，盲目的自尊，超常态的虚荣心，较强的消极心理防御，终日自吹自擂；善于伪造一个能使他人满意并自我陶醉于其中的典型形象，来充当真实的自我。

自我贬损型的人与自我扩张型恰恰相反。他们对现实我的评价过低，伴随着无力感、无能感、无价值感；他们不接纳自己，甚至放弃自己，厌恶自己，继而更加自卑、自弃，丧失进取的力量。

3. 自我矛盾型

所有人都将经历自我矛盾的阶段，但有一部分学生会出现自我矛盾始终得不到解决，自我难以统一的情况，这就是自我矛盾型。他们的特点是：自我意识矛盾强度大，持续时间长；对现实我缺乏一个统整的认识，一般人在经历了自我矛盾冲突之后，都会加深对自我的认识，但自我矛盾的人却会越来越混乱；自我认知、自我体验和自我调控都缺乏稳定性，内心一直处于不平衡状态。

第三节　大学生健全自我意识的培养

一、"00 后"大学生的心理特点

"00 后"大学生成长于一个经济发展迅速、文化观念多元、网络信息发达的时代，伴随着"00 后"逐渐成为当代大学生的主要群体，其认知与思维特点、自我意识的发展、社会化程度等方面与"90 后""95 后"有连续一致性的相似特点，更有阶段性差异的不同之处，既趋于成熟又很不稳定，既有独立性又有依赖性。他们在自信心、自尊心、独立感、人际感、成功感等方面都呈现出不同于以往代际的心理特点和发展新趋势，主要表现在以下几个方面。

1. 追求个性，自信灵活

"00 后"大学生成长在我国社会高速发展，综合国力与国际影响力不断提升的时期，他们在高水平的开放氛围、更富足的物质生活、更稳定的社会环境中，有受教育水平更高、更加重视教育的"70 后"父母，有更加开阔的知识面，对世界有更多体验，形成了追求个性、自信、灵活的特点。

他们在关注"生理的我"的同时更加关注"心理的我"，在关注外貌体态的同时，强烈关注自己的社会性发展。他们对内心世界的关注度显著增加，重要表现之一就是自我反省能力提高，会通过记录网络日志、发微博、拍摄短视频来记录生活，更多地表达内心感受及思想。"00 后"虽然个性十足，但锐意进取，他们总是在默默奋斗；他们对未来乐观，重收入但更重家庭。

2. 生活社交网络化

"00 后"大学生是互联网环境下成长起来的一代，移动设备、互联网占据了举足轻重的位置，通过网络获取信息、结交同伴、满足生活需求及娱乐需求已经成为"00后"的常态。他们接受知识的渠道、方式丰富多元，生活的空间和想象的空间都在随之扩展，个体的认知因素处于空前的活跃状态，这间接推动了他们的思维方式逐渐以形式逻辑思维为主向辩证逻辑思维为主过渡，思维更加具有相对性、变通性、整合性，实用性成分逐渐增多。

海量的信息输入使"00后"很多时候说话办事像"成熟的小大人"，但更多情况下，由于他们刚刚进入开放自主的大学校园，没有完全脱离中学时代的思维模式并形成较为稳定和客观的价值观和人生观，对事物缺乏充分的、现实层面的了解与接触，容易被舆论信息和前卫思想裹挟，不知所措，感到迷茫与困惑。面对良莠不齐的信息时，甚至产生价值观的偏差和扭曲。而网络运行的快捷性和使用的简便性虽有助于提升大学生吸取知识和知识更新的效率，但还处于心理不稳定期的"00后"长期面对碎片化、片面解读的信息，容易失去思索、推理和整合信息的能力，从而限制了想象力和思维力的正常健康发展。

3. 处世态度理性务实

"00后"大学生在个人选择和规划行动时，表现出更加理性的处世态度和更加务实的人生理想。市场经济环境下的利益导向、竞争压力驱动，使多数"00后"大学生不再具有以往代际的理想主义色彩，而更多选择以务实、理性、冷静的眼光看待自身和社会发展，坚信成功要靠自己的努力奋斗。

从积极的角度来看，这种务实不等同于简单的金钱物质取向，而是结合自身与所处环境，关注当下所形成的相对理性的认知和观念。但同时，这样的认知也存在引发拜金主义、理想信念缺失等价值选择迷失的可能。

4. 自我意识更强

伴随"00后"身体急剧成熟、社会人际关系的扩大、认知思维能力的发展，他们会产生更多对自己行为及其产生的原因、可能的结果以及自己存在的价值和人生意义的思考。埃里克森的人格发展理论中将12～18岁定义为青少年期，18～25岁定义为成年早期，刚踏入校门的"00后"在年龄上介于两个阶段中间，兼具青少年末期和成年初期的成长特质和发展规律。在这个时期，多数"00后"进入自我同一性的探索和确立阶段，他们会关心外界及他人对自己的评价，会逐渐觉察自己对人对事的感受，会主动探索"我是谁，我能做什么，我想做什么"等人生议题，部分学生能够克服发展危机，顺利确立积极同一性，形成忠诚的美德。

相较于之前代际，"00后"大学生出生于和平年代，成长环境中的文化因素和经济水平较为稳定，成长在家庭氛围更民主、各种资源更丰富、成长视野更宽广的环境中，个性发展、自主独立得到允许、鼓励，注重自我，追求"我的世界我做主"，对约束、服从、权力、践行传统较为反感。进入大学后，在不同于家庭、初高中的学习生活模式下，"00后"大学生表现出更强烈的自我意识，希望摆脱老师和家长对于自己的"管制"，更关注"自己的感受、想法"，强烈渴望拥有自己独立的空间，追求"自己开心就好"，渴望享有公平的话语权。

但另一方面由于"00后"群体大多成长于"421"式家庭（即家里有四位老人、两位父母、一个孩子），生活起居、待人接物等方面被家人呵护备至，使得他们对家庭的依赖较强，生活自理能力差，对群体及社会的认知较为主观，团队意识较为淡薄。部分"00后"的自我意识较强，个性极为鲜明，宿舍或班级里人际关系有矛盾、出现"小团队"或者"各自为政"的情况时有发生，他们一方面非常渴望建立稳定高质量的人际交往，一方面习惯了在日常学习生活中单打独斗，习惯了网络中的生活，缺乏必要的处理矛盾冲突、搭建共享协作平台的能力，忽略了真实世界中的人际交往和亲密关系的建立，时常会有孤独、不被他人理解的孤独感受。

在自我同一性确立阶段，部分"00后"大学生会经历学业成就、自我认知、情感管理、人际交往、职业规划等不同方面不同程度的发展困惑。当发展上的危机与脆弱的情绪情感和不成熟的意志行为产生碰撞时，部分学生会出现抑郁、焦虑等倾向，也会花更长的时间实现自我同一性的确立。

二、大学生自我意识发展中存在的问题

1. 自负与自卑

（1）自负

自负，通俗来说就是过高地估计自己。适度的自尊、自信有助于人们追求进步、笑对挑战，但过度的自尊、自信就会导致自负。自负会通过言语、行为等方式表现出来，自负的人往往难以接受他人的建议和意见，不允许别人批评自己，遇到问题则认为是其他人的责任。在社会包容度提高、尊重个性发展的社会环境下，大学生青春力量得到彰显，与此同时，更应注重对自己的合理评价，不能自视甚高、目空一切，造成他人的反感。

（2）自卑

自卑，是个体产生的自我轻视、自我否定的情绪体验，通俗来说，就是由于低估自己而产生的情绪体验。自卑的人往往会放大自己的缺点，忽视自己的优点。在生活中，他们可能常常流露出"我不行""我不好"的想法，容易拿自己的短处和别人的长处相比，觉得自己不如别人。

奥地利心理学家阿德勒认为，所有人在开始生活的时候，都具有自卑感。适度的自卑感能成为人们取得成就的一种动力，但过度的自卑则会对人的心理健康和人格发展产生极大的负面影响，甚至引发疾病。攻击性行为不是由于感到自尊受创，而是由于感到自卑引起的，是一种过度补偿的表现。

这里值得注意的是，大一新生最易产生自卑感，尤其是重点大学的新生，他们中学时是尖子生，父母宠爱，亲友赞叹，老师表扬，同学羡慕，自尊心得到了极大的满

足。而到了大学里发现人才济济、群星荟萃，人才评价标准多元化，个人地位重新排序，与自我期望相比，心理落差增大，极易产生心理失衡。

自卑可以通过调整认识、增强信心和给予支持而消除。当一个人能够全面、客观地认识到自己的优点与不足并存，具有一定的成就体验，得到外界的认可和支持时，将有助于其克服自卑情绪，重建自信。

■ 心灵加油站

4-4 归因理论

归因是指人们对自己或他人活动及其结果的原因所作的解释和评价。美国心理学家韦纳(B. Weiner)对行为结果的归因进行了系统的探讨，并把归因分为三个维度：内部归因和外部归因；稳定性归因和非稳定性归因；可控性归因和不可控性归因。在此我们主要介绍内部归因和外部归因。

内因，是指存在于个体内部的原因，如人格、品质、动机、态度、情绪、心境以及努力程度等个人特征。如将行为归因于个人特征，称之为内归因。

外因，是指行为或事件发生的外部条件，包括背景、机遇、他人影响、工作任务难度。如果将行为原因归于外部条件，称之为外归因或情境归因。

不同的人可能抱有不同的归因风格，有人倾向于内归因，有人则倾向于外归因。就一般情况而言，在成败归因中，成功时，个体倾向于内归因，失败时，个体倾向于外归因。成功内归因有利于自我价值的确定，失败外归因，减少自己对失败的责任则是一种自我防卫。在竞争条件下，个体倾向于把他人的成功外归因，从而减少他人成功对其带来的压力，如果他人失败了，则倾向被内归因。对他人的成败归因，个体均有明显地使自己处于有利位置，以保护自我价值，这种倾向叫动机性归因误差。

那么，你是什么样的归因风格呢？这样的风格对你评价自己产生了什么样的影响呢？

2. 自我中心与盲目从众

（1）自我中心

自我中心是皮亚杰提出的心理学名词，指儿童在前运算阶段（2～7岁）只会从自己的立场与观点去认识事物，而不能从客观的、他人的立场和观点去认识事物。

现实生活中，自我中心的人表现为很少关心、顾及他人和集体，只追求自己的欲望满足，从自己的利益出发，要求人人为己。自我为中心的人不希望或不愿意别人在自己之上，对别人的成绩、成功非常妒忌，对别人的失败幸灾乐祸，不向别人提供任何有益的信息。进入大学的集体生活后，学生之间尤其是独生子女间因自我中心产生的人际问题较为常见，如果在交往中为了满足自己，与其他人造成对立，最终只能将自己封闭起来，处于自我隔绝的状态。

对自我中心的人来说，应该正视现实，学习互助互惠。只有尊重、关心、帮助他人，才可获得别人的回报，体验人生的价值与幸福。自我中心会导致其在社会交往中不断碰壁，陷入懊恼和痛苦，严重的会诱发抑郁症、焦虑症等心理疾病。

（2）盲目从众

从众是个人的观念与行为由于群体的引导或压力，而向与多数人相一致的方向变化的现象。社会心理学家研究认为，从众的行为基本动因有三类，一是渴望获得正确的信息，降低信息选择成本；二是为了被喜欢和接受；三是为减缓群体压力。

对于大学生来说，在习惯养成、行动方式、生涯选择、恋爱关系、消费习惯等方面，都有可能出现从众现象。理性地从众有助于形成共识推动行动，增强集体凝聚力，培育良好的氛围，但盲目从众则可能使个体更加依赖，更加失去自我，失去判断力和行动力。从外部环境看，群体规模越大，内聚力越强，身处其中的个体就越容易从众；从个人因素看，对自己越缺乏信心、越缺乏信息和决策能力，就越容易从众，因此，对习惯"随大流"的人来说，要区分自己是理性从众还是盲目从众，充分结合了外部环境和自身特质的选择才是最适合自己的选择。

3. 过分追求完美

追求完美，是人类自身在逐渐成长过程中的一种心理特点，是一种天性，有时也是必要的，人类正是在这种追求中，不断完善自己。然而真正的完美是不存在的，过分追求完美是对自己提出过高的要求，不符合实际情况的要求，不能容忍自己的不完美，这些必然会造成我们心理的负担、障碍乃至疾病。

过分追求完美的人可能成为强迫症，他们很少有自由悠闲的心境，缺乏随遇而安的潇洒，长期处于紧张和焦虑状态。世界上没有十全十美的事物，要保持一颗平常心，并懂得知足者常乐，才是最接近完美的心境。

■ 心灵加油站

4-5 完美的弓

有一位武士路过一家弓箭坊，看到橱窗里有一张完美的弓，绷得紧紧的，弦上挂着一支箭，从木质到雕花，一切都是他心中的完美之弓。武士想，这张弓一定是战无不胜、所向披靡，于是想向弓箭坊主买下这张弓。

坊主说："对不起，这个是样品，不卖，能卖的都在墙上挂着，你自己挑吧！"武士看了看墙上的弓，觉得这些弓都松松垮垮的，他央求坊主一定将橱窗里的弓卖给自己。坊主笑着说道："样品虽然漂亮，不过是摆个样子，它二十四小时都绷着，看似有力，其实早已没有韧性，不能用了。真正能用的弓，都是松弛的，松弛才能让弓弦保持柔韧，这才是一种蓄势待发的状态。"

4. 虚荣

自尊心是自我体验的核心，大学生自尊心强烈，主要表现为：一是把自尊心放在一切情感之上，过分关注，过分敏感；二是当自尊心受到肯定或损害时，会表现出特别强烈的情绪反应。得到肯定时很容易产生优越感，遇到挫折后又极易产生自卑感，因此他们常常处于自尊与自卑交替、亲密与孤独交织之中。

虚荣是一种被扭曲的自尊心，是自尊心的过分表现，是一种追求虚表的性格缺陷，是人们为了取得荣誉和引起普遍注意而表现出来的一种不正常的社会情感。人们都有得到外界认可的需要，但虚荣者通过吹嘘、说谎、伪装、投机等方式求得他人的尊重。无论以何种方式在表面营造出家庭、物质、人际、情感等方面的优越感，虚荣始终是一种自欺欺人，是表面的光彩、虚假的荣耀，最终不仅会失去他人的尊重，还将失去自己诚实的品质、奋斗的力量和真实的对生活的追求。

三、大学生健全自我意识的培养方式

健全的自我意识对人的心理健康和人格发展起着重要作用，随着社会进步和人类文明的不断发展，自我完善已经是人们共同认可需要终身成长的一门课程。对大学生而言，自我意识的健全意味着能够将自我认知、自我体验、自我调控三者和谐统一，将理想自我与现实自我和谐统一，能够正确评价自己，积极看待自己，保持独立、开放、共享的心理状态。

1. 合理认知，悦纳自我

正确认识自我是健全自我意识的基础。正确认识自己意味着能够承认自己身上并存的优点和缺点，优势和不足，能够评估自己在人际交往和社会中的角色、关系、位置，对自己做出客观的、全面的、恰当的评价。

通过审视我与己的关系、我与事的关系、我与人的关系，可以更加清晰地认识自我。我与己的关系是指自省，自我反思是自我认识的有效方法之一。我与事的关系则是通过自己的活动表现和成果来认识自我，在实践和事件中客观地认识自己的意志品质、知识才能、兴趣爱好等。我与人的关系是通过自己与他人的比较、他人对自己的反馈，来加深对自己的了解。但比较是一门艺术，"向上"比可能带来榜样力量的激励，也可能带来"不如别人"的挫败感，"向下"比可能带来自信与拥有的幸福感，也可能带来不思进取的优越感和自傲，如何选择，需要我们了解、承认自己当时的心理需要。"以人为鉴，可以明得失"，他人对自己的反馈也有助于我们丰富对自己的认识，美国心理学家乔和哈里就是以自我观察和他人观察作为其中一个维度，提出了关于人自我认识的乔哈里窗理论。

4-6 乔哈里窗理论

乔哈里窗(Johari Window)也被称为"自我意识的发现——反馈模型"。它提出 4 个区域的概念，分别是开放区、隐藏区、盲目区、未知区。

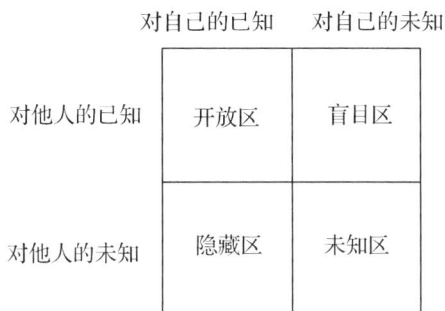

	对自己的已知	对自己的未知
对他人的已知	开放区	盲目区
对他人的未知	隐藏区	未知区

图 4-1　乔哈里窗

开放区是自己知道、别人也知道的信息。例如你的家庭情况、姓名、部分经历和爱好等。开放区具有相对性，有些事情对于某人来说是公开的信息，而对于另一些人可能会是隐秘的事情。这个区域越大，自我认识就越正确、评价就越客观，越有利于健康发展。

隐藏区是自己知道、别人不知道的秘密。例如你的某些经历、希望、心愿、阴谋、秘密，以及好恶等。这个区域越大，可能越觉得孤独、封闭，觉得别人很难理解自己。虽然一个真诚的人也需要隐藏区，完全没有隐藏区的人是心智不成熟的，但适度打开隐藏区，将对人的自我发展及良好的人际关系产生积极影响。

盲目区是自己不知道、别人却知道的盲点。例如，你性格上的弱点或者坏的习惯，你的某些处事方式，别人对你的一些感受，等等。这个区域越大，自我认识的偏差就可能越大。

未知区是自己和别人都不知道的信息，例如某人自己身上隐藏的疾病。这个区域的存在使我们无法完全认识自己。未知区是尚待挖掘的部分，也许通过某些偶然或必然的机会，会得到了一定的了解，加强人对自我的认识。

悦纳自我是发展健全自我的核心和关键。悦纳自我就是要无条件地接受自己的一切，珍惜自己的独特性，好的坏的，成功的失败的，善于欣赏自己的优点和优势，乐于接受自己的缺点和限制，因为接纳自己的不完善既是自信的表现，也是完善自我的起点。要喜欢自己，肯定自己的价值，对自己有价值感、自豪感、满足感。

4-1 自我和谐量表(SCCS)

下面是一些个人对自己的看法的陈述。填答时，请您看清楚每句话的意思，然后圈选一个数字(1代表该句话完全不符合您的情况；2代表比较不符合您的情况；3代表不确定；4代表比较符合您的情况；5代表完全符合您的情况)，以代表该句话与您现在对自己的看法相符合的程度。每个人对自己的看法都有其独特性。因此答案是没有对错的，您只要如实回答就可以了。

1. 我周围的人往往觉得我对自己的看法有些矛盾。

2. 有时我会对自己在某方面的表现不满意。

3. 每当遇到困难，我总是首先分析造成困难的原因。

4. 我很难恰当地表达我对别人的情感反应。

5. 我对很多事情都有自己的观点，但我并不要求别人也与我一样。

6. 我一旦形成对事情的看法，就不会再改变。

7. 我经常对自己的行为不满意。

8. 尽管有时得做一些不愿做的事，但我基本上是按自己的愿望办事的。

9. 一件事情好就是好，不好就是不好，没有什么可以含糊的。

10. 如果我在某件事上不顺利，我就往往会怀疑自己的能力。

11. 我至少有几个知心的朋友。

12. 我觉得我所做的很多事情都是不该做的。

13. 不论别人怎么说，我的观点决不改变。

14. 别人常常会误解我对他们的好恶。

15. 很多情况下我不得不对自己的能力表示怀疑。

16. 我朋友中有些是与我截然不同的人，这并不影响我们的关系。

17. 与别人交往过多容易暴露自己的隐私。

18. 我很了解自己对周围人的情感。

19. 我觉得自己目前的处境与我的要求相距太远。

20. 我很少去想自己所做的事是否应该。

21. 我所遇到的很多问题都无法自己解决。

22. 我很清楚自己是什么样的人。

23. 我能很自如地表达我想表达的意思。

24. 如果有了足够的证据，我也可以改变自己的观点。

25. 我很少考虑自己是一个什么样的人。

26. 把心里话告诉别人不仅得不到帮助，还可能招致麻烦。

27. 在遇到问题时，我总觉得别人都离我很远。

28. 我觉得很难发挥出自己应有的水平。

29. 我很担心自己的所作所为会引起别人的误解。

30. 如果我发现自己在某些方面表现不佳，总希望尽快弥补。

31. 每个人都在忙自己的事情，很难与他们沟通。

32. 我认为能力再强的人也可能会遇上难题。

33. 我经常感到自己是孤立无援的。

34. 一旦遇到麻烦，无论怎样做都无济于事。

35. 我总能清楚地了解自己的感受。

计分方法和结果说明：

该量表可分为三个分量表，各分量表的得分为其所包含的项目分直接相加。三个分量表包含的项目分别为：

(1)自我与经验的不和谐：1、4、7、10、12、14、15、17、19、21、23、27、28、29、31、33，共 16 项；

(2)自我的灵活性：2、3、5、8、11、16、18、22、24、30、32、35，共 12 项；

(3)自我的刻板性：6、9、13、20、25、26、34，共 7 项。

将自我的灵活性反向计分(即选 1 计 5 分，以此类推，选 5 计 1 分)，再与其他两个分量表分数相加。得分越高，表示自我和谐度越低。在大学生中，低于 74 分为低分组，75～102 分为中间组，103 分以上为高分组。

三个分量表可参考的常模为 502 名大学生(男 260 人，女 242 人，平均年龄 18.5 岁)的平均得分，分别为 46.13±10.01、45.44±7.44、18.12±5.09，均无性别差异。

2. 有效调控，超越自我

自我调控是人主动地走向改变自己的心理品质、特征及行为的心理过程，是大学生健全自我意识，完善自我的根本途径。大学生有时会对自我抱有很高的期望，但因没有足够的自制能力和意志，经受不住挫折和诱惑，无法实现自我理想。有时又会因无法控制自我产生自卑自怨、自暴自弃的不良情绪，偏离了健全自我意识的轨道。在自我调控的过程中，要将个体发展与社会需要有机统一，从实际出发制订合理的、可行的计划，要加强自我监督、自我激励，培养良好的意志品质，通过自我奋斗，达到最终的自我实现和自我成功。

积极塑造自我、完善自我的过程可以通过四个"A"来描述。

Acceptance 接纳：接纳自我与自我所在的现实环境；

Action 行动：对自己决定的事，付诸行动，并全力以赴；

Affection 情感：工作学习的时候情感投入，获得乐趣，乐在其中；

Achievement 成就：以上三者完成后的自然结果，是努力奋斗的成果；

当你经历了这四个"A"，可以说是完成了一次自我开拓、提升与超越之旅。同学们，完善自我，超越自我并不会一帆风顺，在这趟旅途中，也许你会碰到各种各样的困难，需要不懈地努力、艰苦地付出，但这就是一个"新我"的形成，是从"小我"走向"大我"，从"昨天之我"迈向"今日之我""明日之我"。

■ 心灵健身房

4-4 真实的我 理想的我 别人眼中的我

请同学们用 5 分钟时间将下表最左侧的一列补充完整，可以填写任何对你来说重要的项目，如身高、体重、容貌、身材、性别、性格、学业等。请填写尽量多的内容，可以继续补充表格。

项 目	真实的我	理想的我	别人眼中的我
身高			
体重			
容貌			
身材			
性别			
性格			
学业			
爱好			
……			

填写完最左侧的一栏项目后，就可以开始填写表格的其他部分。可以采取横填，比较每一项中"真实的我""理想的我"和"别人眼中的我"，也可以采取竖填，先全部填写完"真实的我"，再全部填写完"理想的我"，最后填写完"别人眼中的我"。在"真实的我"这部分，请同学们按自己的情况如实填写；在"理想的我"这部分，请同学们大胆写出自己的理想，希望是怎样的，就承认它并写下它；在"别人眼中的我"这部分，也许你会发现自己在某些方面并不了解别人是如何看待自己的，不妨借这个机会，去了解一下吧！

当你完成这张表格，是否觉得对自己的认识清晰了很多？你如何看待"真实的我""理想的我"和"别人眼中的我"的差异？你将如何达到三者的统一？这样的思考对你有什么新的启发？

■ 心灵电台

4-1　动画片《花木兰》中文主题曲：《自己》

仔细地看着波光中清晰的倒影/是另一个自己/他属于我最真实的表情/不愿意生活中掩饰真心敷衍了/爱我的人的眼睛/我心中的自己/每一秒都愿意/为爱放手去追寻/用心去珍惜

隐藏在心中每一个真实的心情/现在释放出去/我想要呈现世界前更有力量的/更有勇气的生活/我眼中的自己/每一天都相信/活得越来越像我爱的自己/我心中的自己/每一秒都愿意/为爱放手去追寻/用心去珍惜

只有爱里才拥有自由气息/诚实面对自己才有爱的决心/我眼中的自己/每一天都相信/活得越来越像我爱的自己/我心中的自己/每一秒都愿意/为爱放手去追寻/用心去珍惜

■ 问题与讨论

1. 结合本章所学，综合谈谈你对自己有什么样的认识。
2. 小组讨论如何看待青年人所谓的"佛系"状态。
3. 思考你可以怎样进一步完善自己的自我意识。

参考文献

[1] 宛蓉，张睿，谢其利等. 大学生心理健康[M]. 北京：北京师范大学出版社，2014.

[2] 高兰，赵慧勤，宋明刚等. 大学生心理健康教育——心灵成长自助手册[M]. 北京：教育科学出版社，2015.

[3] 李菁华等. 大学生心理健康教育——做一个心理健康的人[M]. 西安：西安交通大学出版社，2014.

[4] 中国就业培训技术指导中心，中国心理卫生协会. 国家职业资格培训教程：心理咨询师（基础知识）[M]. 北京：民族出版社，2012.

[5] 董奇. 论元认知[J]. 北京师范大学学报，1989(1)：68—74.

[6] 马川. "00后"大学生心理健康水平的实证研究——基于近两万名2018级大一学生的数据分析[J]. 思想理论教育，2019(3)：95—99.

第五章　大学生人格发展——探索人格地图

■ 思维导图

```
                                    ┌──── 人格的含义
                         ┌─ 人格概述 ┼──── 人格的特征
                         │          ├──── 人格的影响因素
                         │          └──── 人格的类型
                         │
                         │              ┌──── 人格理论的流派
大学生人格发展 ───────────┼─ 人格理论及人格发展 ┼──── 健康人格
                         │              └──── 人格障碍
                         │
                         │              ┌──── 大学生人格冲突的表现
                         └─ 大学生的健全人格 ┴──── 大学生健全人格的塑造
```

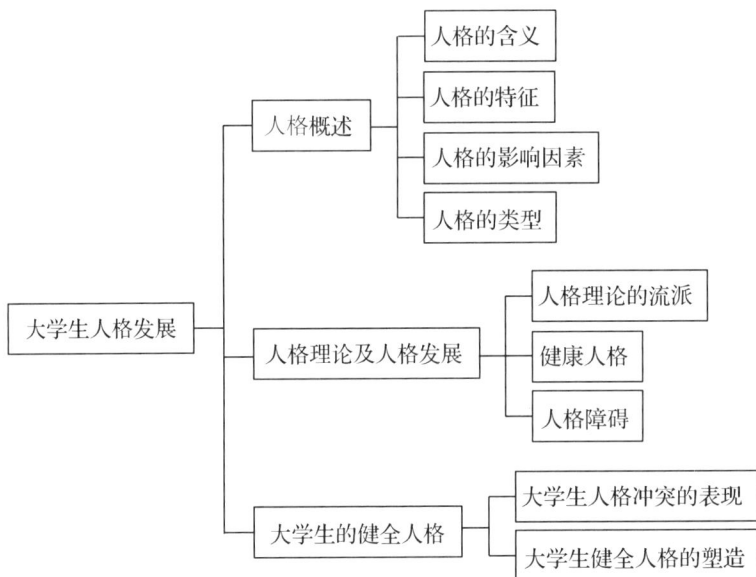

人格是我们面对外部世界的面具。

第一节　人格概述

一、人格的含义

人格（personality）一词源自拉丁语"persona"，指的是演员在戏剧表演中戴的面具，又译为性格，指人类心理特征的整合、统一体，是一个相对稳定的结构组织。并在不同时间、区域下影响着人的内隐和外显的心理特征和行为模式。

人格是构成一个人思想、情感和行为的特有模式，这个模式包含了一个人区别于他人的稳定而统一的心理品质。

二、人格的特征

1. 独特性

一个人的人格是在遗传、环境、教育等因素的交互作用下形成的。不同的遗传、生存及教育环境，形成了各取自独特的心理点。人与人没有完全一样的人格特点。所谓"人心不同，各有其面"，这就是人格的独特性。例如，"固执"这一人格特征，不同的人身上会有不同的含义。对于娇惯溺爱长大的人，这种固执带有"撒娇"的含义；而在冷淡疏离、艰难困苦环境下形成的固执，会带有"反抗"的含义。这种独特性说明了人格的千差万别，千人千面。但是，人格的独特性并不意味着人与人之间的个性毫无相同之处。在人格形成与发展中，既有生物因素的制约作用，也有社会因素的作用。人格作为一个人的整体特质，既包括每个人与其他人不同的心理特点，也包括人与人之间在心理、面貌上相同的方面，如每个民族、阶级和集团的人都有其共同的心理特点。人格是共同性与差别性的统一，是生物性与社会性的统一。

2. 稳定性

人格具有稳定性。个体在行为中偶然表现出来的心理倾向和心理特征并不能表征他的人格。俗话说，"江山易改，禀性难移"，这里的"秉性"就是指人格。在人格形成方面，一个人的某种人格特带你一旦形成后，就相对稳定，要想改变是很困难的事情。在人格表现方面，人格特征在不同时间、不同情境下表现出一致性的特点。不考虑个体差异的情况下，某一群体在平均水平上表现出稳定性，研究表明，30 岁以后，人格平均水平的改变就很小了。对于个体而言，人格的持续性提现了人格的稳定性，例如，一个性格内向的学生，在多数场景都会表现得沉默寡言，并且在人生的各个阶段基本都会如此。在人格特征方面，一个人经常表现出的稳定的心理和行为特点，而那些暂时的、偶尔的表现和行为不能成为人格特征。当然，强调人格的稳定性并不意味着它在人的一生中是一成不变的，随着生理的成熟和环境的变化，人格也有可能产生或多或少的变化，这是人格可塑性的一面，正因为人格具有可塑性，才能培养和发展人格。人格是稳定性与可塑性的统一。

3. 统合性

人格是由多种成分构成的一个有机整体，具有内在统一的一致性，受自我意识的调控。人格统合性是心理健康的重要指标。当一个人的人格结构在各方面彼此和谐统一时，他的人格就是健康的。否则，可能会出现适应困难，甚至出现人格分裂。人是极其复杂的，行为表现出多元化、多层面的特征。各种人格结构的组合千变万化，使得人格表现千态万状。而每个人的人格并非由各个结构简单的叠加堆积，而是依照了一定的秩序和规则有机地结合起来，一定的内在联系往往会把一组人格特征结合起来。

4. 功能性

性格决定命运。人格决定一个人的生活方式，甚至决定一个人的命运，因而是人生成败的根源之一。人们经常会使用人格特征来解释某人的言行，当面对挫折与失败时，坚强者能发愤拼搏，懦弱者会一蹶不振，这就是人格功能的表现。当人格具有功能，同时表现得健康而有力，将支配一个人的生活和成败；当人格功能失调时，就会表现出软弱无力，失控甚至变态。人格的功能性还体现在其对认知与智力的影响，不同的人格特征会影响到人的思维方面，进而影响人的行为结果。

据此根据其特征我们可以在心理学上将人格定义为：是个人在适应环境的过程中所表现出来的系统的独特的反应方式，它由个人在其遗传、环境、成熟、学习等因素交互作用下形成，并具有很大的稳定性。

三、人格的影响因素

影响人格形成和发展的因素有哪些？他们对人格的作用是什么？这使我们想到一个古老而又争论不休的问题：先天遗传与后天环境的关系与作用。研究人格的形成仍离不开这一问题。当代心理学家的共识是：人格是在遗传与环境的交互作用下逐渐形成的。

1. 生物遗传因素

总结以往研究，遗传对人格的作用主要体现在以下几个方面：第一，遗传是人格不可缺少的影响因素。第二，遗传因素对人格的作用程度因人格特征的不同而异。第三，人格的发展过程是遗传与环境交互作用的结果，遗传因素影响人格的发展方向及改变。

脑科学的研究为探讨人格的生理基础提供了很大的帮助，近十多年所取得的成功对于理解大脑的不同区域的功能、神经递质在人格中的作用具有积极意义。

■ **心灵实验室**

5-1 脑外伤后的性格改变

菲尼亚斯·盖奇是一名建筑工头，在美国佛蒙特州铁路工地负责爆破岩石。1848年9月13日，他将炸药夯实到地面，以便为修建一条新的铁路线做准备。

当他用一根铁夯把甘油炸药填塞到孔中之时，一颗火星意外点燃了炸药。当时他的头正歪向一边，提前引爆的甘油炸药炸飞了他手中的铁夯，并且从他的左颧骨下方穿入头部，撕毁了他大脑左侧额叶的组织，从眉骨射了出去，在他身后20多米远的地方落下。这根铁夯长约1.1米，重5.04千克，一端直径为3.18厘米，另一端的直径为

0.64 厘米。

盖奇被铁夯击倒后，尽管颅骨的左前部几乎完全被损毁了，但他并未失去知觉。当天晚上 11 点，他的血止住了。不过没过几天，盖奇的脸部开始肿胀，病情恶化，开始胡言乱语，并陷入昏迷状态。

14 天后，医生为盖奇做了紧急手术。随后几周，盖奇陷入了病危之中，直到事发两个月后的 11 月下旬，盖奇病情好转，得以康复回到家中。他的身体逐渐恢复，于是重新回到了工地。工友发现虽然他头上有个洞，但话语如常，思维清晰，而且没有疼痛的感觉。

盖奇的幸存是一个奇迹，他仍然可以说话、走路，严重的脑损伤似乎对他没有什么影响。

哈佛医学院的亨利·毕格罗于事发后第二年给盖奇做了一次体检，毕格罗测试了盖奇的感知和运动功能。因为他仍然能够行走、交谈、看得见、听得清，所以毕格罗断定他的大脑一定是好的，并断言盖奇的"生理和精神功能已完全恢复。"不过，毕格罗也提到了盖奇的性格变化，他的"动物本能和人类理性之间的平衡似乎遭到了破坏"。

人们发现盖奇的脾气发生了变化。他本是一个非常有能力、有效率的班长，思维机敏、灵活，对人和气、彬彬有礼。但这次事故以后，他变得粗俗无礼，对事情缺乏耐心，既顽固、任性，又反复无常、优柔寡断。他似乎总是无法计划和安排自己将要做的事情。盖奇的脾气，他喜欢和不喜欢的，他的梦想和渴望完完全全地改变了。他的身体还活着，而且健康，但是那里面存在的是一个全新的灵魂。盖奇再也不是原来的盖奇了。

盖奇的生还奇迹，以及性格的改变给科学家留下了一个争论的空间——大脑额叶的功能是什么？

尽管现在的科学家已经认识到额叶与大脑的所有活动都有关，尤其是，额叶在控制神经冲动的过程中起着重要的作用。不过，当时的主流医学观点认为大脑额叶没有多大的作用，毕竟，额叶受损患者就像盖奇一样，他们的记忆力、语言能力、运动能力、推理能力、智力等方面都完好无损。

2. 社会文化因素

每个人都处在特定的社会文化之中，文化对人格的影响是极为重要的。其作用表现在：第一，社会文化对人格塑造有重要的作用，特别是后天形成的一些人格特征；第二，社会文化对个人的影响力因文化的强弱而异，这要看社会对顺应的要求是否严格，越严格，其影响力越大；第三，社会文化因素决定了人格的共同性特征，它使同一社会的人在人格上具有一定程度的相似性。社会文化塑造了社会成员的人格特征，使其成员的人格结构朝着相似性的方向发展，这种相似性具有维系社会稳定的功能，又使得每个人能稳固的"嵌入"在整个文化形态里。社会文化对人格具有塑造功能，还表现在不同文化的民族有其固有的民族性格。例如中华民族是一个勤劳勇敢的民族，这里的"勤劳勇敢"的品质便是中华民族的共有的人格特征。

3. 家庭因素

"家庭对人的塑造力是今天我们对人格发展看法的基石。"（Rosenblith & Allinsmith，1962）家庭是组成社会的细胞，它不仅有自然的遗传隐私，也带着社会的"遗传"因素。社会的遗传因素主要表现为家庭对子女的教养，俗话说"虎父无犬子"并不是没有道理的，父母们按照自己的想法的方式教育孩子，使得他们形成了某些人格特征。

强调人格的家庭成因，重点在于探讨家庭间的差异和不同的教养方式的影响。家庭教养方式一般分为三类：一是权威型教养方式，二是放纵型教养方式，三是民主型教养方式。研究发现，权威型教养方式的父母在子女的教育中表现得过于支配，孩子的一切都由父母来控制。在这种环境下成长的孩子容易形成消极、被动、依赖、服从、懦弱，做事缺乏主动性，甚至会形成不诚实的人格特征。放纵型教养方式的父母对孩子过于溺爱，让孩子随心所欲，父母对孩子的教育有时出现失控的状态。在这种家庭环境中成长的孩子多表现为任性、幼稚、自私、无礼、独立性差、唯我独尊、蛮横胡闹等。民主型教养方式的父母与孩子在家庭中处于一种平等和谐的氛围当中，父母尊重孩子，给孩子一定的自主权和积极正确地指导。父母的这种教育方式能使孩子形成一些积极的人格品质，如活泼、快乐、直爽、自立、彬彬有礼、善于交往、富于合作、思想活跃等。由此可见，家庭确实是"人类性格的工厂"，它塑造了人们不同的人格特质。

4. 早期童年经验

"早期的亲子关系定出了行为模式，塑造出一切日后的行为。"这是麦肯侬（Mackinnon，1950）有关早期童年经验对人格影响力的一个总结。中国也有句俗话："三岁看大，七岁看老。"人生早期所发生的事情对人格的影响，历来为人格心理学家所重视。儿童早期与母亲的关系质量直接影响孩子人格的形成以及成年后的生活，缺乏和母亲接触的儿童在成年后在与人建立亲密关系上会有困难（Bowlby，1984）。与人接触的模式主要是由孩子童年时期的母婴关系决定，几年以后，友谊关系更多的发展为与同龄团体有关，而且会变得更加稳定和难以改变。以后的生活经历或许会改变友谊的表现模式，但母亲对孩子的排斥、疏远和惩罚会使得儿童在早期发展中形成紧张和反抗，会让孩子认为自己是不受他人欢迎的人（Ribble，1994）。

需要强调的是，人格发展尽管受到童年经验的影响，幸福的童年有利于儿童发展健康的人格，不幸的童年也会使儿童形成不良的人格，但二者不存在一一对应的关系，比如溺爱也可能使孩子形成不良的人格特点，逆境也可能磨炼出孩子坚强的性格。另外，早期经验不能单独对人格起作用，它与其他因素共同决定人格的形成与发展。

5. 自然物理因素

俗话说"一方水土养一方人"，生态环境、气候条件、空间拥挤程度等这些物理因素都会影响到人格的形成与发展。有很多研究说明了生态环境对人格的影响。另外气温会提高某些人格特征的出现频率，例如热天会使人烦躁不安，对他人采取负面反应，发生反社会行为。总之，自然环境对人格不起决定性的作用。在不同物理环境中，人可以表现出不同的行为特点。

四、人格的类型

人格包括两部分：性格与气质。性格是人稳定个性的心理特征，表现在人对现实的态度和相应的行为方式上。性格从本质上表现了人的特征，而气质就好像是给人格打上了一种色彩、一个标记，性格可分为人类天生的共同人性与个体在后天环境与学习影响下所形成的独特个性。气质是指人的心理活动和行为模式方面的特点，赋予性格光泽。同样是热爱劳动的人，可是气质不同的人表现就不同：有的人表现为动作迅速，但粗糙一些，这可能是胆汁质的人；有的人很细致，但动作缓慢，可能是黏液质的人。气质和性格这样构成了人格。

1. 气质

气质（temperament），意指一个人内在的人格特质，如内向与外向、勇敢与温和。它通常是天生的，而不是后天学习而来。现代遗传生物学者认为，许多先天性格存在着基因的影响。

在西方历史上，气质产生于"体液学说"，它认为人类身体内，不同体液间产生的平衡关系，造就了一个人的性格，可分成四种气质。在中国历史上，理学家认为，因为在出生时，受到不同的气所影响，每个人会产生不同的气质。

四种典型气质类型：

胆汁质（兴奋型）：热情、大胆、冲动、情绪变化剧烈。

多血质（活泼型）：直率、风趣、求知欲强、注意力易分散。

黏液质（安静型）：稳重、沉默、踏实、反应较迟钝。

抑郁质（抑制型）：冷漠、孤僻、回忆深刻、悲伤。

■ 心灵实验室

5-2 巴甫洛夫的经典条件反射

巴甫洛夫运用动物条件反射实验的方法，建立了高级神经活动学说。

诺贝尔奖获得者、俄国生理学家伊凡·巴甫洛夫（Ivan Pavlov）是最早提出经典性条件反射的人。他在研究消化现象时，观察了狗的唾液分泌，即对食物的一种反应特征。他的实验方法是，把食物展示给狗，并测量其唾液分泌。在这个过程中，他发现如果随同食物反复给一个中性刺激，即一个并不自动引起唾液分泌的刺激，如铃响，这狗就会逐渐"学会"在只有铃响但没有食物的情况下分泌唾液。一个原是中性的刺激与一个原来就能引起某种反应的刺激相结合，而使动物学会对那个中性刺激做出反应，这就是经典性条件反射的基本内容。

2. 性格

性格(character)是社会定义下，个人对待周围世界的态度，由行为反映出。性格随个体差异，但后天形成的社会性对其认知有重大影响，也因此体现了阶级与道德。

性格结构包括四个方面：①对现实的态度特征；②意志特征；③情绪特征；④理智特征。

性格与气质的区别表现为以下三方面。

①表现形式不同：气质表现在心理活动的动力方面(强度、速度、稳定性和指向性)。性格表现在对现实的态度和习惯化的行为方式上。

②形成过程不同：气质具有很大的先天性，形成早，不易改变。性格具有很大的社会性，形成晚，可塑性大。

③在个性中的地位不同：气质是从属地位。性格是核心地位，反映人的本质。

性格与气质的联系表现以下两方面。

①性格的表现方式涂有气质色彩。如同样都是具有"勤奋"性格特征的人，胆汁质人可能表现为热情奔放，雷厉风行，精力充沛；而抑郁质人则可能表现为埋头苦干，任劳任怨。

②某种气质对某种性格的形成可能有促进或阻碍的影响。如胆汁质、多血质人较容易培养勇敢、果断、主动等性格品质；而黏液质、抑郁质人则比较容易培养忍耐、自制、踏实的性格品质。

性格对气质的掩蔽作用。气质虽然具有很大的先天性，但受性格影响，也可以在一定范围内改变，使气质服从生活实践的要求。如一个内向气质的人，担任管理工作后也必须学会与人交往。

3. 人格结构五因素模型

20 世纪 80 年代以来，人格研究者们在人格描述模式上达成了比较一致的共识，提出了人格五因素模式，被称为"大五人格"。

在人格科学研究领域，传统上有三种不同的研究取向：临床的、相关的和实验的。但无论研究者们采用什么研究取向，他们的一个共同目标都是构建一个可能描述、解释人格特点的人格模型，从弗洛伊德的本我—自我—超我人格结构到雷蒙德·卡特尔(R. B. Cattell)的十六种人格因素，我们可以看出每一个著名的人格心理学家都会提出一个人格结构模型。但是分析研究这些众多的人格模型，发现它们所包括的因素数量和因素性质都有很大的不同，一致性很小，没有取得共识。但是，近十年来，人格结构五因素模型取得了令人瞩目的进展，被许多研究所证实和支持，也被众多的心理学家认为是人格结构的最好模型。

人格结构中的五个因素后来被称为"大五"（Big Five），强调该人格模型中每一维度的广泛性。这五个维度因素是神经质（N）、外倾性（E）、经验开放性（O）、宜人性（A）和认真性（C）。对应的五种人格特质如下所示。

①神经质：焦虑、敌对、压抑、自我意识、冲动、脆弱；

②外倾性：热情、社交、果断、活跃、冒险、乐观；

③经验开放性：想象、审美、情感丰富、求异、智能；

④宜人性：信任、直率、利他、依从、谦虚、移情；

⑤认真性：胜任、条理、尽职、成就、自律、谨慎。

表 5-1　人格五因素及其相关特征

高分者特征	特质量表	低分者特征
烦恼、紧张、情绪化、不安全、不准确、忧郁	神经质（N） 评鉴顺应与情绪不稳定，识别那些容易有心理烦恼、不现实的想法、过分的奢望式要求以及不良反应的个体	平静、放松、不情绪化、果敢、安全、自我陶醉
好社交、活跃、健谈、乐群、乐观、好玩乐、重感情	外倾性（E） 评鉴人际间互动的数量和强度、活动水平、刺激需求程度和快乐的容量	谨慎、冷静、无精打采、冷淡、厌于做事、退让、话少
好奇、兴趣广泛、有创造力、有创新性、富于想象、非传统的	经验开放性（O） 评鉴对经验本身的积极寻求和欣赏；喜欢接受并探索不熟悉的经验	习俗化、讲实际、兴趣少、无艺术性、非分析性
心肠软、脾气好、信任人、助人，宽宏大量、易轻信、直率	宜人性（A） 评鉴某人思想、感情和行为方面在同情至敌对这一连续体上的人际取向的性质	愤世嫉俗、粗鲁、多疑、不合作、报复心重、残忍、易怒、好操纵别人
有条理、可靠、勤奋、自律、准时、细心、整洁、有抱负、有毅力	认真性（C） 评鉴个体在目标取向行为上的组织性、持久性和动力性的程度，把可靠的、严谨的人与那些懒散的、邋遢的人作对照	无目标、不可靠、懒惰、粗心、松懈、不检点、意志弱、享乐

第二节　人格理论及人格发展

具有健康人格的人是具有创造性的人。除了生理需要，每个人都有各种各样的心理需要，这正是人与动物的重要区别。具有健康人格的人将以创造性的、生产性的方式来满足自己的心理需要。

——弗洛姆

一、人格理论的流派

1. 弗洛伊德的人格结构理论

西格蒙德·弗洛伊德对人格理论的影响是无人能及的。他的精神分析体系是第一个有关人格的正式理论，而且也是迄今为止最为著名的人格理论。弗洛伊德的影响极其深远，尽管存在争议，但在距他提出理论一个多世纪后，这一理论仍旧是人格研究的基本框架。他的理论不仅影响了心理学和精神病学对人格的思考，还深刻地影响了我们对人性的理解。

弗洛伊德是奥地利精神病医生精神分析学派的创始人。他把人格结构分为三个层次，即本我、自我、超我。

本我（id）对应于弗洛伊德早期的潜意识概念，是本能和力比多（本能所表征的心理能量）的蓄水池，是人格中一个强有力的结构，位于人格结构的最底层，是人的原始的无意识本能，特别是性本能组成的能量系统，包括人的各种生理需要，它为人格的另外两个成分提供了所有的能量。

本我与身体需要的满足有着直接而密切的联系。当我们的身体处于一种需要的状态的时候，就会产生紧张感，同时个体就会采取行动满足需要从而减少紧张感。本我寻求直接的满足，即弗洛伊德提出的快乐原则（pleasure principle）采取行动，以此增加快乐同时避免痛苦，而不顾社会现实是否有实现的可能。本我只关注获得需要的及时满足感，而不会因为任何原因去延迟满足，它驱使着个体在欲望中即刻追逐想要的东西。本我是一个自私的、追求快乐的结构，是原始的、缺乏社会道德准则的、持续而不顾后果的。

本我不会感知到现实。本我就像是刚出生的婴儿，当需要没有被满足的时候，就会通过哭闹来表达，因为他们无法靠自己找到食物，所以本我满足自己需要的方式也只能是通过反射活动和实现愿望的幻觉，弗洛伊德将其称为原始过程思维（primary-process thought）。

自我（ego）是人格结构的中间层次，是在本我的冲动与实现本我的环境条件之间的冲突中逐渐发展起来的。儿童在成长过程中会聪明而理智的应对外部的世界，并形成感知、识别、判断和记忆的能力——成年人正是使用这些能力去满足他们的需要，弗洛伊德将这些能力称之为次级过程思维（second-process thought）。自我是人格理性的主人，它帮助本我减少紧张感，而非阻碍本我的冲动。自我能够觉知现实，它会决定什么时候以什么方式让本我的冲动获得最佳满足，同时决定满足本我冲动的恰当切收到社会认可的时间、地点和对象。自我不会阻碍本我的满足，自我以现实的方式去感知和操控环境，其依据的是现实原则（reality principle）。因此，自我能够控制本我的冲动，自我需要不断的调节本我和现实的冲突并且达到平衡和妥协，它对本我的要求总是会给予反馈，同时从本我中获得动力和力量。它在本我和超我之间起着调节的作用，一方面尽量满足本我的要求，另一方面又受制于超我的约束。

超我（super ego）位于人格结构的最高层次，是一股强有力的潜意识中的原则和信念，源于个体儿童期获得的是非观念，由社会规范、伦理道德、价值概念内化而来，是个体社会化的结果。人格这一道德层面的基础产生于个体儿童期，父母给孩子们制定各种行为准则，通过奖励、惩罚、榜样等方法，让孩子们认识到哪些行为在父母看来是好的，哪些是不好的，使得儿童受罚的行为形成了良心（conscience），它是超我的一部分。超我的另一部分是理想自我（ego-ideal），包含了使得儿童获得奖励的各种好的正确的行为。通过这种方法，儿童学会了一套父母认可或者拒绝的行为准则，并且将这些学到的准则内化自我管理的准则。父母控制内化为自我控制，这种内化的结果就是当我们实施或者只是想要尝试一些违反道德准则的行为，就会体验到内疚和羞耻感。故而，个体的行为在一定程度上符合这些存在于人们潜意识中的道德准则。它遵循道德原则，是道德化了的自我，起着抑制本我冲动、对自我进行监控以及追求完善境界的作用。在追求完美道德方面，超我是冷酷甚至是残忍的。在强度、非理性和坚持服从方面，超我是与本我保持一致，不会对自己道德上的需要妥协。它的目的除了延迟满足本我的追寻快乐的需要，它更倾向于完全的限制他们，尤其是限制性需要和攻击需要。超我既不争取获得本我的快乐，也不为了完成自我的现实目标，它仅仅是为了获得道德上的完美。本我迫切需要获得满足的快乐，自我尝试延迟满足它，而超我强调道德最重要。

人格结构中的三个层次相互交织，形成一个有机的整体。它们各负其责，分别代表着人格的某一方面：本我反映人的生物本能，按快乐原则行事，是"原始的人"；自我寻求在环境条件允许的条件下让本能冲动能够得到满足，是人格的执行者，按现实原则行事，是"现实的人"；超我追求完美，代表了人的社会性，是"道德的人"。当三者处于协调状态时，人格表现出一种健康的状况；当三者发生冲突无法解决的时候，就会导致心理的疾病。

2. 荣格的内外向人格类型理论

人格类型理论是按照某些标准或特性，将人划分成几种不同的类型，每一种类型的人有相似的人格特征，不同类型的人的人格特征是有差异的。人格类型的理论有多种，较为著名的是瑞士新精神分析学家荣格在《心理类型论》一书中提出的内—外向人格类型理论。我们对环境的意识知觉和反应大部分都是由相反的心理态度即外向（extraversion）和内向（introversion）决定的。荣格认为，心理能量可以向外导向外部世界，或者向内导向自我。外向者开放、擅长社交、具有社交自信，关注他人和外部世界。内向者易退缩、害羞、倾向于关注自我，关注自己的思想和感受。

荣格认为，一个人的兴趣和关注可以指向内部，也可以指向外部，指向内部叫内向；指向外部叫外向，而且每个人都有内向和外向两种特征。根据荣格的理论，每个人的人格中都包含两种态度，但只有一种能够占据主导地位，这种居主导地位的态度引导个人的行为和意识。而非主导地位的态度依然是有影响力，但它会变成个体潜意识的部分，从而影响行为，例如，在特定的环境中，一个内向的人也可能表现出外向的特点，希望更加外向或被外向的人吸引。

根据一个人是内向还是外向占优势，可将人格分为内向型的和外向型的。内向型的人格特点是心理活动常指向自己的内心世界，好沉思，谨慎、多虑，爱独处，交际面较窄，有时难以适应环境的变化。外向型的人格特点是关心外部事物、活泼开朗、不拘小节、善交际、情感外露、独立、果断、容易适应环境的变化。极端内向或外向的人很少，多为中间型的。

荣格的人格类型学说虽然过于简单，但比较切合实际，也容易了解使用所以流传广泛，影响较大。

3. 奥尔波特的人格特质理论

特质理论把特质看作是决定个体行为的基本特性，是构成人格的基本元素，也是评价人格的基本单位。奥尔波特认为，人格特质（traits）是使个体对不同刺激做出相同反应的先天行为倾向。换句话说，特质是指我们对环境一致而稳定的反应方式。他将人格特质的特征总结如下。

①人格特质是真实存在的，而非只是为解释行为而创造的理论建构或标签。

②特质决定并引发行为。特质并不只是出现在对特定刺激的反应中，也会驱动我们去寻求适当的刺激情境，并与环境共同作用决定我们的行为。

③特质可以从实际行为中得到证明。如果我们观察到个体在相同或相似刺激下的反应具有一致性，我们便可推断特质的存在。

④尽管不同特质代表着不同的特征，但它们是相关的，并有可能重叠。例如，攻击性与敌意虽然是不同的特质但却具有相关性，而且经常同时出现在个体的行为中。

⑤特质会随环境而有不同的表现。例如，一个人在一种环境中会展现整洁的特质，而在另一个环境中可能会展现混乱的特质。

最初，奥尔波特提出了特质的两种类型：个人特质和共同特质。个人特质是某个个体独有并能定义其特点的特质。共同特质是许多个体，比如处在同一文化下的成员，所共有的特质。不同文化下的人拥有不同的共同特质。共同特质会随着社会标准和价值观的变化而变化。这表明共同特质受社会、环境以及文化的影响。

按照个人特质在生活中的作用，又可将个人特质分为三种，即首要特质、中心特质和次要特质。首要特质是影响个体各方面行为的特质，它最典型，最具概括性，在人格结构中处于支配的地位。例如，在罗贯中笔下，足智多谋是诸葛亮的首要特质；奸诈狡猾则是曹操的首要特质。中心特质是决定一个人的一类行为而不是全部行为，能够代表一个人的主要行为倾向的特质。一般一个人身上可以有 5～10 个中心特质。例如，忠君、清高、善谋略、才华出众、沉着冷静、温文尔雅是诸葛亮的中心特质；狠毒、不拘小节、诡计多端、猜疑妒忌则是曹操的中心特质。次要特质是只在特殊场合下才表现出来的个体的一些不太重要的特质。例如，一个人在工作中可能很霸道，但在家里却怕老婆。怕老婆就是他的次要特质。

4. 卡特尔的人格特质理论

卡特尔用因素分析的方法对人格特质进行了分析，提出了一个基于人格特质的理论模型。卡特尔认为，在构成人格的特质中，有些是人皆有之的共同特质；有些是个人独有的个别特质。有的是遗传决定的；有的则受环境的影响。卡特尔还把人格特质分为表面特质和根源特质。表面特质是通过外部行为表现出来，能够观察得到的特质；根源特质是指那些对人的行为具有决定作用的特质。表面特质是从根源特质中派生出来的，一个根源特质可以影响多种表面特质，所以根源特质使人的行为看似不同，却具有共同的原因。经过多年研究，卡特尔找出了16种相互独立的根源特质，并据此编制了《16种人格因素调查表》。卡特尔认为每个人身上都有这16种人格特质，只是表现的程度上有差异。

表 5-2　卡特尔的人格根源特质(因素)

因素	低分者	高分者
A	内敛、冷淡、超然	外向、热心、随和
B	低智力	高智力
C	低自我力量、容易不安、情绪不太稳定	高自我力量、沉着、情绪稳定
E	顺从、服从、温顺、不自信、谦恭	支配性、果断、坚强
F	严肃、清醒、压抑、焦虑	轻松愉快、充满热情、快乐
G	权宜、低超我	负责、高超我
H	胆小、害羞、冷淡、克制	勇敢、爱冒险
I	理智、务实、自立、苛刻	慈悲心肠、敏感、依赖
L	信任、有同情心、易接受	怀疑、嫉妒、孤独
M	现实、脚踏实地、关注细节	富于想象、心不在焉
N	直率、天真、谦逊	机灵、世故、富有洞察力
O	自信、安心、自满	忧虑、不安心、自责
Q1	保守、持有传统价值观、不喜欢变化	激进、自由、乐于尝试、喜欢变化
Q2	依赖、随群附众	自给自足、独立
Q3	不受控制、松懈、冲动	受控制、强迫性、要求严格
Q4	松弛、平静、沉着	紧张、被动、焦躁

5. 埃里森克的人格结构的维度理论

埃里森克用两个维度来描述复杂的人格。这两个维度是内、外向和情绪的稳定性。用内、外向和稳定、不稳定这两个维度作为坐标轴，可以构成一个直角坐标系，形成四个象限。每个维度上不同程度表现的结合，又构成了四种不同类型的人格，这四种类型正好对应于坐标的四个象限。

埃里森克发现，虽然可以区分出用以描述人格的特质，但却很难找出绝对独立的特质来，因为一些特质是连续变化的，它们之间存在着一定的联系。所以埃里森克主张用特征群，而不是散的特质去描述人格，也因此他主张采用类型的概念。实际上埃里森克是把人格的类型模式和特质模式有机地结合了起来，充分发挥了两种模式的特点，使得对人格的描述能够更加全面、更加系统，也更加富有层次性。

二、健康人格

健康的人格包含有以下五个方面：自立意识、有自信心、保持自尊、有自制力、乐观向上。

据美国心理学家奥尔波特 1937 年统计，人格定义已达 50 多种，现代定义也有 15 种之多。但实际来说，诸多具体的定义对我们无关紧要，简单地理解，每一个人的行为表现和心理状态都有一些特征，这些特征的总和就是人格。人格特征可以是外显的，也可以是内隐的。

1. 健康人格的标准

第一，和谐的人际关系。

第二，良好的社会适应能力。

第三，正确的自我意识。

第四，乐观向上的生活态度。

第五，良好的情绪调控能力。

第六，积极向上人生观价值观。

第七，要坚持快乐。

2. 保持健康人格的方法

第一，培养坚强的意志和顽强的毅力，养成做事有目的性、行动自觉性、处事果断性、坚持到底的精神。使之胜不骄、败不馁、认真负责、勇于克服困难、争取胜利。加强意志磨炼，自觉主动地控制自己的行为，培养经受挫折的耐受力，不盲目冲动，不消极低沉，始终保持乐观的生活态度。

第二，培养谦虚谨慎、沉着稳重、凡事要三思而后行的品质和习惯，锻炼其勇于批评与自我批评，以便能够不断地消除其自身弱点，并使自己的行为方式能够不断地适应时代前进的步伐。

第三，培养广泛的兴趣爱好，这可以使人生活内容充实、知识丰富、视野宽阔，有利于智力的开发和能力的提高，从而易于取得多方面的工作成就，也容易适应社会各方面的变化。养成良好的生活习惯，保持乐观向上的生活态度。保持开朗的心境，学会控制和调节自己的情绪，建立积极、健康的情绪状态。

第四，培养实事求是的精神，以积极的态度，正确地处理生活、学习、工作中出现的各种矛盾和问题，绝不回避现实，凡事从实际出发，能实事求是地分析问题，严以律己、对于能做到的事情则要努力完成。

第五，培养爱祖国、爱集体、爱科学、爱劳动的精神，积极参加各种集体活动和弘扬社会主旋律的公益性活动，密切与同学、同事、朋友的关系，与他们团结友爱、和睦相处、互相学习、互相帮助、互相促进，乐于助人，尊老爱幼、遇事多为别人着想。艰苦奋斗、勇于追求真理和勤于思考、勇于实践的优良品质。

第六，培养崇高的理想和高尚的情操，加强思想品德修养，树立科学的人生观和世界观，从而使自己永远朝着正确的方向，把握好人生的航程。

三、人格障碍

人格障碍（personality disorder）是指明显偏离正常且根深蒂固的行为方式，具有适应不良的性质，其人格在内容上、质上或整个人格方面异常，由于这个原因，病人遭受痛苦和/或使他人遭受痛苦，或给个人或社会带来不良影响。人格的异常妨碍了他们的情感和意志活动，破坏了其行为的目的性和统一性，给人以与众不同的特异感觉，在待人接物方面表现尤为突出。人格障碍通常开始于童年、青少年或成年早期，并一直持续到成年乃至终生。部分人格障碍患者在成年后有所缓和。

1. 自恋型人格障碍特征

（1）对批评的反应是愤怒、羞愧或感到耻辱（尽管不一定当即表露出来）

（2）喜欢指使他人，要他人为自己服务

（3）过分自高自大，对自己的才能夸大其词，希望受人特别关注

（4）坚信他关注的问题是世上独有的，不能被某些特殊的人物了解

（5）对无限的成功、权力、荣誉、美丽或理想爱情有非分的幻想

（6）认为自己应享有他人没有的特权

（7）渴望持久的关注与赞美

（8）缺乏同情心

（9）有很强的嫉妒心

■ 心灵加油站

5-1 自恋型人格障碍的成因

关于自恋型人格障碍的成因，经典精神分析理论的解释是这样的：患者无法把自己本能的心理力量投注到外界的某一客体上，该力量滞留在内部，便形成了自恋。现代客体关系理论认为，自恋型人格障碍者的特点是"以自我为客体"，通俗地说，就是

"你我不分、他我不分"。造成这种现象的原因是，患者在早年的经历中体验过人际关系上的创伤，如与父母长期分离、父母关系不和或者父母对其态度过于粗暴或过于溺爱等。有这样一些经历，使得患者觉得自己爱自己才是安全的、理所应当的。

2. 表演型人格障碍特征

表演型人格障碍是一种过分情感化和用夸张的言行吸引注意为主要特点的人格障碍。这类人感情多变、容易受别人的暗示影响，常希望领导和同事表扬和敬佩自己，愿出风头，积极参加各种人多的活动，常以外貌和言行的戏剧化来引人注意。他们常感情用事，用自己的好恶来判断事物，喜欢幻想，言行与事实往往相差甚远。

3. 分裂型人格障碍特征

主要表现出缺乏温情，难以与别人建立深切的情感联系，因此，他们的人际关系一般很差。他们似乎超脱凡尘，不能享受人间的种种乐趣，如夫妻间的交融、家人团聚的天伦之乐等，同时也缺乏表达人类细腻情感的能力。故大多数分裂型人格障碍患者独身。即使结了婚，也多以离婚告终。一般说来，这类人对别人的意见也漠不关心，无论是赞扬还是批评，均无动于衷。过着一种孤独寂寞的生活。其中有些人，可以有些业余爱好，但多是阅读、欣赏音乐、思考之类安静、被动的活动，部分人还可能一生沉醉于某种专业，做出较高的成就。但从总体来说，这类人生活平淡、呆板，缺乏创造性和独立性，难以适应多变的现代社会生活。

4. 攻击型人格障碍

攻击型人格障碍是一种以行为和情绪具有明显冲动性为主要特征的人格障碍，又称为暴发型或冲动型人格障碍，通常有以下特点。

第一，情绪急躁易怒，存在无法自控的冲动和驱动力。

第二，性格上常表现出向外攻击、鲁莽和盲动性。

第三，冲动的动机形成可以是有意识的，亦可以是无意识的。

第四，行动反复无常，可以是有计划的，亦可以是无计划的。行动之前有强烈的紧张感，行动之后体验到愉快、满足或放松感，无真正的悔恨或罪恶感。

第五，心理发育不健全和不成熟，经常导致心理不平衡。

第六，容易产生不良行为和犯罪的倾向。

5. 强迫型人格障碍

他们过分注意自己的行为是否正常，举止是否恰当，因此表现得特别死板。如走路时有数路旁电线杆的习惯，锁上门后反复查看。他们疑虑过分，自信心不足，总有一种不完善之感，过分谨慎小心，遇事循规蹈矩，墨守成规，很少标新立异或独创。由于他们事事都追求尽善尽美和完整精确，因此，不论做什么事都要反复检查核对、怕出差错。他们还常要求别人根据自己的思维方式和习惯行事，有时妨碍他人的自由。

6. 回避型人格障碍

回避型人格又叫逃避型人格，其最大特点是行为退缩、心理自卑，面对挑战多采取回避态度或无能应付。有回避型人格障碍的人被批评指责后，常常感到自尊心受到了伤害而陷于痛苦，且很难从中解脱出来。他们害怕参加社交活动，担心自己的言行不当而被人讥笑讽刺，因而，即使参加集体活动，也多是躲在一旁，沉默寡言。在处理某个一般性问题时，他们往往也表现得瞻前顾后，左思右想，常常是等到下定决心时，却又错过了解决问题的时机。在日常生活中，他们多安分守己，从不做那些冒险的事情，除了每日按部就班地工作、生活和学习外，很少去参加社交活动，因为他们觉得自己的精力不足。这些人在单位一般都被领导视为积极肯干、工作认真的好职员，因此，经常得到领导和同事的称赞，可是当领导委以重任时，他们却都想方设法地推辞，从不接受过多的社会工作。

7. 偏执型人格障碍

偏执型人格又叫妄想型人格。其行为特点常常表现为：极度的感觉过敏，对侮辱和伤害耿耿于怀；思想行为固执死板，敏感多疑、心胸狭隘；爱嫉妒，对别人获得成就或荣誉感到紧张不安，妒火中烧，不是寻衅争吵，就是在背后说风凉话，或公开抱怨和指责别人；自以为是，自命不凡，对自己的能力估计过高，惯于把失败和责任归咎于他人，在工作和学习上往往言过其实；同时又很自卑，总是过多过高地要求别人，但从来不信任别人的动机和愿望，认为别人存心不良；不能正确、客观地分析形势，有问题易从个人感情出发，主观片面性大；如果建立家庭，常怀疑自己的配偶不忠等等。持这种人格的人在家不能和睦，在外不能与朋友、同事相处融洽，别人只好对他敬而远之。

8. 依赖型人格障碍

依赖型人格对亲近与归属有过分的渴求，这种渴求是强迫的、盲目的、非理性的，与真实的感情无关。依赖型人格的人宁愿放弃自己的个人趣味、人生观，只要他能找到一座靠山，时刻得到别人对他的温情就心满意足了。依赖型人格的这种处世方式使得他越来越懒惰、脆弱，缺乏自主性和创造性。由于处处委曲求全，依赖型人格障碍患者会产生越来越多的压抑感，这种压抑感阻止着他为自己干点什么或有什么个人爱好。

9. 反社会型人格障碍

最明显的行为特征是行为不符合社会规范，妨碍了公众利益，不负责任、撒谎、欺骗、伤害他人，在做了违法乱纪的事情之后，缺乏内疚、罪责感，也无羞耻之心，却强词夺理，为自己的错误辩解。对人冷酷、粗暴，有时挑起事端，斗殴、攻击别人。他们不能吸取教训，包括惩罚在内，都难以让他们悔改。他们的智力通常处于正常水平，不少人还表现得有见识、有才能，能赢得别人的好感和信任。在一个集体中他们人数极少，但危害性极大。

10. 焦虑性人格障碍

焦虑性人格的特点是懦弱胆怯，这种人一般从童年起就表现胆小、怕事，易惊恐，敏感怕羞，对任何事都表现得惴惴不安，在新的情况下易发生焦虑反应，这种人易患焦虑症。

第三节 大学生的健全人格

一、大学生人格冲突的表现

1. 理想我与现实我的冲突

这可以说是大学生自我意识矛盾最突出、最集中的表现。大学生对未来充满信心，抱负水平较高，成就欲望较强，但由于他们生活范围相对狭窄，社会交往比较单一，缺乏社会阅历，对自我认识的参照点较少，因此，不能很好地将理想与现实结合起来，从而使"理想我"与"现实我"之间产生的较大差距。在现实生活中，理想自我与现实自我总是存在着一定差距的，合理的差距能够激发大学生奋发进取的积极性，使人不断进步、奋发有为。但是，如果差距过大，给大学生带来苦恼会和不满，则有可能引起自我意识的分裂，导致出现一系列的心理问题。对理想自我的渴望与对现实自我的不满构成了这一时期大学生自我意识发展的重要特点。日本学者研究发现，在高中生、大学生和成年人的自我意识中，尤以大学生主体我与客体我、理想我与现实我之间的距离最大。

自我意识的这一冲突，一方面会使学生感到焦虑苦恼，痛苦不安，可能影响到他们的心理发展和心理健康，另一方面也会促使他们设法解决矛盾，来实现"理想我"与"现实我"的统一。但是由于个人的社会背景，生活经验、智力水平、追求目标等方面的差异，自我意识的统一也出现个别差异。

■ 心灵健身房

5-1 理想与现实

李某，女，19岁，大一新生，独女，家住某省的一个小县城，父母均为公务员，家庭经济状况良好。第一次远离父母住校生活，之前没有集体生活的经验，一切由父母料理，自理能力较差。内向，敏感，争强好胜，对自己要求严格，成绩一不如别人就会郁闷好几天。与同寝室的同学关系紧张，很少与她们交往，平时经常为琐碎小事而与其他人产生矛盾。做事喜欢暗里和别人较劲。曾竞选过班干部，因得不到同学的支持而落选。近半个月来感到压力大，情绪低落，失眠，食欲减退，上课无法集中注意力，曾到校医院检查过身体，确认躯体没有疾病。感觉在这所学校学习没意思，想退学回家复读，争取明年考更好一点的大学。

思考一下，可以如何帮助李某改变这种情况？

2. 独立与依赖的冲突

美国心理学家埃里克森从人格发展上概括出大学生所处阶段的主要矛盾是亲密与孤独的矛盾。大学生生理与心理的成熟使他们渴望独立，尤其是在离开父母之后，有了更多的自主空间，更加希望能在经济、生活、学习、思想等方面独立，摆脱成人的管束，他们一方面渴望独立，以独立的个体面对生活、学习与工作中遇到的问题，以证明自己已经长大；另一方面由于长期的校园生活使他们应有的社会阅历与经验相对匮乏，在心理上又对父母、朋友存在深深的依赖，特别是遇到困难和挫折时，这种依赖就表现得更为明显。特别是对于独生子女来说，由于长期受到父母的溺爱与保护，这种独立与依赖的矛盾就表现得非常突出。不成熟的独立性与依赖性相互纠缠，便构成了大学生自我意识冲突的主要根源。过分的依赖使大学生缺乏对问题的分析、判断与决策能力，显得优柔寡断，缺乏主见；而过分的独立又使部分学生陷入"凡事不求人"的偏执状态，采取我行我素、孤傲自立的行为方式，但在遭遇挫折时又会出现不知如何寻求帮助的情况。另外，大学生生活形式上的独立与经济上的不独立也形成了明显的反差。希望独立，又无法摆脱依赖，这种独立意向与依赖心理的矛盾一直困扰着他们。

3. 过度的自我悦纳与自我拒绝的冲突

这是大学生自我意识混乱的两种表现形式：一种是过高的自我评价，即过度的自我悦纳，另一种则是过低的自我评价，即自我拒绝。过高或过低的自我评价往往导致个体自我意识确立过程中的过分自负或过分自卑这两大心理缺陷，它们是妨碍良好自我意识形成的心理障碍。

处于自我拒绝意识状态的大学生，在把理想我与现实我进行比较时，对理想我期望较高，又无法达到，对现实我不满意，又无法改进。他们在心理上的一个特征就是自我排斥。由于成长过程中，理想我与现实我的距离过大所导致的自我矛盾冲突，他们往往会产生否定自己、拒绝接纳自我的心理倾向。这类大学生往往降低人的社会需求水平，对自我过分怀疑，压抑自我的积极性，并可能引发严重的情感损伤和内心冲突。他们的心理体验常伴随较多的自卑感、盲目性、自信心丧失和情绪消沉、意志薄弱、孤僻、抑郁等现象，尤其是面对新的环境、挫折和重大生活事件时，常常会产生过激行为，酿成悲剧。近几年来发生的大学生自杀事件中相当一部分就是由此心理问题所导致。

过度的自我悦纳是与自我拒绝相对立的自我意识状态。在这种自我概念的支配下，个体往往扩大现实的自我，形成错误的不切实际的理想自我，并认为理想我可以轻易实现。这种类型的大学生往往盲目乐观，以自我为中心、自以为是，不易被周围环境和他人所接受与认可，容易引起别人的反感和不满。因此极易遭受失败和内心冲突，产生严重的情感挫伤，导致苦闷、自卑、自我放弃。有时会引发过激行为和反社会行为。

■ 心灵健身房

5-2 理想与现实

某女大学生，因盗取同学的银行卡而进了监狱。可这位女生声称她并不难过，因为她是有意这样做的，目的是让自己对未来彻底绝望。她一直都认为自己是一个非常不错的人，无论外表还是能力，她都认为自己是周围人中的佼佼者，心存宏伟的抱负。可进大学后，面对众多的竞争对手，她不切实际的梦想一次次被击碎，干部竞选中受挫，各类比赛失利，人际关系紧张，她不想"大材小用"，小事不想做，大事做不了，抱怨自己运气不好，怀疑身边那些"远不如她"的人是用了卑劣的手段取得了暂时的成功。她不是努力缩小理想我与现实我的距离，而是自我放弃，经常逃课。最后，她成了全系最差的学生，无法正常毕业。盗窃是因为痛恨那个各方面都不如她但却比她"混"得好的同学，同时，自我毁灭，结束痛苦的挣扎。

思考一下，我们又该如何帮助这位女大学生呢？

这个看来荒谬可笑的犯罪动机，发人深省，由于盲目的自我悦纳，造成自负的心理状态，无法找准自己的努力方向，更无法切合实际地制定自己的人生目标，对实现目标过程中的困难与挫折估计不足，缺乏充分的心理准备。正如中国心理卫生协会王建中教授指出，现今大学生普遍存在的心理问题是"自我定位不准，挫折承受力较差，一旦遇到较大的压力，容易产生过激行为"。

正确认识自己、评价自己是建立良好自我意识的基础，同时也是健全人格形成的重要保证。健全的人格能够推动亲社会行为的产生，而有缺陷的或不健康的人格则可能推动反社会行为。因此，积极促进平衡、协调而统一的自我意识的建立，对提高大学生心理健康水平和心理素质，预防违法犯罪问题的产生具有建设性的作用。

4. 交往需要与自我封闭的冲突

大学生迫切需要友谊，渴望理解，寻求归属和爱。他们有强烈的交往需要，希望能向知心朋友倾吐对人生和生活的看法，盼望能有人分担痛苦，分享欢乐。但出于自我保护的需要，或出于其他一些因素的影响，在与他人交往时存有较强的戒备心理，总是有意无意地保持一定距离，许多大学生往往不愿主动敞开自己的心扉，而把自己的心灵深藏起来，在公开场合很少发表个人的真实意见。正是这种交往需要与自我封闭的矛盾冲突，使得不少大学生都有孤独的感受。因此，他们喜欢网上交流，据许多大学生上网聊天的频率与对上网聊天的依赖程度，可以看出大学生内心的孤独与交往的需要，但由于缺乏交流的技巧或是缺乏交流的安全感，所以宁愿把自己的内心状态托付给不曾谋面的陌生人，也不愿意在身边的同学中求得沟通与理解，他们认为网上的世界虽然是虚拟的，但不用担心会受到伤害，可以畅所欲言，至少是安全的。不少谈恋爱的大学生都说是为了排解内心的孤独，找人陪伴，但不一定是真正的爱，这也足以表现出大学生的孤独。

因此，大学生渴望交往与自我封闭的矛盾冲突在他们的心理上产生了明显的影响，建立正确的人际认知，学习沟通，学会交往是解决这一冲突的有效方法。

5. 积极进取与消极退缩的冲突

当今的大学生经历了高考，都有较强的上进心，他们希望通过努力来实现自身的价值。但在追求上进时，困难、挫折在所难免，由于缺乏良好的自我控制能力，不少大学生常常出现情绪波动。在困难面前望而生畏、消极退缩、听之任之。但大多数学生在选择暂时的退缩之后，又不甘放弃，心中依然渴望追求与进取。所以我们常常能看到有的大学生的精神状态波动，时而信心满满，斗志昂扬，一副"不达目的誓不罢休"的样子，时而颓废消沉，表现出"万事皆空"的落寞与惆怅。他们的内心极为矛盾、困惑、烦躁不安、焦虑也由此而生。

由自我意识的分化带来的种种矛盾冲突是大学生自我意识发展中的正常现象，也是大学生迅速走向成熟的集中表现。自我意识矛盾冲突一方面会使学生感到焦虑苦恼，痛苦不安，可能影响到他们的心理发展和心理健康，另一方面也会促使他们设法解决矛盾，来实现"理想我"与"现实我"的统一。但是由于个人的社会背景、生活经验、智力水平、追求目标等方面的差异，自我意识的统一途径也会有所不同，但总的来说其统一途径有三个方面：一是努力改善现实自我，使之逐渐接近理想自我；二是修正理想自我中某些不切实际的过高标准，并改善现实自我，使两者互相趋近；三是放弃理想自我而迁就现实自我。大学生自我意识的发展状况既是心理发展和健康状况的集中反映，也是现阶段大学生心理健康、人格发展的新起点。一般来说，自我意识能积极统一的，则往往心情舒畅，生活如意，容易成功；反之，自我意识消极统一的，即牺牲理想自我且趋同现实自我以达到统一的，则往往胸无大志，悲观失望、难有作为；自我意识无法统一的，则往往内心苦闷、心事重重、无所适从。因此，要维护和增进心理健康，大学生应努力促进自我意识的发展和积极的统一。

对于大学生而言，如果在主体我与客体我分化的基础上，能够形成新的认知水平上的协调统一的自我，那么就能建立良好的自我意识，反之则可能出现自我意识的混乱。在大学生中，良好自我意识的确立，意味着他们能够正确地认识自己的身份角色与社会地位，并对这种认识有恰当而适宜的态度。自我意识对个体行为具有直接的支配作用。一般而言，持有较适宜的自我概念的人，在采取行为时，也往往恰当适宜，反之则往往与现实不相适应甚至发生冲突。

二、大学生健全人格的塑造

1. 准确认识自我，合理评价自我

错综复杂的社会现象，映在人的头脑里，经过个体的思维加工和实践验证，形成了个体对生活的自我体验，由此而产生出较稳定的自我心理倾向。它强烈地支配着个人对生活的认识和态度，直接关系到个体良好的人格特性的培养。而作为一名大学生，首先要做到自知，而后才能做到自尊、自信、自立、自强。

要了解自我，可以从以下几方面着手：首先，认识自己人格中的首要特征、中心特征和次要特征。尽量用准确、清晰、有条理的语言表达出来。比如，是活泼的还是沉静的，是勇敢的还是怯懦的。其次，通过专业的人格问卷更好地了解自己的人格结构。再次，经常进行自我反省，同时认真听取他人的评价，将自我评价与他人评价相比较，不断深化自我认识，并加以修正完善。

2. 合理整合人格，克服人格弱点

一个人的缺点仿佛是他的优点的继续，如果优点的继续超过了限度，表现的不是时候、不是地方，那就会变成缺点。相反，缺点也能成为优点。每个人的人格都有一定的缺陷，但只要敢于面对自我，不文过饰非，那么他的缺点就能被控制在一定的限度之内。同时，大学生可以通过合理运用社会比较策略、在优势领域获得成功体验、进行积极的自我暗示、树立榜样不断激励自己、增强意志品质等方式，努力克服不良的人格弱点。

3. 积极调控情绪，保持愉悦心境

心境是一种弥散性的情绪状态，良好的心境状态能够使人精神振奋，有利于个体人格的健康发展。大学生要学会通过同朋友倾诉、写日记、体育运动等方式，及时地、合理地宣泄内心的不良情绪，以乐观向上的心态面对现实生活，避免消极心理势能的积累对个体人格可能造成的危害。

4. 努力学习知识，丰富智力内涵

荣格曾说："文化的最后成果是人格。"学习科学文化知识，增长智慧的过程也是塑造健全人格的重要环节。事实上，有不少人格发展缺陷源于无知，可以说，只有具备了智力基础，人格发展的速度与质量才有保证。因此，当代大学生应在学习过程中努力提升自己，坚持做到科学精神与素养人文并重。

5. 提高交往技能，协调人际关系

人格是在行为中表现的，健全的人格也只有在与人交往中才能体现出来。塑造健全人格，必须发展良好的人际关系。首先，坚持以真诚、热情、信任、尊重、宽容的态度对待身边的每一个人；其次，学会站在对方的角度考虑问题，通过换位思考来加深双方的了解；再次，掌握赞美、批评、倾听等方面常用的交际技巧，了解各种社交礼仪。

人格健全的过程，就是心理健康和心理成熟的过程。塑造健全人格，是一项系统的自我改造、自我实现的工程。当代大学生应当努力运用各种策略不断完善自身的人格，优化人格结构，完善人格品质，从而能够从容应对现实生活，以积极良好的心理状态迈向社会。

■ 心灵密室

5-1 明尼苏达多相人格测验

明尼苏达多相人格测验（Minnesota，Maltiphasic，Peronality，MMPI），是 20 世纪 40 年代初由美国 S.R. 海瑟薇及 J.C. 麦金利编制的。世界上有许多国家和地区把它译成本民族的文字，广泛应用于人类学及医学的研究。我国对 MMPI 进行了研究和修订，从 20 世纪 70 年代末开始，已形成了一个中国版本和常模。

MMPI 的目的是试图对人的人格特点提供客观的评价。测验为 399 及 566 题两种，选用中国 MMPI 量表协作组的中国常模，主要确定十个与临床有关的指标及五个研究量表指标。

■ 问题与讨论

1. 结合自身情况谈一下影响我们人格形成和发展的因素有哪些？
2. 我们应该如何塑造健全的人格？

参考文献

[1] Jeronimus，B. F.，Riese，H.，Sanderman，R.，Ormel，J. Mutual Reinforcement Between Neuroticism and Life Experiences：A Five-Wave，16-Year Study to Test Reciprocal Causation[J]. Journal of Personality and Social Psychology，2014，107(4)：751−764.

[2] Jeronimus，B. F.，Ormel，J.，Aleman，A.，Penninx，B. W. J. H.，Riese，H. Negative and Positive Life Events are Associated with Small but Lasting Change in Neuroticism[J]. Psychological Medicine，2013，43(11)：2403−2415.

[3] Hogan，T. P. Psychological Testing[D]. Hoboken，NJ：John Wiley & sons. Inc.，2019.

[4] 希尔加德，等. 心理学导论[M]. 周先庚等，译. 北京：北京大学出版社，1987.

[5] 武明伟，李宝媛. 浅析大学生健康人格的构成要素与培养途径[J]. 北华航天工业学院学报，2011(1).

[6] 郑雪. 人格心理学[M]. 广州：暨南大学出版社，2001.

[7] 周云祥. 从自我同一性理论看大学生的人格发展[J]. 广东石油化工学院学报，2012(5).

[8] 张彦彦.《性格决定命运》：人格心理学与人类择偶行为研究. 2011 中国心理学会成立 90 周年

纪念大会暨第十四届全国心理学学术会议.

[9]郭永玉，张钋．人格心理学的学科架构初探[J]．心理科学进展，2007，2.

[10]黄希庭．人格心理学知识结构的探索——读郭永玉著的《人格心理学》[J]．心理科学，2006，6.

第六章　大学期间生涯规划及能力发展——计划赶得上变化

■ 思维导图

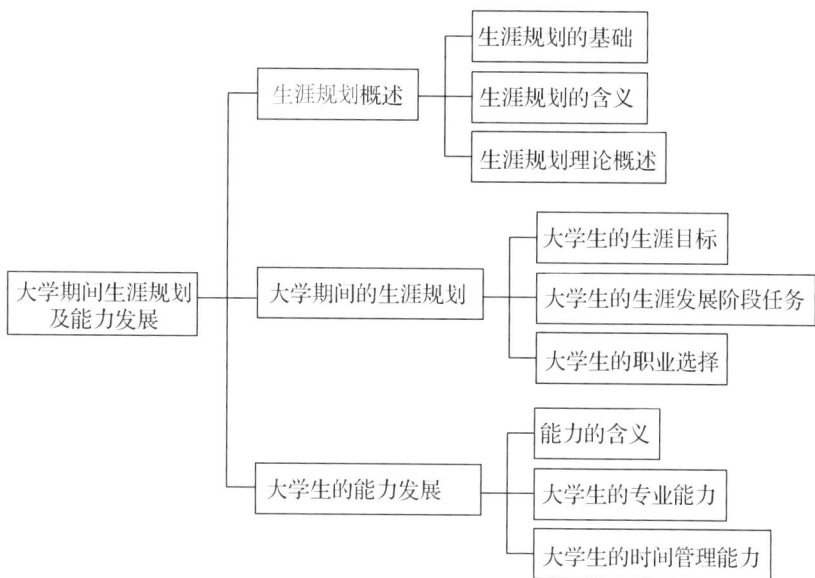

有这样一个小故事：有三个砌墙工人，有人问他们你们在做什么啊，第一个没好气地说："没看见吗？我在砌墙。"转身问第二个，他说："我在建一个漂亮的大楼。"当他问第三个人的时候，那人开心地说："我在建一座美丽的城市！"十年后，第一个工人还是在砌墙，第二个工人坐在办公室里画图，第三个工人则成了他们的老板。

当你终于实现了自己努力拼搏了多年的理想来到向往的大学开始新的人生篇章，那么你现在的感觉怎么样了呢，是更加迷茫了，还是更加确定了呢？当你逐渐融入大学生活，你对大学生活有什么规划吗？当你了解了专业介绍，你对所学的专业是更加喜欢了，还是更加疑惑，觉得自己选错了专业呢？虽然刚入大学，毕业是四年以后的事情了，更何况四年里可能会发生很多事情，那么你设想过四年后，你会做出怎样的选择呢？是继续学习报考研究生还是去找工作呢？报考研究生是同专业吗？还是跨专业呢？你以后打算从事和专业相关的工作吗？还是专业不限呢？这些可能对于刚进入大学的你们为时尚早，不过知己知彼方能百战不殆。现在请带着对这些问题的好奇和探索进入本章的学习吧。

第一节　生涯规划概述

作为一个大学生，也许在你从小学到中学的成长过程中，已经初步了解到了自己的一些特点，比如，你会知道自己擅长的是文科，还是理科；你会发现你更加擅长机械记忆还是擅长逻辑思维；你会感受到你更喜欢跟朋友待在一起，还是独自一个人相处。只是，你可能没有太多的时间探索到底发生了什么，你可能也没有精力细想我想要的是什么，我要怎样做才能够实现我的想法。大学生活是一个非常重要的了解自己、探索环境的过程，也是一个人价值观、世界观、人生观塑造和巩固的重要时期。在这个阶段，你可以尝试你想做的任何事情，不论成功或者是失败；你可以体验任何你想涉及的事情，不管是参与还是竞选，周围人会给你反馈。而在这其中，其实都是你自己的特质，是你内心的投射。这里没有别人，只有你自己。

一、生涯规划的基础

进行人生规划的基础就是要了解自己，首先要对自己形成一个清晰的认识，然后利用自己所拥有的内在资源和外部资源，制定出一个符合自己的、可操作又切合实际的目标，从而达到对未来的有效管理，使自己避免不必要的能量消耗，最后实现自己的人生目标。人本主义心理学家认为，一个人有着实现自己最高生活目标的力量，也正是这种力量让每个人的生活拥有了真正的意义。找到内心的力量，这才是你人生资源的源泉，才能够真正获得内心的幸福和满足感，才有机会达到心理需要的最高层次——自我实现。

1. 认识自己

认识自己是一个系统工程，这意味着你要知道自己想成为什么样的人，要完成什么样的使命，这个使命可能是家庭赋予你的，可能是社会赋予你的，也可能是自己内心的力量。一个人只有认清楚自己，客观地评价自己，才能够在为人处世上处理得体，对事业的发展和生活中做出适当的选择。而一个无法认清自己的人，会有更高的概率出现心理问题，出现自卑或自闭的现象，也可能走向另一个极端，出现自恋和自傲心理。认识自己需要认识自己的优势，也需要客观地认识自己的劣势。木桶定律告诉我们，决定一个木桶可以盛多少水是由最短的木板决定的。那如果我们把最短的木板收起来，可能木桶的半径比之前小了，盛水量却有可能是增加的，这就是所谓的"扬长避短"。所以，了解自身，需要有面对的勇气和智慧。

认识自己是需要探索的。每个人从出生起都带着自身的力量和能量，就像手机的出厂设置一样，在后天的使用中，可能开发的功能仅仅只是一部分，这受限于你的认知和使用习惯。尽管手机可能有使用说明书，你也未必能够充分使用到手机中的自带功能，更何况对于每一个人来说，是没有使用说明书的。在市场上推广的"天赋基因检测"试图通过检测个体的基因，并通过对某方面有特殊才能的人的基因进行对比判断个体的优势特长和不足。这种方式被一些父母采用，戏称为寻找孩子的使用说明书。不过进入市场后，只受到小部分人的追捧，人们对于这种方法的接受度有限，因为对于人来说，出厂设置可能要复杂得多。

同学们可以参照自我意识与培养一章的方法进行自我探索，也可以借助各种专业的心理测试来了解自我，常见的有卡特尔十六种人格特质测试(16PF)、气质类型测试、大五人格测试等。这些都可以看作是了解自己的出厂设置，至于使用什么功能，功能开发到什么程度都是需要个人的进一步探索。跟职业相关的心理测试包霍兰德职业兴趣量表、MBTI职业性格测试、职业锚定位测评、行为因素分析测试等，这里引入影响职业，生活，人际关系的心理测试——性格轮廓。

■ 心灵密室

6-1 认识你的性格轮廓

在以下各行的词语中，选择一个最适合的词进行标记。每题必须选一个并且只能选一个，共40题。如果不能确定哪个最适合，请向你的父母询问，当你还是个小孩时，最符合哪个。

1. ____ 活泼生动　　____ 富于冒险　　____ 善于分析　　____ 适应性强
2. ____ 喜好娱乐　　____ 善于说服　　____ 坚持不懈　　____ 平和
3. ____ 善于社交　　____ 意志坚定　　____ 自我牺牲　　____ 较少争辩
4. ____ 使人认同　　____ 喜竞争胜　　____ 体贴　　　　____ 自控性好
5. ____ 使人振作　　____ 善于应变　　____ 令人尊敬　　____ 含蓄
6. ____ 生机勃勃　　____ 自立　　　　____ 敏感　　　　____ 满足
7. ____ 推动者　　　____ 积极　　　　____ 计划者　　　____ 耐性
8. ____ 无拘无束　　____ 肯定　　　　____ 时间性　　　____ 羞涩
8. ____ 乐观　　　　____ 坦率　　　　____ 井井有条　　____ 迁就
10. ____ 有趣　　　　____ 强迫性　　　____ 忠诚　　　　____ 友善
11. ____ 可爱　　　　____ 勇敢　　　　____ 注意细节　　____ 外交手腕
12. ____ 让人高兴　　____ 自信　　　　____ 文化修养　　____ 贯彻始终

13. ___ 富激励性	___ 独立	___ 理想主义	___ 无攻击性
14. ___ 情感外露	___ 果断	___ 深沉	___ 淡然幽默
15. ___ 喜交朋友	___ 发起者	___ 音乐性	___ 调解者
16. ___ 多言	___ 执着	___ 考虑周到	___ 容忍
17. ___ 活力充沛	___ 领导者	___ 忠心	___ 聆听着
18. ___ 让人喜爱	___ 首领	___ 制图者	___ 知足
19. ___ 受欢迎	___ 勤劳	___ 完美主义者	___ 和气
20. ___ 跳跃型	___ 无畏	___ 规范型	___ 平衡
21. ___ 露骨	___ 专横	___ 乏味	___ 扭捏
22. ___ 散漫	___ 缺乏同情心	___ 不宽恕	___ 缺乏热情
23. ___ 唠叨	___ 逆反	___ 怨恨	___ 保留
24. ___ 健忘	___ 率直	___ 挑剔	___ 胆小
25. ___ 好插嘴	___ 没耐性	___ 优柔寡断	___ 无安全感
26. ___ 难预测	___ 直截了当	___ 过于严肃	___ 不参与
27. ___ 即兴	___ 固执	___ 难于取悦	___ 犹豫不决
28. ___ 放任	___ 自负	___ 悲观	___ 平淡
29. ___ 易怒	___ 好争吵	___ 孤芳自赏	___ 无目标
30. ___ 天真	___ 鲁莽	___ 消极	___ 冷漠
31. ___ 喜获认同	___ 工作狂	___ 不善交际	___ 担忧
32. ___ 喋喋不休	___ 不圆滑老练	___ 过分敏感	___ 胆怯
33. ___ 杂乱无章	___ 跋扈	___ 抑郁	___ 腼腆
34. ___ 缺乏毅力	___ 不容忍	___ 内向	___ 无异议
35. ___ 零乱	___ 喜操纵	___ 情绪化	___ 喃喃自语
36. ___ 好表现	___ 顽固	___ 有戒心	___ 缓慢
37. ___ 大嗓门	___ 统治欲	___ 孤僻	___ 懒惰
38. ___ 不专注	___ 易怒	___ 多疑	___ 拖延
39. ___ 烦躁	___ 轻率	___ 报复型	___ 勉强
40. ___ 善变	___ 狡猾	___ 好批评	___ 妥协

将每一列的选项数加起来,填在下面的横线上。

得分:_____

测试解析:

这个测试前 20 个选项是这种性格类型的优点,后 20 个选项是这种性格类型的缺点。将每列选项的数量加起来,就可以了解自己的性格类型。这四列分别是活泼型、力量型、完美型、和平型。如果有选项的分数接近,参考在 3 分上下,那么可以考虑自己是组合类型,得分最高的类型,兼顾得分接近的类型。

典型的活泼型情感外露,热情奔放,他们懂得把工作变成乐趣,乐于与人交往。

典型的完美型对待目标严肃认真，强调做事的先后次序和组织，崇尚美感和才智。典型的力量型总是对准目标迈向成功，他们不是已经成功，就是在去往成功的路上。典型的和平型没有明显的缺点，他们脾气较好，不会情绪低落或为自己招惹麻烦。

2. 认清社会现实

有人说这是一个最好的时代。随着电脑的发明和普及，互联网的发展，智能手机的出现推动了世界各国不同文化的交融与发展。在现在的这个自媒体时代下，每个人都可以有自己发声的渠道，每个人都有获得鲜花和掌声的机会，每个人都可以在自己的专攻和所长上获得赞誉。

2020 年 5 月 19 日一则消息在网上刷屏，中国农民丰收节组织指导委员会正式设立"中国农民丰收节推广大使"，李子柒受聘担任首批推广大使，成为和袁隆平比肩的人。同样受聘的推广大使还有申纪兰、冯巩、海霞、冯骥才。而民众只看到了排在名单第一位的袁隆平和排在最后一位的李子柒。随后一份小学六年级的语文试卷更是引发了家长的争论不休，因为在这份语文试卷上用于展示中国传统田园文化的素材是关于"网红"李子柒的。人们对于李子柒的反对有理有依，一个 14 岁便被迫出来工作讨生活的人学历并不高，不过李子柒也没有靠学历取胜，她安静地拍美食视频，力求每一帧都能够呈现出精美的构图和乡村悠闲的生活节奏，记录她对美好生活的向往的表达。这甚至是跨越语言的，当视频流传到国外的时候，原创视频在海外运营 3 个月后获得 You Tube 银牌奖，被称之为"来自东方的神秘力量"。2019 年，人民日报发表评论《文化走出去，期待更多"李子柒"》，共青团中央新浪微博发表文章《因为李子柒，数百万外国人爱上中国》，新华社发表评论《读懂"李子柒"，此中有真意》，2019 年年底获得"年度文化传播人物奖"，入选"2019 十大女性人物"。这样的李子柒无疑是成功的，如果说她没有规划，只是走一步看一步，短短的五年时间里获得这样的成就基本上是不可能的。当然，李子柒在 2015 年开始尝试短视频时也没有设想过五年后的赞誉和质疑，她只是在一开始就能够力求完美的追求每一帧的画面，这已经是很多人都无法做到的事情了，在那个时候她的心里就是有蓝图的。

2020 年 6 月底，浙江杭州快递小哥李庆恒在网络上走红。源于他在从事快递行业 5 年后被评为杭州市 D 类高层次人才。根据杭州市此前公布的人才引进措施，该级别人才将享有 100 万元购房补贴。截至目前，中国有 200 万左右的快递小哥，能够在这个基数中脱颖而出不是一件容易的事情，而这是可以做到的。不得不说，杭州的高层次人才有很多，快递小哥能够成为爆款新闻，主要源自于他的职业，社会公众认为快递没有什么技术含量的体力活。而让"每个职业都值得尊重"说明人们对成功标准的评判不同，但能够成功具有高度的相似处，研究性人才、技能性人才，都需要干一行、爱一行和钻一行，才能不断突破自己。也许在这件事情，我们会发现一个人志存高远并始终朝着目标奋斗，能够在本职工作岗位上做到极致，就可以获得社会价值和认可。不过脑力劳动最终可能拼的是体力，体力劳动可能最终拼的是脑力。

这是一个最好的时代，人人都可以为自己发声，人人都可以有自己施展的舞台，可以被他人看到。

3. 认清家庭规则和文化

2015年一篇微博上的爆款文章《努力就可以上清华北大吗?》刺痛了家长们的神经，文章的核心观点是孩子能否考上名校，不仅靠努力，还受到自身眼界和见识、父母的教育理念以及为教育付出的时间和金钱成本的影响。对一个人来说，家庭决定了他能接触到资源的多少，决定了他的学习环境，决定了他会在哪里上小学、初中、高中，也会影响他的眼界和见识。每个人都是生活在家庭里的，每个人不可能完全脱离原生家庭的积淀和影响。而相对于那些经济条件好的豪门子弟，寒门子弟的坚韧与刻苦，还有他们能在艰苦条件下依然能考上大学的聪慧是他们的资源，寒门子弟的出路在于认识到自己的优秀，并且持之以恒地去努力和坚持。《超级演说家》第二季总冠军刘媛媛也谈到过这个话题，在演讲里她说，她的家都称不上寒门，因为她们家没有门。就是这样一个没有门的家里却长出了一个坚韧的姑娘，在参加演说家活动时，没有导师看好她，而她可以把这种压力当作成长的能量，一路披荆斩棘，在最终的总决赛上荣获总冠军，而是可以说是最受瞩目的冠军。这个过程并不容易，因为天赋型的人很少，绝大多数的人拼的依然是勤奋和努力。而在当今的这个世界上，"最可怕的是比你优秀的人比你还努力"。

当然上名校只是一个阶段或者是一个现象，个体最终能否取得成就，还是与自身努力密不可分的。一份可以提供稳定收入的带有事业编制的工作也能够清北的学子排长队接受应聘。中国校友会网发布《2015中国高考状元调查报告》，剖析1952年至2014年中国各省市自治区高考"状元"的去向和职业分布情况发现，"状元"就业的行业领域分布较为广泛；经济收入和职业地位较高，大多从事"高薪职业"，多属于各行业白领或金领阶层。从职业成就来看，高考"状元"职业发展的平均水平明显高于非"状元"群体的平均水平。但是，高考"状元"进入职场后，成为出类拔萃的行业"顶尖人才"和"领军人物"偏少，就此而言，高考"状元"成才率低于社会预期。

这其中有一个重要的因素，就是个体对家庭规则的遵从和改变。很多的父母在子女的生涯发展和职业选择上依然以稳定为第一要义，在他们的眼里，一个世界五百强企业里的高管工作甚至不如县城里的公务员工作更让他们觉得放心。李子柒的成功也备受家长质疑，因为李子柒的经历和他们想象的那些不一样，家长们看不到她努力的地方，仅仅看到她的"网红"身份所以就轻易地否认了她的榜样作用。正是因为家长的这种认识，才影响了孩子开拓眼界，阻碍了孩子的成长与发展。

时代在前进，而有些家长的思想还比较落后，只是时代并不等待任何一个人，相反，我们需要追上时代的脚步。而且总是处于稳定状态下，人们对于变动更加不耐受；相反，总是处于变动状态下，容易接受外界的变化和挑战，这也是培养心理弹性和耐受力的重要方式。家庭是一个人成长的基石，父母的眼界是孩子成长的基础，每个人都不可避免地受到家庭的影响，从父母的观念到家庭对个体的角色定位。所以家庭里每一个出生的孩子都是被派遣了家庭使命，可能包括父母未完成的心愿，父母对于孩子的期待和要求等，在成长的过程中或顺从或反抗的发展起来的。

■ 心灵影院

6-1《人生七年》(7 up)

由保罗·阿尔蒙德与迈克尔·艾普特执导，记录了从 1964 年开始，采访来自英国不同阶层的 14 个七岁的小孩子，他们有的来自孤儿院，有的是上层社会的小孩。此后每隔七年，艾普特都会重新采访当年的这些孩子，倾听他们的梦想，畅谈他们的生活。四十九岁知天命，看尽岁月流逝，看穿沧海桑田。本片综合了被访者 7 岁、14 岁、21 岁、28 岁、35 岁、42 岁、49 岁、56 岁、63 岁多年的访问精华。《人生七年》荣获 2006 年英国电影学院奖和金卫星奖提名。影片展示出阶级是真实存在的，古往今来都是一样的，阶级背后的资源不平等也毋庸置疑。想要改变自己的阶级，还是有上升渠道的，一个贫民窟的孩子成为一位教授。影片中展现出可以好好读书来实现。也许我们还可以寻找到其他渠道，毋庸置疑的是，这背后都离不开刻苦努力。

二、生涯规划的含义

生涯不同于生活，生涯是一种生活，但不等于生活，专指以事业为主轴的生活经验，不过个体事业生涯的发展必定要兼顾其他相关角色的发展，这些不同角色是不可分离和割裂的。

1. 生涯

舒伯(D. Super)将生涯定义为生活中各种事件的演进方向和历程，它统合了人一生中的各种职业和生活的角色，由个人对工作的投入而流露出独特的自我发展形式。它也是人生自青春期至退休之后，一连串有报酬或没有报酬职位的综合，除了职业之外，还包括任何与工作有关的角色，如学生、受雇者、领退休金者，甚至也包含了副业、家庭、公民的角色。生涯以人为中心，是个体在寻求生涯意义时的所赋予的。

生涯并不简单地等于工作或者是职业，也不等于生命、生活，因为生涯具有以下五个特点。

(1)方向性

生涯是个体生活中发展的连续演进方向，一个人在内心里有自己的引导者和方向，可能是自我定位，可能是生命的意义和价值，也可能是追求满足某种需求，也可能是源于兴趣或能力，或者是某些社会的发展趋势。

（2）时空性

生涯的发展是一生当中连续不断的过程，贯穿于个体一生的发展，贯穿过去，现在和未来。每一个现在都受到过去每一步的影响，现在的每一个决定则影响了未来的发展。在个体不同的年龄里，也包括了不同的角色，如大学生涯主要指的是学生角色和身份，同时还存在社会公民、子女、朋友等其他角色。

（3）独特性

每个人的生涯发展是独一无二，不可复制的。我们可以学习和借鉴偶像或他人的发展顺序，职业角色，不过每个人在同样的岗位上的表现方式也是不尽相同的。甚至社会环境背景的变化也会对个体产生不同的要求。正所谓"人不可能跨进同一条河流"。

（4）现象性

生涯不同于生命，生命是客观存在的，生涯是个体在追寻其意义的时候才显现出来的。当一个人开始思考自己的未来时，才会考虑到才会思考工作的意义是什么，我是一个什么样的人，我希望可以去向什么方向，我期待自己获得什么样的生涯发展。这结合了客观的职位和主观的自我实现过程。

（5）能动性

在个人生涯发展的过程中，个体的遗传因素、社会阶级、社会政策、机会机遇都会影响到个人的生涯发展。人是具有主观能动性的，可以结合主、客观环境，能动的思考、计划，进而主动地影响环境、改造环境。

2. 生涯规划

正是由于生涯的这些特点，才使得生涯规划作为一个专业在 20 世纪 70 年代的美国设立，并快速引进到其他国家得到快速的发展。生涯规划就是在一生中想要实现理想、实现美好的目标，就需要不断反思过去、分析现在、规划未来，要不断适时充分的发挥"自我潜能"，合理有效的运用资源。当一个人可以把自己的潜能和环境做妥善的协调和安排后，就可以达到既定的生涯目标。

生涯规划是个人对一生中包括职业在内的各种角色历程的预期和计划，包括了一个人的学习和成长目标，以及对自己生命所产生价值的生产性贡献和成就期望。规划的本质就是制定目标，制定实现理想目标的最佳方案，也就是根据自身情况和制约因素，为实现自己的目标及职业发展方向，制定出且适合性的行动方案的过程。具体包括：你打算选择什么样的行业，行业里的什么岗位，什么样的组织，想达到什么样的成就，你希望自己以后过一种什么样的生活，你在其中的作用是什么，如何通过你的学习和工作可以达到你的目标。

按照时间的长短可以把生涯规划划分为：长达 40 年左右的整个职业生涯的规划，设定整个人生的发展目标；5～10 年的长期规划，设定较长远的目标；3～5 年的中期规划，规划具体的目标和任务；3 年以内的短期规划，主要是确定近期目标，规划近期需要完成的任务。

生涯规划不是为了帮一个人能获得一份工作，更重要的是帮助个体真正地了解自己，更好的挖掘自身的资源，在客观分析内部和外部的因素的基础上科学的规划人生，实现自我价值，最终拥有幸福美满的人生。

■ 心灵图书馆

6-1《哈佛人生规划课》

"我们有权利选择自己的人生。这不是不切实际、不自量力，而是一种有目的、有方向的决定。"

哈佛大学，被誉为美国乃至全世界高等教育的鼻祖。1636 年创立至今，300 多年来，哈佛学子一直以出类拔萃、成就斐然而著称于世，其中不仅包括美国的 7 任总统，更包括了全世界各行各业的精英级统领人物。受过哈佛教育的人，有 20％在美国的 500 家最大的公司中担任要职，有近 30％在世界各地各大公司担任董事长、首席执行官。

哈佛为什么会成功，除了它以不拘一格的招生形式吸纳来自世界各地的优秀人才，除了哈佛教员们不落俗套的教育方式，还因为哈佛人经过一代又一代的萃取、归纳形成的优秀的哈佛理念。

做好人生规划，是哈佛人成功的主要秘诀。人生规划就是指对自己形成一个清晰的认识后，利用自身所有的资源，制定一个可操作又切合实际的目标，从而对自己的未来进行有效的管理，使自己避免盲目的消耗，最后实现自己目标的规划与实施过程。

三、生涯规划理论概述

生涯规划的理论有很多，包括职业生涯选择理论中的帕森斯特质因素论、霍兰德职业兴趣倾向论、罗伊的需要理论；职业生涯决策理论中的认知信息加工理论、克朗波茨的生涯决定社会学习理论。这里主要介绍两种职业生涯发展理论。

1. 阶段性理论

舒伯是职业生涯发展研究领域中的权威，是全球最有影响力的生涯发展研究者。他根据生命周期观点和发展阶段理论，提出了职业发展的阶段性理论，构成了生涯发展理论的基础。

舒伯提出了关于生涯发展的十二个命题，具体内容如下。

命题一：生涯发展是一个连续不断、循序渐进，且不可逆转的过程。

命题二：生涯发展是一个有次序的、具有规定形态的过程，因此每个阶段的发展都是可预测的。

命题三：生涯发展是一个经过统合整理的动态过程。

命题四：一个人的自我概念在青春期以前就开始形成，至青春期较明朗，并承认其由自我概念转化为生涯概念。

命题五：从青少年期至成人期，个体实际的人格特质及社会的现实环境等，都会因年龄、时间的增长而增加对人的影响力。

命题六：与父母之间的互动关系，以及他们对职业计划结果的解释，会影响到下一代对自己职业角色的选择。

命题七：一个人是否能由某一职业水平跳到另一职业水平，即是否有升迁发展机会，是由他的能力、父母的经济社会地位、本人对权势的需求、个人的价值观与兴趣、人际关系技巧以及社会环境、经济状况等共同决定的。

命题八：一个人会踏入某一类型的行业，也是由个人的兴趣及能力、个人的价值观及需求、个人的学历、利用社会资源的程度和社会职业结构及趋势等决定的。

命题九：即使每一种职业对从业者都有特定的能力、人格特质及兴趣的要求，但是某种范围内，仍然允许不同类型的人来从事；同样，一个人也可以从事多种不同类型的行业。

命题十：个人的工作满足感视个人是否能配合自己的人格特质，即是否能将能力、兴趣、价值观适当地发挥出来而决定。

命题十一：个人对工作满足的程度，常取决于个人是否能将自我概念实现于工作中；

命题十二：对少部分人而言，家庭及社会因素是个人重整的中心。对大部分人而言，工作是人格重整的焦点，即经过工作过程，理想我与现实我之间会逐渐融合。

2. 职业锚理论

美国麻省理工学院斯隆商学院职业指导专家施恩教授(Edgar. H. Schein)认为，职业锚能准确反映个人职业的发展需要以及追求的职业工作环境，能帮助个人找到适合自己的职业和岗位，认识自己的理想抱负，在心理评判职业成功的标准。职业锚也叫作职业系留点，原义是指船只停泊定位用的铁制器具，引申义是指当一个人在职业中不得不做出选择的时候，无论如何都不会放弃的至关重要的东西或价值观，也就是人们选择和发展自己的职业时所围绕的中心，包括个人内省的动机、需要、价值观、才干和满足自我的长期稳定的职业定位。

职业锚是以个人已经习得的工作经验为基础的。职业锚一般于个体早期的职业阶段显露并逐渐稳定下来，当个体工作一段时间后，有了一定的工作经验后，就逐渐在工作的选择中确定了自己准备长期稳定发展的方向，并持续在这个方向努力最终取得一定的贡献。个体在没有面临各种实际的工作生活情境之前，无法真实的判断自己的能力、动机和价值观和职业选择。对于工作经验不足的大学生来说，可以通过对未来职业的选择和了解，通过实习的机会或者跟未来职业相关人访谈的机会了解未来可能会遇到的工作状况，设想自己的职业锚所在，可以帮助大学生更早地了解自己，为未来的职业取向奠定基础。

职业锚不能通过心理测验判断，更像是个人在职业体验中的决策。职业锚是由个体的实际工作所决定，而不只是取决于个体潜在的工作才干或者职业动机，它是以现有行为及其选择为判断标准的。通过各种测试出来的能力、才干或者职业动机、价值观，可以帮助个体挖掘潜能，拓展工作思路，职业锚需要在工作实践中，依据被肯定的才干、动机、需要和价值观，以及现实资源和条件等选择和准确地进行职业定位。

职业锚是个体在自我发展的过程中，工作动机、心理需要、人生价值观、能力表现等交互作用，不断整合的结果。个体及其职业并非固定不变的。职业锚是个人稳定的职业贡献区和成长区。只是这并不意味着限制了个人的变化和发展。个体以职业锚为稳定点，可以获得职业工作上的进一步发展，以及个人生物、社会生命周期和家庭生命周期的成长和变化。此外，职业锚本身也可能发生变化，个体在职业生涯的中后期可能会根据社会发展，机遇等变化了的资源，可以重新选择自己的职业锚。

总之，职业锚是内心中个人能力、动机、需要、价值观和态度相互作用和逐步整合的结果，在实际工作中，需要通过不断审视自我，逐步明确个人的需要与价值观，明确自己的能力擅长所在和今后发展的重点，最终内化在潜意识里的影响个人长期稳定的职业定位。

第二节　大学期间的生涯规划

纵观个人发展的职业生涯，个人的大学阶段处于准备期和探索期。在大学阶段，大学生应当客观、全面的认识自己的性格特点、兴趣爱好、价值观和能力，了解自己的专业和行业发展，社会需求和发展趋势，阻碍和促进的影响因素，确定生涯发展目标，选择实现这一目标的职业方向，制定出切实可行的行动方案，包括学习和培训计划，做好大学期间的学习、生活和能力的提升，并根据实施后的反馈情况进行及时的反馈和修订。

一、大学生的生涯目标

进入大学后，每个人都有自己需要处理和解决的人生议题，每个人不同，不过可以肯定的是每个人都有。对大学生来说，生涯规划的目标除了帮助他们更好地了解自己，对未来的发展进行合理规划外，还能帮助大学生明确目标，更好地规划和安排大学生活，为走向社会做好充分的准备。

1. 目标分类

大学是人生中的重要阶段，对于大学新生来说，中学的目标是尽可能地考高分，考上一所好大学。而终于实现自己多年来的愿望，考上大学后却进入了迷茫期。希望人生的美好愿望继续得以实现，需要大学生进行生涯规划。根据大学生生活的特点及生涯目标设定的时间长短可以将生涯目标划分为以下三类。

第一，短期目标：适应大学生活，学会自我管理和规划，更有效、有意义、有价值地度过大学生活；认识自我的气质、性格、价值观、能力和兴趣，科学合理地自我定位；认识社会，了解职业，科学有效地获取信息。

第二，长期目标：树立生涯发展目标，规划自己的生涯发展路线；面对生活中的各种选择，学会科学决策；根据社会环境适时调整和管理职业生涯，应对外在环境和内在心理的变化。

第三，终极目标：助益个人获得幸福美满、实现自我价值的人生。

2. 实现目标的途径

生涯目标就像是高高耸立的灯塔，指引着大学生前进的方向。那么对于设定好的生涯目标，需要如何达成呢？进入大学校门，进入了一段新的旅程，面对陌生的环境，很多大学生都陷入困顿中，不知道如何安排自己的学习和生活。大学是个体从学校走向社会的过渡时期，大学生都希望在这里增长才干，储备力量，那么需要从哪些方面具体着手和落实呢？

（1）做好心理上的迎接和准备

进入大学后，只有少部分学生清楚自己以后想做什么，当然，在追逐梦想的过程中，可能会遇到很多的困难和挫折，也许有些同学就会因势利导，不断根据自己的际遇调整方向。更多的大学生出现了迷茫的心理，不知道以后要做些什么，在新生适应的过程中，可能会出现两种情况：一种是跟着其他同学的步伐打发时间，如果遇到上进的舍友可能整体状态还不错，如果遇到休闲娱乐至上的舍友则进入沉沦状态，一学期、一学年可能出现多门挂科；另一种是给自己压力过大，觉得周围的人都很优秀，参加社团，参加比赛，每天勤奋学习，争取拿奖学金，却对其他方面感觉更加无力、迷茫和困惑。

每个大学生都要积极地调整心态，不必只看到别人的优秀而看不到自己的闪光，不要只看到别的同学光鲜的一面，而没有看到他们背后的付出；也不要只看到自己努力的一面，而看不到别人勤奋的时刻。每个大学生都要积极调整心态，不因自己过去的光鲜而产生优越感，不因人际关系不适应而产生孤独感，不因看不到自己的优势而产生失落感。三人行必有我师焉，在大学里学会反省自己的优势和不足，学会看到每个人身上的优点并向对方学习，成为更好的自己。

（2）做好生活上的准备和自理

进入大学后，生活方式也发生了很大的变化，生活的饮食起居方面需要自己进行打理，锻炼自己独立生活的能力。所谓"攘外必先安内"，只有照顾好自己的生活状态，才能够更好地在大学里提升自我。

建立良好的宿舍环境是每个大学生需要思考的事宜。进入大学后，每个同学都要进入宿舍生活，对于不少同学都觉得非常的新鲜。只是时间稍长一些，就会觉得不方便，宿舍的同学来自不同地区，不同家庭，使得大家的生活习惯，生活方式，思想观念等都不同。大学生要对此有充分的认识，对于大家表现出来的不同"求同存异"，和不同的同学和谐相处，如果价值观确实不同，至少也要做到有边界感——不干涉，不干扰。

理财也是大学生需要学习的重点。对于绝大多数的大学生来说，进入大学后是第一次拥有一个月生活费的自理权，面对上千元的金钱，有些学生选择购买超出自己能力范围的商品。有些学生选择在学有余力的前提下，做家教或者兼职获取一些金钱，而有些同学则在警惕意识不强的状态下先消费再还钱，从而导致陷入经济危机。对于大学生来说，每个家庭的经济情况不同，当家庭为他们提供了的生活费不能满足个体的消费需要时，大学生一定要提高警惕，且不可因为一时的攀比陷入类似"校园贷"的骗局中而导致自己付出过大的代价。追求物质生活需要取之有道，通过自己的努力和奋斗才是正解。

（3）做出行动上的起步和践行

做好了心理上的准备，做好了生活上的安排，那么最重要的就是要将这些都落实在行动中去。所以，"不积跬步，无以至千里"，建立了生涯目标，就需要大学生一步一个脚印地完成。

■ 心灵加油站

6-1 穷和尚朝圣

古时候，蜀国的边远山区有两个和尚，一个穷，一个富，他们都想去当时的佛教圣地"南海"。一天，穷和尚对富和尚说："我打算去一趟南海，你觉得怎么样？"

富和尚说："我没有听错吧！你想去南海？你凭借什么东西去南海啊？"

穷和尚说："我带一个水瓶，一个饭钵就行了。"

富和尚听了哈哈大笑，说："我几年前就做准备去南海了，但路上艰难险阻多得很，等我买一条大船，准备充足后就可以去南海了。你凭一个水瓶和一个饭钵怎么可能到达南海呢？还是算了吧，别做白日梦了！"

穷和尚不再与富和尚争执，第二天就步行前往南海了。

一年后，穷和尚从南海朝圣回来，而富和尚还在为买大船做准备呢。

富和尚问："你这么穷，怎么去的南海啊？"穷和尚说："我不去南海，就心里难受。我每走一步，觉得距离南海就近一分，心里就安宁一点。你这个人个性稳重，不做没把握的事情，所以我回来了，你却还没有出发。"

——本文为白话文译文，节选自彭端淑《为学一首示子侄》。

生涯目标为大学生的发展和前进树立了方向，而能够让目标得以实现的唯有行动。

每个人的都有一定的资源，可能是良好的物质条件，可能是内心坚定不移的信念，可能是良好的人际关系，也可能是眼界开阔见识多。资源可以决定一个人的起点，却无法决定一个人的终点。对于每个能进入大学里的学子都是非常优秀的，高考的筛选标准和机制使得高校从全国范围内寻找到有相同兴趣和志愿，相似能力的大学生进入到一个学院，一个专业，一个班级里共同追求未来的美好生活，只是每个人的家庭环境、所居住的社会环境还是会略有不同的。还有些同学因为外形上的缺陷独来独往，拒绝与他人来往。每个大学生都有自己的优点，也都可能存在自身的不足，不过都可以为自己设定目标和梦想，而实现目标就要重在行动。

当然，必要的准备是必需的，盲目的行动是一种不负责任的表现，只是不能等到万事俱备才行动出发。因为很多时候机会偏爱有准备的头脑，而机遇是转瞬即逝的，所以要在有了目标和愿望时就适时出发。当然行动后，大学生可能会遇到各种问题和困难，而这是一定存在的事情，当大学生克服困难的过程中经受住了磨难，增长了才智，就可以做到原来不能完成的事情。

当然当大学生设定了一个宏大的目标时，启动起来就会觉得非常困难，那么可以先尝试用"微行动"来调动起自己的积极性。人都是有惰性的，可以在刚开始的时候为自己设定一个小目标，比如每天做一个俯卧撑，每天练一个字，每天看一页书，每天坐一点小小的行动，积少成多也会带来很大的改变。斯蒂芬在《微习惯》中说："微习惯是一种很微小的积极行动，你不要每天强迫自己完成它。微习惯太小，小的不可能失败。正是因为这个特性，它不会给你造成任何负担，而且具有超强的'欺骗性'，它也因此成了极具优势的习惯养成策略。"所以，去行动吧，可以从跬步开始，最终行至千里，不要被沿途的困难所阻碍，不要为沿途的风景而停滞，不要为沿途的诱惑而忘记了初心，那么，就一直向前走吧，走到生涯目标实现的那一天。

二、大学生的生涯发展阶段任务

1. 生涯发展阶段

舒伯生涯发展阶段理论主要包含三个重要的方面，分别是生涯发展阶段、生涯成熟度和生涯彩虹。

(1)生涯发展阶段

舒伯将生涯发展阶段划分为五个阶段，年龄跨度从出生至 65 岁，分别是成长期、探索期、建立期、维持期和衰退期。每个时期都有不同的发展任务，个人必须完成每一个阶段的生涯发展任务，为下一个阶段做好规划和准备。两个时期之间称之为转换期，包括经历新的成长、再探索和再建立三个部分。

个体在进入每个新的发展阶段时，就会进入这个阶段中的发展循环，继续经历成长、探索、建立、维持、衰退过程(表 6-1)。

表 6-1 生涯发展五阶段的目标和任务

发展 阶段	对应 年龄	发展目标	发展任务
成长期	0～14 岁	发展出自我概念，减少需求他人的认同，逐渐重视能力和兴趣的培养	发展自我形象；发展对工作的正确态度并了解工作的意义
探索期	15～24 岁	在日常活动或工作经验中，进行自我探索，角色探索和职业探索	职业偏好逐渐具体化，明朗化；出现职业偏好，发展合乎现实的自我概念
建立期	25～44 岁	确定职业领域，选择职业类型及职业地位	找到工作机会并投入；建立人际关系；确定职业的稳固性；建立稳定的生活方式
维持期	45～64 岁	在职场上取得相当的地位	维持职业领域中的既有地位和成就，发展新技能
衰退期	65 岁以后	身心逐渐衰退，退休，适应新角色，以不同的方式满足心理需求	接受生理上的衰退，发展非职业角色

（2）生涯成熟度

生涯成熟度发生在生命中的某个阶段内，在各个阶段完成相应的发展任务即可获得，或者是个人在整个职业生涯历程中达到社会期望的水准。生涯成熟度与自我认知、生涯知识及发展规划的能力相关联，可以从以下五个方面进行探索。

①职业选择的定向性，决定个人做出最终的职业选择的态度维度。

②职业信息和规划，是个人关于未来生涯发展的决策及过去所完成的计划的能力。

③职业偏好的一致性，职业选择是否遵从个人兴趣偏好，个人可以将现实偏好与个人任务维持一致的能力。

④个人特质的具体化，个人形成自我认知和所获得社会经济地位的评价。

⑤职业选择的独立性，指个人工作经验的获得。

（3）生涯彩虹

个人生涯发展的历程中，随着年龄的增长扮演不同的角色，如图 6-1 所示。在同一年龄阶段可能同时拥有多种角色，如子女、学生、休闲者、公民、工作者、配偶、父母及退休者，这些角色分别对应家庭、社会、学校和工作四个场所。在不同的年龄段，每个人都有一个主要角色。角色与年龄和社会期望有关，也与个人的所涉入的时间和时间、精力分配有关。

在生涯发展理论中，不仅注意到了个人的选择，也涉及社会因素对职业选择和职业发展的影响。舒伯后期将影响择业的因素分为两个大类：一是兴趣、能力和价值观等个体决定因素，二是社会结构和经济条件等环境决定因素。

2. 大学生生涯阶段解析

根据舒伯生涯阶段的成熟度和彩虹图理论，将大学生在大学阶段和大学毕业后可能所面临的生涯发展阶段和任务总结如下：

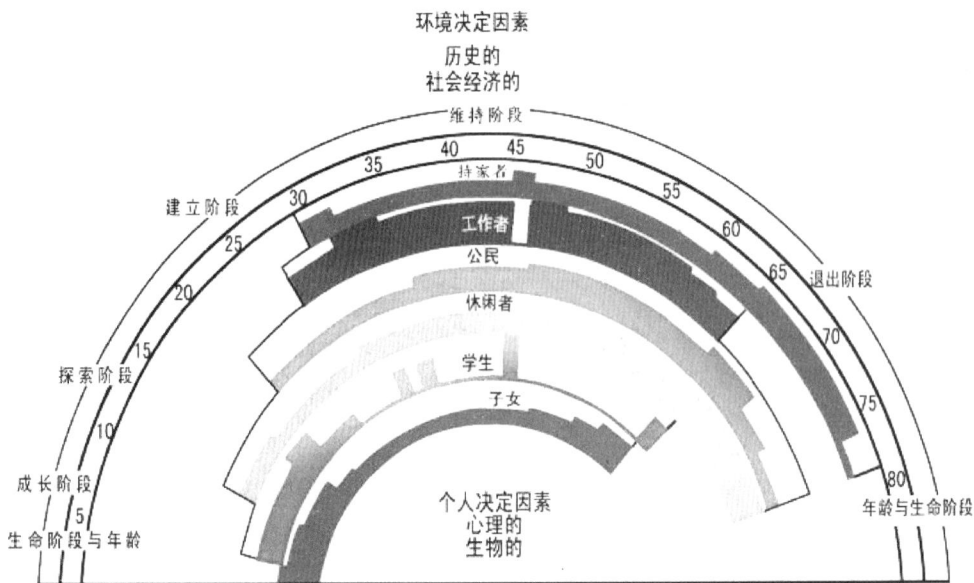

环境决定因素
历史的
社会经济的

维持阶段

35　40　45　50

持家者

建立阶段　30

25　工作者

公民　60

20　休闲者　65　退出阶段

15　学生

探索阶段

10　子女　75

成长阶段　5　个人决定因素　80

生命阶段与年龄　心理的
生物的　年龄与生命阶段

图 6-1　生涯彩虹

（1）职业准备期

对应大学的大一、大二年级，学生以学习专业知识为主，并在此基础上了解社会。这个阶段需要大学生适应大学生活，有意识地培养和积累职业素养，发展个人的兴趣爱好和能力，建立价值观，为从事某一个职业打基础，做知识储备。

（2）职业探索期

对应大学里的大三、大四年级，学生开始理性地进行个人分析，尝试把握自己的发展方向。分析自己在环境中的优势和劣势，对自己的发展方向进行明确的定位和规划，并为未来的发展做好知识和实践的准备。

（3）职业选择期

对应大学里即将毕业、面临毕业选择的学生，他们要勇于承担个人的选择，并为此负责，在充分做好自我分析和环境分析的基础上，选择自己适合的职业，设定自己的人生目标。

（4）职业进入期

对应大学生毕业后第一年工作时期，作为初涉职场的新人，毕业生要学会独立，面对进入职场后了解社会现实后的心情和情绪，克服自己的不安全感。要充分做好自我分析和环境分析，在此基础上选择适合的岗位，并设定人生目标。

（5）职业适应期

对应毕业后的前 8 年，要根据自己的知识和组织需要员工所有的功能能力，根据自己的发展潜能，重新评估自己的职业生涯规划，接受个人的成败，勇于承担责任，建立稳定的生活形态。

（6）职业稳定期

这对应着工作中稳定发展的 10～20 年时间，这个时期对于个人来说是业绩最多，发展和成就最多的时期。这个阶段需要学会承担责任，培养下一代，关心公司的发展和利益，平衡工作和家庭的关系。

（7）职业衰退期

面临退休，享受事业上的收获，回归人生，学会成为年轻人的良师益友，学会打发退休后的休闲时间，适应新生活标准和生活节奏的变化，找到实现个人兴趣和爱好的新途径。

三、大学生的职业选择

1. 职业锚分析

职业锚对于有工作经验的人会更加清晰，对于没有工作经验的人，因为对于各个职位的内涵体验还不清晰，没有清晰形成。

对于大学生来说，请尝试回答以下问题，了解自己的职业锚属于哪一种。

第一，你在中学和大学时期，相比较而言，主要对于那些领域比较感兴趣？为什么对这些领域感兴趣呢？你对这些领域的感受是怎样的呢？

第二，你在大学里参加了什么样的兴趣社团呢？你在里面承担了什么工作，你对自己的表现满意吗？你期待有什么样的改变吗？

第三，当你开始自己的职业生涯时，你的抱负或长期目标是什么？这种抱负或长期目标是否曾经发生过变化，如果曾经有过，那是在什么时候？为什么会发生变化呢？

第四，你打算毕业之后所从事的第一份工作是什么？你期待从这份工作中得到什么？

第五，如果换工作，那可能是因为发生了什么呢？你希望下一份工作能给你带来什么呢？

第六，你为什么会做出工作变动的决定，你所追求的是什么？

第七，当你回首你的工作经历时，你觉得最令自己感到愉快的是哪些时候？你认为这些时候的什么东西最令自己感到愉快？

第八，当你回首你的工作经历时，你觉得最让自己感到不愉快的是哪些时候？你认为这些时候的什么东西最令你感到不愉快？

第九，你是否曾经拒绝过从事某种工作的机会或晋升机会？是因为什么呢？

你可以根据自己对这些问题的回答，并根据八种职业锚的描述，将每一种职业锚根据是否符合你的情况进行 1～5 分的评分。你将从八种职业锚的得分上得知自己最倾向的类型。八种职业锚的具体描述如下。

（1）技术/职能型（Technical Functional Competence）

追求在技术/技能上的不断成长和提高，以及应用这种技能的机会，他们对自己的认可来自他们的专业水平，他们喜欢来自专业领域的挑战。他们一般不喜欢从事管理工作，因为这意味着需要放弃专业技能上的成就。

(2)管理型(General Managerial Competence)

追求并致力于工作职务上的晋升，倾心于全面管理，希望独自负责一个部门，可以跨部门整理其他人的工作成果。他们想去承担整个部分的责任，并将公司的成功与否看成自己的工作。具体的技术/职能工作仅被看作是通向更高、更全面管理层的必经之路。

(3)自主/独立型(Autonomy Independence)

希望可以随心所欲的安排自己的工作方式，工作习惯和生活方式。追求能施展个人能力的工作环境，希望最大限度地摆脱组织的限制和制约，他们愿意放弃提升或工作发展的机会，也不愿意放弃自由和独立。

(4)安全/稳定型(Security Stability)

追求工作中的安全感和稳定感，他们因为可以预测将来的成功从而感到放松。他们关心财务安全，例如退休金和退休计划。稳定感包括诚信、忠诚以及完成老板交代的工作。尽管他们可能得到一个更高的职务，但他们并不关心具体的职位和具体的工作内容。

(5)创业型(Entrepreneurial Creativity)

他们希望凭借自己的能力创建属于自己的公司或创建属于自己的产品，他们愿意去冒险，克服面临的困难。他们希望向世界证明公司是靠自己的努力创建的。他们可能刚开始在别人的公司工作，学习和评估未来的发展和机会，一旦觉得时机成熟，便会自己走出去创建自己的事业。

(6)服务型(Service Dedication to a Cause)

追求他们认可的核心价值，例如帮助别人，改善人们的安全，通过新的产品消除疾病，创建健康等。他们一直追求这种机会，即使变换公司，也不愿意接受不允许他们实现这种价值的工作变换或工作提升。

(7)挑战型(Pure Challenge)

他们喜欢解决看上去无法解决的问题，挑战强硬的对手，克服无法克服的困难等，对他们而言，参加工作就是因为这样可以去战胜各种不可能完成的事情。追求新奇、变化和挑战困难是他们的终极目标，如果事情简单容易，他们可能会表现出厌烦。

(8)生活型(Life Style)

他们喜欢允许他们平衡并结合个人需要，家庭需要和职业需要的工作环境，他们希望将生活中的各个主要方面整合成一个整体。也正是因为如此，他们需要一个能够提供足够弹性并让他们实现这一目标的职业环境，他们对于自己如何生活、在哪里居住、如何处理家庭琐事、在组织中的发展道路等方面跟其他类型的人不同。

2．职业类型选择

选择就业、创业等不同的职业类型需要从行业环境进行分析，行业是企业的集合，从事同类产品的企业或提供类似服务的企业需要达到一定数量才能形成行业。在同一行业里也有不同的工作岗位，如文职办公室工作人员、财务、计算机等支持部门，企业销售人员等，在某一个岗位上也包括一般工作人员、管理层干部等。在分析行业环境时，一定要结合社会大环境的发展趋势。科学技术的飞速发展会促使某些行业萎缩消失，许多新兴的朝阳行业会不断出现发展壮大，如共享单车的出现，快递外卖的出现改变了人们的生活方式和职业选择。分析行业的发展需要注意国家政策的影响，对于某行业是扶持、鼓励还是限制、制约，选择有前景、发展空间较大的行业。

职业的选择需要记住两个原则：从事职业要从自身兴趣爱好和个性特点出发，热门专业、职业、行业可以预测，且也只是预测，很多新兴的事物是超过人们现有的认知的，不需要因为追求热门而强迫自己从事不喜欢或不擅长的职业；无论从事什么职业，都要努力把它做好。一份职业的前景也取决于你是否能够成为某一领域的专家。当今社会专业分工越发精细，个人做好自己的工作，做到"人无我有，人有我精"，那么一定会有所建树。

3．企业环境分析

很多大学生在毕业的前两年频繁换工作，除了不断探索自身的职业发展外，还因为对于企业环境不甚了解。所以不妨把工作做到前面。对于企业环境，需要了解自己适合什么样的企业文化，什么样的工作环境。因为每个企业都有自己的发展目标，运作模式，在本行业中的地位、状况和发展前景，所面对的市场状况，发展前景，能够提供的岗位等。大学生要把个人的发展与企业的发展状况结合起来考虑，才能够相对顺利。

企业实力分析。企业在本行业中具有较强的竞争力，还是处于一个很快就会被替代的位置，发展前景如何？企业有没有长久的生命力？企业的发展集中哪些领域？企业在社会上的地位和声望如何？

企业领导人分析。企业领导人的抱负和能力措施，能力是发展的决定性因素，他的能力是否足以带领员工乘风破浪，有没有战略眼光，是否尊重员工？很多成功的企业都会有一位出色的企业家掌舵领航。

企业文化和制度。企业文化是全体员工在长期的生产经营中形成并共同遵守的最高目标、价值标准、基本信念和行为规范。个人的价值观要适应企业文化，最起码不能有明显的矛盾和冲突。企业制度包括管理制度，用人制度，培训制度等，大学生要尽可能了解这些信息，并进行评估自己将来有没有可能在此企业担任更高级的职务或担负更大的责任？个人待遇提升的空间有多大？

4．地理位置分析

地域选择的主要影响在于毕业生看好经济发达地区的机会较多，人才集中，竞争激烈，而房价也一直居高不下。中小城市则无法招聘到高水平的大学生，发展速度缓慢。不过随着网络时代的发展，网络资源的丰富性能够改善这一现状。不过无论是在大都市还是在小城镇，人才结构都呈金字塔形，高端人才少，人才分布不均衡，东北振兴、西部开发和中部崛起都需要中高级人才。毕业生在择业时可以充分考虑寻找适合自己的发展平台。

很多大学生可能存在这样的困惑，实际就业情况与自己的职业理想相差甚远，收入与期待也有很大的差距。对于工作可以选择的余地较小，理想的单位应聘的毕业生很多，要求偏高；愿意接受自己的单位总觉得不如人意，心不甘情不愿。造成这一现状的原因可能在于毕业前缺乏必要的职业规划，缺少对职业现状的了解，因此很多职场新人刚进入工作岗位就产生了不适感。"今天你站在哪里并不重要，但是你下一步迈向哪里却很重要"。职业是一个人安身立命的根本，是一个人实现自我价值的重要渠道。成功的人生需要正确的规划，合理地规划自己的职业也是每个大学生不可或缺的功课。或许，对于社会对于企业你的认识还很有限，判断能力和分辨能力尚且不足，不过试着早一点起步，试着做一点尝试，当你有了更多的了解时候你自然也会有了自己的认知。而在这个过程中，也是你的专业学习能力提升的必经之路。无论什么时候，也不要放弃你的专业学习和发展。

第三节　大学生的能力发展

大学作为个体在走上社会工作岗位前的一个缓冲时期，部分大学生还将经历硕士和博士的学习以进一步提升学业水平和专业能力。那么如何用好这段在高校里学习和成长的"合理延缓期"？大学生需要在合理规划的基础上提升个人能力，达到社会对个人的期待，满足自己的理想工作对个人能力的要求。

一、能力的含义

能力是保证活动顺利完成的个性心理特征，是和个体完成一定的实践相联系在一起的，是完成一项目标或者任务所体现出来的综合素质。能力是生物体对自然探索、认知、改造水平的度量。如人解决问题的能力，动物、植物的生殖能力等。以能力所表现的活动领域的不同来划分，分为以下几种。

1. 一般能力和特殊能力

一般能力指在不同种类的活动中表现出来的能力，如观察力、记忆力、抽象概括力、想象力、创造力等，其中抽象概括力是一般能力的核心。平日我们所说的智力就是指一般能力来说的。人要完成任何一种活动，都和这些能力的发展分不开。

特殊能力也称专门能力，它是顺利完成某种专门活动所必备的能力，如音乐能力、绘画能力、数学能力、运动能力等。各种特殊能力都有自己的独特结构，如绘画能力就是由四种基本要素构成：色彩的感知能力、图形的记忆能力和想象能力、绘画的情感能力和绘画的动作能力。这些要素的不同结合，就构成不同个体的独特绘画能力。

一般能力和特殊能力相互关联。一方面，一般能力在某种特殊活动得以特别发展时，就可能成为特殊能力的重要组成部分。例如，人的一般听觉能力既存在于音乐能力之中，也存在于言语能力中。没有一般听觉能力的发展，就不可能发展言语和音乐的听觉能力。另一方面，人在完成某种活动时，常需要一般能力和特殊能力的共同参与，在特殊能力发展的同时，也发展了一般能力。又如，音乐能力的发展会提高一般的听觉能力，并进而影响言语听觉能力的发展。总之，一般能力的发展为特殊能力的发展提供了更好的内部条件，特殊能力的发展也会积极地促进一般能力的发展。

2. 再造能力和创造能力

再造能力是指在活动中顺利地掌握前人所积累的知识、技能，并按现成的模式进行活动的能力。这种能力有利于完成相应的学习要求。人们在学习活动中的认知、记忆、操作与熟练能力多属于再造能力。

创造能力是指在活动中创造出独特的、新颖的、有社会价值的产品的能力。它具有独特性、变通性、流畅性的特点。

再造能力和创造能力是互相联系，相互渗透的。任何创造活动都不可能凭空产生，再造能力是创造能力的基础。因此，为了发展创造能力，首先就应虚心地学习、模仿，并在一定的基础上完成再造。

3. 认知能力和元认知能力

认知能力是指个体接受信息、加工信息和运用信息的能力，它表现在人对客观世界的认识活动中。

元认知能力是指个体对自己认识过程进行的认知和控制能力，它表现为人对内心正在发生的认知活动的认识、体验和监控。

元认知能力是对认知的认知，它的活动对象是认知活动本身，它包括个人怎样从已知的可能性中选择解决问题的确切方法，怎样集中注意力，怎样及时做出决定，怎样判断目标是否与自己的能力一致怎样评价自己的认知活动，等等。

二、大学生的专业能力

大学是按照一定的培养目标培养某一领域的高级专业人才，因此大学生进入大学后，最显著的一个特点是进入了专业化的学习。在对大学生就业专业的某调查中发现，超过一半的学生毕业后会从事本专业或专业相关的工作，不想从事本专业工作的学生约占五分之一。可见，超过六成的学生将会借助专业知识作为自己在社会上立足的根本，而其他的学生可能会跨专业，或者转专业，最终还是会积累某一个专业的知识和经验从事相关工作。所以无论大学生所学的是什么专业，未来将会从事什么专业，专

第六章　大学期间生涯规划及能力发展
——计划赶得上变化

业学习能力是大学里必须具备的首要技能。

专业学习能力是指对于专业的学习，了解专业发展历史、基础知识、社会应用和专业发展前沿，并能够将专业学习转化为社会生产力。专业学习能力强的人能够更积极主动地完成工作任务，能够充分理解和认知到专业工作的知识要点和工作重点。

专业学习能力一级水平：在专业方面展示基本的知识，能够将知识有效地运用于实践之中。与专业知识保持同步发展，能够运用专业知识和经验解决问题，帮助他人。

专业学习能力二级水平：保持专业知识的流通，能够与他人分享知识经验，能够提出与众不同的专业建议，并具有一定的可实施性。用专业知识和经验开展项目，促进项目的发展与局面的拓宽。

专业学习能力三级水平：可以利用本专业范围外的知识开展工作，成为团队的资源或专家。利用本专业的相关知识促进其他领域工作或项目的开展，改善工作效率。寻找利用专业知识促进其他项目的机会。

专业学习能力四级水平：增强外部交流意识，在专业领域公司的寻找机会提高自己新知识的水平，并发表或出版专著展现自己的能力。可以充当最新技术的倡导者，抓住机会了解专业的新技术与新发展，定期引入专业前沿课题。

目前大学里的专业学习都是以就业为导向的，所以大学生在大学里想要更好地学习，可以提前了解以后所从事工作的相关要求，并提前做好相应的准备。

三、大学生的时间管理能力

想象有一家银行每天早上都在你的账户里存入 86400 元，可是每天的账户余额都不能结转到明天，一到结算时间，银行就会把你当日未用尽的款项全数删除。那么你该怎么办呢？当然，每天不留分文地全数提取是最佳选择。其实我们每个人都有这样的一个银行，它的名字是时间。

1. 时间的含义

要说这个世界上最公平的事情，就是每个人每天都拥有同样的 24 小时。每天早上"时间银行"总会为你在账户里自动存入 86400 秒；一到晚上，它也会自动地把你当日虚掷掉的光阴全数注销，没有分秒可以结转到明天，你也不能提前预支片刻。如果你没能适当使用这些时间存款，损失掉的只有你自己会承担。没有回头重来的机会，也不能预提明天，你必须根据你所拥有的这些时间存款活在现在。你应该善加投资运用，以换取最大的健康、快乐与成功。时间总是不停地在运转，努力让每个今天都有最佳收获。

所谓时间管理就是有效地利用好时间资源，以实现个人重要的理想和目标。时间管理使得工作更加系统化、条理化，工作更有效、更有成果。时间管理就是采用科学的方式提高时间的利用率和有效性，进行合理规划和计划，对时间的管理过程。因为时间是公平的，也是不可逆转、不可存储的。

大学生的时间管理存在显著的个体差异。周一至周五各年级大学生的课余时间为5～7小时，周末课余时间更多，总体来说课余时间较为宽裕。对于课余时间的使用，有的学生选择了学生会和社团活动，有的学生选择上网。一方面由于年级的升高，学生参加社团活动兴趣降低；另一方面学生还是学习主导型，比较单一。总体上来看，大部分人觉得自己课余时间管理得一般。从性别角度来看，男生女生对于时间管理的差异较小，不存在显著差异，女生比男生在时间管理的信心和对时间管理行为能力的估计上略好。从年级上来说，大一新生具有更好的时间管理能力，随着年级的增长，时间管理倾向呈下降趋势，到了大三，学生的时间价值观念和时间管理倾向明显下降。

一般来说，时间价值观念强的人，对时间具有更强的统筹管理能力，能够更加有效地完成工作任务，他们一般也表现出更优秀的学习成绩，善于抓住和利用时间。

■ 心灵密室

6-2 青少年时间管理倾向量表

这个问卷中的每一个句子叙述的是对时间的看法以及对时间的利用情况。请你仔细阅读问卷中的每一个句子，然后按照你自己的情况进行打分。1分表示完全不符合，2分表示大部分不符合，3分表示部分符合，4分表示大部分符合，5分表示完全符合。

1. 我认为"一寸光阴一寸金"这句话是正确的。

2. 我通常把每天的活动安排成一个日程表。

3. "时间就是效益"这句话是正确的。

4. 我每天都给自己指定一个学习目标。

5. 无论做什么事情，我首先要考虑的是时间因素。

6. 我以为将来比现在和过去更重要。

7. 我总是把最重要的工作安排在活动效率最高的时间里去做。

8. 无论做什么事情我总是既有短期安排又有长期计划。

9. 目前我尚年轻，浪费一些时间无所谓。

10. 在每周开始之前，我都制定了目标。

11. 对每个人来说，时间就是一切。

12. 在每个学期我都要制订自己的学习计划。

13. 我认为我在学习和课外活动上的时间分配是合理的。

14. 我总是把大量的时间花在做重要的工作上。

15. 在新年开始的时候，我通常都要制定这一年自己的奋斗目标。

16. 我相信时间就是生命。

17. 我课后复习功课的时间是由老师布置的作业量来决定的。

18. 我认为时间是可以有效地加以管理的。

19. 我通常把重要的任务安排在计划表的重要位置上。

20. 我能够有效地利用自己的时间。

21. 我经常根据实际情况对计划进行调整。

22. 如果有几件事要同时做，我经常要衡量它们的重要性来安排时间。

23. 我能够很好地利用课堂上的学习时间。

24. 我对自己设定的目标充满信心。

25. 我对每个星期要做的事情都有一个计划安排。

26. 我经常对自己利用时间的情况进行总结。

27. 在处理好几件事情的时候，我认为最好是每件事情都做一些。

28. 利用好时间对我具有重要的意义。

29. 我对自己浪费掉的时间深感懊悔。

30. 我确定的目标通常都难以实现。

31. 世上最宝贵的是时间。

32. 我的时间大部分都掌握在自己手中。

33. 我通常根据学习任务的重要性来安排学习的先后次序。

34. 只要是重要的工作，我一定要挤时间去做。

35. 我相信我的计划安排通常是合理的。

36. 我认为我对事情重要性的顺序安排是合理的。

37. 要做的事情很多，我却能处理好这些事。

38. 我常常与同学交流合理利用时间的经验。

39. 我认为时间就是力量。

40. 我通常都能按时完成老师布置的作业。

41. 我常常对自己的工作在什么时候完成没有一个期限。

42. 我每天什么时候学习，什么时候玩都有一个清楚的想法。

43. 为了提高时间利用效率，我经常学习有关如何有效利用时间的知识。

44. 我总是根据目标的完成情况来检验自己的计划。

评分标准：其中9、17、24、27、30和41反向计分。这个结果可以测试三个方面的信息：

(1)时间价值感：个人取向：1、5、6、9、16、38；社会取向：3、11、31、39；

(2)时间监控观：设置目标：4、10、15、17、40；计划：2、8、12、25、41；优先级：7、19、22、27、33；反馈性：21、26、38、43、44；时间分配：14、34、37、42；

(3)时间效能感：时间管理效能：18、20、23、32、29；时间管理行为效能：13、24、30、35、36。

时间管理倾向得分高的大学生，在完成目标的过程中能够合理规划时间，能按照既定计划来管理时间。大学生在生活中对时间的价值越认同，对时间监控得越好，时间管理能力越强。

2. 时间管理方法

时间管理受到很多因素的影响，在特定的事情或针对某个具体的同学来说，能够合理使用时间，发挥时间管理的方法各有不同，因人而异。时间管理的方法要结合个人的特点，不能不假思索地生搬硬套，也不能全盘拒绝，而要取其精华去其糟粕，进行批判性使用。一般来说个体在做事的时候会出现两种态度：一种是"这个事情必须完成，但是它太讨厌了，所以我尽量能拖就拖吧"；另一种是"这不是一件令人愉快的事情，但是必须完成，那我尽快着手，争取早点摆脱它"。那么要怎样进行时间管理呢？

（1）对自己的习惯做出正确评价

回顾自己一周以来的所做的事情和时间分配情况进行梳理和总结，然后至少用一周的时间记录自己每天做的事情，需要进行准确记录。也许你会有不同的发现。一般来说，人们通过记录和之前的回顾对比会发现，自己在某些活动上花费的时间要多很多，而在某些自认为重要的事情上花费的时间要少很多。通过记录和比较，你可能会了解自己的时间管理情况，这会帮助你明确进一步努力的方向。

时间四象限法是根据事情的紧急程度和重要程度可以将事情划分为以下四个象限。

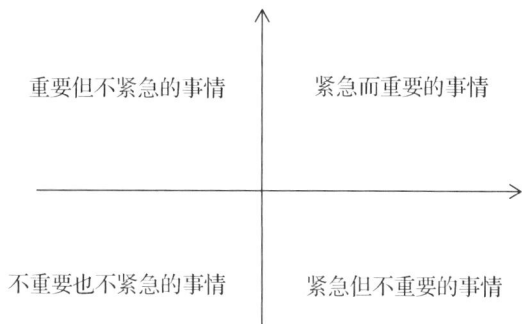

重要但不紧急的事情	紧急而重要的事情
不重要也不紧急的事情	紧急但不重要的事情

时间管理理论认为，重要而不紧急的事情对于个人来说都是完成自我成长，最终实现自我价值的事情，比如，锻炼身体、提高综合素质、建构良好的人际关系等。这些事情一般来说没有那么紧急，会有更多的时间完成，而人们往往会忽略，而是把主要精力和时间放在紧急的事情上，比如，突击考试、接听电话、准备临近截止日期的作业等。这些紧急的事情里有的重要，绝大多数都是不重要的。而一些不重要也不紧急的事情也会占据大学生很多的时间，如玩游戏、网上聊天、在网上漫无目的的浏览等。

（2）制订并执行学习计划

凡事预则立，不预则废。大学生可以将自己要做的事情列出清单，并列出计划，可以根据事情完成时间的长短，制订日计划、周计划、月计划、年计划等。要注意的是长久的计划可以不用过于具体，而短时间的计划则要具体，明确。如日计划，你可以每天早上写下你当天要做的事情，评估事情的复杂程度和需要花费的时间，当然紧急程度也是需要考虑进去的；优化做事情的顺序，尽快完成那些费时较少却需要尽快完成的事情，并用笔画掉，那么你可能会面对你的学习工作清单更有成就感一些。当然，在制订计划的时候要有一些留白的时间，一方面可能会发生突发情况需要完成，而且也需要一定的时间休息、娱乐，这是很重要的，恢复良好的状态再进行学习。

（3）使用好碎片化时间

随着网络的发展和智能手机的普及，碎片化时间在大学生的学习生活中占据越来越重要的地位。碎片化时间是指学习生活所呈现出的零碎时间段，可能是你等饭的间隙，可能是在还没有上课前，也可能是在你外出乘坐地铁或公交的时间，充分利用"碎片化"的时间，采用手机等智能工具浏览新闻、阅读电子书等。这些零碎的时间虽短，却在大学生的生活中很多，重聚之后便能够产生巨大的效果。

同时大学生也要注意避免学习时间碎片化。在移动互联的时代，信息量巨大，手机等即时通信设备的使用会很容易将学习时间打散，大学生要尝试在避免将整块的学习时间割裂成多个小块时间再穿插进行不同的事情。比如说，大学生在听课、自习时间不停地浏览朋友圈，和朋友聊天，那么学习时间碎片化会使得学习效率显著降低。所以，对于大学生来说，有效利用碎片化时间的前提是利用合理的工作安排、适当拒绝不需要的干扰等措施尽量在单位时间里提高学习和工作效率。

需要提醒的是，大学生要记得所有的事都比你预计的时间要长。"墨菲定律"与"帕金森定律"和"彼德原理"并称为20世纪西方文化三大发现。墨菲定律（Murphy's Law）的具体定律有四个方面：任何事都没有表面看起来那么简单；所有的事都会比你预计的时间长；会出错的事总会出错；如果你担心某种情况发生，那么它就更有可能发生。"墨菲定律"的根本内容是"凡是可能出错的事有很大概率会出错"，指的是任何一个事件，只要具有大于0的概率，就不能够假设它不会发生。

■ 心灵健身房

6-1 格子人生

2010年国家第六次人口普查结果显示，中国的男性的平均寿命为72.38岁，女性平均寿命为77.37岁，平均为74.8岁。一般来说，人生其实只有900个月，而你可以用一张A4纸画一个30×30的表格，每过一个月你可以在小格子里涂上颜色，你的全部人生就会在这一张白纸上。

作为一个20岁的大学生，你的人生就是下图这样的：

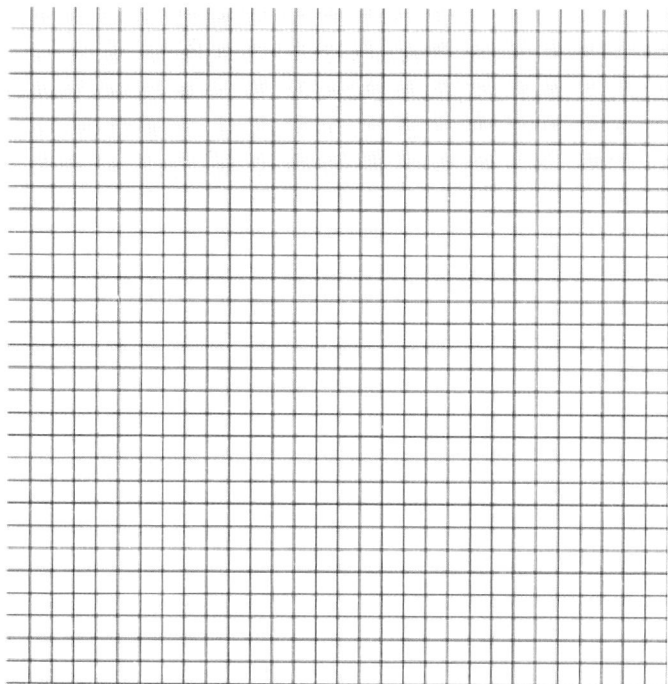

当然，你也可以做一点更加细致的工作：大学入学前的格子涂上黄色，回顾大学入学后的时间里，你的时间运用的怎么样呢，你可以为每一个月进行时间管理的评估，你可以为它们涂上深浅不同的颜色，来代表你觉得这一个月里你是否充分利用了时间。试试看吧，看看你会有什么样的发现呢？

3. 人体生物钟

大学生也许会觉察到自己有时体力充沛、精神焕发、情绪高涨、才思敏捷、记忆力强；而有时却浑身困乏、情绪消沉、思维迟钝、记忆力差。对于人体的研究表明，人的体力和脑力都存在高潮和低谷的状态的周期变化。例如，人体的体温、脉搏、血压、氧耗量、激素的分泌水平，均存在昼夜节律变化。生物的生理系统近似时钟的结构，被称之为"生物钟"。时间生物学研究揭示了植物、动物乃至人的生命活动具有一个"持久的"、自行调节的生物钟。

人体生物钟理论采用统计学的方法发现：个体存在以 23 天为一周期的"体力盛衰周期"，影响着人们的体力状况，包括对疾病的抵抗能力、肌肉收缩能力，身体各部分的协调工作能力、动作速度、生理变化适应能力，以及其他一些基本的身体功能和健康状况等；以 28 天为一周期的"情绪波动周期"，影响着人们的创造力，对事物的敏感性和理解力，情感与精神及心理方面的一些机能等；以 33 天为一个周期的"智力强弱周期"，影响着人们的记忆力、敏捷性以及对事物的接受能力、逻辑思维和分析能力等。这称之为"人体生物三节律"，也称之为"人体生物钟"，"PSI 周期"（Physical－体力、Sensitive－情绪、Intellectual－智力）。

人体生物钟在运行中，呈正弦曲线变化。人体生物节律有高潮、低潮和临界期。当了解到这个部分的时候，也许大学生就会理解为什么自己有时候精神状态佳，学习效率高，有时候却很难达到。

■ 问题与讨论

1. 如何从生涯发展的角度理解"这是一个最好的时代，也是一个最坏的时代"？

2. 请根据职业生涯发展的阶段性理论，结合大学的学习特点，探索大学期间的生涯规划。

3. 如何在大学期间培养自己的能力？需要着重从哪些方面进行培养？

4. 如何理解人体生物钟理论，并能够更好地从生理状态的规律规划学习和生活？

参考文献

[1] 赵敏，张凤．大学生生涯规划与辅导实务[M]．北京：电子工业出版社，2010：2－16，38－40.

[2] 职业生涯与发展规划课题组．大学生职业生涯与发展规划教材[M]．北京：中国传媒大学出版社，2010：3－22，32－40.

[3] 刘媛媛．我不惧怕成为这样"强硬"的姑娘[M]．长沙：湖南文艺出版社，2019：2－9，92－97.

[4] 孙宗虎．职业生涯规划管理实务手册[M]．北京：人民邮电出版社，2018：5－7.

[5] 戴安·萨克尼克．职业指导——职业生涯规划教程[M]．北京：中国劳动社会保障出版社，2017：5－7，132－137.

[6] 于海波，董振华．职业生涯规划实务[M]．北京：机械工业出版社，2018：10－31，73－75，278－284.

[7] 斯蒂芬·盖斯．微习惯：简单到不可能失败的自我管理法则[M]．桂君，译．南昌：江西人民出版社，2016：7－9，34－37.

第七章　大学生学习心理——乐学致用

■ 思维导图

```
                          ┌─────────────────┐        ┌──────────────┐
                          │ 大学生学习心理概述 │────────│ 学习心理的含义 │
                          └─────────────────┘        └──────────────┘
                                  │                  ┌──────────────────┐
                                  │──────────────────│ 大学生学习的特点   │
┌──────────────┐                  │                  └──────────────────┘
│ 大学生学习心理 │──────┐           │                  ┌──────────────┐
└──────────────┘      │           └──────────────────│ 学习的迁移    │
                      │                               └──────────────┘
                      │                               ┌──────────────────┐
                      │         ┌─────────────────┐   │ 掌握学习策略       │
                      │         │                 │───└──────────────────┘
                      │         │                 │   ┌──────────────────────┐
                      └─────────│ 大学生良好学习心理│───│ 打破学习心理的不平衡   │
                                │   的培养         │   └──────────────────────┘
                                │                 │   ┌──────────────────┐
                                │                 │───│ 调适学习心理问题   │
                                └─────────────────┘   └──────────────────┘
                                                      ┌──────────────┐
                                                      │ 应对学习压力  │
                                                      └──────────────┘
```

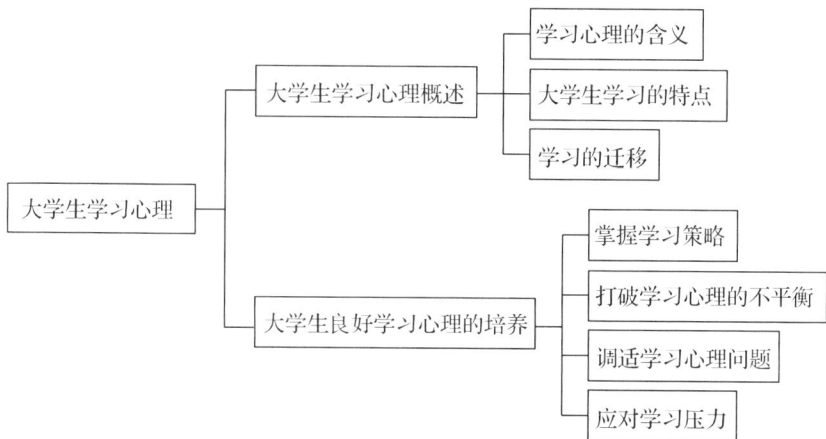

　　徐某，某高校化学系大一学生，新学期开始，大学时期自由的学习生活与高中时期的军事化管理形成了鲜明的对比，该同学进入大学便沉迷于游戏、宿舍，且无心听课，上课注意力无法集中，最终导致期末成绩差，对个人打击较大，加之父母期望过高，导致该同学已连续失眠一个月。该同学性格偏内向，学习出现了很大的问题。

　　进入大学，学生的学习和高中学习状态发生了很大的改变，随之而来，学习心理也会发生很大的变化，必须了解学习的心理，树立正确的学习态度，学会学习的迁移变得十分的重要。

第一节　大学生学习心理概述

　　学习是个体经验的积累过程。它包括两个方面：经验的获得和保持。不同的心理学理论从不同的角度揭示了学习的本质。行为主义心理学把学习行为简化为条件反射的建立和维持。

进入大学阶段，学习方式与高中阶段发生了很大的变化，很多大学生出现了学习心理问题。要解决这些心理问题，让每个人度过一段充实而快乐的大学生活，了解大学生学习心理问题就显得尤为重要。

一、学习心理的含义

广义的学习是指人和动物在生活过程中通过实践训练而获得的由经验引起的相对持久的适应性的心理变化。我们一般所说的学习是狭义的学习，即人类的学习：指人在社会生活实践中，以语言为中介，自觉地、积极主动地掌握社会和个体的经验的过程。学习心理学是研究人和动物在后天经验或练习的影响下心理和行为变化的过程和条件的心理学分支学科。学习的研究最主要的应用领域是学校教育领域，因此学习心理学侧重讲授与学直接有关的心理学内容，比如学习特征、学习过程的结构、学习的生理机制、学习过程的理论，以及影响学习的各种内部因素等。

有一个问题是我们必须考虑的，到底是什么驱动着我们学习？这就是所谓的学习动机。做任何事都要有一个合适的动机，学习也不能例外。苏联心理学家列昂捷夫说："学生学习的自觉性和动机是分不开的。"动机作用，是描述个体发出能量和冲动，指引行为朝向某一目的，并将这一行为维持一段时间的内部状态；动机则是在需要的基础上所产生的，需要是人体组织系统中一种缺乏和不平衡的状态表现。

学习心理的产生，就是有机体（人）产生需要（我要学习），进而衍生动机（我想学习），所形成的。学习心理和学习行为之间的关系是辩证的，学习行为可以产生学习心理，学习心理又可以反过来促进学习行为，二者相互关联，如奥苏贝尔所说："动机与学习之间的关系是典型的相辅相成的关系，而绝非是一种单向性的关系。"

大学生的学习是在经过专门训练的教师的指导下，在主体学习动机和学习认知等心理因素的参与下，有目的、有计划、有步骤地系统认识、理解和掌握各种专业文化知识和个体生存生活经验，培养各种技能技巧，发展各种能力，积累良好学习经验和策略，培养独立健全的人格品质和良好的社会生活的适应性，不断挖掘自身潜能和创造性，成功地自我发展的过程。从学习的主体来看，大学生是具有一定知识基础的成年人，学习的主动性较强，认知程度较高；从学习的内容来看，大学生的学习是对某一专业深入、系统地学习，目的性较强，学习动机明确；从学习的策略来看，大学生已经可以主动选择一些有效的学习策略，来提高学习效率。

大学生学习心理主要是指大学生在学习过程中产生的心理现象及其规律等，主要包括大学生在学习过程中表现出的学习动机、心理适应能力、情绪情感和意志品质等个性心理特征。了解和掌握大学生学习心理及其发展状况是帮助大学生树立科学学习观、提高大学生学习水平和高校教育质量的重要手段。大学生的学习心理具有如下特点：

大学生的学习总起来说有两种方式，一种是维持性学习，它的功能在于获得已有的知识、经验，以提高解决当前已经发生的问题的能力即"学会"；另一种是创新性学习，它的功能在于通过学习提高一个人吸收新知识和提出新问题的能力，以迎接和处理未来发生的各种的变化即"会学"。就大学生的学习而言，能动的学习意味着不仅"学会"而且还要"会学"，在这个知识爆炸的时代，从维持性学习向创新性学习的转变更为重要。大学生作为掌握专业知识的年轻群体，学习的能动性是非常强的。

大学作为创新活动的主要场所和主要创新群体之一，创新人才的培养，尤其是培养具有创新能力的大学生是其重要任务。当今大学在教学观念、内容、方法和目标上都在不断地革新，更加注重综合化和通识化，以增强学生的灵活性和适应性。注重学生的个性发展，在培养具有创造性和进取精神的人才的同时也在从传授知识为主的教育转向以培养学生素质为主的教育。大学还注重培养学生主动获取和应用知识信息的能力、独立思维能力和创造能力。大学生学习的创造性体现在不固定用某一种思维模式去发现问题和解决问题，他们能够创造性地去思考、学习并体现在行动中。

二、大学生学习的特点

1. 学习动机

大学生的学习动机是直接推动大学生进行学习的内在动力，是激发学习、维持学习并将学习导向某目标的内在动力。与中学生相比，大学生学习动机的内容是复杂多样并具有较高层次的。从大学生个体来看，每个学生的学习动机往往不止一个。从大学生总体来看，学习动机的内容更是丰富多彩的。中国社会科学院研究所对全国 11 所高校 1679 名大学生进行的一项调查表明：大学生学习动机的内容表现多达 35 个方面，大致分为 4 个层次，各层次的人数比例是：为祖国富强而努力，献身祖国建设的占43%；报答父母养育之恩的占 16%；个人出人头地占 9%，属于第一层次和第二层次的合计占 75%。

另外，大学生的间接性学习动机和社会性学习动机随年级升高而逐渐增强。近年来，刚经历完高考的大学新生在学习上普遍如释重负。不少"老生"对新生高谈"大学生活远比中学丰富且轻松"，可见学习松懈在其他年级学生中并不罕见。学习动力不足已成为大学生学习力最突出的问题。在调查中，大部分学生对学习较有兴趣和热情，但一部分学生的学习态度消极，缺乏求知欲望。25.3%的学生学习兴趣"浓厚"，45.4%的学生兴趣"比较浓厚"，26.6%的学生兴趣"一般"，2.4%的学生"没有兴趣"。大部分学生对学习主动性不强，处于"动力缺乏"状态。有的学习要求不高，浅尝辄止；有的学习懒散，耽于玩乐；有的甚至对学习厌倦冷漠，畏缩逃避；自我感觉动力充足者仅占 34.4%，动力一般者占 47.8%，动力不足者占 14.3%，完全没有动力者占 1.9%。

2. 学习态度

大学生的学习态度主要指大学生对待学习比较稳定的、具有选择性的反应倾向，是在学习活动中习得的一种内部状态，是一种由学习认知、学习情感和学习意志三者组成的相互关联的统一体。

从认知因素的角度来看，对于学习，大学生普遍存在重视和轻视态度，重视学习的学生大多志向远大，他们认为学习是大学生的主要任务，能够做到认真、刻苦地努力学习。而持轻视态度的大学生往往没有明确的学习目标，因此，他们的学习状态容易受外界诱惑的干扰。

从情感因素的角度来看，大学生的学习态度有积极型和消极型之分。积极型的学生对学习充满兴趣和热情，学习往往给他们带来肯定的情感体验，使他们感到快乐和充实。一旦投入到学习中，他们就能充满激情、并由此产生良好的心境。他们学习认真刻苦、学习动力足，成绩好。而消极型的学生，学习带来的是烦躁甚至痛苦的感受，他们表现出的目光短浅，厌学情绪严重，成绩停滞不前或者每况愈下。

从意志因素的角度来看，有的大学生学习处于主动，有的大学生学习属于被动。主动学习的学生总是主动地去汲取知识，通过学习发现问题、思考问题，并能做到谦虚好学，刻苦钻研，去解决各种疑难问题。而被动学习的学生则是被动地接受知识，老师讲多少就学多少，不会做到举一反三，不去发现问题，也懒于思考，不能将知识做到融会贯通，碰上不懂的问题，也不会去积极寻求答案。

3. 学习兴趣

学习兴趣是一个人倾向于认识、研究获得某种知识的心理特征，是可以推动人们求知的一种内在力量。学生对某一学科有兴趣，就会持续地专心致志地钻研它，从而提高学习效果。学习兴趣可以划分为直接兴趣与间接兴趣、个体兴趣与情境兴趣，发生、发展的过程一般是有趣、兴趣和志趣。学习兴趣大体上可以分为直接学习兴趣与间接学习兴趣两种。前者是由所学材料或学习活动——学习过程本身直接引起的。后者是由学习活动的结果引起的。

大学生的学习兴趣是大学生力求探究事物并带有强烈情绪色彩的认知倾向。学习兴趣是推动学习者学习的一种最实际，最活跃的内部动力。大学生的学习兴趣可分为专业内兴趣和专业外兴趣两种。有研究表明：大学生专业内学习兴趣的水平较高，多数学生热爱自己的专业，对学习专业知识抱有极大的热情。大学生的阅读兴趣十分广泛，他们对社会各个学科的各个分支领域几乎都有所涉猎，渴望通过多种途径拓宽自己的知识面。

三、学习的迁移

学习迁移是指在一种学习中习得的经验对其他学习或行为的影响，也是先后两种学习的相互影响。对于引起学习迁移的心理实质，心理学家和教育学家一直在研究和争论，比如，传统的形式训练说、桑代克的相同要素说、贾德的概括说等。迁移广泛存在于各种知识、技能与社会规范的学习中。由于学习活动总是建立在已有的知识经验之上的，这种利用已有的知识经验不断地获得新知识和技能的过程，可以认为是广义的学习迁移；而新知识技能的获得也不断地使已有的知识经验得到扩充和丰富，这就是我们常说的"举一反三""触类旁通"，这个过程也属于广义的学习迁移。教育心理学所研究的学习迁移是狭义的迁移，特指前一种学习对后一种学习的影响或者后一种学习对前一种学习的影响。20 世纪以来教育心理学家关于学习迁移的研究，就是通过设计两种学习情境，看一种学习对另一种学习的影响。

认知结构理论认为，一切有意义的学习都是在原有认知结构的基础上产生的，不受原有认知结构影响的有意义学习是不存在的。一切有意义的学习必然包括迁移，迁移是以认知结构为中介进行的，先前学习所获得的新经验，通过影响原有认知结构的有关特征影响新学习。大学生作为已经具有一般基础知识的学习者，其原有的认知结构必然会对后续学习产生影响。原有知识具有可利用性和巩固性，大学生通过主动地从已有的认知结构中分离出可利用的旧知识即可帮助新知识的掌握，学习迁移也就产生了。产生式理论认为，前后两项学习任务产生迁移的原因是两项任务之间产生了重叠，重叠越多，迁移量越大。如果两个学习任务之间存在共同的知识和经验，就会产生迁移。大学生的学习具有创造性，在完成新的学习任务时，利用原有的公式、路径及方式解决新的学习问题，创造新的解题思路。认知策略是处理内部世界的能力，包括记忆、理解、信息编码、思维等策略。大学生拥有比较丰富的内化经验，其认知结构或知识表征较为清晰、稳定、概括、连贯，在简单认知策略迁移能力上有了很大的发展，不再满足于一些粗糙的复述策略和组织策略迁移，更多倾向于复杂的组成策略的综合运用，如元认知策略、动机策略和社会策略的迁移上，并且对基本的学习策略有自己的评价。能够在不同的知识类型中，比较灵活地运用不同的策略，达到知识结构的优化升级。

学习迁移的效果在一定程度上取决于学习材料之间的共同因素。由于材料之间存在着共同的因素，就会产生相同的反映，因而在学习中就会产生不同程度的迁移。关于共同因素在学习迁移中作用的问题，桑代克和武德沃斯早年曾做过专门实验研究。让被试观察各种大小不同的长方形面积（10～100cm²），直至能准确估计每个长方形面积为止；然后让被试估计稍大的长方形面积或面积相同而形式不同的各种长方形，结果被试的进步仅是原来的三分之一左右。通过实验，桑代克得出结论，通过练习，被试的学习成绩可以得到明显提高，练习能够在同类活动中产生迁移，从而提出了学习迁移的共同要素说。

苏联著名心理学家鲁宾斯坦强调，概括是迁移的基础。他认为，在解决问题时，为了实现迁移，必须把新旧课题联系起来并包括在统一的分析综合活动中。可见，鲁宾斯坦更强调课题类化在学习迁移中的作用。如果不能通过概括，把握一般原理，掌握事物的本质和规律，也难以产生迁移。事物虽然是多种多样的，但却有共同的东西，即事物的本质和规律。掌握事物的本质和规律，人就能以不变应万变，产生广泛的迁移。

学生会学习、会解决问题，实际上这也是一种能力，有了这种能力就会明显地促进正迁移。实践证明，学生适当参加与学习有关的活动，可以使学生在错误的尝试中得到益处。如果对学生的活动给予必要的指导，则不仅可以减少错误，而且可以增加学习的迁移。学生的学习态度、兴趣、技能等可以通过活动，产生迁移而加以培养。

■ 心灵图书馆

7-1 学习心理知多少

必须明确的是，正确的学习动机对于良好的学习心理而言确实很重要。有的心理学家提出这样一个观点：学习动机正确与否，要以时代的道德去判断。一切从自私的、利己的目的出发的学习动机，是不正确的；一切从集体的、社会的利益出发的学习动机，是正确的。在与社会需要相适应的动机所驱使下，学生就会产生学习的自觉性和强烈的求知欲，能够激起稳定的学习兴趣，社会责任感上升到一个更高的层次，因而可以专心致志，勤奋学习，刻苦钻研。相反，如果学习动机是出于一种想找一份轻松而收入丰厚的工作的心理，那么他在顺利的情况下很可能会继续努力，锦上添花；但是在逆境中就容易情绪低落，意志消沉，半途而废，甚至一蹶不振。动机不正当的学生，对待学习的态度就不会端正，往往是偷工减料，投机取巧，弄虚作假。所以在高等教育中更加重视对我们大学生的思想教育，致力于帮助我们对社会有一个客观理性的认识，清楚自己的社会需要和社会期望，创造出有利于我们自我定向、自我定位的条件，以期激发我们正确的学习动机，培养学生良好的学习心理。

但是我们要注意一点，学习心理要注意平衡，切不可矫枉过正，过强的学习心理可能产生不好的结果，即过分的学习焦虑。现代心理学把焦虑分为三个等级：低、中、高焦虑，并且认为一定水平的焦虑，可以起到增强学习效果的作用，但是如果过度焦虑，会对学习产生不良作用。美国心理学家考特斯的焦虑实验表明，中等焦虑的学生的学习成绩明显高于其他组。研究结果还表明，某一等级的焦虑只有与对应等级的能力相结合才能够促进学习，也就是说我们应该学会清楚认识自己的能力，制订计划时一定要谨慎，要把握好"度"。在学习过程中，一定要增强自己的信心和毅力，保持情绪的稳定，自尊心要适度，摸索总结出一套适合自己的学习方法，这样可以有助于克服严重的心理焦虑。

总而言之，学习是大学生活中最重要的任务之一，学习的过程和结果都会很大程度上影响到学生的情绪。情绪的产生是与需要和动机紧密相连的，大学学习的广度和深度会影响主体的需求结构。同时，大学中的学习要求更强的自主性、选择性，既给主体提供了检验自己意志力、自我控制水平的机会，也对主体提出了提高自身控制力和意志力的要求。希望每一个大学生都能找到自己合适的定位，学习上更加得心应手，在拼搏奋斗的路上走得更远。

第二节　大学生良好学习心理的培养

成功＝艰苦的劳动＋正确的方法＋少谈空话。

——爱因斯坦

在我们的日常生活中不难发现，有相当数量的大学生存在或轻或重的学习困难。大学生出现学习困难的原因有很多，学习压力问题尤为突出。压力，也叫应激，最早是在 1936 年由加拿大内分泌专家汉斯·赛利博士提出的。他认为压力是生活环境不能满足个人需要、个人学习与经验无法与现实生活的要求相互配合，所导致的生理或心理失去平衡的一种紧张状态。

联合国教科文组织在《学会生存》一书中指出："未来的文盲不再是不识字的人，而是没有学会怎样学习的人。"学校教育的目的不仅是传授学生所需的知识，更重要的是让学生学会学习，成为"独立、自主、高效"的学习者。因此，学习心理的相关研究及教学指导已成为教育心理学关注的重要领域之一。学习困难是大学生活的"拦路虎"，因此，如何制定正确的学习策略，克服心理障碍，平衡和调适学习中的心理问题，培养良好的学习心理，是一件十分重要的事。

■ 心灵实验室

7-1　饿猫迷笼实验

桑代克于 19 世纪末就开始进行了大量的动物学习的实验研究，其中最著名的 1898 年进行的饿猫学习如何逃出迷笼，获得食物的实验，该实验又被称为"猫开笼实验"。桑代克将饥饿的猫禁闭于迷笼之内，饿猫可以用抓绳或按钮等三种不同的动作逃出笼外获得食物。经观察，猫第一次被放入迷笼时，拼命挣扎，或咬或抓，试图逃出迷笼。在这些努力和尝试中，它可能无意中触及机关使门打开，多次实验后，饿猫的无效动作越来越少，最后一进入迷笼就会立即以一种正确的方式去触及机关打开门。桑代克记下猫逃出迷笼所需时间后，即把猫再放回迷笼内，进行下一轮尝试。猫仍然会经过乱抓乱咬的过程，不过所需时间可能会少一些，经过如此多次连续尝试，猫逃出迷笼所需的时间越来越少，无效动作逐渐被排除，以致到了最后，猫一进迷笼内，即去按动踏板、跑出迷笼，获得食物。桑代克把猫在迷笼中不断地尝试、不断地排除错误最终学会开门出来取食的过程称为尝试错误学习，并提出了学习的"尝试—错误"理论。

■ 心灵健身房

7-1 案例分析

案例一：易某，男，某高校本科二年级学生。该生自述在刚进大学时就给自己制订了一整套严密的学习计划，具有明确的学习目标。但是现在情况有了一些变化，让他心里觉得特别烦。比如，在他的学习计划里，要在大一下学期通过英语专业四级，可是学校不允许学生直接报考四级，而是得先报考英语应用能力Ａ级，让他觉得自己的计划全被打乱了，很不甘心，从而严重影响了他的心情，觉得特别烦躁。另外，他认为计划应该是固定不变、雷打不动的，必须坚持，不然就不叫计划了。现在自己很想按计划走下去，但却遇到了外力的阻碍，更让他心理上接受不了。

案例二：周同学是一位来自山区贫困家庭的大学生，家庭条件比较困难。高中时他的成绩一直都十分优秀，最终也如愿以偿地考上了理想的大学。可是当他进入到大学之后，忽然间感觉到心里迷茫，学习没有动力，生活失去目标。于是周同学开始在学习上得过且过，生活中马马虎虎，大学生活毫无目的性可言。有时候周同学想到自己辍学在家的妹妹和年迈的父母双亲，也很为自己的不争气而内疚，可是他确实找不到学习的动力与奋斗的目标，浑浑噩噩，上课也打不起精神。周同学表示，自己不是因为喜欢上网而荒废了学业，而是因为实在没劲才去上网聊天打游戏。学习困难已经对周同学的生活造成了很大的影响。那么他应该如何摆脱这种糟糕的状态呢？

案例三：李同学已经是一名大二学生了，他一向对自己的要求很高，这当然与他的家庭期望有关。李同学的父母都是具有高级职称的知识分子，在他们的言传身教之下，李同学从小就知道努力奋斗才能有一个理想的未来。在大学，李同学认真制订了详细周密的生涯规划，一步一个脚印地向前走，成绩要在同专业里拔尖，大二学年之前通过英语六级考试，同时还要锻炼自己在各个方面的能力。于是在大学里，李同学像一只陀螺一样飞速地运转着，珍惜大学里的每一分每一秒，他相信付出总有回报。可是事实并不尽如人意，李同学发现自己离目标越来越远，他甚至开始怀疑自己的学习能力，他感觉到自己在学习方面的优势在下降，甚至在一点点消失，多年勤奋的学习所积累的自信也受到了极大的挑战。对未来，李同学忽然有了一种前所未有的担心。这种局面的产生，又是因为什么呢？

看完上述的三个案例，相信有一部分同学会发现，自己曾经也有过类似这样的感觉，或者自己现在就存在这种感觉。这意味着你面临过或面临着学习困难的问题。这种心理对于我们的学习是有害的，我们应该想办法去克服这种心理。那么周同学和李同学两人面临的问题是不是我们所提到的学习困难？他们所面临的问题又是什么原因引起、应该怎么样去解决呢？

小易的好学上进，学习目标明确等是值得肯定的，但是他在学习问题上存在策略不当的不良状态，这样反而不利于他的正常学习。同时，在制订学习计划和学习目标时，要学会具有一定弹性，俗话说"计划赶不上变化"，实际情况有变是很常见的现象，所以要给自己留有一定余地，而并非非此不可地给自己定硬指标，否则一旦目标没有达成，就会出现无法接受的状况。一个好的学习计划应该是能够根据实际情况的变化而随时调整的，这并不影响学习目标的实现，只是方式上的变通而已。

通过分析后两个案例，我们不难发现，周同学和李同学都是因为学习心理的不平衡产生了困惑，不同的地方在于，他们两个人正好代表了两个极端，一个学习心理不充分，另一个学习心理又过强，最终导致了他们产生困惑。

由于大学学习和中学学习存在很大差异，所以我们应及早转变学习习惯、学习方法等，制定正确的学习策略，学会自主学习，在平时抓紧宝贵的学习时间多学多练，打好坚实的学习基础；不能停留在高中时为了应付考试而学习的状态，平时没有考试的压力便停滞学习，而一旦到了考试则由于平时没有积累而感到心虚、发慌、紧张。

大学与中学的学习方式、习惯、要求等都存在很大差异。在大学学习中，没有老师督促，老师也不完全讲授课本上的内容，学生们大都以自学为主，这就要求大学生在学习上有高度的自觉性、建立自学的概念、养成良好的学习习惯、转变学习方法等。

总而言之，良好的学习心理是我们在大学学习生活中制胜的法宝。

一、掌握学习策略

1. 学习策略的含义

学习策略，是指学习者在学习过程中积极操纵信息加工过程，以提高学习效率的步骤或程序。学习策略的含义可解释为三个方面：学习策略是学习的过程、程序与步骤；学习策略是一种计划或方案，也是一套规则系统；学习策略是技能或能力。概括来讲，学习策略是指学习者为了提高学习的效果和效率、有目的有意识地制定的有关学习过程的复杂的方案。它是学习者通过学习而形成的，用以调控学习过程、提高学习效率的一系列活动。它具有以下四个方面的特征：第一，学习策略是学习者为了完成学习目标而主动使用的；第二，学习策略是有效学习的需要；第三，学习策略是制订的学习计划，由规则、方法、技能等构成；第四，学习策略是通过学习、练习获得的，并且能通过训练得到提高。

学习策略是伴随着学习者的学习过程而发生的一种心理活动，这种心理活动是一种对学习过程的安排，这种安排不是僵死的固定的程序，而是根据影响学习过程的各种因素即时生成的一种不稳定的认知图式，这种图式可以被学习者接受而成为经验，也可以因学习者的忽略而消失。因此，学习策略是指学习者在完成特定学习任务时选择、使用和调控学习程序、规则、方法、技巧、资源等的思维模式，这种模式是影响学习进程的各种因素间相对稳定的联系，其与学习者的特质、学习任务的性质以及学习发生的时空均密切相关，是一个有特定指向的认知场函数。

2. 基本的学习策略

（1）编码策略

学习过程是一个信息加工过程，在此过程中涉及编码策略、提取策略和问题解决策略等内部心理活动。基本学习策略被用来直接操作课本材料，即直接作用于认知加工过程。包括获得和存储信息的策略及提取和使用这些存储信息的策略。

学习策略的作用在于对感受器接收到的信层加以注意，并将它们转入短时记忆，再把短时记忆中的信息转入长时记忆，在新知识内部建立好新旧知识之间的联系。

重要的编码策略包括：复述策略、精细加工策略和组织策略等。

复述策略是在工作记忆中为了保持信息，运用内部语言在大脑中重现学习材料或刺激，以便将注意力维持在学习材料之上。在学习中，复述是一种主要的记忆手段，许多新信息，如人名、地名或外语单词等只有经过多次复述后才能记得住。

精细加工策略是把新信息与头脑中的旧信息建立联系，以此增加新信息的意义的深层加工学习策略。精细加工策略能帮助学习者将信息存储到长时记忆中去。精细加工的要旨在于建立信息间的联系。联系越多，能回忆出信息的原貌的途径就越多，提取的线索就越多。精细加工越深入越细致，回忆就越容易。对于意义性不强的学习材料可以采用人为联系，但是对于意义性较强的学习材料，就应该运用更深水平的加工策略，以便知识能在长时记忆中获得保存。

组织策略是整合所学新知识之间、新旧知识之间的内在联系，形成新的知识结构的策略。其方法是把学习材料分解成一些较小的单元，再把这些单元归在适当的类别之内，最后把信息组合成具有一定意义的整体。

（2）支持策略

支持策略主要指为促进学习活动的效果，帮助学习者维持适当认知氛围，进行一些外在、可觉察的行为，以保证基础策略有效操作的策略，包括计划和时间筹划、注意力分配与自我监控和诊断策略。比如做笔记、写评注、加标题、做摘要、在书上做标记等。支持的学习策略包括五个部分：删掉多余，略去枝节，代以上位（用一个上位概念来代替系列下位概念），择其要义，自述要义。

（3）元认知策略

很多教育心理学家都主张把获得学习策略作为最为重要的教育目标，人本主义学习理论家也认为最重要的学习是对学习的学习。

元认知（见图 7-1）由弗拉维尔于 20 世纪 70 年代提出，又称为反审认知、反省认知、超认知、后设认知。元认知就是个体关于自己的认知过程的知识和调节这些过程的能力。元认知策略是一种典型的学习策略，指学生对自己的认知过程及结果的有效监视及控制的策略，是对基本学习策略和支持学习策略的计划、监督、控制与调整过程，又叫作学习的自我监控过程。元认知策略控制着信息的流程，监控和指导认知过程的进行，包括计划策略、监控策略（注意策略）和调节策略。

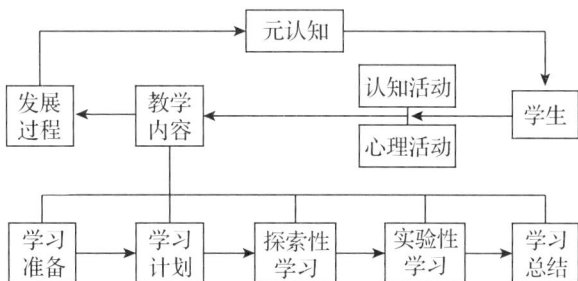

图 7-1　元认知

自我计划是指在开始认知活动之前，个体需要确定目标，预先计划好各个步骤，预测可能的结果，选择恰当的策略，准备好处理各种可能的突发状况。计划策略包括设置学习目标、浏览阅读材料、产生待回答的问题以及分析如何完成学习任务。监控策略是个体对自身行为某些方面的有意识关注。领会监控熟练的读者在阅读时自始至终都持续着这一过程。自我调节策略是对认知策略效果的检查，发现问题则采取相应补救措施，根据对认知策略效果的检查，及时修改、调整认知策略，保证学习有效顺利地进行。自我评价策略是个体按照一定的标准和规范来判断自己的行为。自我指导策略就是学习者采用口头或书面的方式，把学习步骤或方法呈现出来，用来引导和监督自己的学习。

二、打破学习心理的不平衡

学习心理不平衡，无非就是学习动机过弱或者过强，具体表现为厌倦学习和疯狂学习。

之所以会出现学习心理不足的现象，可能是我们自身对于社会责任的认识不够明确，价值观不够清晰，学习态度不够端正，对自己的学习期望不足；也可能是我们刚刚结束高中生活，对于大学生活尚未适应，感到无所适从，学习的自我能效感比较低；还有可能是我们对于自己的专业根本不感兴趣，也就不可能有强烈的学习欲望。

相比之下，学习心理过强的原因就更加复杂了，可能是因为我们对自己的学业期望过高，自尊心极强，对自己的学习能力进行了错误的估计，因此导致了学习的自我能效感下降，进而压力陡增；也有可能是因为我们渴望学业成功却仍担心学业失败，受表面的学习动机所驱使，渴望来自外部的肯定与奖励，特别是由于成绩优秀所带来的心理满足促使我们更看重自己的学业优势，造成学习强度过高，引起诸多不必要的精神负担，心理疲劳、心力交瘁，最终造成学习困难。

不平衡心理百害而无益，那么我们怎样克服消除不平衡心理？

首先，要自我说服开导，就事明理。产生不平衡心理主要是我们把个人得失看得太重。我们要通过自我教育自我开导，认清事物的发展规律，认清事物的两面性。好与坏，得与失，多与少，快与慢都是相对而言。世界上根本就没有绝对的事。现实生活中有人得到的多，有人得到的少，这都是很正常的，任何事物都不会绝对平均。而且不能计较个人一时的得失。我们应该看到，有时失去一些东西并非坏事，相反，还能帮助你认清事物的真实面目。

其次，要适当满足，以得补失。实际学习中，我们正当的、合理的需求，在政策允许和条件成熟的情况下，应尽量满足。当然，并不是每项合理的需求都能满足，这要根据客观条件而定。我们对在某一方面因失去太多而产生不平衡心理时，就应在另一个方面提供和创造有利条件，让我们有所得，用此一得来冲淡彼一失，达到平衡心理的目的。

再次，要注重目标升华，典型激励。当我们某些较低层次的需要受到阻碍无法满足时，就要主动放弃和抛开这些低层次的目标，确立一个更高层次的追求，将消极情绪转化为积极情绪。比如，当我们的愿望受阻而得不到满足时，可把新的目标定在学文化上，然后集中精力搞好学习。要善于用名人的典型事迹和精神来激励自己，用哲理和名言警句来提醒和鞭策自己，使我们保持乐观、昂扬的精神状态，以顽强拼搏、积极进取的工作作风，去努力实现新的目标，从而驱除不平衡心理的影响。

最后，我们要学会注意力转移和情绪宣泄。当我们的某个目标不能达到时，应依靠理智果断地丢开它，忘却它，并将注意力转移到有意义的其他事情上。比如，找朋友进行一些娱乐活动；或者我们主动找同学或朋友聊聊天，把我们心中的烦恼、怨恨和不平向自己要好的同事或朋友倾诉，通过倾诉把心中的不良情绪一点点发泄出来，消除心中的委屈和不平。这样，我们有了新的注意和心中的愤怒得以缓解和宣泄，从而原有的兴奋中心就会慢慢淡化以至消失，不平衡心理便得到缓解。

不平衡心理就像是心灵上永远抹不净的灰尘，只有我们树立起战胜困难的决心和勇气，激发我们对生活的热爱和对人生的执着追求，经常擦拭我们心灵上的灰尘，不平衡心理也就不复存在，我们的生活也就会阳光灿烂。

三、调适学习心理问题

心理调适是使用心理科学的方法对认知、情绪、意志、意向等心理活动进行调整，以保持或恢复正常状态的实践活动。既可以自己进行心理调适，也适用于帮助别人。

如果发现自己的学习心理不足，可以通过寻求帮助来正确认识学习的价值与大学生活的目标，重新规划学业与人生，调整心态，以积极的心态对待学习，尤其是在学习中会遇到的一些挫折与困难，要用自身的意志战胜懒惰心理，改进学习方法，提高自身的学习效率与学习效能感，提高学业的价值和社会价值。

反之，如果学习心理过强，我们可以通过深入了解来正确认识到自己的潜质，制订恰当的学业目标与学业期望，调整学习动机，脚踏实地、循序渐进，切忌好高骛远，转换表面的学习动机为深层的学习动机，逐渐淡化外界奖励特别是学业成就的诱惑，理性客观地对待荣誉与学习成绩，树立远大理想，保持旺盛的学习激情，坚持不懈，就会实现自己的预期。

1. 缺乏学习动力的调适

学习动机不足一般有以下表现：①懒惰行为。表现为不愿意上课，不愿意动脑筋，不完成作业。学习上拖拉、散漫、怕苦怕累，并经常为自己的懒惰行为找借口。②容易分心。动机不足的学生注意力差，不能专心听课，不能集中思考，兴趣容易转移。行动忽冷忽热，情绪忽高忽低。③厌倦情绪。动机缺乏的学生对学习冷漠、畏缩，常感到厌倦，对学校与班级生活感到无聊。④缺乏方法。动机不足的学生把学习堪称是奉命的、被迫的苦差事，因此不愿积极寻求一些适合自己的学习方法，满足于死记硬背，应付考试。由于缺乏正确的灵活的学习策略和方法，所以往往不能适应新的学习情景。⑤独立性差。动机缺乏的学生，在学习上没有明确的目标，学习行为往往表现出从众与依附性。随大流，极少有独立性和创造性。

学习动机缺乏的原因一般包括以下几方面：①对所学专业缺乏兴趣。学生对所学专业如果与个体的爱好兴趣相去甚远时，容易在学习时感到疲倦和厌倦，从而减弱学习的动机。②个体因素。大学生的个性特征，如情绪、意志、态度、经历、兴趣、健康状况等，都会对其学习动机产生影响。③家庭因素。家庭环境对学生学习动机有直接的影响。家庭环境是指家庭为受教育者所创造的学习环境及所提供的学习条件。④学校因素。大学校园是大学生生活、学习的场所。校园环境、教学设备、课程设置、教学计划、教师素质、校园文化等，都会对大学生的学习动机产生影响。不良的校园环境条件常常会导致学习动机的缺乏。⑤社会因素。社会生活是影响学习动机的重要因素，其中社会价值观对大学生学习动机有巨大影响。如果整个社会崇尚知识和人才的价值，则对大学生的学习动机有正面影响，反之亦然。

学习动力缺乏的调适包括以下三个方面。

（1）强化学习动机

学习动机是学生学习活动的主观意图，是推动学生进行学习的内在力量。苏联心理学家列昂捷夫说："学生学习的自觉性是和动机分不开的。事实上，有正确学习动机的学生才有主动性，学习劲头大，能克服困难，提高学习效果。"学习动机虽不是提高学习效果的唯一心理因素，但却是极其重要的因素。有的心理学家提出，学习动机正确与否，要以时代的道德标准来判断。一切从自私的、利己的目的出发的学习动机，是不正确的；一切从集体、社会、国家利益出发的学习动机，是正确的。在与社会需要相适应的动机的促使下，学生就会产生学习的自觉性，激发起强烈的求知欲、稳定的兴趣和高度的社会责任感，因而能专心致志，勤奋学习，刻苦钻研。相反，如果学习动机是出于想找一种轻松而工资又高的工作，那么他在顺利的情况下很可能会勤奋学习，但在逆境中就容易情绪低落、意志消沉、半途而废。动机不正确的学生，对待学习往往是偷工减料、投机取巧、弄虚作假、抄袭他人作业、考试作弊等。因此，学校有关部门和老师应启发学生对社会需要、社会期望的正确认识，并创造条件以利于学生自我定向、自我定位，这样才能激发学生正确的学习动机。

（2）培养学习兴趣

兴趣是指积极探究某种事物或从事某种活动的过程中，伴随着一定的情感体验的心理倾向。兴趣是引起和维持注意的一个重要内部因素，是学习过程中一种积极的心理倾向。大学生要想在学习中发挥积极性和创造性，就要对自己所学的知识培养浓厚的兴趣，才会心向神往，保持积极的学习态度。学习兴趣是可以在学习过程中逐步培养的。学习是学生深入而创造性地领会和掌握科学技术，为未来从事某项事业的必要条件，也是智能开发的主要前提。爱因斯坦曾经说过，我认为对一切来说，只有兴趣和爱好是最好的老师，它远远超过责任感。可以通过多种方式，如通过具体事例，从克服困难中唤起好奇心等，从而可以改变由于"没兴趣"而缺乏学习动力的状况。

（3）端正学习态度

学习态度是指学生对学习的较为持久的肯定或否定的内在反应倾向，通常可以从学生对待学习的注意状况、情绪倾向与意志状态等方面来加以判定和说明。如喜欢还是厌倦、积极还是消极等情绪情感。学习态度受学习动机的制约，是影响学习效果的一个重要因素。端正学习态度的根本是要有正确的学习目标。

2. 学习焦虑的调适

学习焦虑是指学生由于不能达到预期目标或不能克服障碍的威胁，致使自尊心、自信心受挫，或失败感、内疚感增加而形成的一种紧张不安、带有恐惧的情绪状态。有些学生在家长、亲友、老师等各方面因素的影响下，为自己确定了过高的学习目标或抱负，虽竭尽努力仍和目标相差甚远，造成心理压力很大，这时就会出现严重的学习焦虑。现代心理学把焦虑分为三种情况：低、中、高焦虑，并且认为适当水平的焦虑，可以增强学习效果，但是若焦虑过度会对学习起不良作用。美国心理学家考克斯的焦虑实验表明，中等焦虑组的学生成绩显著地高于低焦虑组和高焦虑组，高焦虑组最差。研究还证明，高焦虑只有同高能力相结合才能促进学习；高焦虑若与一般能力或低能力相结合则会抑制学习，把焦虑控制在中等程度才有利于一般能力和水平者的学习。所以学生要注意把握好这个"度"。

学习焦虑是学生在学习过程中常见的一种心理现象，它是学生感到来自现实的或预想的学习情境对自己的自尊心构成威胁而产生某种担忧的心理反应倾向。由于学习是一种艰苦探索的过程，伴随着错误和失败的威胁，因此，不论你的成绩如何，都会不时体验到学习所带来的各种压力，并由此引发不同程度的紧张和焦虑。

学习焦虑的主要表现：①一般表现：在心理上多表现为忧虑、紧张、恐惧、坐立不安、慌乱，面对繁杂的学习内容心乱如麻、茫然无绪，思维紊乱、不知所措，不能集中注意力，记忆力减退，思维迟钝，学习效率下降，情绪抑郁、易怒、烦躁，缺乏自信心，夸大失败，依赖性强，独立性差等。在生理上表现为肌肉紧张、呼吸急促、心律加快、头晕、大小便频率增加、多汗、恶心、睡眠不良、食欲不振、肠胃不适等。②考试焦虑：考试焦虑为学习焦虑中的一种特殊表现形式，也称考试怯场，是学生因为情绪紧张而不能发挥实际水平的心理失常现象。

学习焦虑产生的原因：①知识经验及能力。学生知识经验储备不足，记忆提取困难，难以应付考试，对取得好成绩不利时就会焦躁万分。应试中会因遇到困难如有不会做的题而十分紧张，焦虑水平逐渐变高。②认知评价能力。个体对考试性质的认知程度，对考试利害关系的预测程度及对自身应付能力的估计程度直接影响其焦虑水平。如果一个人把某次考试与自己终身前途联系在一起，其焦虑水平必然会高。③应试技能。一个缺乏应试技能的人，在考场上极易产生慌乱现象，不能有效地分配时间，抓不住重点，从而增加考试焦虑。④身体状况。身患疾病、体质虚弱、疲劳过度、经常失眠的人，容易激起较强的情绪波动，产生过度学习焦虑。另外，还有遗传方面的神经类型的强弱不同，使得有些人对刺激容易产生紧张反应，导致过度学习焦虑。⑤家庭、学校的期待和社会环境的压力是造成学生学习焦虑水平过高的外在因素。

出现严重学习焦虑怎么办呢？首先，要充分发挥自我调节的能力，控制焦虑的程度。其次，要努力创造一个班级、宿舍同学间关系和谐的集体和轻松愉快的学习气氛。师生之间情感的交流，同学之间互助友爱的关系，都有助于学生心理趋于平衡，形成正常焦虑。再次，激发和保护学生的好奇心是培养正常焦虑的良策。精神病学家布盖尔斯基认为，创造恰当的焦虑水平的方法就是要引起学生的好奇心，因为好奇心就是焦虑的一种隐蔽形式。有了好奇心，相应地会出现一定的紧张，这种紧张包含愉快色彩，活动效率因此而大大提高。最后，学生要正确认识和评价自己的能力，确立切合自身实际的学习目标；增强自信和毅力，不怕困难和失败；保持适度的自尊心，降低对胜败的敏感度；保持情绪的稳定；摸索总结一套适合自己的学习方法等都有助于克服严重学习焦虑。

四、应对学习压力

学习压力是指人在学习活动中所承受的精神负担。学习压力是指学生在就学过程中所承受的来自学习的紧张刺激，又指学生在生理、心理和社会行为上可测定、可评估的异常反应。

1.调整认知的方法

压力大小，看你怎样看待它。在压力巨大，倍感焦虑的时候，你把面前的事件看作是长远奋斗中的一次锻炼提高的机会，而不是利益攸关决定最终胜败的决战，你的压力会减轻一大半。压力竟然还会变成动力。

因此，遇到压力时，深呼吸一口气，喝令自己选择理性，而不是听任焦虑情绪蔓延发展。这时不妨要求自己接受它，看看最坏结果能怎样？有所冷静后，可以向自己提出以下四个问题。

第一，这事对我真的像担心的那样重要吗？

第二，考虑到事实情况，我的想法和感受合理吗？

第三，这一情况是不是可以改变呢？

第四，采取行动值得吗？

2.调整时间的方法

第一，重视、思考和抓紧面前所要干的事，学会区别对待。

第二，制订时间表、备忘录，不要被推着干。

第三，拒绝拖延。说干就干，不要总顾虑干不好。

第四，留有休息时间。劳逸结合效率高，而且能缓解压力。

第五，放慢节奏。慢节奏是休养生息、品味生活、放松度日和感受幸福的方式。

3.学会放松的方法

第一，向亲朋好友倾诉。倾诉就会宣泄不良情绪，交流就会感受关心，也会获得放松。这是至关重要的渠道。

第二，文体活动。

第三，休闲爱好。

第四，放松训练：深呼吸，身心放松训练，自我催眠。

■ 心灵图书馆

7-2 PQRST 读书法

托马斯·史塔顿提出的 PQRST 五步读书法，是世界上被公认的最有效的读书法之一。

PQRST 分别就是 Preview(预读)、Question(提问)、Read(阅读)、Self-recitation(自我复述)、Test(测试)五个英文单词首个字母。其中第一、第五步是针对全局。第二、三、四步是针对每一节的。

下面具体说说怎么学习 PQRST 五步读书法。

1. Preview(预读)

拿到一本书，以略读的形式预习全章，以了解主题思想。首先阅读全章提要；然后浏览全章，注意每一节的主标题与次标题，留意相关的图表和实例；最后细读摘要部分。预读使本章内容在我们的头脑中作层次组织，形成一个粗略的结构。建立自己对书本内容的第一印象，并有自己一定的想法和观点。

2. Question(提问)

看书的时候自己问自己一些问题，比如此书的重点是什么？作者所想要表达的观点又是什么，我需要从书中学习到哪些内容。对于每一节，我们采用提问、阅读、自我复述三个步骤。并把标题转化为应该回答的问题。如："这一节所要传达的主要思想是什么？""PQRST 读书法内容是什么？有什么作用？"

3. Read(阅读)

仔细阅读全节内容，尝试回答你在上一步提出的问题；随时将所读内容与你已有的知识关联起来；将关键词语用你习惯用的符号线条勾画出来，以供以后复习之用，但勾画的部分以不超过课文内容的 $10\%\sim15\%$ 为宜；读完全节能判断各部分文字的相对重要性时，可以将课文关键思想、读书心得摘记在课文的空白处。总之，在阅读这一过程中要认真、迅速地通读全书，查找此书的主要观点，在必要的时候要在书上做好笔记，写上自己的读书心得。

4. Self-recitation(自我复述)

读完全节后，试着回忆它的主要内容，并且用自己的话将所理解的观念、思想复述出来，最好是念出声来。然后查对教科书，以保证复述内容的正确性和完整性。自我复述的作用是主动组织信息、弥补认识的空白、纠正错误、增强理解和记忆。

5. Test(测试)

对全章进行一次复习和测试，检查自己对所读内容的掌握情况。为此，可以检查全章的笔记、符号画线；重读本章的摘要；有时要通览全章，查看关键事实和观念；思考不同的事实彼此是如何联系的，全章内容是如何组织的；回答本章的问题。看看自己能回忆出多少，最后做出读书学习的总结，总结自己从书中收获到了哪些东西。

小结

PQRST 法实际上是一种读书方法，一种读书流程作业方法。它在一定程度上反映出西方某种快餐式教育文化的影子，适应了当代社会快速发展的需要。

PQRST 法主要特点和优势在于，它能充分调动读书者的主观能动性，积极主动地接近自己的学习目标。人自身的潜能是巨大的，一旦被激发出来，会有相当惊人的表现。用于读书方面，会产生很好的效果。

通常，中国学生大多跟着教学大纲、课程表和教师上课的内容走。课堂上，听老师讲得多；课后，除了作业，还是作业，用于读其他书籍的时间较少。这种状况正在而且已经有所改变，学生的知识面越来越宽，阅读的书籍也越来越多，它应该被广泛地运用到我们的读书学习活动中去。

■ 心灵健身房

7-2 考场上的自我调节方法

1. 平静心态法

端坐桌前，双脚平放，两眼微闭，注意力集中在起伏的腹部，平静一下心态。

2. 自我暗示法

深呼吸排除杂念，心中默念"我有信心、有把握考出我的最高水平"或"我已经平静了"，反复几遍即可。

3. 耳朵按摩法

用双手对掌摩擦发热，先后按摩耳朵腹背 2 分钟，使耳朵发热，从而达到缓解紧张的目的。

4. 双手钩拉法

双手弯成钩状互拉，拉紧放松，再拉紧再放松，如此反复几次，情绪就会逐渐放松。

■ 问题与讨论

1. 你有明确的学习动机吗？你知道自己的学习兴趣吗？

2. 你认为学习是一件轻松愉快的事情吗？

3. 现代科技（尤其网络科技）的发展对大学生学习方式和学习策略的影响。

4. 从电影《放牛班的春天》中分析主人公的教学与学习策略。

5. 你认为维持一种积极乐观的心态需要怎么做？

参考文献

[1] 李乾夫，邓欢. 当代大学生压力向动力转化分析[J]. 云南农业大学学报（社会科学版），2014，8(4)：66－71.

[2] 冯帆. 大学生面临的外在压力与内在动力的转化研究[J]. 教育教学论坛，2014(53)：83－84.

[3] 王丹丹. 浅析省属高校学生学习动力不足的原因[J]. 长江大学学报（社会科学版），2010，33

（5）：88－89.

　　[4] 乔建中．教育心理学[M]．北京：人民卫生出版社，2013.

　　[5] 秦彧．大学生学习心理分析[J]．商丘师范学院学报，2005，21(1).

　　[6] 莫雷．教育心理学[M]．北京：教育科学出版社，2007.

　　[7] 崇德．心理学大辞典(下卷)[M]．上海：上海教育出版社，2003.

　　[8] 姚本先．大学生心理健康教育[M]．合肥：安徽大学出版社，2012：221－223.

　　[9] 樊富珉．大学生心理健康与发展[M]．北京：清华大学出版社.

　　[10] 朱关明，陈庆．大学生心理保健新途径[J]．高等农业教育.

第八章 大学生情绪管理——与快乐同行

■ 思维导图

```
                              ┌─ 情绪的含义
                              │
                              ├─ 情绪的种类
                   ┌─ 情绪概述 ─┤
                   │          ├─ 情绪的功能
                   │          │
大学生情绪管理 ──────┤          └─ 大学生的情绪特点
                   │
                   │              ┌─ 大学生常见的情绪困扰
                   └─ 大学生的情绪管理 ─┤
                                  └─ 大学生的情绪管理策略
```

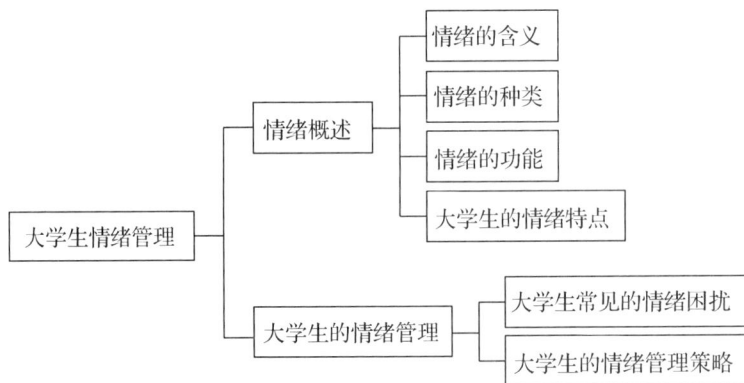

　　美国社会心理学家费斯汀格(Festinger)有一个很出名的判断，被人们称为"费斯汀格法则"：生活中的10％是由发生在你身上的事情组成，而另外的90％则是由你对所发生的事情如何反应所决定。

　　卡斯丁早上起床后洗漱时，随手将自己的高档手表放在洗漱台边，妻子怕被水淋湿了，就随手拿过去放在了餐桌上。儿子起床后到餐桌上拿面包时，不小心将手表碰到地上摔坏了。卡斯丁心疼手表，就照儿子的屁股揍了一顿。然后黑着脸骂了妻子一通。妻子不服气，说是怕水把手表打湿。卡斯丁说他的手表是防水的。于是二人猛烈地斗嘴起来。一气之下卡斯丁早餐也没有吃，直接开车去了公司，快到公司时突然记起忘了拿公文包，又立刻转回家。可是家中没人，妻子上班去了，儿子上学去了，卡斯丁钥匙留在公文包里，他进不了门，只好打电话向妻子要钥匙。妻子慌慌张张地往家赶时，撞翻了路边水果摊，摊主拉住她不让她走，要她赔偿，她不得不赔了一笔钱才摆脱。待拿到公文包后，卡斯丁已迟到了15分钟，挨了上司一顿严厉批评，卡斯丁的心情坏到了极点。下班前又因一件小事，跟同事吵了一架。妻子也因早退被扣除当月全勤奖，儿子这天参加棒球赛，原本夺冠有望，却因心情不好发挥不佳，第一局就被淘汰了。

这个案例里，手表摔坏是其中的 10%，后面一系列事情就是另外的 90%。都是由于当事人没有很好地掌控那 90%，才导致了这一天成为"闹心的一天"。试想，卡斯丁在那 10% 产生后，假如换一种反应。比如，他抚慰儿子："不要紧，儿子，手表摔坏了没事，我拿去修修就好了。"这样儿子高兴，妻子也高兴，他本身心情也好，那么随后的一切就不会发生了。可见，你控制不了前面的 10%，但完全可以通过你的心态与行为决定剩余的 90%。

第一节　情绪概述

一、情绪的含义

情绪是指伴随着认知和意识过程产生的对外界事物的态度，是对客观事物和主体需求之间关系的反应。是以个体的愿望和需要为中介的一种心理活动。情绪包含情绪体验、情绪行为、情绪唤醒和对刺激物的认知等复杂成分。

情绪既是主观感受，又是客观生理反应，具有目的性，也是一种社会表达。情绪是多元的、复杂的综合事件。情绪构成理论认为，在情绪发生的时候，有三个基本元素必须在短时间内协调、同步地进行。

1. 生理唤醒

生理唤醒指的是情绪产生的生理反应。在不同的情绪状态下，人的心律、血压、呼吸乃至内分泌、消化系统等，都会发生相应的变化。例如，人在焦虑状态下，会感到呼吸急促、心跳加快；人在恐惧状态下，则会出现身体战栗、瞳孔放大；而在愤怒状态下，则会出现汗腺的分泌增加、面红耳赤等生理特征。这些变化都是受人的自主神经支配，是不受人的意识所控制的。因此，情绪状态下的这些变化具有极大的随意性和不可控制性。当我们遇到考试失利、情感挫折、学习上的压力时，不可避免地会出现一些情绪上的反应，即使你努力去控制，情绪反应也会出现。

2. 主观体验

主观体验是个体对不同情绪的自我感受。情绪是由外界刺激引起的。当刺激满足了我们的需要，我们就会有快乐、愉快的体验；反之，就会有悲伤、愤怒的体验。每个人在生活中都会有愤怒、悲哀、恐惧、喜悦等情绪体验。情绪总是与需要联系在一起的，需要是情绪产生的重要基础。当人们的需要得到满足，如考试取得好成绩、与久别的朋友相聚等，就会产生喜悦、兴奋、快乐等感受；而当发生的一些事情不符合个体的需要，如丧失亲人、失恋等，就会产生悲哀、失落、苦闷等情绪体验。

3. 外在表现

情绪的外在表现通常称之为表情，它是在情绪状态发生时身体各部分的动作量化形式，包括面部表情、语调表情和姿态表情。面部表情是所有面部肌肉变化所组成的模式，如高兴时额眉平展、面颊上提、嘴角上翘。面部表情模式能精细地表达不同性质的情绪，因此是鉴别情绪的主要标志。语调表情是通过言语的声调、节奏和速度等方面的变化来表达的，如高兴时语调高昂，语速快；痛苦时语调低沉，语速慢。姿态表情是指面部表情以外的身体其他部分的表情动作，包括手势、身体姿势等，如人在痛苦时捶胸顿足，愤怒时摩拳擦掌，等等。

二、情绪的种类

1. 情绪的基本形式

一般认为，人的基本情绪有四种，即快乐、愤怒、恐惧和悲哀。快乐是所期盼的目的达到时产生的情绪体验。愤怒则相反，它是目的无法达到，因紧张积累而产生的情绪体验。恐惧是无法摆脱可怕情境时产生的情绪体验。恐惧程度完全取决于可怕情境的状况及个人处理可怕情境的能力和手段。悲哀是失去所爱所求的对象时产生的情绪体验，悲哀的程度取决于失去对象的重要性和价值大小，重大的损失容易促发极度的悲哀，但也取决于个人意志、个性品质及准备状态。

2. 情绪的状态

人的情绪除了四种基本类型之外，还有三种基本的典型状态：心境、激情和应激。

（1）心境

心境是一种具有持续性、弥漫性的情绪状态。事物作用于人脑所留下的痕迹性刺激有时并不会马上消失，而会持续一段时间，只是强度有所减弱而已。这种具有持续性且强度有所弱化的情绪状态，即为心境。

心境与其他情绪一样具有两重性。积极的心境使人愉快、振奋、乐观，能增强人的活动能力，提高工作效率，维持身体健康；反之，消极的心境则使人忧闷、消沉、悲观，会明显减弱人的活动能力，降低工作效率，导致种种身心疾病。所以我们要以主观意识控制心境及其发展方向。要做到这一点，就要树立远大的理想和信念，培养坚强的意志，优化个性品质。

（2）激情

激情与心境相反，它是一种强烈的、短暂的情绪状态。如勃然大怒、暴跳如雷、欣喜若狂等状态。激情是由重大事件引起的。当人处于激情的状态下，人的生理状况会发生剧烈的变化，从而产生相应的表情、动作，严重时也容易失去理智导致意识狭窄化，理智分析能力明显减弱，做出不顾一切的鲁莽行为。因此，在激情的状态下，要注意调控自己的情绪。

（3）应激

应激是指在意外、紧急情况下，所产生的适应性反映。当人面临危险或突发事件时，人的身心会处于高度紧张状态，引发一系列的生理反应。比如，肌肉紧张、心跳加快、呼吸变快、血压升高等。应激状态中的不同反映主要取决于人的主观因素，其中既有先天因素的影响，也有后天的影响。毫无疑问，后天因素对应激行为的影响更为明显。

三、情绪的功能

情绪是个体与环境、事物之间关系的反映，它具有独特的主观体验和外部表现形式，对人的活动有着非常重要的影响。就其功能来说，主要表现在以下几个方面。

1. 情绪的动机功能

情绪构成一个基本的动机系统，能够驱使有机体产生反应、从事活动，在最广泛的领域里为人类的各种活动提供动机。有时我们会努力地去做某件事，只因为这件事能够给我们带来愉快与喜悦。从情绪的动力特征来看，有积极增力和消极减力的情绪。情绪也被视为动机潜力分析的指标，即对动机的认识可以通过对情绪的辨别与分析来实现。动机潜力是在具有挑战性环境下所表现出来的行为变化能力。例如，当个体面对应激场面时，个体的行为会发生生理的、体验的及行为的三方面变化，这些变化会告诉我们个体在应激场合动机潜力的方向和强度。

2. 情绪的调控功能

情绪对于人们的认知过程有着积极和消极的影响。很多研究表明：适当的情绪对人的认知活动具有积极的组织功能，而不当的情绪对人的认知活动具有消极的瓦解功能。良好的情绪会提高大脑活动的效率，提高认知操作的速度与质量。耶尔克斯—道森定律说明了情绪与认知操作效率的关系，不同的情绪水平与不同难度的操作任务有关系。情绪的消极影响体现在对认知活动功能的瓦解上。一些消极情绪，如恐惧、悲哀、愤怒等会干扰和抑制认知功能。由此可见，情绪的调节功能是非常重要的。情绪的好坏与唤醒水平会影响到人们的认知操作效能。

3. 情绪的健康功能

人在社会中，所具有的社会适应性是通过情绪来进行的，情绪的调控功能的好坏直接影响着身心健康。在人们的生活中，各种各样情绪总是伴随左右，积极的情绪有助于心理健康，消极的情绪会引起人的各种疾病。积极地保持正常的情绪对于人的身体健康有着十分重要的作用，也是保持心理平衡与身体健康的条件。

4. 情绪的人际交流功能

情绪具有服务于人际交流的功能。情绪通过独特的非语言手段，来实现信息传递和人际间的互相了解。情绪信息的交流是语言交际的重要补充。在日常生活中，人们在不断地凭情绪来传递情感信息和思想愿望。人们可以通过表情准确而微妙地表达思想感情，也可以通过表情去辨认对方的态度和内心世界。所以，表情作为情感交流的一种方式，它被视为建立人际关系的纽带。

四、大学生的情绪特点

大学生作为特殊群体，其生理基本成熟而心理尚未完全成熟，容易受到外界的干扰，他们的情绪波动较大，来自社会、家庭、学校等方面的压力，使得他们常常产生多种不同的情绪困扰与情绪障碍，不断影响他们学业目标的实现，而且还影响他们的健康和人际交往。因此，把握大学生情绪的特点，了解他们的情绪困扰，帮助他们学会调控自己的情绪，有助于大学生的健康成长。

人们的情绪经历着从简单到丰富、从不成熟到成熟的发展进程。每个发展阶段都有各自的特点。大学时期是青年人心理成熟的重要时期，也是情绪丰富多变、相对不稳定的时期。随着社会地位、知识素养的提高以及所处特定年龄阶段的影响，大学生的情绪带有鲜明的特征。其具体表现在以下几方面。

1. 丰富性和复杂性

在大学时期，正是学生处于多梦的年龄阶段，随着学生的各种社会需要的不断出现，他们的情绪体验更加丰富，几乎人类所具有的各种情绪，都可在大学生身上体现出来，并且情绪活动的对象和内容增多，使得大学生的情绪体验更加敏感、细腻和深刻。例如，从自我意识的发展来看，大学生表现出较多的自我体验，自我尊重的需要十分强烈，易产生自卑、自负等情绪体验；从社交方面来看，大学生的交际范围日益扩大，与同学、朋友及师长之间的交往更细腻、更复杂，有的大学生还开始体验一种更突出的情感——爱情，而恋爱活动往往又伴随着深刻的情绪体验，这种特殊的体验对大学生有着十分重要的影响；在情绪体验的内容上，大学生的情绪呈现出相当丰富多彩的特征，以惧怕的情绪来说，大学生所怕的事物，主要与社会的、文化的、想象的、抽象复杂的事物和情势有关，比如怕考试、怕陌生人、怕惩罚、怕寂寞等。

2. 波动性和两极性

大学生情绪的波动性与两极性是由他们所处的年龄阶段和生活环境所决定的。大学时期是人生面临多种选择的时期，学习、交友、恋爱等人生大事基本在这一阶段完成。社会、家庭、学校及生活事件，都会对大学生的情绪产生影响。尽管大学生的认识水平有了一定的提高，对自己的情绪已有了一定的控制能力，情绪亦趋于稳定，但同成年人相比，大学生相对敏感，情绪带有明显的波动性。一句善意的话语，一个感人的故事，一支动听的歌曲，一首情理交融的诗歌，都可以致使其情绪发生骤然变化。

同时，由于大学生正处于情绪表现的"动荡"时期，自我认知、职业生涯发展及心理发展还未成熟等原因，他们的情绪起伏较大，带有明显的两极化特征：胜利时得意忘形，挫折时垂头丧气；喜欢时花草皆笑，悲伤时草木流泪，情绪的反应摇摆不定、跌宕起伏。有人对大学生进行调查，发现70%的人情绪都是经常两极波动的，就像波动曲线一样，忽高忽低，忽愉快忽愁闷。

3. 冲动性和爆发性

美国心理学家霍尔（Hall）认为青年期处于"蒙昧时代"向"文明时代"演化的过渡期，其特点是动摇的、起伏的，他把这一时期称为"狂风暴雨"时期。大学生由于知识水平和认知能力的提高，对自己的情绪控制能力有所提高，但由于他们兴趣广泛，对外界事物较为敏感，加之年轻气盛和从众心理，因而在许多情况下，其情绪易被激发，犹如急风暴雨不计后果，带来很大的冲动性。人们常说的"热血青年""血气方刚""初生牛犊不畏虎"等所描述的正是大学生冲动性情绪的特点。他们往往对符合自己信念、观点和理想的事件或行为迅速发生热烈的情绪；对于不符合自己信念、观点和理想的事件或行为，则迅速出现否定情绪。个别人有时甚至会产生盲目的狂热情绪，而一旦遇到挫折或失败又会灰心丧气，情绪来得快，平息也快。

大学生情绪的冲动性常常与爆发性相连，由于大学生的自制力较弱，一旦出现某种外部强烈的刺激，情绪便会突然爆发，借助于冲动的力量驱使，以至于在语言、神态及动作等方面失去理智的控制，忘却了其他事物的存在，极易产生破坏性的行为和后果。例如，集体斗殴、离家出走、因感情挫折而自杀等都与大学生情绪的冲动性和爆发性相关。

4. 阶段性和层次性

由于大学阶段不同的年级在培养目标和培养重点上有所不同，教育方式和课程设置也有所差异，各个年级面临的问题也不同，致使大学生的情绪特点也不同，呈现出阶段性和层次性的特点。比如大学新生所面临的是环境适应、学习方法的改变、新交往对象的熟悉以及新的目标确立等问题。因此他们自豪感和自卑感混杂，放松感和压力感并存，新鲜感和恋旧感交替，情绪波动大。而到了大学二年级，由于经过了一年级的适应过程，能够融于大学校园生活中，情绪较为稳定。毕业班学生则面临毕业论文及择业等多方面的重大问题，压力大、情绪波动大，消极情绪相对多。

5. 外显性和内隐性

大学生对外界刺激反应迅速、敏感，喜、怒、哀、惧常形于色，所以，在一般情况下，情绪的内心体验与外部表现基本一致，情绪呈现出外显性的特点。大学生的很多情绪是一眼就能看出的。例如，当所在班级、系或学校在文体比赛中获胜时，学生们常欢呼雀跃、欣喜若狂。但由于大学生随着年龄的增长，自制力的逐渐增强，以及思维的独立性和自尊心的发展，大学生会根据不同的因素表现出不同的情感，有时会把自己真实的情感世界伪装起来，用一种与内心世界不一致的方式来表达，使得自己的外部表情与内部体验呈现出不一致性，表现出内隐、文饰的特点。例如，有的学生明明讨厌某人，在外表上却装作若无其事甚至很亲热的样子；男女同学间有时明明有好感，内心很想接近，但出于自尊或其他原因，反而在行为上表现出拘谨、冷淡甚至回避。

第二节 大学生的情绪管理

一、大学生常见的情绪困扰

大学生的情绪困扰问题，一般就是指大学生的消极情绪，指因生活事件引起的悲伤、痛苦长时间持续不能消除的状态。情绪困扰问题是大学生群体中比较突出和普遍存在的问题。综合来看，大学生中常见的情绪困扰主要有以下几类：焦虑、抑郁、嫉妒、愤怒和冷漠等。

1. 焦虑

焦虑是十分常见的现象，在我们的生活中常表现为着急、紧张等，是一种类似担忧的反应或是自尊心受到潜在威胁时产生担忧的反应倾向，是个体主观上预料将会有某种不良后果产生的不安感，是紧张、害怕、担忧混合的情绪体验。人们在面临威胁或预料到某种不良后果时，都有可能产生这种体验。

焦虑是大学生常见的情绪困扰，当他们在学习、生活各方面遭遇挫折或担心需要付出巨大努力的事情来临时，便会产生这种体验。其主要症状有两个方面：一是精神性的焦虑，表现为经常感到无明显原因与无明显对象的紧张不安、烦躁、易激怒；提心吊胆，预感会发生不幸，但又说不出具体事件；经常处于警觉状态，注意力难以集中，记忆力下降，以致难以进行正常的学习、工作。二是躯体性焦虑，如肌肉紧张、颤抖、坐立不安、来回走动、经常变换姿势等；自主神经系统功能亢进，如血压升高、心跳加速，呼吸变深变快，心慌、胸闷、口干、多汗等症状。

焦虑对大学生的影响是复杂的，既可以成为大学生成才的内驱力，起到促进作用，也可以起阻碍作用。实验证明，中等焦虑能使学生维持适度的紧张状态，注意力高度集中，促进学习。但过度焦虑则会对学生带来不良的影响。如有的大学生在临考前夜的失眠或考试时怯场，在竞赛中不能发挥正常水平等，多是高度焦虑所致。被过高的焦虑困扰的大学生，常常会感到内心极度紧张不安、惶恐害怕、心神不定、思维混乱、注意力不能集中，甚至记忆力下降，同时还容易产生头痛、失眠、食欲不振、胃肠不适等不良生理反应。焦虑的大学生在内心深处有一种无法解脱、不愿正视的心理问题，焦虑只是矛盾、冲突的外显，借此作为防御机制以避免那更深层次的困扰。

大学生的焦虑情绪与人格特点、年龄阶段、生活事件、内心动机冲突和挫折等因素相关。大学生常见的焦虑有以下几种。

(1)适应困难的焦虑

因适应困难而产生焦虑是大学生，尤其是大学新生中比较常见的情绪问题。大学生由于生活环境和学习方式的改变，对新的环境难以很快适应，因而引起各种焦虑反应。如生活上的不适应而产生焦虑。一些大学生入学前生活上事事由父母包办，进入大学后，一切由自己料理，一些学生常常因不知如何去做而产生焦虑情绪。另外，学习上的不适应也促使他们产生焦虑。有些学生习惯了高中时那种被动接受式的学习，而在大学，老师在课堂上讲得不多，大量的时间要学生自己主动地去自学。而到了图书馆，看到茫茫书海，却不知如何学习，显得无所适从。由于学习方法不得要领，成绩很快下降，因此对以后的学习生活感到不安，担心无法完成自己的学业，进而陷入焦虑状态。人际交往上的不适应也会导致产生焦虑情绪。有些学生进入大学后，面对新的环境，同学关系和师生关系等都与中学有显著不同，一方面希望能与别人交往，但又不知道如何与他人沟通，从而产生焦虑情绪。

面对这些适应困难，首先，大学生要正确评价自己。要意识到自己已经是一个成人，不论在生理上和心理上完全具备了和成人一样独立生活和学习的能力。坚定自己战胜困难的勇气和信心，不应沉湎于对这种焦虑情绪的体验中，而应勇敢地面对那些引起焦虑产生的各种适应问题。其次，大学生要掌握全新的学习方法，适应新的学习方式。尤其那些因学习不适应产生焦虑的大学生，应主动向老师和同学请教，掌握适合自己的有效的学习方法，通过提高学习效率稳定心理。最后，大学生应积极参加社会活动，端正对交往的认识。害怕交往主要是对交往有不正确的认识或缺乏交往的技巧，大学生们如果经常参加交往活动，处理交往过程中各种复杂问题，掌握处理摆脱困境的方法和技巧，有利于克服交往中的各种困难和由此产生的焦虑情绪。

（2）考试焦虑

考试焦虑是指担心自己考试失败有损自尊或渴望得到更好分数的高度忧虑的一种负性情绪反应。考试焦虑在考试前数天就可表现出来，随着考试日期的临近日益严重，主要表现为紧张恐惧、心烦意乱、无精打采；生理上的不适如胃肠反应，可能出现原因不明的腹泻、多汗、尿频、头痛、失眠；记忆力减退，注意力不集中，思维迟钝，学习效率下降；等等。考试焦虑的原因主要是不能正确对待考试，把考试分数看得过重，对以往考试的失败过于疑虑，过分敏感自尊，又缺乏自信，担心因考试失败而影响自己的形象；过于关心别人的复习状况和考试发挥，产生自卑和急躁情绪，担心自己对考试缺乏充足的准备；性格上拘谨内向等。

要摆脱考试焦虑的困扰，首先应正确认识和对待考试。考试只是检查学习质量的一种手段，并不能反映一个人的全部能力，也不能决定一个人的前途和命运，因此不能把考试看得太重。其次，做好充分的物质和心理准备。平时要努力学习，考前要认真复习，增强自信心，同时要正确评价自己，确定恰当的目标，因为期望过高，也是造成压力导致焦虑的主要原因。考前要注意劳逸结合，保证睡眠，保证休息，使自己头脑清醒，精力充沛。再次，掌握自我调整的方法。如果考试时出现怯场，应停止答卷，闭眼放松，做几次深呼吸，适当地舒展身体，给自己良好的暗示"我很放松、我很安静"，即可使情绪镇定下来。最后，求助心理咨询。如果考试焦虑过重，应寻求心理咨询的帮助。在专业人员的帮助下，通过放松锻炼、自信训练和认知疗法等进行矫治。

（3）关注身体健康的焦虑

由于学习紧张和脑力劳动较多，会使些大学生出现失眠、疲劳及各种躯体疾病，当对这些情况过分关注时，便可能导致焦虑的产生。另外，还有些大学生对遗精和自慰行为产生焦虑。他们对遗精和自慰有着不正确的认识，担心其伤害身体，认为它们不仅有害健康，而且也是不正常或不道德的行为。但他们对这种生理现象和行为又觉得无法控制，难以克服，这便造成了自身行为和认识观念上的冲突，产生很大的心理压力，从而陷入一种焦虑状态。

要想克服这种焦虑，首先，加强身体锻炼，调节身心健康。在人的发展中，生理和心理的发展是相互依存、相互促进的，健康的生理是心理发展的基础和源泉，而心理健康与否反过来也影响生理的发展。大学生应坚持锻炼身体，合理安排作息时间，注意劳逸结合，提高身体素质，为顺利发展奠定身体基础。同时，加强修养，保持良好健康的心态，提高心理素质。大学生不应沉湎于对身体状况的过分关注，因为这种暗示作用可能导致身体的不适加重，从而使焦虑情绪加重，对这部分人应通过运动转移注意力，放松紧张情绪，使焦虑状态得以改善。其次，学习生理卫生知识，正确认识生理现象。实际上，遗精是一种正常生理现象。对于自慰也不必大惊小怪，应采取积极健康的方式转移注意力，而且心理学上一般认为非过度频繁的自慰并非什么可怕的异常行为。因此改变对遗精和自慰的不正确认识是克服这种情况下产生焦虑的关键。

（4）动机冲突和困难选择的焦虑

大学生焦虑的另一种情况是在面临动机冲突时所产生的焦虑。如学习与社会工作、交友、恋爱之间的冲突；自己的兴趣和所学专业的冲突；理想和现实的冲突等。这些冲突和难以选择的情绪也常常是诱发焦虑产生的因素。在冲突情境下，个体的反应可能表现为困惑或焦虑，若问题长期得不到解决，就会出现防御性反应，即更喜欢幻想的方式，在自己的想象中使冲突得以圆满解决。严重的会由此而产生神经症等严重的心理障碍。

要想摆脱各种冲突和困难的处境，首先要培养良好的素质，正确认识自己。人贵有自知之明。一些大学生因不能正确认识自己或目空一切、唯我独尊而一事无成；或自怨自艾、妄自菲薄而畏缩不前。只有正确认识自我，才能更好地塑造自我。其次，强化心理承受能力，不断调节自我。在日常学习和生活中，各种挫折在所难免，关键在于及时有效地化解、消除压力，从而保持心理平衡、减轻焦虑的程度。

除此之外，大学生的焦虑困扰还表现在其他方面，如择业焦虑、自我形象焦虑、贫困焦虑等，这些焦虑也会影响大学生的心境，给生活、学习带来负面影响，如不及时觉察并积极调整，严重时就可能导致严重的身心危害。

8-1 焦虑自评量表(SAS)

下面有 20 句话，请仔细阅读每一句，然后根据您最近一周的实际感觉进行选择：A. 表示该项目描述的症状在最近一周内有；B. 没有或很少时间有；C. 相当多时间有；D. 绝大部分或全部时间有。

1. 我觉得比平常容易紧张和着急。

2. 我无缘无故地感到害怕。

3. 我容易心里烦乱或觉得惊恐。

4. 我觉得我可能将要发疯。

5. 我觉得一切都很好，也不会发生什么不幸。

6. 我手脚发抖、打冷颤。

7. 我因为头痛、颈痛和背痛而苦恼。

8. 我感觉容易神经衰弱和疲乏。

9. 我觉得心平气和，并且容易安静坐着。

10. 我觉得心跳很快。

11. 我因为一阵阵头晕而苦恼。

12. 我曾晕倒或觉得要晕倒似的。

13. 我呼气吸气都感到很容易。

14. 我手脚麻木和刺痛。

15. 我因为胃痛和消化不良而苦恼。

16. 我小便次数多。

17. 我的手常常是干燥温暖的。

18. 我脸红发热。

19. 我容易入睡并且一夜睡得很好。

20. 我做噩梦。

评分方法：1、2、3、4、6、7、8、10、11、12、14、15、16、18、20 题为正向计分，即选择 A、B、C、D 分别计 1、2、3、4 分；5、9、13、17、19 题为反向计分，选择 A、B、C、D 分别计 4、3、2、1 分。然后把各题得分相加，即得总分，用总分乘 1.25 以后取整数部分，就得到标准分。按照中国常模结果，SAS 标准分的分界值为 50 分，其中 50～59 分为轻度焦虑，60～69 分为中度焦虑，70 分以上为重度焦虑。

2. 抑郁

抑郁是一种以情绪异常低落为表现的、不愉快的情绪反应，它是一种复合性负性情绪。在令人忧伤或悲痛的情境中，每个人都有过抑郁的体验，是日常生活的一部分。与一般的悲伤不同，抑郁的体验和反应比单一的负性情绪更为强烈、持久，带给人的痛苦更大。抑郁除包括悲伤外，还合并产生痛苦、愤怒，自罪感、羞愧等情绪，这种复合性是导致更强烈负性体验及长期持续的原因。

对大学生来说，抑郁情绪是一种比较常见的不良情结困扰。造成抑郁情绪的原因有很多，一方面，抑郁与个体的易感素质有关，也就是个体看待事物的基本态度是积极的还是消极的。消极观念会导致消极结论的产生，经过积累逐渐形成了偏离正常的世界观和人生观。另一方面，大学生抑郁可能诱发因素是追求某个重要目标的失败、理想不能实现、不能解决某个持续的问题、不受人喜爱、不得不以自己不喜欢的方式生活等。如学习成绩不理想、找不到理想工作、上不了想上的大学、失恋、亲人亡故、家庭不和等生活事件。这些事件对大学生有获得自尊、自我同一性、社会名誉和地位、亲情、友情的意义。对大学生来说，失去它们就意味失去人生最重要的东西，所以其情绪体验极为深刻而复杂。

大学生的抑郁情绪表现为强烈而持久的悲伤、忧虑，情绪低落，心境悲观冷漠；在自我认识评价方面表现为自我评价低，自卑，认为自己没有用处，生活毫无意义，未来没有希望，常自我责备甚至谴责，甚至有自罪感；在生活方面，表现出对生活缺乏兴趣，没有喜欢或者主动想去做的事情，不愿与他人接近，回避社会生活。另外，抑郁还伴有躯体方面的不适感觉，食欲下降，全身无力，失眠或者早醒。从外表上看，抑郁者面容忧虑、心事重重、常叹息或哭泣、言语动作迟缓。某些抑郁情绪患者可能只表现为躯体不适，由于当事人不愿与人沟通，如果不加以关注，其消极的抑郁情绪体验则不为外人所察觉。

需要注意的是，有抑郁表现或体验不一定就是抑郁症，正常人也可以出现抑郁情绪。一般来说，人们遇到不如意的事自然就会产生忧愁、苦恼、悲伤的情绪和表现。如遭遇事业、学业挫折；爱情、财产的损失；亲人、好友的逝去等，都会导致抑郁情绪的产生。而抑郁症是一种常见的精神疾病，主要表现为情绪低落，兴趣降低，悲观，思维迟缓，缺乏主动性，自责，饮食、睡眠差，担心自己患有各种疾病，感到全身多处不适，严重者可出现自杀念头和行为。

3. 愤怒

愤怒是由于客观事物与人的主观愿望相违背，或因愿望无法实现时，人们内心产生的一种激烈的情绪反应。研究表明，当愤怒发生时，可能导致人体心跳加快、心律失常、高血压等躯体性疾病，同时还会使人的自制力减弱甚至丧失，思维受阻、行为冲动，甚至做出一些事后后悔不迭的蠢事或造成不可挽回的损失。

愤怒是大学生常见的一种消极情绪。处于情感丰富、精力充沛、血气方刚的青年时期的大学生，在情绪发展上往往容易产生好激动、易动怒的特点。如有的大学生因一句刺耳的话或一件不顺心的小事而暴跳如雷；有的因人际协调受阻而怒不可遏、恶语伤人；有的因别人的观点或意见与自己相左而恼羞成怒；有的因一时的成功、得意而忘乎所以；有的因暂时的挫折和失败而悲观失望，痛不欲生。如此种种，遇事缺乏冷静的分析与思考，图一时之快，逞一时之勇的好激动、易动怒的不良情绪特点，在一些大学生身上时有体现。古希腊学者毕达哥拉斯曾说："愤怒是以愚蠢开始，以后悔结束。"所以大学生对愤怒这种消极情绪的危害性要有清醒的认识。

大学生要想有效地缓解冲动，克制愤怒，首先要学会尊重人，宽容人。可以做一些积极地心理暗示，如心中默念"别生气，这不值得发火"，"发火是愚蠢的，解决不了任何问题"。其次可以转移目标。当愤怒发生时，可以转移注意力或暂时离开现场，设法让自己冷静下来，给自己一点儿时间去观察自己的情绪状态，想一想如何适当地表达并解决问题。最后是着眼未来，使之升华，变成成就事业的强大动力。

4. 嫉妒

嫉妒是指他人在某些方面胜过自己引起的不快甚至是痛苦的情绪体验。嫉妒是一种复杂的情绪体验，是个体自尊心的一种异常表现，当看到别人比自己强时，心里就酸溜溜的不是滋味，于是就产生一种包含着情感与羡慕、愤怒与怨恨、猜嫌与失望、屈辱与虚荣以及伤心与悲痛的复杂情感，这种情绪就是嫉妒。

嫉妒之心在大学生中普遍存在，具体表现为看到他人学习能力、品行荣誉甚至穿着打扮超过自己时内心产生的不平、痛苦、愤怒等感觉，当别人身陷不幸或处于困境时则幸灾乐祸，甚至落井下石，在人后恶语中伤、诽谤。嫉妒是一种情绪障碍，它扭曲人的心灵，对大学生的身心健康极为不利。首先，嫉妒心强的大学生，长期处于不良的情绪状态中，产生压抑感，容易引起忧愁、消沉、怀疑、痛苦、自卑等消极情绪，会严重损害身心健康。其次，嫉妒心强影响大学生自我发展，降低学习的效率。最后，嫉妒心强的大学生结交不到知心朋友。嫉妒心强的人往往事事好胜，常想方设法阻止别人的发展，总想压倒别人。这可能使同学们想躲开你，不愿与你交往，这样就会给自己造成一个不良的人际关系氛围，你会感到孤独、寂寞。法国文学家巴尔扎克曾经说过："嫉妒者比任何不幸的人更为痛苦，因为别人的幸福和他自己的不幸，都将使他痛苦万分。"

如何克制住自己的嫉妒情绪呢？首先要用积极的方法，取他人之长，向对方学习，奋发向上，在自己的努力中逐步打消嫉妒的念头。其次要磨炼意志，时常自我反省。再次要以豁达的态度看待一切，舍弃无用的意念，尽量使自己面对现实。最后可以分析自己嫉妒别人的原因，思考是否值得去嫉妒，抛开自己的立场，客观地去观察，并且要仔细想想，嫉妒别人，使他人失去了什么？又使自己得到了什么？经过这样的比较分析，便会明白："与其嫉妒别人，不如完善自己。"

5. 冷漠

冷漠是指人对外界刺激缺乏相应的情感反应，对生活中的悲欢离合都相对无动于衷。具体表现为：凡事漠不关心、冷淡、退让的消极情绪体现。日本心理学家松原达哉教授形容此情绪状态的学生是无欲望、无关心、无气力的"三无"学生。

冷漠是压抑内心情感情绪的一种消极逃避反应。如有的大学生对周围的人和事漠不关心，对集体和同学态度冷淡，对自己的前途命运、国家大事等漠然置之，似乎自己已看破红尘、超凡脱俗。于是，把自己游离于社会群体之外，独来独往，对各种刺激无动于衷。从表面上看虽表现为平静、冷漠，但内心却往往有强烈的痛苦、孤寂和压抑感。如果大学生长时间地处于这种负性情绪状态下，巨大的心理能量无法释放，超过了一定限度时，就会以排山倒海的形式爆发出来，致使心理平衡遭到破坏，影响身心健康。

冷漠是在个体不堪承受挫折压力，攻击行为无效或无法实施，又看不到改变境遇的情况下产生的。因此要克服冷漠最根本的办法是改变认知，发现生活的意义，发现自我的价值，改变长此以往形成的对人生消极的看法；从行为上，积极投身各种有意义的活动中，融入集体中，进行积极的自我暗示与自我提升；正确认识自我与他人，个体与社会，并不断矫正自己的非理性观念。

二、大学生的情绪管理策略

情绪管理是指用心理学的方法有意识地调适、缓解、激发情绪，以保持适当的情绪体验与行为反应，避免或缓解不当情绪与行为反应的实践活动。包括认知调适、合理宣泄、积极防御、理智控制、及时求助等方式。简单地说，情绪管理是对个体和群体的情绪感知、控制、调节的过程，在这个过程中，通过一定的策略和机制，使情绪在生理活动、主观体验、表情行为等方面发生一定的变化。

1. 觉察自己情绪

情绪的自我觉察是指对自己正在发生的情绪，具备一种敏锐度，了解各种感受的前因后果，了解自己内心的一些想法和心理倾向。一个人所具备的、能够监控自己的情绪以及对经常变化的情绪状态的直觉，是自我理解和心理领悟力的基础。如果一个人不具有这种对情绪的自我觉察能力，或者说不认识自己的真实的情绪感受的话，就容易听凭自己的情绪摆布，以至于做出许多遗憾的事情来。在日常生活学习中，我们可以通过训练提升自己觉察情绪的能力，比如时时提醒自己注意：我的情绪是什么？例如，当你因为朋友约会迟到而对他冷言冷语，问问自己：我为什么这么做？有什么感觉？如果你察觉你已对朋友三番两次的迟到感到生气，你就可以对自己的生气做更好的处理。

2. 平和接纳情绪

情绪是人们对外界事物的态度，是对客观事物和主体需求之前关系的反应，是正常的心理活动。没有不好的情绪，只有不被尊重的情绪，没有可怕的情绪，只有缺乏了解的情绪。要接纳正常的情绪，接纳自己的情绪变化，不苛求自己，不过于追求完美。以平常心来面对自己的情绪波动。很多时候人的痛苦并不是来源于情绪本身，而是来源于对情绪的抵触。

情绪的一个重要功能就是提醒，主要表现在两个方面：一个是对外界异常的提醒，一个是对内在异常的提醒。比如，当你感到恐惧的时候，说明你正处于危险之中，你的情绪在提醒你尽快离开险境，这是对外界异常的提醒。比如，当你在看一篇文章说到"宅男丝不配有女朋友"时，你感到愤怒，这是对你内在异常的提醒，因为你的愤怒其实反映了你内在将自己认定为了一个"宅男"，并且你在恋爱方面也应该是有着不少的受挫经验。虽然这篇文章说的不一定是你，但他却挑起了你内在的、潜意识中的一些创伤或者不合理的认知。情绪的提醒作用是为了让人们能够去解决产生失衡的问题，而不是纠结于情绪本身。

3. 有效处理情绪

明白了情绪变化的根源，人们就可以利用意志调节和控制自己的情绪，及时调整自己的不良心态。包括能够保持一个正确客观的理性认知；善于采用多种方式及时宣泄自己的情绪；在遇到生活中的挫折时能够积极地自我暗示；或使自己的情感升华。

(1)提高升华法

提高升华法是指当个人欲望或需求因各种原因或条件限制不能实现时，将其原有的内部动机转化为社会性动机，以社会可以承认、接受、允许的方式，去追求更高的目标，获得新的、更高级的精神满足。也就是说，将情绪激起的能量投射到战胜挫折，或者有利、有益于社会和个人成长的活动中去，使其具有建设性和创造性。这是一种最为积极的情绪自我调节控制方法，是最有效的情绪宣泄方式。司马迁受辱后，发奋写《史记》，孙膑受打击著述兵书，歌德因失恋创作《少年维特之烦恼》等，都是情绪升华的生动事例。在现实生活中，一个犯错误的学生用洗刷污点、勤奋学习的形式来创造美好未来；一个学习、生活、恋爱上受过挫折的人把痛苦转化为对事业的执着追求；具有进攻性特征的人将其精力转向为热爱各种体育项目等，这些都是有意义的升华。

(2)语言暗示法

一个人为不良情绪所压抑的时候，可以通过言语的暗示作用来调节和放松情绪。例如，一些容易爆发激情的学生要经常提醒自己不要遇事激动。林则徐写了张"制怒"的条幅挂在墙上，就是为了自我警戒。有的同学陷入忧愁时，提醒自己"忧愁没有用，于事无益"。当有较大的内心冲突和烦恼时，可以用"不要怕，不着急，安心下来，会好的"等语言给自己鼓励和安慰。只要是在松弛平静、排除杂念、专心致志的情况下进行这种自我暗示，往往对情绪的好转有明显的作用。

(3)转换视角法

换个角度看问题，常可使人从负性情绪中解脱出来，保持心情舒畅。比如说，有的学生拼命用功，却没考上大学，便心灰意冷，觉得前途渺茫，如果就这样继续想，就会越想越悲观失望。如果换个角度去想就会心情舒畅：吃点苦，受些挫折对自己有好处，何况自己还年轻，可以从零开始，一切从头来，年轻就是笔巨大的财富。

（4）转移注意法

在某种情绪影响自己或将要影响自己，而自己又难以控制时，对这种情绪不予理睬，并将自己的注意力转移到其他有益的方面去，这种情绪调节方法称为转移注意法。按照条件反射学，在发生情绪反应时，会在大脑皮层上出现一个强烈的兴奋灶。此时如果另外建立一个或几个新的兴奋中心，便可以抵消或冲淡原有的兴奋中心。也就是说，当我们注意某一事件时，这一事件对我们才会产生影响。当我们把注意力放在其他事情上时，原来的事件对我们的影响就会降低或消失。旅游观光和欣赏优秀的文学作品便是种调节情绪的有效方式。登高望远，极目长空，可以使人心旷神怡，荣辱皆忘；游历风景名胜，凭吊历史遗迹，可以使人心胸豁达，忘却个人得失。

（5）音乐疗法

音乐作为种艺术，是人的情绪、情感的一种表现方式，曲调和节奏不同的音乐可以使人产生不同的情绪体验。在国外，音乐调节已应用到了外科手术及精神病、抑郁症、焦虑症等病的治疗上。例如，忧郁烦闷时可以听《蓝色多瑙河》《卡门》《渔舟唱晚》等意境广阔、充满活力、轻松愉快的音乐，失眠时可以听《摇篮曲》《仲夏夜之梦》等乐曲，情绪浮躁时可以听《小夜曲》等宁静清爽的乐曲。每个人都可以根据自己的情绪状况，选择适合的音乐来调节自己的情绪状况。

（6）自我放松训练

无论是哪种克服负性情绪的方法，最终的目的都是为了使身心效松，使生理和心理活动趋于平衡。自我放松的方法很多，有深度呼吸训练、肌肉放松训练、静心反思、生物反馈、意象训练等。

■ 心灵加油站

8-1 合理情绪疗法

合理情绪疗法是美国临床心理学家艾尔伯特·艾里斯在 20 世纪 50 年代提出的，又称 ABC 理论。完整的合理情绪疗法由 A、B、C、D、E、F6 个部分组成。

艾里斯强调认知的重要性，认为事件 A 本身并非是引起情绪反应和行为后果 C 的直接原因，人们对事件的不合理信念 B（想法、看法或解释）才是真正原因所在。因此，要改善人们的不良情绪及行为，就要劝导干预 D 非理性观念的发生与存在，而代之以理性的观念。等到劝导干预产生了效果 E，人们就会产生积极的情绪及行为，心理的困扰因此消除或减弱，人也就会有愉悦充实的新感觉 F 产生。研究表明，受教育程度较高，领悟能力较强的大学生，比较适合运用合理情绪疗法进行心理自我调节。

其具体操作模式如下。

（1）找出使自己产生异常紧张情绪的诱发事件 A，例如，当众讲话、考试、工作压力、人际关系等。

（2）分析挖掘自己对诱发事件的解释、评价和看法，即由它引起的信念 B，从理性的角度去审视这些信念，并且探讨这些信念与所产生的紧张情绪 C 之间的关系，从而认识到异常的紧张情绪之所以产生，是由于自己存在不合理的信念，这种失之偏颇的思维方式应当由自己负责。

（3）扩展自己的思维角度，与自己的不合理信念 D 进行辩论，动摇并最终放弃不合理信念，学会用合理的思维方式代替不合理的思维方式 E。还可以通过与他人讨论或实际验证的方法来辅助自己转变思维方式。

（4）随着不合理信念的消除，异常的紧张情绪开始减少或消除，并产生更为合理、积极的行为方式 F。行为所产生的积极效果，又促进合理信念的巩固与情绪的轻松愉快。最后，个人通过情绪与行为的成功转变，从根本上树立起合理的思维方式，不再受异常的紧张情绪的困扰。

4. 正确表达情绪

情绪的过分压抑只会使情绪困扰加重，而适度宣泄则可以把不良情绪释放出来，从而使紧张情绪得以缓解、放松。学会正确表达情绪，合理宣泄情绪，有效控制情绪，使情绪适时表露，合乎节度；学会抛弃那用来应付生活的伪装、面具或扮演的角色，使他们接近于"真实自我"。

（1）合理宣泄情绪

心理学研究表明，情绪的产生能刺激体内产生能量，如极度愤怒可以使之处于应激状态，消化活动被抑制，糖从肝脏中释放出来，肾上腺素分泌增多，血压升高，体内能量处于高度激活状态。这种聚集在体内的能量如果不能被及时疏泄，长期积压就会形成"情结"精神。精神分析学派认为，情结是一种被压抑在潜意识中的愿望或不快的念头，在意志控制薄弱时会以莫名其妙的不安感或症状表现出来，形成一种情绪障碍或变态心理。因此，为了降低精神上的过度紧张，避免产生因心理因素而出现的疾病，很有必要将受到较大挫折后积压在心头的痛苦、愤怒、悲伤、烦恼等紧张情绪发泄出来。当然，这种发泄不能毫无顾忌、不择手段、为所欲为，必须合理地控制在既能降低自己的紧张情绪，又不致使他人受到伤害的范围内。我们称这种有节制的发泄为合理宣泄。那么如何宣泄自己的情绪呢？

①诉说。诉说就是将自己的情绪用恰当的语言坦率地表达出来，把闷在心里的苦恼倾诉出来，把所受的委屈全摆出来。这样，当事人双方能增进了解，冰释前嫌，减少矛盾和冲突。对自己所信赖的人表达情绪，既可得到同情和理解，又能求得疏导和指导，即所谓"一个快乐由两个人分担，就变成了两个快乐；一个痛苦由两个人分担，就变成了半个痛苦"。这有利于矛盾的解决。

②哭。若遇到意外打击，产生较大的悲伤、愤怒、委屈时，也可以用痛哭的办法

宣泄自己的情绪。生理学家经过化学测定发现，人因情绪冲动流出的眼泪能把体内精神受到沉重压力而产生的有关化合物发散出来并排出体外。因此，人们在痛哭之后总会感到舒适轻松一些。另外，情绪本身有一种自我调节的机制，情绪表现的过程也就是情绪缓解的过程，表现越激烈，缓解越充分。一旦情绪缓解之后，因情绪紧张而带来的感觉、记忆和思维障碍也就自行消退。这样便可以较客观地感知外界事物，恢复相关的记忆，并能冷静思考、寻找挫折的原因和解决问题的方法。

③行动。在无对象诉说或不便于痛哭的情况下，也可以面对着沙包猛打一通，或找个体力活猛干一阵，或到空旷无人的旷野引吭高歌、呐喊，同样能借此释放聚集的能量，缓解负性情绪，达到宣泄的目的。

(2)正确表达情绪

情绪的表达方式包含三个层次：第一，躯体表达。现在有很多疾病是身心疾病，当情绪不能得以表达时，它就成为各种压力积存在身体里，对身体器官进行攻击，最终以疾病的方式表达出来，心理学中的这种情况叫作躯体化。第二，行为表达。比如一个人气急了拿起杯子就摔了，这就是用行为在表达情绪。行为表达比身体表达要成熟一些，因为当用行为表达情绪时，当事人是可以感受到情绪的。第三，语言表达。这是相对成熟的表达方式。我们能用语言清晰表达出自己的情绪，至少经历了感受情绪、评估关系的安全度，组织语言表达等内在心理过程，所以，用语言表达出情绪，并不是件容易的事。动力性(精神分析)心理咨询中很重要的工作，就是帮助求助者发展用语言表达的能力，因为一旦能够用语言表达出来，压力释放掉，就不必用行动去表达，也不必伤害到身体了。

■ 心灵密室

8-2 了解自己情绪稳定状况

1. 你常常被一些小事困扰吗？

A. 经常 　　　　　 B. 不会 　　　　　 C. 不太确定

2. 是否想到若干年后有什么使自己极为不安的事？

A. 经常想到 　　　 B. 从来没想到 　 C. 偶尔想到

3. 你是否被朋友、同事、同学起过绰号、挖苦过？

A. 这是常有的事 　 B. 从来没有 　　 C. 偶尔有过

4. 你上床以后，是否经常再起来一次，看看门窗是否关好？

A. 经常如此 　　　 B. 从不如此 　　 C. 偶尔如此

5. 你对与你关系最密切的人是否满意？

A. 满意 　　　　　 B. 非常满意 　　 C. 基本满意

6. 你在半夜的时候，是否经常觉得有什么值得害怕的事？

A. 经常　　　　　　　　B. 从来没有　　　　　　　C. 极少有这种状况

7. 你是否经常梦见什么可怕的事而惊醒？

A. 经常　　　　　　　　B. 没有　　　　　　　　　C. 极少

8. 你是否曾经多次做同一个梦的情况？

A. 有　　　　　　　　　B. 没有　　　　　　　　　C. 记不清

9. 有没有一种食物使你吃后呕吐？

A. 有　　　　　　　　　B. 没有　　　　　　　　　C. 记不清

10. 看到自己最近一次拍摄的照片，你有何想法？

A. 觉得不称心　　　　　B. 觉得很好　　　　　　　C. 觉得可以

11. 你热爱自己的兴趣，并且愿意为之努力吗？

A. 不是的　　　　　　　B. 是的　　　　　　　　　C. 不一定

12. 你是否曾经觉得有一个人爱你或尊敬你？

A. 是　　　　　　　　　B. 否　　　　　　　　　　C. 说不清

13. 你是否常常觉得你的家庭对你不好，但是你又确知他们的确对你好？

A. 是　　　　　　　　　B. 否　　　　　　　　　　C. 偶尔

14. 你是否觉得没有人十分了解你？

A. 是　　　　　　　　　B. 否　　　　　　　　　　C. 偶尔

15. 你在早晨起来的时候最经常的感受是什么？

A. 秋雨霏霏或枯叶遍地　　　B. 秋高气爽或艳阳天　　　　C. 不清楚

16. 你在高处的时候，是否觉得站不稳？

A. 是　　　　　　　　　B. 否　　　　　　　　　　C. 有时是这样

17. 你平时是否觉得自己很强健？

A. 是　　　　　　　　　B. 否　　　　　　　　　　C. 不清楚

18. 你是否一回家就立刻把门关上？

A. 是　　　　　　　　　B. 否　　　　　　　　　　C. 不清楚

19. 你坐在小房间里把门关上后，是否觉得心里不安？

A. 是　　　　　　　　　B. 否　　　　　　　　　　C. 偶尔是

20. 当一件事需要你做决定时，你是否觉得很难？

A. 是　　　　　　　　　B. 否　　　　　　　　　　C. 偶尔是

21. 你是否常常用抛硬币、玩纸牌、抽签自己的游戏来测吉凶？

A. 是　　　　　　　　　B. 否　　　　　　　　　　C. 偶尔

22. 你是否常常因为碰到东西而跌倒？

A. 是　　　　　　　　　B. 否　　　　　　　　　　C. 偶尔

23. 你是否需要一个多小时才能入睡，或醒得比你希望的早一个多小时？

A. 经常这样　　　　　B. 从不这样　　　　　C. 偶尔这样

24. 你是否经常看到、听到或感觉到别人觉察不到的东西?

A. 经常这样　　　　　B. 从不这样　　　　　C. 偶尔这样

25. 你是否觉得自己有超越常人的能力?

A. 是　　　　　　　　B. 否　　　　　　　　C. 不清楚

26. 你是否曾经觉得因有人跟你走而心里不安?

A. 是　　　　　　　　B. 否　　　　　　　　C. 不清楚

27. 你是否觉得有人在注意你的言行?

A. 是　　　　　　　　B. 否　　　　　　　　C. 不清楚

28. 当你一个人走夜路时,是否觉得前面潜藏着危险?

A. 是　　　　　　　　B. 否　　　　　　　　C. 偶尔

29. 你对别人自杀有什么想法?

A. 可以理解　　　　　B. 不可思议　　　　　C. 不清楚

30. 在一次工作交流中,你被问及私人问题,你会怎样?

A. 感到不快和气愤,拒绝回答

B. 平静地说出你认为适当的话

C. 虽然不快,但还是会回答

结果解释:以上各题的答案,选 A 得 2 分,选 B 得 0 分,选 C 得 1 分,请将你的得分统计一下,算出总分。得分越少,说明的情绪越佳,反之越差。

总分 0~20 分,表明你情绪稳定,自信心强,具有较强的美感、道德感和理智感。你有一定的社会活动能力,能理解周围人们的心情,顾全大局,你一定是个性爽朗、受人欢迎的人。

总分 21~40 分,说明你情绪基本稳定,但较为深沉,对于事情的考虑过于冷静,处世淡漠消极,不善于发挥自己的个性。你的自信心受到压抑,办事热情忽高忽低,瞻前顾后,踌躇不前。

总分在 41 分以上,说明你的情绪不稳定,日常烦恼较多,自己的心情经常处于紧张和矛盾中。如果你得分在 50 分以上,则是一种危险信号,你务必请心理医生进一步诊断。

■ 问题与讨论

1. 大学生情绪的特点是什么?

2. 大学生常见的情绪问题有哪些?

3. 结合自身实际,谈一谈调适情绪困扰的方法。

参考文献

[1] 赵瑞芳，张华. 大学生心理健康——和谐港湾[M]. 北京：北京航空航天大学出版社，2012：66－98.

[2] 孟娟，周华忠. 自助与成长——大学生心理健康教育[M]. 北京：国家行政学院出版社，2013：49－67.

[3] 李明，邵璀菊，李岚冰. 大学生心理健康教育[M]. 北京：现代教育出版社，2012：192.

第九章 大学生人际交往——搭建心灵纽带

■ 思维导图

```
                          ┌─ 人格交往的含义
              ┌ 人际交往概述 ┤─ 人格交往的理论
              │            │─ 人格交往中的认知偏差
              │            └─ 人格交往的基本原则
              │
              │            ┌─ 大学生人际交往的特点
大学生人际交往 ┤ 大学生人际交往 ┤─ 大学生人际交往的意义
              │            │─ 大学生人际交往的影响因素
              │            └─ 大学生人际交往的技巧
              │
              │                    ┌─ 大学生人际交往关系的重要性
              └ 大学生人际关系障碍及调适 ┤─ 大学生人际关系的障碍
                                   └─ 大学生人际关系障碍的调适
```

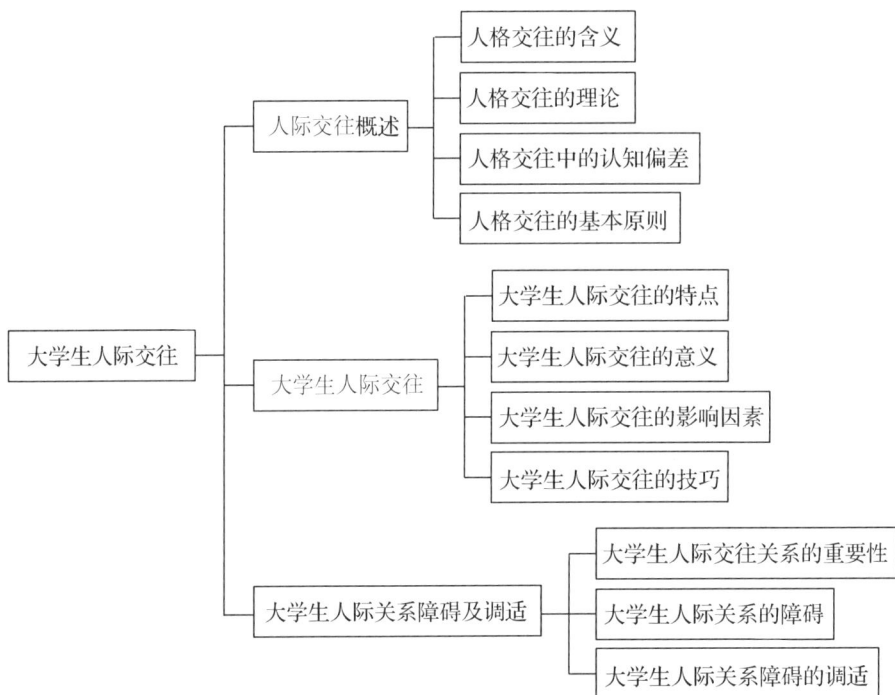

　　有一个男孩脾气很坏，于是他的父亲就给了他一袋钉子，并且告诉他，每当他发脾气的时候就钉一根钉子在后院的篱笆上。第一天，这个男孩钉下了 37 根钉子。慢慢地每天钉下的数量减少了。他发现控制自己的脾气要比钉下那些钉子来得容易些。终于有一天这个男孩再也不会失去耐性乱发脾气，他告诉他的父亲这件事，父亲告诉他，现在开始每当他能控制自己的脾气的时候，就拔出一根钉子。一天天地过去了，最后男孩告诉他的父亲，他终于把所有钉子都拔出来了。父亲握着他的手来到后院说：你做得很好，我的好孩子，但是看看那些篱笆上的洞。这些篱笆将永远不能恢复成从前的样子。你生气的时候说的话就像这些钉子样留下疤痕。如果你拿刀子扎别人一刀，不管你说了多少次对不起，那个伤口将永远存在。

启示：人在感情冲动的时候说出的那些不理智的话，就像钉子一样会在对方的内心留下无法抹平的伤痕。如果是因为误会而用语言或者行动而伤害了别人，即使误会消除了，可是已经发生的对双方人际关系的伤害却很难消除。

人的本质属性是社会性，与他人进行交往是人类社会生活的前提。建立良好的社会关系是每个人的基本社会需要，也是个体健康成长的必要条件。大学是大学生走向成熟，迈向社会的关键时期，也是建立深层次友谊的关键时期，此阶段的人际交往将会对大学生今后的学习、生活、事业、人际关系产生重要影响。大学生在大学期间面临着各种复杂的人际关系，培养良好的人际交往能力，建立和谐的人际关系是大学生心理健康教育的重要内容之一。

第一节　人际交往概述

一、人际交往的含义

所谓人际交往，通常是指人与人之间通过一定的方式进行接触，从而在心理上和行为上产生相互影响的过程。是指人运用语言或非语言符号交换信息、交流思想、表达感情和需要的过程，是通过交往而形成的人与人之间的关系，即人际关系。交往是人类的特定社会现象，对于社会的发展和个性的成长有重要作用。交流是群体的黏合剂，能使群体内部个体之间和群体之间在认识、情感和行为上彼此协调，相互统一。交往是人类特有的需求，人只有在不断地与他人交往中才能促进个性发展和心理健康。从信息交流角度看，精神交往是发信者将信息编码后输入信息通道，收信者将信息译码后接受，并将反应反馈给发信者的过程。

人际交往包含两个方面的含义。从动态的角度说，人际交往是指人与人之间的信息沟通与物品交换。当我们用语言、文字或肢体动作、表情等表达我们的意见、情感或态度时，我们就在进行信息传递。当我们买东西或进行其他的物质交换时，我们既有信息的沟通，也有物质的交换。从静态的角度说，人际交往指人与人在交往的过程中已经形成的关系，即人际关系，这种关系是人与人之间相对稳定的情感纽带，所反映的是人与人之间的心理关系和心理距离，反映了人们寻求满足社会需要的心理状态。它主要表现在人与人之间交往过程中关系的深刻性、亲密性、融洽性、协调性等心理方面联系的程度。

动态的相互作用与静态的人际关系是相互影响、相互依赖、相互转化的。动态的相互作用直接导致静态的人际关系的形成。积极的人际交往会转化成积极的人际关系，积极的人际关系又会引导出进一步的人际关系，这是两者的良性循环。当两者处于恶性循环时，则是消极的交往导致消极的人际关系，而消极的人际关系又会使交往进一步恶化。

人际交往是人际关系实现的根本前提和基础，也是人际关系形成的途径；而人际关系则是人际交往的表现和结果。北京医科大学临床心理学教授郭念锋认为，人际关系是人与人在沟通与交往中建立起来的直接的心理上的联系。人际关系实际上反映了人与人之间心理上的距离。人际关系的好坏，反映了人们在相互交往中物质和精神需要能否得到满足的心理状态，是一种人与人之间较稳定的联系。

二、人际交往的理论

心理学家对人际交往中的结构和过程进行分析，提出了不同的人际交往的理论。

1. 社会交换理论

社会学家霍曼斯（G. C. Homans，1958）提出了社会交换理论（Social Exchange Theory）。他认为人和动物都有寻求奖赏、快乐并吝于付出代价的倾向。霍曼斯指出，社会交换不仅是物质的交换，还包括赞许、荣誉、地位、声望等非物质的交换，以及心理财富的交换。

人们所知觉到的一段关系的正性或负性程度取决于以下三个方面。

第一，自己在关系中所得到的收益；

第二，自己在关系中所花费的成本；

第三，对自己应得到什么样的关系和能够与他人建立更好的关系的可能程度。

当然，个体在进行社会交往时，对报偿和代价的认识并不是固定不变的，也不一定是根据物质的绝对价值来估计的，这完全是一个与心理效价有关的问题。所以，这就是为什么在人们的社会交往过程中，有时会出现在有些人看来根本不值得去做的事情，却被当事人当作很有趣的事情，而有些时候在别人看来是值得做的事情，却被另一些人所不齿。可见，社会交换过程存在深层的心理估价问题。

2. 公平理论

公平理论（Equity Theory）的支持者强调，人们并非简单地以最小代价换取最大利益，还会考虑关系中的公平性，即与人际关系中的同伴相比，两者贡献的成本和得到的收益基本相同。根据公平理论，过度受益和过度受损的关系双方对这种状态都会感到不安，且双方都会有在关系中重建公平的动机。依公平理论看来，人际间双方体验到的贡献成本和得到的收益基本相同时，人际关系最愉快。

按照公平理论，投入和产出均具有很多具体的表现形式。在现实生活中，各人投入的具体形式不尽相同，即不同个体在年龄、性别、所受教育、经验等不可能完全相同。如果一个人具有高学历，而另一个人是有着很深的资历。那么高学历和资历哪个更重要呢？况且其他的因素也难以比较。即使是相同学历的两个人，也有不同专业、不同学校、不同年代的区分，同样会产生认识上的分歧。

在工作中，人们的公平感首先取决于所得报酬的绝对值。人们之所以希望得到报酬，是为了满足一定的需要。如果所得报酬能满足这种需要，则发挥了很好地激励作用，人们就会感到公平。否则不能发挥激励作用，人们就会感到不公平。如某人在工作中的投入产出比尽管与别人的相当，但因为其家庭负担重，薪酬水平不能满足所需，他依然会感到强烈的不公平。而另外一些人则由于负担轻，薪酬水平已经足够满足需要，自然感到公平。其次，人们的公平感还取决于期望值。人们在加入新的公司，或接受新的项目时，总有一定的期望，期望自己的投入能得到一定的收获。如果实际得到的报酬等于预期得到的报酬时，员工就感到公平；其他情况，就会感到不公平。

3. 自我表露理论

广义地说，社会交换过程也包含情感的交流，而情感交流是与自我表露分不开的。所谓自我表露(self-disclosure)就是人们常说的"敞开心扉"，即把有关自我的信息、内心的思想和情感透露给对方。良好的人际关系是在交往双方的自我表露逐渐增加的过程中发展起来的。

美国心理学家布里格(Briggs)认为自我表露的益处包括：①了解彼此的相似与不同之处及相似与不同的程度；②准确地向他人表露自我，是健康人格的体现；③增强自我觉察的能力；④分享体验帮助个体发现这不是自己唯一存在的问题；⑤可以从他人获得反馈，减少不必要的行为。

当然，自我表露也必须注意分寸，过分的表露会让人不舒服。一般来说，表露的范围和深度是随着关系的发展而逐步增加的，对于不同的关系对象，在不同的发展阶段，自我表露的广度和深度明显不同。只有隐私需求和沟通需求之间保持适度的平衡，亲密关系才能正常发展。

■ 心灵实验室

9-1 神奇的"六度空间"

1967 年，哈佛大学的社会心理学家米尔格兰姆(Stanley Milgram)设计了一个连锁信件实验。他将一套连锁信件随机发送给居住在内布拉斯加州奥马哈的 160 个人，信中放了一个波士顿股票经纪人的名字，要求每个收信人将这套信寄给自己认为是比较接近那个股票经纪人的朋友，朋友收信后再照此办理。最终，大部分信在经过五六个步骤后都抵达该股票经纪人手中。六度空间的概念由此而来，米尔格兰姆也将其称为"六度分割"(Six Degrees of Separation)的理论。简单地说，"六度分割"就是在这个社会里，任何两个人之间建立一种联系，中间最多需要六个人(不包括这两个人在内)。无论这两个人是否认识，生活在地球上哪个偏僻的地方，他们之间只有六度分割。这个连锁实验，体现了一条似乎很普遍的客观规律：社会化的现代人类社会成员之间，都可能通过"六度空间"而联系起来，绝对没有联系的 A 与 B 是不存在的。这是一个典型、深刻而且普遍的自然现象。

社会网络其实并不高深，它的理论基础正是"六度分割"。而社交软件则是建立在真实的社会网络上的增值性软件和服务。有这么一个故事，几年前一家德国报纸接受了一项挑战，要帮法兰克福的一位土耳其烤肉店老板，找到他和他最喜欢的影星马龙·白兰度的关联。结果经过几个月，报社的员工发现，这两个人只经过不超过六个人的私交，就建立了人脉关系。原来烤肉店老板是伊拉克移民，有个朋友住在加州，刚好这个朋友的同事，是电影《这个男人有点色》的制作人的女儿在女生联谊会的结拜姐妹的男朋友，而马龙·白兰度主演了这部影片。

三、人际交往中的认知偏差

在人际交往当中，对于所交往对象的认知、印象、态度和情感等，都会对人际交往的正常进行有着直接的影响。然而，因为很多种因素，在人际交往过程中的人们对于人际认知总是会有些许偏差出现，那么，心理学中人际交往的效应有什么？下面我们就一起来详细地了解一下吧。

1. 首因效应

首因效应是指第一次形成的印象对人际认知的强烈影响。在人际交往活动中，我们会很重视开始接触到的信息（包括容貌、语言、神态等），第一印象不管正确与否，总是最鲜明、最牢固的，往往左右着对对方的评价，影响着以后的交往。这启迪我们一方面要给他人留下良好的第一印象，另一方面又要在以后的交往中纠正对他人第一印象的不全面的认识。

首因效应对交往的影响表现在两个方面，一是它会使人际认识具有表面性，第一印象常常是对一个人表面特征的认识，素不相识的人初次接触，彼此会根据对方的外貌、表情、姿态、谈吐，做出一个初步的判断与评价，形成某种印象，这就容易以貌取人，使认知具有表面性。二是它会使人际认知产生片面性，初次接触获得的信息，形成的印象对日后的交往影响更大，当你对对方一无所知时，自然特别留意其一切未知信息。由于先入为主，第一印象鲜明而强烈，人们偏信这一印象，忽视了以后的新信息，偏执于一端而忽视另一端，造成对人认知的主观片面性。

2. 近因效应

近因效应指最近获得的信息给人留下的深刻印象和强烈影响。当两个相互矛盾的信息先后进入人的意识，其中一个是过去的信息，另一个是较近的信息，人们对较近的信息印象较深，认为这才是真实的、全面的。与熟人多次交往中，近因效应起很大作用。熟人行为上表现出某种新异性，会影响或改变原有看法。其实，认识一个人，既要看其过去的行为，也要看他现在的表现，人是不断成长发展的，凭借任何时候的一点表现就给其下一个定性的评价都是不合理、不科学的。

近因效应是相对于首因效应而言的，是指交往过程中，我们对他人最近、最新的认识占了主导地位，掩盖了以往的评价。比如，一个平凡的老邻居突然做了官，你就会一扫其平凡的印象，对其刮目相看。多年不见的老朋友，在自己的脑海中印象最深的，其实就是临别时的情景；一个朋友总让你生气，可是谈起生气的原因，大概只能说上两三条；你的一个好朋友最近做了一件对不起你的事情，你提起他来就只记得他的坏处，完全忘了当初的好处……这一切都是近因效应的影响。

近因效应给了我们改变形象、弥补过错、重新来过的机会。例如，两个朋友因故"冷战"一段时间后，一方主动向对方表示好感或歉意，往往会出乎意料地博得对方的好感，化解恩怨。

3. 光环效应

光环效应是指在交往的过程中，我们往往会从对方的某个优点而泛化到其他特征的普遍倾向，由不全面的信息而形成完整的印象，就像晕轮一样从一个中心点而逐渐向外扩散，形成越来越大的圆圈，所以也称为晕轮效应。比如，当你对某人某一方面的印象不好时，可能就会觉得对方一无是处，他就会被消极否定的光环所笼罩，被认为具有所有坏的品质；反之，当你喜欢某一个人的一种品质时，他就会被一种积极肯定的光环笼罩，可能被赋予其他好的品质，尽管他本身并不具备。恋爱中这种晕轮效应表现为"情人眼里出西施"，恋人在光环的笼罩下，许多不足被忽略、掩饰，妨碍彼此之间正确深刻的了解，以至于一旦情感光环消失，便觉得对方毛病百出。这告诉我们在人际交往中要理性，避免以貌取人，尽量消除偏见。

4. 投射效应

投射效应是指在交往的过程中，总是假设他人与自己有相同的倾向，即把自己的内在生命中的价值观与情感好恶映射到外在世界的人、事、物上的心理现象，实质在于"强加于人"。容易把自己的特性归属到其他人身上，即交往中总是假设他人与自己有相同的倾向。投射效应的本质在于从主观出发，简单地去认识他人，自我与非我部分，易导致认知的主观性、随意性，从而产生猜疑心理。"我见青山多妩媚，料青山见我应如是"，就是一种投射效应。

投射效应常见的表现形式主要有情感投射和愿望投射。情感投射即以为别人与自己的好恶相同。愿望投射是把自己的主观愿望投射于他人身上，认为他人与自己抱有相同的愿望。投射效应的根源在于从自我出发认知他人。因此，克服投射效应的关键在于分清主体与认知对象，看到别人与自己的差异，客观地看待他人，不要以己度人。这启示我们在交往中要顾及他人的感受，遇到问题理性分析，学会辩证地、一分为二地对待别人和自己，"己所不欲"时"勿施于人"，"己所欲之"也要学会"慎施于人"。

5. 刻板效应

刻板效应是社会上对于某一类事物或人物的一种比较固定、概括而笼统的看法。在人际交往中，我们有时会把对某一类人物的整体看法强加到该类的每一个个体上而忽视了个体特征。刻板效应有利于总体评价，但对个体评价会产生偏差。比如，农村来的同学认为城市来的同学见识广，而城市来的同学认为农村来的同学见识狭隘。这提醒我们不应从交往对象的性格、地位和背景等方面出发去交往，同时不要带着"有色眼镜"，穿着"印象外套"去进行交往。

刻板印象的积极作用在于使我们认知他人的过程大大简化，有利于对某一类群体做出概括的反映；反之可以借助于某一类群体的共性，较快地了解某一个人。消极作用在于容易忽略个体的差异性从而形成某种偏见，影响正常的人际交往。克服消极作用要充分认识到个体的独特性，要提醒自己把交往对象看成一个独特的、具体的人，以此为基础进行交往，便会大大弱化刻板印象。

6. 期待效应

期待效应又称为皮格马利翁效应，源自古希腊的一个神话故事。皮格马利翁是塞浦路斯的国王，他用象牙精心雕刻了一位美丽的姑娘，倾注了他全部的心血和感情。上帝被感动了，使象牙美女获得了生命，成了他梦寐以求的伴侣。这就是人们所说的皮格马利翁效应。社会心理学家用这个效应说明，只要热情期待和努力，就能得到所希望的效果。

美国心理学家罗森塔尔和雅各布逊曾进行过有关期待效应的实验。他们在一所小学 1～5 年级小学生中随意抽取 20% 左右的学生，告诉任课老师说，心理测试表明这些学生是全年级学生中智商最高的。结果，这些学生的成绩果然有了很大的进步。这是由于老师加强了对这些学生的期待，在潜移默化中给予了良好激励的结果。期待效应在人际交往中往往有着积极的作用。

7. 互酬效应

互酬效应是指人与人在思想、情感、行为、利益等方面的礼尚往来。在人际交往中，互酬效应包含性格互酬，感情互酬，信息互酬，兴趣互酬等方面。互酬可增强人际关系，促进人际和谐，是正确处理人际关系的要素。在中华典籍里，崇尚互酬的文字和故事比比皆是。如《礼记·曲礼上》所言："往而不来，非礼也；来而不往，亦非礼也。"

人际交往是一种双向性的信息、感情传导的过程，只有双方向的互酬，人际关系才能在密切的互动中逐渐深化。也许有的同学会说，我投之以桃，对方并没有接受我的好意，那怎么办？这样的情况可能会有，不能排除。但是，个体不能因噎废食。一是个体行善示好是出于本性，并不是一种交易；二是情感互酬本是人际交往的普遍规律，无动于衷者毕竟是少数；三是凡事都有风险，不记风险地投资更显出投资者的风度。

上述心理效应，都有可能使我们形成一种偏见，使我们对他人的认识和判断产生偏差。因此，要在人际交往中更好地认识与我们交往的对象，就要有意识地避免这些效应的副作用。

四、人际交往的基本原则

人与人的交往是一个互动、互利、互助、互惠的过程，若要取得良好的交往效果，交往双方都必须遵循一定的交往基本原则。

1. 平等原则

生活在现实中的每一个人，无论职务高低、知识多寡、贫富差距、身体强弱、年龄长幼、性别差异，在人格上都是平等的。因此在人际交往中我们绝不能把自己高抬一寸，把别人低放一尺，有意与对方"横着一条沟，隔着一堵墙"，给别人一种"拒人于千里之外"的感觉。如果在交际中以权压人、以势压人、以强凌弱，把自己看得高人一等，把别人看得一钱不值，那就根本不可能有人人平等，不可能有和谐相处的人际关系了。

2. 尊重原则

渴望受到尊重是每个人的基本心理需求。在人际交往中，我们对所有的人，不管其地位高低贵贱，都应给予应有的尊重。我们不仅要尊重他人的人格、个性习惯、权力地位、情感兴趣和隐私，还要尊重彼此存在的外显或内在的心理距离，不要轻易地去突破它、破坏它，否则就是对对方的冒犯，势必造成对方的戒备、反感和疏远。

3. 沟通原则

有人说："每个生命都需要表白。"那么，与表白如影随形的便是人与人之间的沟通。只有沟通，才能让别人了解自己，同时自己也才能了解别人；只有沟通，才能不断增进彼此的理解，从而减少或避免一些不必要的误会和摩擦。越是不沟通，越是有意设防，就越难使人心达到交融。沟通需要主动，一味地等着别人与自己沟通，等不来好人缘。善于沟通者知道根据不同的对象、场合，采取不同的交际方式。沟通总是与口才紧密相连，口才能为你的沟通铺平顺畅的道路，能帮你的交际抒写和谐的乐章。

4. 宽容原则

俗话说，"尺有所短，寸有所长"。人的性格、特长各有差异，在处理人际关系时不能强求一致。人与人要和谐相处，就要有求同存异、相互谅解，不求全责备的广阔胸怀。既然我们自身都不完美，我们又怎能苛求他人完美无缺呢？在人际交往中，我们对他人的要求不要过分，不要强求于人，而要能让人时且让人，能容人处且容人。人非圣贤，孰能无过？一旦对方犯了错误，我们也不要嫌弃，应给他提供改过的机会。原谅别人的过失，帮助别人改正错误。古语有云："海纳百川，有容乃大。""水至清则无鱼，人至察则无徒。"在工作和生活中，人们总是喜欢和那些宽容厚道的人交朋友，即"宽则得众"。

5. 欣赏原则

希望得到别人的注意和肯定，这是人们共同的心理需求，而欣赏正是满足这种需求的一种交际方式。人际关系大师卡耐基说："避免嫌弃人的方法，那就是发现对方的长处。"因此，在交际中我们应抱着欣赏的心态来对待每一个人，时时留心身边的人和事，多发现别人的优点和长处。赞美是欣赏的直接表达，有道是"良言一句三冬暖"。一句真诚的赞美往往可以给别人也给自己带来好心情。学会发现别人的长处并由衷地赞美，这是促进人际关系和谐的润滑剂。

6. 换位原则

在现实生活中，我们总是习惯从自己的主观判断出发为人处世，因而常导致一些误解的发生。所以，要达到彼此的认同和理解，避免误会和偏见，我们就要学会换位思考。所谓换位，就是要善于从对方的角度和处境认知对方的观念，体会对方的情感，发现对方处理问题的个性方式。只有设身处地地多为别人着想，才能够最大限度地理解别人，从而找到相处的最佳途径。"己所不欲，勿施于人"，说的就是这个道理。也正如一位哲人所说："你希望别人怎样对待你，你就先怎样对待别人。"交往中只要少一点自以为是，多一点换位思考，就会少一些误解和摩擦，多一些理解与和谐。

7. 弹性原则

一个人的人际关系不和谐，原因可能是多方面的，其中往往与他交际方式太死板、不留余地有关。因此，我们需要在交际中建立一个"弹性隔离带"，使自己、对方甚至双方都能获得更大的回旋空间，以减少或避免一些不必要的摩擦或伤害。

8. 诚信原则

孔子说："人而无信，不知其可。"诚信是无形的名片，关乎一个人的形象和品质。在现实生活中，不少人一切向钱看，不讲诚信，连自己的亲朋好友都蒙骗，由此使得信誉度降低，严重损害了人与人之间的和谐。面对诚信的缺失，单凭呼唤是不够的。我们每个人都要建设诚信大厦的砖瓦，需要我们从自身做起，从身边的小事做起。如不要失信他人，对别人有求于我们的事，我们一旦答应了就要尽全力去办。如果因客观原因无法完成，就应向人家解释清楚，求得对方的谅解；要尽可能真诚地做人，不要总是戴着一副假面具与人交往，虚与委蛇；不要抱着"没有永远的朋友，只有永远的利益"的想法，以一种利用的心态与人交往，甚至做出过河拆桥的卑鄙之举；防人之心固然不可无，但也不必处处设防，总是用一种怀疑的眼光来看人，须知猜疑是人际关系的暗礁。

9. 合作原则

当今社会，人与人之间的竞争日益激烈，但这并不意味着合作变得无所轻重。相反，随着社会分工的精细和工作内容智力成分比重的增加，许多工作依靠个体力量很难完成，而要依靠团队合作来实现。因此，合作是人际交往的基本准则，一个善于交际的人必定是个善于合作的人。在合作基础上竞争，在竞争基础上合作，是人际交往的基本态势。如果只讲竞争不讲合作，那么竞争必定是不择手段的恶性竞争和无序竞争，人际关系的和谐也将无从谈起。所以在人际交往中，我们应予对方多一些支持，少一些拆台；多一些协商，少一些固执；多一些沟通，少一些封闭。只有这样，我们的人际关系才能少一些紧张与摩擦，多一些温馨与和谐。

10. 互惠原则

在现实生活中，人与人的关系之所以会出现不和谐的音符。产生一些矛盾和摩擦，其中可能与某方面的利益受损有关。因此，要有效化解矛盾，消除摩擦，就不能太自私，"吃独食"，而应坚持互惠，追求双赢。比如，在交际心态上，不要只顾着自己享受，不让别人舒服，更不能以置对方于死地为后快；考虑问题时不能只为自己着想而不为他人考虑，只顾眼前的利益而不考虑长远利益；在双方意见不能统一时，可跳出思维定式，谋求一个折衷的方案；当利益有争议时，双方要坐下来诚恳协商，必要时不妨都做出一定的妥协。人际关系要达到和谐，必须保持一定的平衡，双方受益，如果一方长期受损，这种关系是长久不了的。在交际中，只要我们肯先退一步，肯把对方的面子给足，肯在自己的底线上留有一定的弹性，肯与对方利益共享，共谋发展，那么，就一定能取得沟通的最佳效果，也一定能使人际关系变得更加和谐。

■ 心灵加油站

9-1 天堂与地狱

有一个人问智者，他想知道到底天堂和地狱是什么样子，于是智者就先带他去看地狱，带他来到一间房间，里面有一个长条形的桌子，桌上摆满了各种很香的食物，桌子周围坐满了人，每个人都面黄肌瘦，非常饥饿，他们每人有一双很长的筷子。他们想把夹起的菜尽力喂到自己的嘴里，可是由于筷子太长，没有一个人能把菜喂进嘴里，所以这个房间里所有的人都是非常痛苦的样子，看着好吃的菜，却吃不到！于是这个人就和智者说："太残忍了吧，那带我去天堂看看吧！"智者说："好啊，其实天堂就在地狱的隔壁！"于是他们来到隔壁的房间，看到的是同样的长条桌子，同样很好吃的菜，同样的每人拿了一双不可能喂到自己嘴里的筷子，不同的是他们都非常开心！因为他们都把自己夹起的菜喂进了别人的嘴里，所以大家都吃到了美味，而且人与人之间也非常开心！

■ 心灵实验室

9-2 恒河猴实验

人际交往对人类的健康发展不仅具有深刻的生物学意义，而且还具有心理学意义。

动物学家哈罗(H. Harlow & M. Harlow)曾做过一项有趣的恒河猴研究，研究者将小猴与猴妈妈分开，让它与一个用金属制成的和一个用绒布制成的假妈妈一起生活。金属猴妈妈能为小猴提供食物，绒布猿妈妈不能提供食物。结果，在165天的实验过程中，小猴同金属妈妈和绒布妈妈待在一起的时间有显著差异。小猴在绒布妈妈身旁的时间平均每天达到16小时以上，它总是设法待在绒布妈妈身旁，与其拥抱、亲昵或在绒布妈妈的怀里睡觉。相反小猴每天在金属妈妈身旁待的时间只有1.5小时，而这期间还包括吃奶的时间在内。可见，动物之间的依附行为或交往行为取决于机体寻求温暖、舒适的本能需要，温暖和舒适能为机体提供安全感。

9-3 动物和婴儿的照镜子研究

社会心理学家库利(Cooley)认为他人对我们建立自我概念起着决定性作用。如果我们不能透过他人的眼光看待自己，那我们的自我意识就会是模糊的，因为我们无法从社会的角度去看自己。

心理学家盖洛普(Gallup)进行了一项有趣的研究，他观察黑猩猩、猫和狗等动物在镜子面前的表现，发现黑猩猩比猫、狗等动物在镜子前的自我注意更长久，而且还会用镜子来整理仪容和自娱、扮鬼脸等。盖洛普将黑猩猩麻醉后，在其眉毛和耳朵上抹上红颜色，发现黑猩猩醒来后再照镜子时，能够马上摸到自己的红眉毛和红耳朵。后来，这项实验也在婴儿身上做过，路易斯等人(Lewis et al.)发现，21～25个月大的婴儿中有3/4能够摸到抹有胭脂的鼻子，但在9～11个月大的婴儿中，只有1/4能够做到。

第二节　大学生人际交往

人际交往是大学生活的基本内容之一。大学生的人际关系主要包括个人与同学、教师以及学校等之间的关系。这些错综复杂的社会交往，就构成了大学生人际交往的网络系统。

一、大学生人际交往的特点

大学生的人际交往活动有其独特的特点，主要表现在以下四个方面。

1. 主动追求开放式的人际交往

在中学阶段，学生的注意力都集中在学习上，没有时间和精力进行更多的人际交往。进入大学后，由于学习模式转换，他们迫切需要走出家门，走进公共场合，结交更多的朋友，交流更多的信息，接受更多的新思想。在这种心理的作用下，大学生的人际交往呈现出前所未有的开放式交往趋势，表现在以下三方面。

（1）交往的范围扩大

过去的交往对象多限于亲戚、邻居、成长伙伴、同宿舍或同班同学，现在的交往对象早已超越了家庭、宿舍、班级、学校的范围，不再受地域的限制。

（2）交往的频率提高

过去的交往通常是偶尔的相聚、互访，现在的交往已发展为经常性的聊天、社团活动、聚会联欢、体育活动、娱乐、结伴出游以及其他一些集体活动。

（3）交往的方式多样

过去的交往通常是同学之间的互访、通信，现在大学生的交往已普遍使用现代化的通信设备、交往工具、交往场所等，交往方式有了很大的发展。这也使得大学生的人际交往变得更方便、更快捷，交往距离更远，交往范围甚至可以扩展到世界范围。

2. 追求人际交往的独立性和选择性

随着独立意识的增强，大学生交往的自由度加大，对交往的对象、范围都有了选择。从交往对象看，通常以寝室同学的人际交往为中心，社会工作和网络社交的人际交往占主导。大学生虽然主动追求开放式的人际交往，但由于时间、精力、生活环境、经济条件等方面的限制，交往的主要场所仍然在校园内，以寝室为中心。众多的交往机会、相似的人生经历、共同的学习任务，使得大学生更多地选择同寝室、同班、同乡等有相似背景的同学，交往的内容基本上围绕共同的话题，如学习、考试、娱乐、思想、情感而展开。

同时，处在青年中期，性生理的成熟、性意识的唤醒，使不少大学生对异性产生了兴趣，与异性之间的交往愿望强烈，与异性交往的愿望常常会转化为具体的交往行动。此外，大学生交往心理由情绪型向理智型转化。过去的人际交往主要受情绪不稳定的影响，表现为情绪型的特征；随着社会经验的丰富以及心智的成熟，大学生不但学会了调节情绪，而且交往活动不再被情绪左右，在交往中能理智地择友。

3. 情感型交往与功利型交往并重

随着社会的发展变化，大学生人际交往的动机已变得很复杂。过去交往多是为了交流情感、寻找友谊、寻觅爱情，交往的目的相对单一；现在随着社会生活和需求的多样化，大学生的交往涉及生活、学习、工作、娱乐等方面。大学生的人际交往在注重情感交流的同时，越来越注重与自身社会利益相关的务实性，呈现出情感型交往与功利型交往并重的趋势。在当今日趋功利主义的时代，一切都存在着"关系"这样的潜规则的社会背景下，大学生的价值观和交往观难免不会受到影响。尤其是临近毕业的学生这种功利性的动机更为明显，因为他们急于在社会中获得一些人际关系和人际交往能力的锻炼。但是由于大学生涉世不深，价值观还没有形成稳定状态，并且学校缺少人际交往知识方面的专门指导，使得准备踏入社会的大学生的思想意识很容易被一些社会不良交往行为所侵蚀。因此高校必须重视大学生人际交往的教育和指导。建立在这种交往目的趋于功利化的人际交往因此也是不稳定的。

4. 从注重纵向交往转向扩大横向交往

进入大学后，大学生的生活空间大大扩展，从交往的方向看，已从注重纵向交往转向扩大横向交往，即转向同龄人，从以往与同班同学之间的交往扩大到与同系、外系、外校的同学交往。另外，从交往效果看，大学生对自己社交能力和人际关系评价不高。他们虽然希望积极主动地去与他人交往，并且很注意学习社交知识，但实际效果并不理想，与自己的预期效果还有较大差距。

有关社会交往的研究表明，个体会与他们认为可以提供有价值的信息同时不会使他们产生尴尬感的人建立联系（Borgatti & Cross，2003；Liu & Ipe，2010）。横向交往的大学生积极、友好、善于沟通，能够跟不同背景的人都建立联系。这些特点促使横向交往的人提供以下三方面的收益：情感支持、能力凭证和资源优势。因此，横向交往的大学生在组织中更容易受到关注，从而占据社会网络中比较中心的位置。具体如下：第一，情感支持的建立需付出一定的成本，例如寻求友谊时可能被拒绝、友谊发展过程中双方可能有冲突（Klein et al.，2004）。横向交往的大学生对人更加热情主动，更容易提供情感支持而被周围人欢迎和接纳。已往的研究表明，外倾性人格的人更容易得到关注和信任从而处于网络中心的位置（Dougherty，Cheung，& Florea，2008）。第二，能力凭证。在工作场合，多样化的交往促使大学生具有更高的创造力（Baer，2010；Perry-Smith & Shalley，2003）。横向交往的大学生能跟不同人保持良好的沟通，容易产生良好的创意，能更好地解决学习工作中的问题，因此更容易受到他人的欢迎。第三，资源优势。横向交往的大学生拥有非冗余的信息优势，因而更容易成为人们争相交往的对象。

二、大学生人际交往的意义

萧伯纳曾说过，"你我是朋友，各拿一个苹果彼此交换，交换以后仍然各有一个苹果；倘若你有一种思想，我也有一种思想，彼此交流思想，那么我们每一个人就有两种思想了。"美国卡内基工业大学对10000个人的个案记录进行了分析，结果发现，智慧、专门技术、经验只占成功因素的15%，其决定因素为良好的人际关系。大学生正处于身心全面发展的时期，学会建立良好的人际关系更有其特殊意义。

1. 良好的人际关系有助于大学生智力的开发和学习效率的提高

孔子曾说过："独学而无友，则孤陋寡闻。"大学生的主要任务是学习知识，开发智能，而学习效率的提高、智能的开发不仅取决于个人的努力，还与其他许多因素有关。其中良好的人际关系有助于加强大学生的信息交流，有助于大学生的智力开发和学习能力的提高，进而提高学习效率。

2. 良好的人际关系有助于大学生自我意识的发展与完善

大学生的自我意识归根到底是由社会存在决定的，而大学生所处的生活环境特别是人际关系起着重要作用。置身于良好人际关系中，大学生时时感到自己为他人所接受所承认，从而满足了自尊心，提高了自信心，意识到自己对他人和社会的价值，从而确立了价值观和安全感。与此同时，大学生通过别人对自己的态度和评价，可以提高自我评价的能力，使自我评价变得更客观全面。

3. 良好的人际关系有利于促进大学生心理健康

人际交往的时间和空间越大，人的精神生活就越丰富，得到支持与帮助就越多，就越能保持心理平衡。特别是青年学生，他们通过交往可以获得友谊、支持、理解，得到内心的慰藉，维护自信和自尊，增强自我价值感和力量感，降低挫折感，缓解内心的冲突与苦闷，宣泄愤怒、压抑与痛苦，减少孤独感和失落感。如果人际交往的需要得不到满足，就会增加大学生的挫折感，引发一系列的不良情绪反应，如孤寂、惆怅、空虚等。而不良的情绪作用于生理活动，会削弱人的抗病能力，使正常机能减退，出现相应的身心疾病。

4. 良好的人际关系有利于促进大学生的全面发展

当今世界，社会经济和科学技术迅猛发展，整个世界处于普遍联系之中，国家、地区之间的联系较过去大大增强，人与人之间的交往和联系也日益密切。生活于现代社会中的每一个个体，其知识的积累、能力和水平的提高、事业的成功等，都离不开一定的社会条件，离不开与他人、集体、社会的交往。在交往中，每个人都可以用别人创造的物质文化和精神文化成果充实自己，使自身得到发展。可以说，离开了交往，人就无法生存，更谈不上全面发展。

5. 人际交往促进大学生的社会化进程

社会化是个体获得态度、价值、需要、交往技能及其他能使个人参与社会生活的品质的过程。通过社会化，个体学会以社会所允许的方式行动，从一个单纯的生物个体变成一个社会成员。人的社会化进程是在与他人交往中进行和实现的，人际交往是社会化的起点。随着人的成长，交往范围不断扩大，交往内容逐步深化，交往形式日趋多样。大学生的交往性质和交往水平，直接影响着其社会化的水平。

三、大学生人际交往的影响因素

在大学群体中，人与人之间交往的程度或深度往往有很大的差别。有的一见如故；有的老死不相往来；有的情同手足，形影不离；有的时冷时热，若即若离……这些差别主要与双方的人际吸引力有关。人际吸引指的是人与人之间彼此注意、欣赏、倾慕等，并进而彼此接近以建立感情关系的心路历程。人际吸引是人与人之间建立感情关系的基础。一个人如果毫无吸引别人之处，就不能引起别人的注意；如果两人之间不能彼此相互吸引，也就无法建立亲密的人际关系。大学生在人际交往中所受影响的因素，如图 9-1 所示。

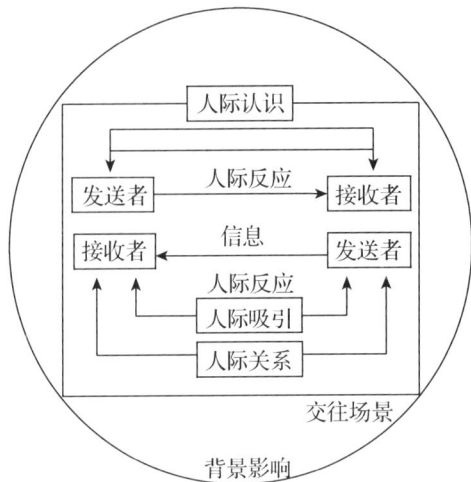

图 9-1　人际交往过程中的影响因素

1. 时空的接近性

俗话说，"近水楼台先得月"，"远亲不如近邻，近邻不如对门"。这说明时空距离是人际关系密切与否的一个重要条件。空间距离越接近的人，越容易进行人际交往，如同桌、同室的同学，不仅容易交往，而且交往频率高。交往频繁也容易使双方相互了解和相互支持。因接触机会多而相识，因相识而彼此吸引，因彼此吸引而容易形成共同的经验、共同的话题、共同的体会、共同的兴趣以及共同的利益，从而建立友谊，甚至彼此相爱。另外，时间上的接近，如同龄、同期入学、同期毕业等，也易于在感情上相互接近，产生相互吸引。

■ 心灵实验室

9-4 人际关系的时空接近性效应

美国心理学家费斯廷格等人以麻省理工学院宿舍的已婚大学生为实验对象，研究他们之间的友谊与住处远近的关系。在学年开始时，他们让各住户搬到新的住宅，彼此互不相识。经过一段时间以后，研究者调查每户新结交的三位最好的朋友。结果发现，他们从互不相识到结交为朋友，几乎离不开四个接近性特征：①是邻居；②是同楼层的人；③是信箱靠近的人；④是走同一个楼道的人。由此看来，时空接近是友谊形成的一个重要因素。

2. 态度的相似性

有个成语叫惺惺相惜，指的是才智相近的人会彼此珍惜。人们倾向于喜欢在某方面或多方面与自己相似的人，包括思想、信念、价值观、道德观、兴趣、爱好以及年龄、学历、社会地位、职业、修养等方面的相似性，都会导致彼此间关系融洽。这种因为两人之间有很多相似点而彼此吸引的现象，说明了相似性是建立良好人际关系的基础。"物以类聚，人以群分"，这句话言简意赅地表明了人际吸引中相似性的作用。

如果人与人之间有着共同的理想信念、人生观、价值观以及共同的爱好、兴趣等，在工作和生活中就容易有共同语言，从而容易产生心理共鸣，感情也易于交流，相处也比较融洽。相反，如果人与人之间的态度不相似，彼此之间就很难有共同语言，相处就比较困难。

■ 心灵实验室

9-5 人际关系的态度相似性效应

社会学家纽科姆于1961年用现场实验法，对态度相似程度与吸引力的关系进行了研究。他以17个不相识的大学生为研究对象，向他们提供16周的免费住宿。在住进宿舍前，研究者先给这些彼此不认识的被试者实施态度、价值观和个性特征等测验，将态度、价值观和个性特征相似或不相似的大学生安排在一间房子里居住。然后，定期测验他们对一些事情的态度、看法以及他们对同房室友的喜欢程度。结果发现，住宿初期，空间距离是决定彼此交往较多的主要因素；但到了后期，彼此间态度、价值观和个性特征的相似性超过了空间距离的重要性而成为影响密切人际关系的主要因素。在研究的最后阶段，他让这些大学生自由组合选择自己的宿舍，结果表明，相同意见和态度者喜欢入住同一房间。为什么观点、态度、个性相似的人容易相互吸引呢？费斯廷格的社会比较理论解释为：人人都具有自我评价的倾向，而他人的认同是支持其自我评价的有力依据，具有很高的报偿和强化力量，因而产生很强的吸引和凝聚力。

3. 需要的互补性

需要和满足需要的期望是推动人们相互交往的根本原因，也是人际关系的动机和目的。良好人际关系的形成取决于交往双方彼此满足需要的方式和程度。有句成语叫刚柔相济，指的是两个性情极端不同的人却能和谐相处。这种两人之间彼此吸引的原因，就称为互补性。人们重视虽与自己不同，但能与自己互补的朋友，因为彼此可以取长补短、各得其所。

■ 心灵实验室

9-6 人际关系需要互补性效应

有心理学家分别对气质相同的人和气质不同的人的合作效果进行了比较研究。结果发现，两个强气质的学生组成的学习小组常常因为对一些问题各执己见，争执不下而影响合作；两个弱气质的学生在一起，又常常缺乏主见，面面相觑，无可奈何。只有两个气质不同的学生组成的小组，合作愉快，学习效果也比较显著。

4. 外表与个性特征

古希腊哲学家亚里士多德曾说，"美丽是比任何介绍信更为巨大的推荐书。"爱美之心，人皆有之。人们常常把外貌有吸引力的人视为拥有较多良好人格特征的人，一个人的长相、性格、能力等往往是构成人际吸引力的重要因素。性格本身更是引人注意与令人欣赏的重要条件。

(1)相貌因素

人们总是倾向于结交相貌有魅力并且心灵也美的人，其中更强调的是心灵美。如果一个人空有美的相貌而没有美的心灵，那么人们会更加厌恶其漂亮的外表。但是，人们常误认为相貌好品质也一定好。其实，人的相貌是天生的，很难改变，而道德品质是后天的，是靠自身修养形成的。外貌堂堂正正的，未必是正人君子；体态纤细瘦弱的，也许性格坚毅刚强。

(2)性格因素

人们对乐观开朗、助人为乐、富有幽默感、有进取精神的人非常倾慕，因为与这种人相处，能给人带来欢乐。心理学家安德森在其进行的一项研究中，将555个描绘个性品质的形容词制成表格，让大学生按照喜欢程度由高到低排列。结果显示，大学生最喜爱的个性品质前十位是真诚、诚实、理解、忠诚、真实、可信、聪慧、可依赖、有头脑、体贴；最厌恶的品质前十位是古怪、不友好、敌意、饶舌、自私、狭隘、粗鲁、自负、贪婪、不真诚。尽管安德森进行研究的时间是在1968年，但他的发现与当代人的选择倾向仍有高度的一致性，并且对当代中国的普通大学生也有重要的启发意义。

(3)能力因素

人们都比较喜欢聪明能干的人，觉得与能力强的人结交是一种幸福并感到自豪。为此，不少人常与有某种特殊才能的人结为良师益友。但有研究发现，群体中最有能力的成员，往往不是最受喜爱的人。可以看出，才能与被人喜欢的程度，在一定限度内成正比关系。如果别人超凡的才能超出一定范围，使自己感到可望而不可即的时候，其才能所造成的压力就成了主要的作用因素，并倾向于逃避或拒绝与这个人交往。

5. 沟通能力与语言障碍

缺乏沟通能力或技巧、沟通不畅、沟通失效、语言障碍等都是影响建立良好人际关系的因素。例如，有人口齿不清，语言表达不准确，常常词不达意，别人误解或不能确切理解其意；也有人说话的语调不当，很少用商量的语调，而习惯用命令式语调，因而引起对方反感；还有些人存在偏见或歧视，不能正确看待和认识他人，妄自尊大，口出狂言。这些因素都会妨碍良好人际关系的建立。

四、大学生人际交往的技巧

大学生思想活跃，精力充沛，兴趣广泛，人际交往的需要极为强烈。但由于大学生的心理发展还不够成熟，社会经验不够丰富，人际交往中往往会存在一些问题，包括不敢交往，不愿交往，不善于交往，不懂得交往等。在人际交往的实践活动中，人们都存在不同程度的恐惧害怕心理，只是每个人的反应程度不同。有些人由于害怕、自卑等心理作用在这方面的反应会特别强烈，包括紧张、心跳气喘、面红耳赤、眼睛不敢正视别人；在交谈时语无伦次、词不达意，尤其在集体活动或者人多的场合中更感到害怕，不敢与人打交道，不敢表现自己。严重时会导致社交恐惧症。

人人都希望自己能有良好的人际关系，都希望多拥有一些的朋友。人际交往是人与人之间的心理互动过程。只要注意观察和体验，调整自己的认知结构，形成积极的、准确的人际交往观念，掌握一定的人际交往技巧和规律，才能够提高人际交往的素质。

1. 消除戒备，敞开心扉

有的大学生虽然很想和他人建立良好的人际关系，但是由于对交往存在错误的认知，认为"如果我先同他人打招呼，他人不理自己怎么办？"还有的学生认为，"害人之心不可有，防人之心不可无"，认为人与人之间充满尔虞我诈，害怕在交往中遭到他人的算计，因此处处小心谨慎，缺乏主动、热情。其实，要赢得别人的友谊，首先要向对方主动发出友善的信息，接纳他们，喜爱他们。多数大学生的交往动机是纯正的，交往行为是符合道德的，不要因为害怕在交往中遭到个别人的算计而把自己的心封闭起来。

2. 礼尚往来，学会回报

在人际交往中，若对方感受到了你的真诚与热情，那么你也会得到肯定评价的回报。社会心理学家霍曼斯提出，人与人之间的交往，本质上是一个社会交换过程。但是这种交换与市场上买卖关系中发生的交换不完全一样。生活中常常可以发现，互相帮助的人与人之间，交往总是比较密切，关系也总是比较亲密、持久。但是，人际交往中"回报"的内容是多方面的：有物质的，也有精神的；有直接的，也有间接的。但应注意的是，人际交往中的回报，并不存在一般等价物，在很多时候也不是同步、等量的。大学生要注意给他人提供帮助时不要以他人相应的回报为条件，而对他人的帮助应懂得适时予以回报。

3. 重视建立良好的第一印象

初入校门的大学生在和一些不熟悉的人交往时，首先要注意给对方留下良好的第一印象。美国学者伦纳德·曾宁博士在他所著的《接触：头四分钟》一书中指出，结交新认识的人时，头四分钟至关重要。为了给对方一个好的第一印象，他认为结交新朋友时，起码要高度集中精神于头四分钟，而不应一面与对方交谈，一面东张西望，或另有所思，或匆匆改变话题……这些都会引起对方不悦。可见，要建立良好的人际关系，必须要善于建立良好的第一印象。

■ 心灵图书馆

9-1 如何建立良好的第一印象

关于如何建立良好的第一印象，戴尔·卡耐基在《怎样赢得朋友和影响他人》一书中提出了六条途径：

(1)真诚地对对方感兴趣；

(2)保持轻松的微笑；

(3)多提对方的名字；

(4)做一个耐心的听者，鼓励对方谈他自己；

(5)聊一些符合对方兴趣的话题；

(6)以真诚的方式让对方感到他很重要。

社会心理学家艾根也于1977年提出，在同陌生人交往时，按照 SOLER 表现自己，可明显增加对方对我们的接纳度：

S(sit)表示坐或站要面对他人；

O(open)表示姿势要自然开放；

L(lean)表示身体要微微前倾，下意识的身体远离会传递出"讨厌"的信号；

E(eyes)表示目光接触；

R(relax)表示身体和语气的放松。

4. 语言和聆听的技巧

语言交流是人际交往中最直接、最经常的方式。俗话说，"良言一句三月暖，恶语伤人六月寒"。当然，人际沟通的技巧并不仅仅是说几句好听的话那么简单，乐于交谈、善于表达、称呼得当、注意聆听，这些都会使人们在良好的心理气氛下顺利交往。因此，要学会正确运用语言的艺术。

(1)准确表达

用清楚、简练、幽默、生动、通俗、流利的语言表达自己的思想和观点。在表达时切忌不理会对方的意见和反馈，只顾喋喋不休地发表自己的意见。同时要避免急于巴结对方，避免语气措辞肉麻，让人难以忍受，也要避免总是质问对方，让对方觉得自己像被审问一样。交谈的话题内容和形式应适合对方的知识范围、经验，合乎对方的心理需要和兴趣。

(2)善于聆听

在交谈中要注意聆听，最好的方式是能站在对方的立场上，投入到对方的情感中，集中精力了解对方谈话的内容，同时还应通过适当的提问、点头、对视等方法来表明自己对其谈话内容的兴趣。切忌在聆听中频频打岔或表现出不耐烦的情绪。

（3）学会真诚地赞扬别人

人际交往是互动的过程，一般来说，人们总是喜欢那些喜欢自己、对自己真诚的人，由于受到对方的赞扬，得到好的评价，对对方产生心理上的接近与好感，从而为良好的交往提供基础。当然，赞扬不可是阿谀奉承，口是心非，这只会让别人更反感。真诚地赞扬来自对别人长处和优点的发现，只要仔细观察，哪怕是服饰的搭配或者工作的一点特色，都足够让我们以一句赞扬的话，换得对方与自己交往的好心情。

（4）学会委婉地拒绝

这里的委婉拒绝，指的是不过分但自己实在帮不了的请求，对于违背原则性问题的请求，应直截了当地表明看法。拒绝时，态度要委婉、诚恳，可以先表示对对方的理解，再说明自己无法帮忙的理由。不能草率生硬地用一个"不"字了结，或直接质疑对方的请求。这样对于之后的人际关系是很大的破坏，可能一件小事便会让人失去一个朋友。

（5）学会友善地解决冲突

大学生在交往中，不可避免会出现各种各样的矛盾和冲突，能否友善地解决它们，对良好人际关系的建立和维护至关重要。解决冲突应以友善的方式开始，而不能激情难耐、怒气冲天，在很多情况下，友善比武力更有力量。冲突中的争辩要掌握分寸，要做到有意义地争辩，避免无意义的正面冲突，争辩时要有气量和风度，不要得理不饶人。意识到错误在自身时就真诚地承认，不要强词夺理，对错误的辩解不如承认，后者更容易得到别人的谅解。

5. 提高移情能力

移情是指设身处地以他人的立场去体会他人的心境的心理历程。移情是助人、合作等道德行为形成和发展的基础，具有引发助人行为和抑制攻击性行为等亲社会功能。

移情能力高的个体，通常具有较高的人际交往技能和较强的社会适应能力。因此，大学生应注意从别人的语言、声音、仪表和行为辨别他人的情感，并理解他人的喜怒哀乐，在人际交往中考虑他人的利益和对他人心理上的影响。

6. 积极参加社团活动

各类社团活动和学术沙龙活动，不仅可提升校园文化，而且为提高大学生的人际交往能力提供了诸多实践的机会。西安市的一项调查显示，学生们普遍认为参加社团活动很有收获，可以锻炼自己、丰富业余生活、结交朋友、扩展知识面等。大学生应积极参加各种社团活动，如社会调查、咨询服务、勤工俭学、公益活动、志愿者行动及各类竞赛等。这些社团活动可以帮助大学生了解社会、了解国情、增长才干、锻炼毅力、增强社会责任感和人际交往能力。

9-7 人际交往中的犯错误效应

是不是一个人的能力越强，就越受大家欢迎呢？社会心理学家阿龙森通过实验证明了什么样的人更受欢迎。一个竞争激烈的演讲会上有两组选手，第一组的两位才能出众，不相上下，另外一组的两位平平庸庸。在才华出众的选手中，有一位不小心打翻了桌子上的饮料，而才能平庸的选手中也有一位不小心打翻了饮料。如果是你，在两组选手中更喜欢哪一位？实验结果表明，才能出众却犯了小错误的人最受欢迎，才能平庸又犯错误的人最缺乏吸引力。说明一个很有才能的人，如果犯了一点小小的错误或者暴露一些个人的缺点，反而让人觉得可爱、有吸引力。这就是犯错误效应。

俗话说高处不胜寒，一个人如果能力超群，会使他人备感压力，产生不平衡或嫉妒心理，或者产生屈尊感，觉得这个人高不可攀，因此敬而远之。聪明才干的人不经意间犯一些小错误，反而让人觉得他和别人一样会犯错，也有平凡的一面，从而使人感到安全。

因此，在人际交往中，我们需要表现自己的才能，但无须让自己完美无缺或十全十美。

第三节 大学生人际关系障碍及调适

一、大学生人际交往关系的重要性

我们生活的社会是由各种错综复杂的人际关系组成的网络。社会的发展需要人与人之间广泛而深入的联系和协作，因而人际交往的意义更加突出。培养良好的人际关系能力，不仅是大学生活的需要，更是将来适应社会的需要。

大学是人际关系走向社会化的一个重要的转折时期。当代大学生正处在探索人生、认知社会、掌握专业知识的阶段，其人际交往质量直接影响到他们在校的学习和生活。在实践交往中，大学生虽然有强烈的交往动机，也认识到了交往在社会生活中的重要性，但当他们进入大学以后，面对一个全新的环境和陌生的群体，由于个性、成长经历、家庭环境、文化背景、生活习惯、思维方式、行为方式不同，在与他人的相处中，人际关系冲突经常发生，形成了人际障碍。心理学工作者分析当代大学生人际交往障碍的成因，并有针对性地提出解决的办法，增强大学生的交往能力，改善人际关系，有助于大学生顺利适应未来的社会生活。

人际交往是大学生身心发展的一种需要，它是维护大学生身心健康的重要途径。对于青年期的大学生而言，他们思想活跃、感情丰富，尤其是人际交往的需要极为强烈，大家都努力通过人际交往来获得友谊，满足自己物质和精神上的需要。此时，积极的人际交往、良好的人际关系，不仅使人精神愉快、充满信心，而且会使人保持乐观的人生态度。一般来说，具有良好人际关系的学生，大都能保持开朗的性格，热情乐观的品质，从而能够正确认识、对待各种现实问题，化解学习和生活中的各种矛盾，形成积极向上的优秀品质，迅速适应大学生活。相反，如果缺乏积极的人际交往，不能正确地对待自己和他人，心胸狭隘，目光短浅，则容易形成精神上、心理上的巨大压力，难以化解心理矛盾，严重的还可能导致病态心理，如抑郁症。

人际交往是大学生成长成才的重要保证。现代社会是信息社会，信息量大且价值高。人们对拥有各种信息和利用信息的要求，随着信息量的扩大，也在不断地增长；人际交往是交流信息、获取知识的重要途径。大学生通过人际交往，可以相互传递、交流信息和成果，不断完善自己的经验，开阔视野，活跃思维；人际交往是个体认识自我、完善自我的重要手段。孔子曾说过。"独学而无友，则孤陋而寡闻"。人际交往实际上就是一种获得和交流知识信息的社会活动。在当今信息化充斥的社会里，那些不愿意与他人交往的学生，必然在自己与社会之间筑起一道道屏障，从而孤陋寡闻。因此，人际交往不但能够使人拓宽自己的知识视野，而且还能成为大学生成功道路上的润滑剂。

大学生正处于人生的重要发展时期，其主要活动都是在人际交往中进行与实现的，大学生对人际交往有着强烈的渴望和要求，人际交往以及人际关系如何不仅直接影响大学生的学习效率、生活质量和心理健康，而且直接影响其能否主动适应现代社会和取得事业的成功。但是，由于各种原因现在的好多大学生在人际交往中存在着障碍。

二、大学生人际关系的障碍

1. 沉溺于网络的虚拟交往，排斥现实的人际交往

互联网自从进入中国之后，得到了迅猛的普及与发展，日益成为人们必不可少的生活用品。人们可以在网上查询资料，进行金融投资，玩游戏，更重要的是互联网方便了人们的交流，QQ、微信、微博等网络交流软件成为人们日益重要的交流工具。

大学生网络人际交往的含义就是大学生利用互联网这一交流平台与他人进行信息交流的人际交往活动。网络交往软件的开发和使用，方便了大学生的网络交往。大学生在进行网络交往时可以避开比自己年长或者自己不喜欢的人，而是选择和自己年龄相当或兴趣相似的人交往，因为大家有共同的语言，相同的兴趣，让很多大学生以为在网上找到了知己。网上的人际关系比较单纯，现实中的人际关系比较复杂，充斥着各种利益冲突，对于喜欢追求自由，不喜欢受到束缚的大学生而言，网络交往对他们更具吸引力，有些学生甚至沉溺其中不能自拔。因此网络人际交往造成了一部分大学

生网络成瘾。所谓网络成瘾，是指由重复地使用网络所导致的一种慢性或周期性的着迷状态，通常会迸发难以抗拒的再度使用的欲望。由于忽视了现实中的人际交往关系，有些大学生在网络交往过程中能夸夸其谈，游刃有余，反而在现实生活中却显得沉默寡言，甚至与周边的人格格不入，不善于处理与同学的关系。相对于现实交际而言，网络语言更加丰富，网络表情既有趣又可以准确地表达自己的心情，许多在现实生活中不能说或者说不出口的话，都可以在网络交往中用文字表达出来，例如，表达内心的激情或者苦闷，在现实交往中说出来可能会难以启齿，但是在网络中却显得很自然。这就让有些大学生更加依赖于网络交际，而对于相对复杂的同学关系、师生关系，则产生畏惧感或厌恶感，宁愿把自己的感情浪费在网络的虚拟交际中，也不愿与师生搞好关系。但是，网络交往并不能面对面交流，无法感受对方的感情变化及进行眼神交流，而且有些网友相距太远，只是一个熟悉的陌生人而已，不会对大学生自身的社交有所帮助。

同时，在网络虚拟交往中，许多交往软件功能很丰富，例如，QQ、微信等，大家不仅可以通过这些软件进行语言上的交流，还可以分享自己的生活，发现对自己有用的信息。这些软件还开发了一些小游戏，在玩游戏的同时，也可以和游戏玩家进行交流。喜欢追求潮流的大学生非常喜欢在闲暇之时，玩这些小游戏来打发时间。而且由于网络打破了时间和空间的限制，大学生可以在网络上认识许多新朋友，甚至是外国朋友，在接触到具有不同地域风情的人的同时，也极大地扩展了自己的交际圈，这些都是现实社会交往所不能满足的。现实社会交往的复杂以及社交圈的局限，让一部分大学生通过网络交往去寻找乐趣，寻找自己心灵上的慰藉，或者逃避现实社会交往的失败，所以一些在现实生活中不善于交流的学生就会沉溺于网络，在网上寻找自己的朋友，对现实交往避而远之，长此以往就更加处理不好周围的人际关系，造成恶性循环。

2. 以自我为中心，缺少对他人的理解和宽容

现在的独生子女越来越多，家长对孩子的溺爱越来越严重，导致一些孩子以自我为中心，只顾自己，不管他人。在人际交往中，只注重自己的兴趣爱好，为满足自己的个人需求，不管不顾他人感受。这种交往方式存在着一种自私性。人际交往中双方都是主体，那么在交往过程中双方相互作用产生矛盾，使人际交往出现障碍。

当代大学生独立、自信，进入大学以后他们的自我意识迅速增强。在自我意识觉醒的同时，他们往往以自我为中心，过度关注自我，习惯于指责社会和他人，这恰恰给自己的交往带来了困难。其主要表现为：用自己的观点对外界进行评价，强调外界对自己的尊重、肯定，倾向于满足自己追求的利益。

一些大学生在人际交往中不重视与他人的协调、融洽，他们更多地是从自己的利益、感受、需要出发，关注自己在人际交往中的地位、形象、别人对自己的评价以及自己利益的满足和自身价值的体现，很少考虑别人的兴趣、利益和需要，缺少对他人的真正的理解和关心，自私自利。当与别人的意见不统一时，固执己见，盲目坚持自己的观点，苛责别人，觉得别人不理解自己或者故意针对自己，甚至对别人的人格品质进行指责和攻击，虽然对他人造成了伤害，却往往觉得自己受到了非难。他们以自我需要是否得到满足作为人际交往成功与否的标准。自我需要得到满足就是人际交往成功，否则就是失败。当代大学生自尊、自强、自信，他们主观上是重视人际交往的，希望凭借他人的认同、肯定和良好的人际氛围来实现自我满足和自身价值。但是由于过度以自我为中心，他们往往达不到这样的目的与愿望。

3. 人际交往理想化，缺少对人际交往的理性认识

大学生理想化的人际交往主要表现为对人际交往的期望值过高和用理想化的尺度来衡量现实。大学生人际交往的动机相对比较单纯，情感的因素占绝大多数。他们大多是从理想、道德、价值观、性格、兴趣等方面在和自己比较接近的人中选择朋友。在人际交往中真诚、坦率，感情色彩比较浓，因此对人际关系抱有比较高的期望值。多数大学生在未进入大学之前将大学想象成一方净土，他们赋予大学人际关系理想、完美的色彩。但是大学校园人际关系的复杂性和多变性，使得许多单纯的大学生没有充分的心理准备，当接触到大学人际交往中的矛盾或不足时，就感到与自己的理想相去甚远，产生了失望与不满的情绪。过于理想化的认识使得他们不能正确认识大学的人际环境。在校大学生对交往对象十分挑剔，并且缺少宽容和理解。他们或者因对方的某些缺点而不愿与其交往，或者因对方某些观点与自己不和而产生排斥心理。彼此之间变得冷漠疏远，关系僵化，人际交往中断。容易主观和极端，当交往顺利的时候，就觉得都是好人，处处温情；交往受挫时，就觉得人心险恶，到处都是阴谋诡计。把本属于正常的矛盾视为异常，把自己交往能力的不足，处世的单纯所带来的人际不适也归因于人际关系的复杂，进而导致了心理障碍的出现。

4. 嫉妒和猜疑

不同的背景、不同的相貌、不同的地域，还有不同的学习能力等，使大学生产生一种在某方面不如别人的心理。这种心理导致羞愧、愤怒甚至怨恨，在有的时候它对人的成长也有积极的影响，但更多的却是消极的影响。大学生在人际交往过程中，嫉妒心理一旦产生，就很难再以一颗平常心去处理与周围同学的关系，它往往带有浓厚的感情色彩，把这种感情色彩带到人际交往中去就会产生一种不和谐的感受，从而使人际交往失败，产生障碍。

猜疑心是在交往中由主观推测而产生的对他人不信任的复杂情感体验。有这种心理的人对别人总是有不信任的态度，认为人人都是自私的、虚伪的，他们总是以一种怀疑的眼光看人，对人存有戒心，总怀疑别人在议论自己，算计自己，自己又不肯讲真话，戴着假面具与人交往。这不仅影响了正常的与人交往，而且还影响了正常的学习和生活，严重者还会诱发心理疾病。

大学面对的是新环境、新同学、新室友、新老师。开始有些人不适应这种改变，只和以前的朋友、老师联系，不结交新的。而且整天怀疑周围的人是不是在指点自己、新老师是不是不喜欢自己，也因此失去了结交新朋友的机会。在人际交往中，一旦掉进猜疑的怪圈，必定处处神经过敏，事事捕风捉影，对他人失去信任，对自己也产生疑窦，从而损害正常的人际关系，产生人际交往障碍。在寝室中，几个同学朝夕相处，他们相处基本都比较融洽，但时间长了大家了解加深，一些不好的习惯也显现出来，这时候难免会产生一些小的摩擦，如果不能正确处理寝室关系，对于一些人来说就会产生交往的障碍。

5. 自卑心理，缺乏自信

自卑是一种消极的自我评价或自我意识。自卑心理大部分存在于那些家庭情况并不是特别好或出身于农村的学生群体之中。大学生活与高中生活相比，更加自由、开放、自主。在大学校园中，每个学生都可以释放自己的个性，可以做自己喜欢的事情，这就导致了学生之间的差异更加明显。因为大学生归根到底依然还是学生，没有固定的收入来源，几乎所有的生活费用都来自家庭，那么在校园里的生活质量主要就由家庭的经济状况来决定了，有些同学家庭富裕，生活质量较好。而那些家境一般的同学无形之中就产生了自卑感，影响他们与别人正常地交往。

同时，在学习成绩、参与校园活动、才艺展示等方面的失败也会让学生产生自卑心理。与高中时期的以分数论英雄不同，大学时期学生们可以参加各种校园活动，参加各种文艺展示和比赛，在大赛中获得名次和奖励，提高了自己的知名度，也引来许多学生的羡慕。但对那些没有一技之长，或者在校园活动中不能展露拳脚的同学来说，在羡慕的同时，也会引发自己的自卑情绪，认为自己没有优点，从而参与校园活动的积极性大大降低，而且不喜欢和别人主动交往，总是认为自己身无长处，不值得别人去交往，从而远离社交，逃避现实，在自己的世界中寻求安慰。不积极参与校园活动，那么就很难在校园中拓展自己的人际交往圈子，这就导致自己的人际资源很有限，限制了自己人际交往能力的发展。如果在自己有限的人际圈里得不到别人的认同和响应，同时又无法积极拓展自己的交际圈，这会严重打击学生的自信心，让他们没有信心去建立健康而又广泛的朋友交际圈，从而更加自卑，更加逃避现实，不愿与人交往。

6. 缺少人际交往的经验和技巧

大学生在其高中阶段学习任务非常紧张，少有机会培养自己人际交往的能力，成绩在过去一个阶段成为体现其价值的主要的标准，他们学习上是佼佼者，但生活阅历简单，心理承受能力差。步入大学后，面对众多经过高考选拔上来的优秀者，他们曾经的优势在这里并不明显，一向笼罩的幸运光环好像也隐去了，有一种茫然和失衡的感觉。因此他们不能正确分析评价自己，恰当处理同学关系，极易产生困惑和错觉。

不懂得如何交往：很多大学生缺乏人际交往知识，不懂人际交往原则，如何发挥人际交往的作用，如何掌握人际交往的发展阶段，如何克服人际交往中不利的因素等。因此他们普遍感到人际交往是一件很困难的事，同学之间、师生之间、朋友之间不知该怎样相处，相处时需要注意哪些事项等。

不擅长交往：一般刚入校的大学生在新环境中比较拘束，且适应能力较慢，尤其是在异性和非同龄人面前会特别紧张，不够大胆，不会主动交往，甚至有少数同学有自闭心理，又加之大学生在人际交往方面缺乏技巧，缺乏交往的经验，有时候他们想关心人，但不知从何做起；想赞美他人，可怎么也开不了口或词不达意；他们交友的愿望也很强烈，但总感到没有机会。大学生掌握人际交往的技巧和方法不熟练，阻碍了他们和他人交往的顺利进行。

7. 人格障碍和个性障碍

人格障碍是另一种常见的人际交往障碍。所谓人格，是指人在各种心理过程中经常地、稳定地表现出来的心理特点，包括气质、性格等。人格的差异带来交往中的误解、矛盾与冲突，人格不健全可直接造成人际冲突。个性障碍是一种由交往双方的个性意向(需要、兴趣、动机、理想、信念等)和个体心理特征(气质、性格、能力等)的差异而引起的障碍。由于人的个性比较稳定，且具有习惯化的特点，因此由个性心理品质引起的障碍较之其他障碍更难消除。

在大学生的人际交往中，这种障碍主要表现为以下几个方面。

第一，为人虚伪。与虚伪的人交往时，人们常会担心上当受骗，有一种不安全感。

第二，骄傲自满。这种人认为自己了不起，或恃才自傲，给人一种威胁感；或自吹自擂，使人难以相信。

第三，孤独自满。别人不愿意与其接近，自己也不想与人接近，总觉得与人交往是一种负担。

第四，苛求于人。不切实际地要求对方，挖空心思地挑剔别人，这也不称心，那也不如意，常使人感到不快。

第五，不尊重人。置别人的存在于不顾，常常挫伤别人的自尊心，破坏别人的社会心理需要的满足。

第六，报复心强。受不得半点委屈，甚至会无端地报复别人。

8. 其他外界因素的影响

(1)家庭教育的原因

现在很多父母总怕孩子吃亏，慢慢地养成了孩子自私的心理。有的家长不愿意与孩子交谈，了解他们的内心，只就使得他们封闭自己。因而导致他们在一个完全陌生的环境不知道怎么与人交往。

(2)社会的影响

市场经济的发展，一方面推动了我国经济社会的发展，另一方面也助长了一些功利思想的膨胀，这种思想意识也影响了大学生的处世理念和行为方式。大学生在对他人认识交往时，常常是从他人好的或者坏的局部印象出发，扩散而得出全部好或全部坏的整体印象。部分学生对别人的评价不从现实的观察、了解出发，而是从主观出发；

有些大学生对某学生组织或个人最简单的固定化的认识，这容易产生偏差，造成"先入为主"的成见，阻碍人与人之间正常的认知与交往，导致大学生在交往中产生误解。

（3）语言差异

由于人们的语言修养不同、表达能力不同，对同一种观点或事物，有的表达得很清楚，有的则可能词不达意；对同样一种信息，有的听了就能理解，有的则可能不知其所以然。尤其是在我们这样一个拥有多种方言的国度里，用不同的方言表达思想时，在一段时间内就可能产生语言上的障碍。大学生来自祖国的五湖四海、大江南北，人际交往中的语言障碍更是不可避免。人与人之间的信息沟通主要是借助语言来进行的，从严格的意义上讲，没有语言也就无所谓人际交往，不善于运用语言就不可能有成功的人际交往。在学校里，语言障碍是同学之间、师生之间交往的一个屏障。

（4）孤独感

孤独感在青年期有其心理上的独特性，随着心理的逐渐成熟，他们越来越发现自我与众不同的特点，产生了与他人交往、了解别人内心世界并被其他同龄人接受的需要。如果这种需要得不到满足，便容易感到空虚，产生孤独感，自我封闭、不愿交往。这类学生往往在学习生活中独来独往，缺乏交往的愿望和兴趣，有意远离集体，自我封闭，孤芳自赏。这类大学生或是出生、成长于优越的家庭环境，长期被父母娇生惯养，养尊处优；或是在成长过程中受到过很大挫折，心理压力大，往往会产生很严重的心理障碍，进而影响学业和身心成长。

三、大学生人际关系障碍的调适

针对大学生人际关系的现状以及导致人际关系不理想的原因，家庭、学校、社会等各方面应积极采取措施，对大学生在人际交往上进行科学合理的教育和引导，大学生自身也应积极寻求帮助，努力掌握人际交往的知识和技巧，尽快完成心理调适，学会与人交往，与人合作，建立良好的人际关系。如果调控不当，就有可能导致大学生人际关系向生活的极端物化、人情冷漠、尔虞我诈的方向发展。因此，加强对新时期大学生人际关系的调控和正确引导，是大学生健康成长的关键。

1. 调适的基本方法

完善认知、健全人格、掌握技巧是大学生人际关系调适的基本方法。

任何大学生人际关系的不良倾向和障碍都有其认知根源，不和谐的人际关系来源于不健全的认知。建立和谐的大学生人际关系需要不断完善认知，改善认知模式。首先要充分认识人际关系的意义和重要性，学会与人相处和协调人际关系，其次要正确认识自己和他人，每个人都有自己的长处和短处。在交往中要做到不自负，不要老拿自己的长处与别人的短处比。同时在交往中也不要自卑，不要习惯于拿自己的短处与别人的长处比。

健全的人格是良好人际关系形成的基础。人格因素是人际关系中的重要因素。一个对自己有满意感、悦纳自己、悦纳别人、独立的健全的人在人际交往中具有极强的人际吸引力。不良的人格因素会妨碍良好的人际关系的形成，以自我为中心，缺乏同情心，情感易变化、激动会造成人际关系的紧张。

在长期的社会生活中，有许多交往的规范和技巧有利于促进良好人际关系的形成。首先要正确运用语言技巧和非语言因素对人际关系的影响。相关研究显示，语言能传递7%的信息，语调和音质传达了38%的信息，非语言的暗示传达了55%的信息，此外还要注意第一印象的作用。最著名的研究当数美国社会学家戈夫曼的"戏剧论"，它告诉我们要对自己的形象进行主动的控制，通过自己的设计给别人留下一个好印象。同时，人际交往的双方，就好像一个剧班、一荣俱荣，一损俱损，所以双方应该互相欣赏，互相鼓励。戈夫曼的"戏剧论"对改善大学生的人际关系具有非常重要的作用。其包含的具体方法如下。

(1)普及心理健康知识，特别是普及如何与人交往、沟通的知识和技巧

人际关系的基础是人与人之间的相互重视、相互支持。从心理上讲，每个人都是天生的自我中心者，个人都希望别人能承认自己的价值，支持自己，接纳自己，喜欢自己。对于真心接纳我们、喜欢我们的人，我们也更愿意同他交往并建立和维持关系。懂得了这些道理，大学生就会清楚怎样改善自己的人际关系，提高人际交往能力。

(2)培养积极的心态

人际关系的核心是合作和沟通，与他人合作和沟通，首先要有积极的心态，理解他人，关心他人。日常交往活动中，要主动与他人交往，不要消极回避，要敢于接触，尤其是要敢于面对与自己不同的人。其次要从小做起，注意社交礼仪，积少成多。再次要善于去做，大胆走出校门，消除恐惧，加强交往方面的知识积累，在实际的交往生活中去体会，把握人际交往中的各种方法和技巧。另外，要认识到在与别人的交往中，打动人的是真诚，以诚交友，以诚办事，真诚才能换来与别人的合作和沟通，真诚永远是人类宝贵的品质之一。

(3)克服人际交往中的偏见

在现实生活中，人们往往受到主客观条件的限制而难以全面看待问题。尤其在对别人作出主观评价时，常常因各种偏见的影响而造成歪曲的社会知觉，对别人的行为作出错误的判断，影响和阻碍了大学生良好人际关系的建立。

(4)讲究社交礼仪，提高自身修养

人与人第一次交往中给人留下的印象，在对方的头脑中形成并占据着主导地位，即首因效应。因此，在社交活动中，可以利用这种效应，展示给人一种良好的形象，为以后的交流打下良好的基础。当然，这在社交活动中只是一种暂时的行为，更深层次的交往还有赖于在谈吐、举止、礼节、修养等各方面的素质。良好的个性特征对建立良好的人际关系有吸引作用。

（5）在人际交往中注意自我保护

在与人交往过程中，应该坦诚相待，不应该有过分的猜疑。但在人际交往过程中，也应该有一定的防范心理，以免在交往过程中被人利用大学生的同情心而受到伤害的事情发生。当代大学生是社会主义和谐社会建设的主力军，他们不仅要有发达的智力和渊博的知识，还要具有较强的交往能力。人际交往建立在共同理想与信念的基础之上，建立在待人热情、心地善良、合作、友爱的心理氛围之中，形成和谐的人际关系。对当代大学生人际关系的对策研究不是一蹴而就、一劳永逸的，它还需要人们在不同时期、根据不同情况不断地关注和深入研究。

（6）正确处理好现实社会人际交往和虚拟社会人际交往

以网络为载体的交往方式一方面促进大学生自主意识、信息知识、民主平等等观念增强，可以消除由现实社会种种限制而导致的人际心灵沟通的障碍，另一方面如果长期沉迷于虚拟人际交往也会引发心理孤独和压抑，正如美国斯坦福大学学者诺曼尼指出的国际互联网会制造一个充满孤单者的世界，严重的将导致大学生人格障碍，美国心理学家金伯利·杨（Kimber S. Young）指出，"病态网络使用者在网络上所找的不是资讯，而是社会支持、性的满足和在其上创造一个新的人格"。因此要引导大学生适度控制对网络的依赖，既要扩大网上交际面，又要重视现实生活中的人际交往，使生活更加丰富多彩。

对于极少数还没接触网络和已经接触网络还没成瘾的学生，我们要鼓励他们利用网络进行交往，丰富其交往手段和内容，同时高校思想政治工作者要加强自身网络素养，经常了解学生上网的内容，分析其可能给学生造成的影响，及时对学生进行正确认识和使用网络的教育，做到"早发现、早介入、早教育"，以防止学生网络成瘾症的发生。

对于那些沉迷于网上交往已较大地影响现实人际关系的学生，一是要限制上网时间，鼓励多与外界接触，充实生活内容，转移注意力，积极参加校园举办的各种活动。二是家长和教师要进行心理疏导，制止学生上网过频、时间过长或接触不健康内容，而对上网寻求健康有益的信息应予以指导和支持。三是采用现代心理咨询和治疗手段比如认知疗法和行为矫正法治疗网络成瘾症。

2. 不同人际关系障碍的调适方法

（1）家庭事件与自我调适

在大学期间一些大学生可能会面临亲人亡故或父母离异等家庭悲剧。虽然大学生已经不像儿童或少年那样完全依附于家庭，但他们与家庭的联系仍然是很密切的，对家庭仍有强烈的情感上的依恋，一旦有家庭悲剧发生对他们在感情和精神上的打击都是巨大的。因此，大学生一旦遇到此类不幸，应学会自我调适，使自己尽快从危机中解脱出来，避免它持续、长时间地影响自己的学习和生活。

正确面对现实。当亲人亡故或父母离异既已成为任何人都无法改变或挽回的事实时，应该勇敢地、心平气和地面对这一切。大学生胡某在大一时，父亲不幸突然病故，而母亲又是一名精神病患者，父亲的去世，使得家里顿时失去了经济来源，他陷入了巨大的悲痛之中，曾一度萌发自杀的念头。但是他在关键时刻想到了家里发生的不幸不是自己的责任，不应为此背上沉重的心理包袱。他及时调整自己去接受和适应这残酷的现实。虽然家庭的不幸给自己带来了苦难，但是只要你化悲痛为力量，战胜它，这就意味着你拥有人生最大的一笔财富，这笔财富会成为你克服未来人生道路上任何艰难困苦的动力，使你拥有一个阳光灿烂的明天。

淋漓尽致的倾诉。我们常说一个人的快乐说出来就是一万个快乐；而一个人的痛苦，说出来就只有半个痛苦。因此遇到家庭不幸也不必抱着家丑不可外扬的心理而独自承受那一份痛苦，不妨找几个倾诉对象，如心理咨询师、朋友、各种电台的心理咨询热线等，把自己的不幸和痛苦淋漓尽致地向他们倾诉，接受别人的理解、同情和安慰，你心中的郁闷就会烟消云散，压抑的心理就会变得明快起来。

丰富自己的生活。遇到家庭的不幸不要总是沉浸在痛苦烦恼、自责、怨恨之中，而是要积极行动起来，该干什么就干什么，做自己感兴趣的事；找同学、朋友聊天；听音乐、参加体育活动；周末与同学一块玩或独自到图书馆去看些娱乐性、消遣性的书籍。总之，别让时间白白流逝，别让自己无所事事，让多彩的生活赶走你的忧伤、痛苦，使自己没有时间，没有精力，没有心思关注自己的苦恼。

(2)失恋与自我调适

在大学生的人际关系中恋爱关系不仅体现了人际关系的所有特点，而且也是个体自我认可的重要基础。大学生中，很多人对恋爱关系的看重已超出了这种关系的本身特点，把它看作自我价值和自尊的基础。因此，失恋对大学生造成的影响不仅是情绪、情感的波动。而且还会导致大学生自我价值的丧失和自尊的严重失落感。如果不及时调整自己的心态，还可能导致长期的抑郁，产生精神性疾病，甚至出现自杀行为和攻击行为。因此，失恋的大学生应该学会调整自己的心理，使自己尽快从失恋的阴影中走出来，重新迈向新的生活。

①寻求社会支持。我们每个人都是社会的人，都必须与他人发生关系，生活在与他人的交往之中。当一个人在生活中受到压力，处于困境时，如果能得到家庭、朋友、同学等的支持，便能很快摆脱困境，身心不受伤害。相反，如果一个人孤独无援，面临困境，则可能被压力压垮。因此，大学生失恋了，不要无价值地折磨自己，而应该勇敢、积极主动地寻求父母、同学、老师的精神支持，向他们倾诉你心中的烦恼。因为此时的你可能有世界末日到来之感，无法清楚地判断自己的处境，可你的同学朋友老师父母都很清醒，他们会倾听你的痛苦，去安慰你支持你想方设法帮你脱离苦海。

②消除心理固着。失恋后的第一反应往往是痛恨对方，然后感到自尊的严重失落。因为恋爱时双方都努力表现出优点，掩盖缺点，彼此也只看到对方的优点，对缺点则视而不见，所以失恋后就会产生否定自己，肯定恋爱对象全部优点的倾向。因此，对

于一个深恋对方而被拒绝的人来说，他可能总是在想我失恋了一切都完了。"而无力自拔，这就是心理固着。对失恋的大学生来说，必须消除现有的消极的心理固着，重新选择一个新的心理内容，如："我失恋了，这一个故事结束了，但我还有我的学习、我的朋友及我追求的事业，一切都会过去，明天太阳照样升起。"当新的心理内容成为新的心理固着后。你会发现生活又回到了美好的状态。

③运用精神自慰法。失恋者之所以痛苦，其主要原因则在于把对方看得过重和过高。如果失恋了都能来点精神自慰法，把对方贬低一番，如列出对方的缺点清单，从长相到行为，甚至细微的不良行为习惯都不能漏掉，最后你会发现，原来对方是一个"不堪忍受"的家伙，幸亏他最终没有成为自己的终身伴侣，这应该是一件值得庆幸的事。虽然精神自慰法多少有点自欺欺人，但它可以换取失恋后的"心理平衡"，有助于减轻失恋的痛苦。

(3)同学关系冲突与自我调适

同学关系是大学生人际关系中最基本的关系。他们通过与同学的交往，不仅认识社会、掌握礼仪、接受规范，做好进入社会的准备，也是他们保持心理平衡的手段。如果同学之间都能友好、和睦地相处，这不仅能增进他们的心理健康，而且还能使他们的潜能得到更大发挥。但由于大学生自尊心很强，情感易冲动，社会经验不丰富，人际交往能力还没有得到充分的发展。因此，相当一部分大学生在日常生活中不善于处理与同学的关系。如果这种冲突持续时间长，当事人又不能及时进行心理调适，极易使他们产生不安、焦虑、自卑、孤僻等不良心理，影响自己的心理健康或学业成绩。因此，大学生在与同学发生人际冲突后，应学会及时调整自己的心态，避免由于消极情绪的持续影响而导致心理及交往上的障碍。

①反省自己。同学之间朝夕相处，由于各自的生活习惯、性格、兴趣等方面的不同，彼此之间发生矛盾冲突亦在所难免。一旦冲突发生，既不要把责任完全归咎于自己，使自己处于烦恼、自责状态而无法自拔；也不要把责任全部推卸给对方，指责对方的不是，甚至侮辱他人的人格和破坏他人的自尊，其结果只能使冲突延续和加剧，于己于人都不利。因此，与同学发生冲突时，应学会清醒地反省自己，理智客观地分析冲突产生的原因，吸取教训，及时化解冲突，也避免今后在与别人相处时重蹈覆辙。只有知己知彼，彼此宽容，才能与同学和谐相处。

②转移情感。常言道："路遥知马力，日久见人心。"大学生与同学之间的交往，随着时间的推移，彼此之间的了解也日益加深，由此也可能在性格或其他方面暴露出彼此互不相容的缺点而导致与别的同学发生冲突，冲突的结果必然会导致心理上的焦虑、不安，使原有的友谊瓦解。此时，如果彼此都觉得较难化干戈为玉帛，重修旧好，不妨及时转移自己的情感，重新寻找情投意合的同学并与之建立新的友情，这样，可以使自己迅速摆脱由同学反目而带来的痛苦和烦恼，待彼此平静时，再修复原有关系。

③悦纳他人。人生在世，不如意十之八九。与同学发生冲突只不过是苦乐人生中

的一个小小插曲而已，愉快地接纳它，它会使你的生活更丰富，使你的人生更经得起品味。愉快地容纳他人吧！所有的烦恼都会烟消云散。

■ 心灵健身房

9-1 优点轰炸

马克·吐温曾说过："只凭一句赞美的话，我就可以充实地活上两个月。"学会发现别人的优点并用使人悦服的方法赞美，是博得他人好感、同时满足自我的好方法。

活动内容：5～10人一组围圈坐。请一位同学坐在中央，其他人轮流说出他的优点和令人欣赏之处，如性格、相貌、为人处世等。被称赞的同学说出哪些优点是自己以前知道的，哪些是自己不知道的。每个同学轮流到圆圈中央体验被表扬的感觉。

注意事项：必须说优点，赞美要具体，态度要真诚，同时赞美要有根据，不能毫无根据地吹捧，这样反而会伤害别人。每位参与者要注意体验：被他人称赞时的感受如何？如何用心发现他人的优点？怎样称赞别人才是得体的？怎样才能做一个乐于欣赏他人的人？活动结束后交流以下自己的感受。

9-2 盲行

活动目的：通过助人与受助的体验，增加对他人的信任与接纳。

活动时间：约45分钟。

活动准备：指导老师事先选择好盲行路线，路线最好要有阻碍，如上楼、下坡、拐弯、桌椅，室内室外结合等。每个人准备蒙眼睛有的毛巾或头巾。

活动内容：团体成员两人一组，一位做"盲人"，一位做"拐杖"。盲人蒙上眼睛，原地转3圈，暂时失去方向感，然后在"拐杖"的搀扶下，沿着指导老师选定的路线，带领"盲人"在室内外活动。期间不能讲话，只能有手势、动作帮助"盲人"体验各种感觉。活动结束后两人坐下交流当"盲人"的感觉以及当"拐杖"的感觉，并在团体内交流。然后互换角色，再来一遍，再相互交流。

■ 问题与讨论

1. 如何消除人际交往中的认知偏差？
2. 大学生人际交往具有哪些特点？
3. 如何克服人际交往中的障碍？

参考文献

[1] 沈伊默. 大学生心理健康教育[M]. 重庆:重庆大学出版社,2018:88－89.

[2] 李新红. 吴菁莉主编. 大学生心理健康教育[M]. 上海:同济大学出版社,2018:168－170.

[3] 汪清. 大学生心理成长导航[M]. 苏州:苏州大学出版社,2017:125－129.

[4] 郭鹏. 大学生的心理健康教育(第3版)[M]. 徐州:中国矿业大学出版社,2017:126－145.

[5] 周蓓,雷玉霞. 大学生心理健康案例教程[M]. 北京:人民邮电出版社,2012:84－86.

[6] 张国成,邸卫民,王占龙. 大学生心理健康教程[M]. 北京:北京大学出版社,2008:113,134.

[7] 鲁忠义,安莉娟. 大学生心理健康教育[M]. 北京:教育科学出版社,2015.

[8] 王磊,田晓红. 大学生心理健康教育[M]. 北京:人民日报出版社,2013.

[9] 沙治邦,李怡宁,杨欢欢. 健康心灵,美丽人生——大学生心理健康教育[M]. 上海:上海交通大学出版社,2019.

[10] 俞国良. 大学生心理健康[M]. 北京:北京师范大学出版社,2018.

第十章　大学生性心理及恋爱心理——爱情解码

■ 思维导图

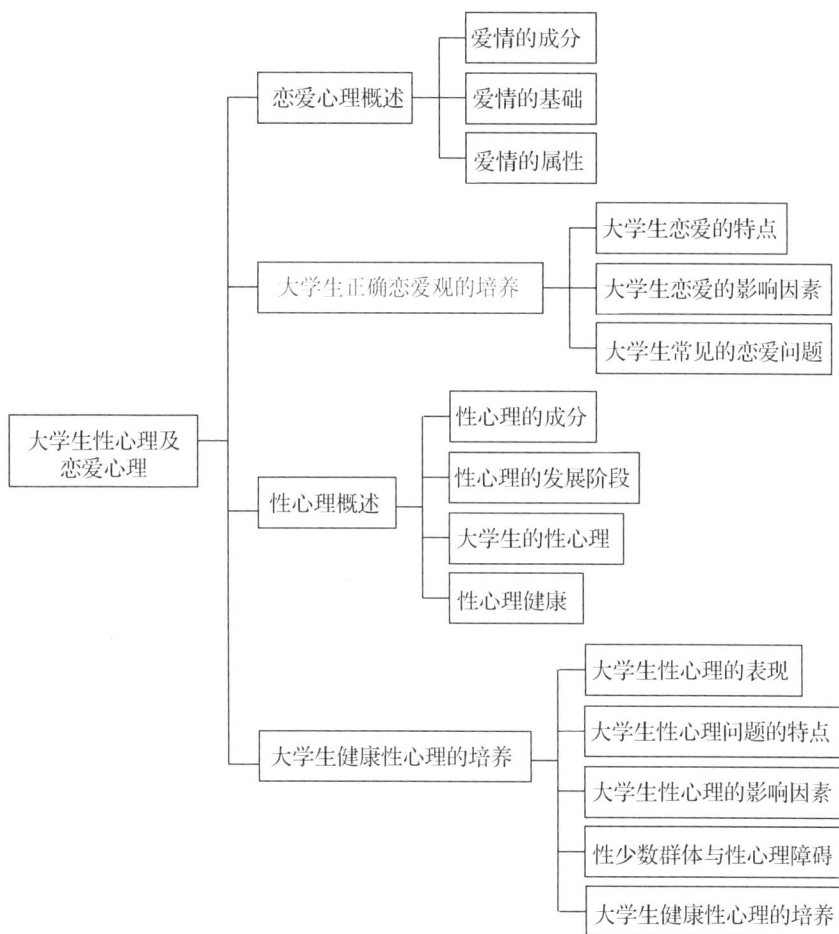

人出生两次吗？

是的。

第一次是在人开始生活的那一天；

第二次则是在萌发爱情的那一天。

如果你是石头，便应当作磁石；

如果你是植物，便应当作含羞草；

如果你是人，便应该做意中人。

美丽开在你的脸上，

爱情开在你心中。

爱情从回顾过去与憧憬未来中汲取养分。

爱人而不被人爱是最大的不幸。

天生万物中，

放出最大的光明的是人心，

不幸的是，

制造最深的黑暗的也是人心。

……

纯洁的拥抱，胜过千言万语。

把宇宙缩减到唯一的一个人，

把唯一的一个人扩张到上帝，

这才是爱。

——雨果

　　爱情是永恒的话题，人们不惜用最美丽的语言来描绘爱情的永恒和不朽，认为爱情能给人带来精神上的激励、情绪上的欢愉、生活上的充实，没有爱情的人生是苍白的、消沉的，甚至是不完整的。也有人由于看到他人的不幸或自己经历过不幸，对爱情持悲观的态度，认为美好的爱情只是文艺作品中的演绎，而生活中的爱情带给人更多的是痛苦而不是欢愉。对大学生来说，需要正确认识爱情，避免盲目和冲动。而性是恋爱关系中不可缺少的一部分，它贯穿在我们每一个人的生命成长中，正确认识性并树立健康的性心理对每个人的成长有重要的意义。对于大学生来说，性生理已趋于成熟，基本上完成了自我性角色的认同，性意识和性体验也较为明显，但由于大学所处的特殊阶段和任务，导致大学生的性需求与性满足之间出现了不协调现象，容易引发心理矛盾和冲突。因此，对大学生健康性心理的培养十分必要。

第一节　恋爱心理概述

"青年男子谁个不善钟情？妙龄女人谁个不善怀春？这是我们人性中的至洁至纯"，歌德在小说《少年维特之烦恼》里如是说。人们对爱情的渴望和追求如同夏日里的太阳雨，美丽却又有些伤感。同时，随着性生理的成熟和性心理的发展，渴望爱情，如何平衡爱情与性的关系已成为现在较为普遍的心理状态和心理困惑。因此，当青春携着爱情走来时，我们不免要问：爱情到底是什么？

一、爱情的成分

美国耶鲁大学的斯腾伯格教授提出了爱情三元理论(图 10-1)，认为人类的爱情基本由三种成分所组成：亲密、激情和承诺。

亲密是两人之间感觉亲近、温馨的一种体验。简单说来，就是能够给人带来一种温暖的感觉体验。亲密包括热情、理解、交流、支持及分享等特点。

激情是以身体的欲望激起为特征，表达形式常常是对性的渴望。激情是一种"强烈地渴望跟对方结合的状态"。通俗地说，就是见了对方，会有一种怦然心动的感觉，和对方相处，有一种兴奋的体验。

承诺指自己投身于一份感情的决定及维持感情的努力。承诺由两方面组成：短期的和长期的。短期方面就是要做出爱不爱一个人的决定。长期方面则是做出维护这一爱情关系的承诺，即认定了一个人，决定跟他在一起，而不要跟别人在一起，也就是结婚誓词里说到的"我愿意"，是一种患难与共、至死不渝的承诺。两者不一定同时具备。比如，决定爱一个人，但是不一定愿意承担责任，或者给出承诺。

喜欢
亲密

浪漫的爱
亲密+激情

伴侣的爱
亲密+承诺

完美的爱
亲密+激情+承诺

迷恋
激情

空洞的爱
承诺

愚昧的爱
激情+承诺

图 10-1　爱情成分理论

爱情三元理论认为，两性间的爱情形式因人而异，很可能情侣间的亲密关系和热烈程度各不相同，但在基本上都是着三种元素彼此不等量的配合而演化出来。

二、爱情的基础

爱情的产生需要基础，主要分为生理基础和心理基础。

1. 生理基础

爱情产生的生物学基础是生理的成熟。青年期是童年与成年之间的一个发展过渡期。一般认为它处于 12 岁、13～18 岁、19～20 岁，青年期始于青春期，个体在此期间达到性成熟并具备了生殖能力。青年期的早期征兆之一就是青年人身高与体重的急剧增加。女孩一般发生在 9.5～14.5 岁之间，男孩一般发生在 10.5～16 岁之间。

青年期的第一性征是生殖所必需的器官，女性为阴道、卵巢、子宫；男性为睾丸、前列腺与精囊。这些器官的不断发育导致了性成熟。女性成熟的基本征兆是月经，男性成熟的基本征兆是尿液中首次出现精子。第二性征是和性器官无直接关系的性成熟征兆。包括皮肤变化、声音变化以及阴毛、鬓毛、腋毛和体毛的变化。

伴随着生理的成熟常常会带来心理上的变化。其中身体的早熟与晚熟会影响青年的心理。早熟的男孩平衡、自然、放松、受同伴的欢迎，较多成为群体中的领导；而晚熟的男孩常常觉得自己能力不足，被拒绝、被支配、有依赖心，缺乏安全感，攻击性强，反抗父母，而且较少想到自己。早熟的女孩子敏感、害羞、心理变化微妙。生理的成熟个体差异较大，大学生整体上性器官与性功能完全成熟。

2. 心理基础

身体的成熟一定会带来爱情吗？答案显然是否定的。中国人经常谈到的某个孩子"懂事早"特指其心理的成熟程度。尽管生理的成熟也受到社会文化与环境的影响，但心理的成熟更多受社会文化与环境的影响。大学生的心理是社会环境综合影响的结果，从校园到社会如此简单的人生经验，使大学生与社会紧密地联系在一起，其影响是双向的：一方面，社会文化成为大学生心理成长的催化剂，太多的传媒关注大学生，使他们的心理如同雨后春笋般急剧成长；另一方面，社会经验的短缺使他们的成长或多或少带有不现实性，或者说，象牙塔中的心理成长还带有相当的书院气息。个体的成长永远不可能脱离社会环境而存在，只有在社会多种因素的碰撞中，积极的因素占优势，大学生才会呈现较高的心理发展水平或达到理想状态，否则就会出现迟滞、消极或扭曲的状况，这一点需要引起高度重视。

三、爱情的属性

1. 激励性

在一对男女之间萌生爱情之后，除了会出现生理上和情绪上的变化以外，还会在思想乃至行为上发生许多改变。在很多情况下，爱情对于人的心理激励作用是巨大的，有时甚至是难以估量的。爱情对人的推动作用出于多种原因，可能是为了让对方更加喜欢自己，主动而情愿地改善行为，也可能是为了发展更好的恋爱关系，而做出自己不曾有过的努力，还可能是由于一方提出要求，而使另一方发生种种改变，等等。总之，激励性是爱情的重要属性之一，而且越是在恋爱初期表现得越明显。

2. 变化性

在最宽泛的意义上，爱情就是两性之间的相悦，是在与异性之间交往中感受到的身心的愉快，是因为异性世界的存在而感觉世界之美好的心情。拥抱美好爱情的人，是幸福而快乐的。然而，爱情在给人们带来幸福感的同时，也会让人感到它的不断变化性。与其他的人际关系相比，爱情这一关系中存在着更大的变化可能性。说起变化，一定会有两个走向，一个是向着更加亲密、更加成熟的爱情发展，而另一个则是向着爱情消减甚至消失的方向变化。发展成熟的爱情是两个心灵之间不断互相追求和吸引的过程，而且不会因为结婚而告终。长久的爱情会始终保持未完成的态势，相爱双方有着持续的热情，彼此把对方看作是值得继续发现和欣赏的人，使爱情能够获得良好的成长空间，在积极的变化中得以巩固和加深。但是，爱情不会宠爱每一个进入其中的人，往往热烈相恋的两个人，会逐渐失去原有的激情，最终不能成为心灵上和生活中的伴侣。正像我们目睹的众多实例那样，人们在求爱中得到了婚姻的应允，但也在不再"求爱"的生活中失去了原本应该属于他们的爱情。这种爱情状态的变化令人遗憾，也令人省悟和深思。爱情对于人生来说，不会是一个凝固的状态，会从人触碰到它的那一天开始，就不断地变化，要么慢慢变好，要么慢慢变差。变化是绝对的，不变是相对的。因此，认为"一旦获得了爱情，便可以一劳永逸"的想法，完全不符合爱情是会变化的自然属性。

3. 依赖性

情侣关系要比其他人际关系更具有依赖性，恋人之间在许多方面都需要相互依靠。首先，在精神方面，伴侣往往成为人生中最主要的精神支持者，在遇到困难和挫折时，给予对方最强大的精神力量，在取得成绩与成功时，彼此最先分享胜利的成果和喜悦。精神上的共同扶持与相互依托，是情侣之间存在真爱的最重要的标志之一。其次，在心理方面，伴侣之间相互倾吐心声和释放心理情绪，交流那些不能向外人吐露的心事，彼此排解生活和工作中的压力，建立了心理的归属感。最后，在生活上，情侣之间能给予对方多于旁人的关怀和照顾，更知道彼此的生活习惯和身体状况，更了解平日的生活需求和个人的好恶，从而满足生理上的各种需要。由于在这么多方面存在着两人的联结。恋人之间就会形成一种"依赖模式"，而且每对情侣之间都会有一个独特的依赖模式。依赖的类型一般包括安全型依赖和不安全型依赖，后者又可分为逃避型依赖和焦虑/矛盾型依赖。

安全型依赖风格使人在亲密关系里感到舒适，感觉接近他人是一件相对容易的事情，依靠他人也觉得很自在，很少担心被抛弃或者害怕他人与自己过于接近。在内心觉得自己有价值，是值得被爱和被关心的，同时也觉得他人是善良的、值得信任和可以依赖的。此风格在亲密关系里，既能维持双方的关系又可以保持自己的独立性。同时，因为对伴侣很坦诚，能够心情愉悦地进行自我暴露，因而能与伴侣的关系更加亲密。

回避型依赖风格的人在接近他人时感觉不自在，很难让自己信任、依靠他人，而当他人接近自己时会感觉紧张和不舒服。这类人从内心里不相信别人，不愿依赖别人，避免和他人有亲密接触，通过保持距离使自己免受可能的伤害。这样的人在建立亲密关系方面会有困难，因为害怕受伤，常以限制亲密关系的产生或逃避亲密关系的方式来保护自己。

焦虑/矛盾型依赖风格的人总感觉伴侣在疏远自己，至少没有像自己期望的那样亲密。他们期待与对方有密切的关系，但是经常怀疑对方是否真心愿意和自己在一起。他们不敢在内心肯定自己的价值，甚至觉得自己没有价值，不值得被爱。这样的人常常缩在自己的世界里，也会有逃避亲密关系的现象。当然，有的人反而会在亲密关系中呈现截然相反的情形，即过度依赖亲密关系，因为觉得自己没有价值、不自信，所以期待通过亲密关系来肯定自我，他们常常追求极端的亲密，往往令对方感到不适。

4. 排他性

与爱情的其他属性相比，排他性在恋爱关系中体现得更为突出，也是其他人际关系一般不具有的特性。已经产生爱情的一对男女，一旦进入正式的恋爱过程，就不会允许对方再与其他人有这种关系。在爱情关系中，彼此都想互相独占对方的感情，也只与对方表达和发展感情，不准他人的介入。由于排他性的作用，使得爱情成为一对一的感情，是只属于一对情侣之间的关系，因此，也可以用"专一性"来表述爱情的这个特点。

虽然排他性能够反映恋爱对象之间的亲密情感，以及双方对于感情的专一投入，但在许多情侣恋爱的过程中，彼此可能会在排他性上表现出过分的要求和限制。例如，不让对方与异性朋友正常交往，限制对方参与有异性在场的活动，甚至监视恋人的行踪等。这些行为看起来是对双方感情的保护，非常在意对方的交往状态，但实际上是对恋人的不合情理的控制，也是对双方感情表现出来的不安全感。任何类似的对于恋人的限制和跟踪，非但不能起到保护爱情的作用，反而会降低两人之间的信任感，破坏彼此已经发展起来的感情。所以，排他性不是排斥正常的人际交往。

总之，爱情是一种特殊的人际关系，是人类独有的强烈而美好的一种感情，是一对男女基于一定的客观物质条件和共同的人生理想，在各自心中形成的真挚爱慕，并渴望对方成为自己终身伴侣的一种最强烈的情感。因此，我们应该培养健康的恋爱心理和行为。

■ 心灵健身房

10-1 最吸引你的异性特质和最让你反感的异性特质

活动目的：通过两性意见对比，让男生女生能用更全面的眼光看待问题。

活动时间：30分钟。

活动准备：把班级成员分为"男生队"和"女生队"。

活动操作：两队分别讨论并总结出异性最吸引你的五项特质和最让你讨厌的五项特质。

10-2 面对恋爱棘手问题，有关技巧系列讨论

活动目的：无论你是处于曾经恋爱过，或是正在恋爱，还是准备将爱情作为未来几年的规划目标的状态，通过集体讨论，群策群力，一起攻克恋爱难题。

活动时间：不限。

活动准备：把班级成员分成若干小组，一组8～10人。特别强调：小组成员中男女生都要有，以便同学们从异性那里学到必要的知识。

活动操作：针对如何在失恋后成长、怎样礼貌友善地拒绝异性求爱、分手的艺术等常见的恋爱疑难杂症，通过小组讨论、角色扮演、案例分析等多种方式，在教师的指导下，展开热烈讨论，并总结相关技巧。

■ 心灵密室

10-1 鲁宾的爱情与喜欢量表

请针对自己的实际情况对下列陈述做出判断，符合记1分，不符合记0分。

1. 他情绪低落的时候，我觉得很重要的职责就是使他快乐起来。

2. 在所有的事件上我都可以信赖他。

3. 我觉得要忽略他的过失是一件很容易的事。

4. 我愿意为他做所有的事情。

5. 对他，我有一点占有欲。

6. 若不能跟他在一起，我觉得非常不幸。

7. 假使我很孤寂，首先想到的就是要去找他。

8. 他幸福与否是我很关心的事。

9. 他不管做什么，我都愿意宽恕他。

10. 我觉得他得到幸福是我的责任。

11. 当和他在一起时，我发现我什么事都不做，只是用眼睛看着他。

12. 若我也能让他百分之百地信赖，我觉得十分快乐。

13. 没有他，我觉得难以生活下去。

14. 当和他在一起时，我发觉好像两人都有相同的心情。

15. 我认为他非常好。

16. 我愿意推荐他去做为人所尊敬的事。

17. 以我看来，他特别成熟。

18. 我对他有高度的信心。

19. 我觉得大部分与他相处过的人都对他有很好的印象。

20. 我觉得他跟我很相似。

21. 我愿意在班上或团体中，做什么事都投他一票。

22. 我觉得他是许多人中，容易让别人尊敬的一个。

23. 我认为他是十二万分聪明的。

24. 我觉得他在我所有认识的人中，是非常讨人喜欢的。

25. 他是我很想学的那种人。

26. 我觉得他非常容易赢得别人的好感。

计分方式：分别计算1～13题和14～26题的总得分，如果前者的总分高于后者，说明你对他/她的感情更多是爱，如果前者的总分低于后者，则说明你对他/她的感情更多是喜欢。

第二节 大学生正确恋爱观的培养

爱需要涉及给予和接受爱，我们必须懂得爱，必须能教会爱、创造爱、预测爱。

——马斯洛

一、大学生恋爱的特点

1. 浪漫性

大学生对未来充满希望和追求，生活在远离世间纷扰的校园象牙塔里，因此，当代大学生的恋爱具有更多的梦幻色彩，他们大多以自己从文艺作品中概括出来的理想爱情，去勾画自己的理想的伴侣，强调理想、志趣、品质、性格等精神层面和气质、容貌等外在条件，而对承担实际生活困难的能力、责任等则重视不足。这是当代大学生恋爱难以经受考验容易变动的主要原因。

2. 易变性

大学生社会阅历较浅，加上正处于青年中期，因此，他们的恋爱大多具有冲动性，往往通过短暂交往就确定恋爱关系。而在恋爱过程中，恋爱的浪漫性使他们大多数人不善于处理恋爱中的纠葛，把很多的矛盾、摩擦都与感情联系起来考虑，不顾及许多客观条件的制约，从而使情感波动较大，产生变化。而为了恋爱而恋爱的情况使这种易变性更加突出。许多大学生只想在大学期间体验爱情的滋味，至于恋爱中可能遇到的问题和结果如何，他们并没有足够的思想准备，因此很容易因为一些小事而中断恋爱。

3. 多元性

所谓恋爱的多元性，一方面是指恋爱形式的多元，如异地恋、网恋等。另一方面也指有些大学生在恋爱过程中，双方或一方同时与恋爱对象以外的异性进行交往，并且对这些异性都具有超越一般友谊的心理倾向性，即潜在地把他们作为自己的恋爱对象加以考虑，只是暂时未公开化。当代大学生的交往范围比较广泛，在没有对爱情做出最终选择之前，他们希望通过更多的交往找到更适合自己的爱情。这是对爱情的慎重态度，无可厚非，它与事实上的多角恋爱不同。但是，这种多元性特征存在的广泛性和长期性，恰恰反映了当代大学生的心理不成熟和恋爱目的不明确的状况。

4. 突击性

这种突击的特点在刚进大学和即将毕业时表现得最为明显。大学新生独立生活的能力还不强，面对陌生的学习和环境表现出较大的心理依赖性。要解决自己的问题、寻求心理安慰，最容易想到的办法就是谈恋爱。这一时期，为了填补生活的空虚，或者迫于环境的压力，盲目从众的突击类型恋爱最多。临近毕业时，是大学生突击恋爱的又一个高峰期。许多学生希望能够在毕业之前找到终身伴侣，因此谈恋爱更加普遍化、公开化，最后确定恋爱关系的也较之前多一些。

5. 低龄性

大学生谈恋爱呈现出低龄化的趋势。一方面，由于大学生入学后学习目标尚未明确，又是处于新的生活环境，导致部分大学生错误地把恋爱作为入学后的要务之一。另一方面，受高年级学生影响，一些刚入校的大学生很快进入了恋爱的阶段。

■ 心灵图书馆

10-1《爱的艺术》

图书信息：弗洛姆著，李健鸣译，上海译文出版社，2008年出版。

推荐理由：在这本《爱的艺术》中，弗洛姆认为爱情与人的成熟程度无关，只需要投入身心的感情。如果不努力发展自己的全部人格并以此达到一种创造倾向性，那么每种爱的试图都会失败。如果没有爱他人的能力，如果不能真正谦恭地、勇敢地、真诚地和有纪律地爱他人，那么人们在自己的爱情生活中也永远得不到满足。

弗洛姆进而提出，爱是一门艺术，要求想要掌握这门艺术的人有这方面的知识并付出努力。在这里，爱不仅仅是狭隘的男女爱情，也并非通过磨炼增进技巧即可获得。爱是人格整体的展现，要发展爱的能力，就需要努力发展自己的人格，并朝着有益的目标迈进。

二、大学生恋爱的影响因素

1. 个人因素

在校大学生年龄大多在 18～25 岁，生理上，性器官已发育成熟；心理上，开始由性接近阶段向恋爱阶段过渡，从而产生了谈恋爱的需求和与异性交往的强烈愿望。伴随着青春的脚步，爱情会悄悄降临青年人身边，伴随性心理的成熟，对爱情的欲望与追求自然会在大学生的内心萌发。

2. 学校因素

这里的学校既包括中学，也包括大学。在中学，由于应试教育的长期影响，有不少中学领导、教师和学生家长以种种理由不准男女学生之间进行正常交往，有个别中学不仅不准学生阅读有爱情情节的读物，而且在生理卫生课上还有意回避性知识的教育，这样实际在一定程度上强化了部分学生对异性的神秘感、新奇感。而且，有的中学教师甚至有意无意地充当了一个鼓励学生在大学谈恋爱的角色。他们为了让学生压抑青春冲动，把所有的时间和精力都用在学习上，就为学生编造了一个非常美丽的"大学神话"：你们现在好好学习，不要谈恋爱，想谈恋爱，大学里有的是机会。这就使得一部分学生在进入大学后迫切地想尝试一下所谓的"谈恋爱的滋味"。高校的环境给大学生谈恋爱创造了客观条件。大学生生活在青年人高度集中的特殊环境中，年龄相仿，有着火热的热情和青春的活力，朝夕相处，有较多的共同语言，更容易产生感情上的共鸣而萌发爱情的种子。因此，从某种意义上说，不让大学生考虑爱情是不现实的。高校对大学生谈恋爱的态度，从过去的禁止谈恋爱转变为现在的默许、接受，既不提倡，也不制止。一些教师和辅导员采取的"不出问题不过问"的做法，实际上等于听之任之，放任自流，这就使得大学生不再把谈恋爱看作见不得人的事情，因而谈恋爱现象较为普遍。

3. 家庭因素

家庭对大学生恋爱的影响主要有三个方面：第一，现在多数的大学生都是独生子女，家庭的过分宠爱使他们产生了极其强烈的依赖心理，进入大学后从依赖父母转向对新的关爱的渴求。此时若有异性朋友的友爱与关注，极易发展为爱情。第二，在中学时期，大多数家长不了解子女青春期的心理，致使他们对谈恋爱的好奇心不断累积，到了大学，远离了家庭束缚，最终触发了体验恋爱的动机。第三，家长对子女校园恋爱的态度游移不定。不少家长认为，比起在社会上，孩子在大学里找到与之相配的生活伴侣的机会可能更大，特别是一些女大学生家长，更担心日后难以成家，所以希望孩子在大学期间谈好对象以解后顾之忧。当一些大学生看到社会上一些大龄青年难以找到理想的爱人时就不由得想起自己来，想到自己毕业后年龄已大，再进行恋爱会有困难时，这种外在压力对大学生恋爱之风也起到了推波助澜的作用。有些男生家长大力支持儿子谈恋爱，还提供恋爱经费。

正是由于这些因素的存在，大学生谈恋爱具有一定的合理成分，它既符合人的自然成长过程，同时也可以在一定程度上缓解心理压力，而且，如果处理得好的话，两个人还会互相促进，共同发展。我们不能否认大学生中有这样成功的爱情事例，也承认有些学生或多或少地可以从恋爱中受益。但是由于大学生社会阅历少、心理方面不很成熟，大学生的恋爱容易出现诸多问题，使本该美好的爱情变成了大学生发展的羁绊。

4. 社会因素

"恋爱热"的另一个重要因素是来自社会各方面的影响。长期以来，我国一直缺少对青少年爱情方面的系统知识教育，大学生的爱情知识大多是从一些文艺作品或从模仿成人获得的。而一些文艺作品对爱情做了过分的渲染，给刚刚步入生理成熟期但缺少社会阅历的大学生带来了极大的负面影响。古今中外言情小说中主人公的缠绵之情、影视剧中演员表现爱情的刺激性镜头、流行歌曲中爱的热情洋溢，这些不仅使部分大学生的爱情意识迅速膨胀起来，也刺激着个别学生想尽快尝试一下爱情的甜蜜。

■ 心灵加油站

10-1 远离危险关系——爱情的七大警讯

"因为，暴力不会凭空出现"，美国知名的临床心理学家诺爱尔·尼尔森博士说，"许多家庭暴力或分手暴力都有某些共通点，这些特性会在关系发展之初，通常是三个月之内出现。"危险爱情有以下七大警讯。

1. 旋风般的激烈开端

爱情开始于疯狂的追求，让人毫无招架之力。但过度疯狂的追求与奉承讨好，可能都潜藏危机，代表对方想不择手段，快速达到目的，代表一方不尊重另一方的隐私与感受，在日后可能会成为施虐者。

2. 占有欲极强

一方想操控另一方的时间、空间、身体、穿着、居住环境、情绪和人际关系。在他们的世界中"只有我俩"，排除其他人和事物的存在。操控者的需求得摆在第一位，而另一方的感受与自主性总是被忽略。

3. 激烈的情绪转变

强烈的情绪转变常让人措手不及，行为也有很大的变化，如原本好好的人，会突然大吼大叫或凶暴无理。虽然每个人都有情绪起伏的时候，但他们的反应与变化过于夸大，和正常人不相称。

4. 什么都怪罪别人

他会把所有的错误或自身的挫败，都怪罪到别人身上，特别是另一半。他的感受与情绪最重要，不管怎么样，他都会让自己的感受成为焦点，但是，他对于造成别人的痛苦却漠不关心，这在关系发展中会越来越明显。

5. 语言暴力

贬抑、轻视、泼冷水、打击另一半的弱点，在暴力关系的发展中，会先出现语言暴力，之后才是肢体攻击。通常是施虐者缺乏安全感，他们不懂得用爱把人留在身旁，而是用破坏的方式控制另一半。

6. 对别人的反应与需要冷漠

不在乎对方过得好不好，也对别人的痛苦无动于衷，缺乏同理心。会忽视或虐待小动物或小孩，也不在乎别人的财物，甚至会破坏，这些都代表他没办法尊重别人。

7. 过去与现在曾发生暴力行为

要看到他未来会不会有家暴或分手暴力，就是看他过去或现在有没有发生过，这是最准确的预测，但不幸地，很多受虐者不愿承认对方的施虐现象，让状况恶化下去。踹人、丢东西、或将人逼到墙角，这些都是蛛丝马迹与开端。

三、大学生常见的恋爱问题

1. 单恋

单恋也是我们经常说的单相思，是指当一个人爱上另一个人，通过表白或者暗示让对方知道，且对方不接受的感情。单恋多是一场感情误会，是"爱情错觉"的产物。"爱情错觉"是指因受对方言谈举止的迷惑，或自身的各种主观体验的影响而错误地主动涉入爱河，或因自以为某个异性对自己有意而产生的爱意绵绵的主观感受。单恋根据是否主动公开让对方知道，又可分为明恋和暗恋。

专门研究单恋问题的专家英国心理学家佛曼斯特的研究表明，在英国，每年约有一百万人不幸陷入"单恋"泥潭，全世界则可能多至一亿人。可以说是几乎所有成年人都饱尝过"单恋"别人或被他人"单恋"的苦涩或尴尬的滋味。短暂的单恋很正常，不算是心理障碍，但是，当这种心理困惑持续时间过长而自己又不能摆脱，影响自己正常的学习生活甚至身心健康时，就需要认真关注了，以下方法可以为陷入单恋中的大学生提供些思考。

(1)要分清"爱情"和"友谊"的界限

"爱情错觉"的产生往往是由于自己爱上对方，而对方也从言行上表示出对你好感的趋势，但对方对你的好感，也只是好感，或者一种友谊的表现。虽然好感和友谊在一定条件下能发展为爱情，但它绝不是爱情本身。其实，好感和友谊是有着明显特征的，它们明朗大方公开多向，如果你冷静地观察和分析一下，是不会将它们与爱情弄混的。

日本一位心理学者提出了五个指标，具体内容如下。

①支柱不同。友情的支柱是"理解"，爱情则是"感情"。友情最重要的支柱是彼此的相互了解，不仅是对方的长处优点，就是短处缺点也要充分认清。只有这样，才能产生友情。爱情则不然，它是对对方的美化，视作理想后产生了恋爱，贯穿其间的全过程的是感情。

②地位不同。友情的地位"平等"，爱情却要"一体化"。朋友之间立场相同，地位平等，彼此之间无须多余的客气，也没有烦恼的担忧。如果遇到对朋友不利时，可以直率地提出忠告，甚至动怒，也要义正词严地规劝。朋友之间，就是这样，有人格的共鸣，亦有激烈的矛盾。爱情则不然，它具有一体感，身体虽二，心却为一，两者不是互相碰撞，而是互相融合。

③体系不同。友情是"开放的"，爱情则是"关闭的"。两个人有坚固的友情，当人生观与志趣相同的第三者、第四者想加入的话，大家都会欢迎。爱情则不然，两人在恋爱，如果第三者从旁加入，便生嫉妒心理和排除异己的行为。

④基础不同。友情的基础是"信赖"，爱情则是纠缠着"不安"。一份真诚的友情，具有绝对的依赖感，犹如不会动摇的磐石。相反的，一对相爱的男女，虽不是没有依赖对方，但老是被种种不安所包围，比如"我深深地爱着她，她是否也深深地爱着我？""他的态度稍微变了，是不是还和以前一样地爱着我？"

⑤心境不同。友情充满"充足感"，爱情则充满"欠缺感"。当两个人是亲密的好朋友时，彼此都有满足的心境；但当两个人一旦成为情人时，虽然初期会有一时的充足感，可不久之后，就会产生不满足感，总希望有更强烈的爱情保证，经常有一种"莫名的欠缺"尾随着，有着某种着急的感觉。

（2）要给自己的"感觉"打问号

心理学家认为，感觉只是人们认识客观事物中的一种初级形式，它所反应的只是事物的个别属性，因此往往会对事物产生不正确的反映。产生在"感觉"基础上的"爱情"只是种感性感情，与真正的理性爱情不能相提并论。所以，当你感觉到某位异性同学的温情时，一定要多问个"为什么"，进行冷静的思考，切莫过分相信自己的感觉，免得作茧自缚。

（3）要能够急流勇退

一旦发现自己陷入单恋的境地，就应该毫不迟疑地打消这爱情上的"海市蜃楼"，尽快地摆脱自己编织的虚幻的情网，借助理智的力量，获得感情上的解脱。如果你对对方一见钟情，爱之若狂，并且觉得对方也很爱你，但很快又发现事实并非如此，就要能够急流勇退，牢牢地掌控住感情的舵，尽可能减少或避免与对方的接触，克服虚荣心理和由对方冷淡而造成的自卑感。

(4)倾吐心中的忧郁

单恋之苦闷在心中愁肠百结，就会百病丛生。所以，当你感到困惑或者痛苦的时候，可把单恋的缘由、经过、幻想和苦闷，向老师家长或最知心的朋友尽情倾吐，听他们的评说、劝慰。这样，把想说的话都说出来，常常会使人心境平静得多。但切忌逢人便讲、不看对象地信口开河，因为这样只能惹起麻烦，徒增你的烦恼。

(5)转移注意力

单恋的同学要拿出信心和勇气，与自己的脆弱感情作斗争，多参加集体活动和体育锻炼，让自己的生活变得充实有趣，一切自然会变好。

■ 心灵加油站

10-2 友情和爱情

爱情说：你是属于我一个人的。

友情说：除了我，你还可以有她和他。

爱情来了，你会拥抱着他，什么都不说。

友情来了，你会说，你好，请坐。

爱情的利刃伤了你时，你的心一边流血，你的眼神却渴望着他。

友情的尖刺伤你时，你会转身而去，拔出刺不再理会。

爱情远行时，你会哭着说：请不要忘了我。

友情远行时，你会笑着说：祝你一路平安。

爱情对你说：我有时是奔涌的波涛，有时是一江春水，有时又像凝结的冰。

友情对你说：我永远是艳阳下照耀的一江春水。

当你与爱情被追杀至绝路时，你会说：让我们一起拥抱死亡吧。

当你与友情被逼得走投无路时，你会说：让我们各自找生路吧。

当爱情遗弃你时，你可能大醉三天，大哭三天，又大笑三天。

当友情离你而去时，你可能叹息一天，继而转身去寻找新的友谊。

当爱情死亡时，你会跪在他的遗体边说：其实我已经同你一起死了。

当友情死亡时，你会默默地为她献上一个花圈，把她的名字刻在你的心碑上，悄然离去……

我始终为你而紧张，

为你而颤抖，

可你对此毫无感觉。

就像你口袋里装了怀表，

你对它紧绷的发条没有感觉一样。

这根发条在暗中耐心地为你数着你的钟点，

计算着你的时间，

以它听不见的心跳陪着你东奔西走，

而你在它那嘀嗒不停的几百万秒当中，只有一次向它匆匆瞥了一眼。

——茨威格

2. 失恋

失恋是指恋爱受挫失败，包括主动失恋和被动失恋。主动失恋者是主动提出分手的一方，而被动失恋者则是本不愿意终止恋爱关系，被其恋爱对象抛弃者。一般而言，被动失恋者比主动失恋者体验到更多的负性情绪。狭义而言，失恋特指被动失恋者。失恋引起的主要情绪反应是痛苦与烦恼，大多数人能正确对待和处理这种恋爱受挫现象，愉快地走向新生活。然而也有一些人不能及时排除这种强烈情绪，导致心理失衡，性格反常。

失恋是大学期间对大学生影响强度较大的生活事件，但对不同个体的影响程度不同，与对爱情的投入程度、当事人的个性特征、对挫折的承受力、社会支持系统，以及生活经历有关。

失恋之后，当事人常见的心理反应有：失落感，即因为失去所爱的、曾经相互理解和依赖的对象而感到失落与孤独；虚无感，即由恋爱挫折而引发凡事都没有意义的泛化的消极想法，对异性甚至对生活、人生感到心灰意冷和悲观失望；耻辱感，即在失恋的打击之下感觉尊严受损，尤其是争强好胜、格外在乎面子的当事人，更容易产生强烈的耻辱感与嫉恨心。

面对失恋，在消极心理的驱使下，当事人的行为表现主要有以下四方面：第一，把自己的情感长时间锁定于已经离开的恋人，不断地进行自我反省，千方百计地想要挽回恋人，使对方不堪其扰，自己也长时间停留在失恋的阴影中；第二，匆忙开始一段新的感情，想要以此掩盖失恋的伤痛，结果很可能再度受伤；第三，陷入失恋的痛苦中不可自拔，也不愿意去寻求他人的帮助，在爱的名义下伤害自身，或是玩世不恭，浑浑噩噩，把学业、理想、责任通通抛之脑后；第四，在极度的占有欲遭受挫折后，唤起了过激的心理，使自己丧失理智，出现攻击性和破坏性的行为，对抛弃自己的"负心人"进行报复。

失恋后的自我调整方法主要有以下几个方面。

（1）尽情发泄失恋后的不良情绪

不管是什么人，再怎么坚强，失恋后，难免产生焦虑、抑郁等不良情绪，可以找个地方私下痛哭一番，这样会使自己好受一些。

（2）不要纠缠对方

失恋时，为了挽回这份感情，大部分的人都会有找对方好好谈谈与沟通的冲动。

其实这个时候找对方好好谈的心理动机是"我们再来一次，我们可以澄清所有的误会，然后我们会合好如初，或者说我们重新开始，抛开以前所有的误会"，但这种不死心的态度换来的却是对方越来越多的厌烦。正确的做法应是"赶快走，走得越快，越果决，越主动"，这就是"不纠缠"。

(3)冷静理智地分析问题出在哪里

既然分手已是事实，那么就要敢于面对现实。记住，如前面所提过的，这不是是非对错的问题，而是适合不适合的问题。你要做的就是找出你有哪些是对方受不了的？对方什么时候最快乐？为什么？什么时候最痛苦？为什么？这些因素找出来以后，看看哪些是可以改的，哪些是改不了的，下次找恋人时就找那些比较能适应自己"特质"的。

(4)丰富自己的生活

好好安排你的生活，为情绪找到一个恰当的宣泄出口，好好过日子，自立自强，活得比以前更好，努力使日后的学业更加进步，使自己更加优秀。

■ 心灵加油站

10-3 旅行带我走向新生活

曾经我以为，恋爱是治疗失恋最好的方法。因此，当我得知原本以为不可能但最后却成就的恋爱终究离我而去后，我赶紧去谈另一段恋爱，弥补我内心的创伤，于是，我疯狂地投入到新恋情中，无论是朋友的旧识，还是公司的同事，只要单身，有一点可能，我就积极地去认识对方。后来，终于认识了一个女生，和对方暧昧了好一阵子，发展出一段诡谲而若有似无的关系。断断续续、拖拖拉拉地发展了三年，最后终于还是被迫结束了。

终于，我了解了恋爱不是治疗失恋的好方法，拥有新的生活才是。于是，我决定挥别过往的生活方式，辞掉了工作，卖掉了房子，搬去和朋友一起租房子，而且，用一部分卖掉房子所得的钱，一个人去了京都旅行。希望旅行能让我和过去划清界限，回家之后，我可以重新展开生活。

原本还沉浸在悲伤情绪中的我，对于旅行治疗失恋的效果心存质疑，没想到竟然在关西特急电车开进京都车站前夕，那迎窗而来、满是美丽的日式平房，还有静谧的古都氛围，仿佛一股巨大的能量注入我的内心深处，一口气扫除了我内在的悲伤和负面的情绪，心底有一份感动泉涌而出，我体会到未来的希望与新生活建立之后可能的美好。一年后，因为工作的缘故认识了现在的老婆，交往两年后顺利步入婚姻，家庭生活堪称幸福。

与其耐不住寂寞乱爱、乱追求对象，却无法修成正果，浪费宝贵人生，不如好好下定决心，一个人好好地过日子，面对孤单寂寞的攻击。找到自己一个人也能活得开心自在的生活方式，把时间投在真正重要的事情上，如工作、家人、朋友与社会服务，活出自己的样子，把自己准备好。将来在对的时机遇到对的人时，才有办法把握住幸福，不至于被混乱搞砸。

3. 异地恋

许多情侣分在两地谈恋爱，这可能是因为工作或学习的需要而分离，也可能是由别人介绍使两个人在异地相识，还可能是他们自己在异地相遇。无论是何种情况，与情侣在一地的恋爱相比，异地恋爱都会让两个人的爱情进行得不容易。从感情发展的角度来看，异地恋一般会出现如过度思念、沟通不畅、相互猜疑等问题，给恋爱双方造成不同程度的心理困扰。

无论出现上述哪一种情况，都会对情侣之间的情感关系产生很大的破坏作用。为了避免这些问题的发生，异地恋的青年人应充分认识到这种恋爱可能遇到的不便和困难，要有主动交流的意识和行动，多与对方进行思想上和感情上的互动。尤其当双方的意见和观点不一致时，更要多交流、多沟通，将自己的想法和感受及时告诉对方，以获得恋人的充分理解。在遇到两个人的看法不同时，最忌讳的就是不主动沟通，不去理会对方，或者强行地压制对方。这些做法必定会使两人之间出现的不一致继续加大，误会和矛盾逐渐地加深，甚至还会伤害两个人的感情。对于增进和发展异地的爱情来说，除了彼此积极地沟通与互动以外，别无其他更有效的方法。

■ 心灵加油站

10-4 脆弱的"异地恋"

小军和小霞是高中同学。在高三的时候，他们俩不顾老师和双方家长的反对恋爱了。高中毕业后，两人考上了位于不同城市的大学。他们非常高兴，父母们也基本默许了他们之间的交往。虽然两个城市相距很远，但在刚上大学的那段时间里，小军每天晚上都会给小霞打电话，两个人总是甜甜蜜蜜地聊上好长时间。

然而，这种亲密交流的状况没有持续多久，他们之间的电话越来越少。而且，有的时候小军在电话里表现得很不耐烦，使得他们俩经常在电话里争吵，随着吵架的次数越来越多，小霞感到越来越累，她在很多时候都想到了分手，但是又有点舍不得将近两年的感情。

有一次，在他们见面时，小霞偷看了小军的手机电话清单，发现他跟一个女生通话很频繁。她就给那个女生打了电话，并且骂了那个女生。小霞当时控制不住自己，完全想象不出自己会像个疯女人。小军知道这件事情以后，说她是无理取闹，跟小霞提出分手。她追问他与那个女生是什么关系，小军说他们只是为学校社团的事情才多次打电话的。小霞不相信，继续追问，他就根本不解释了。后来，她曾几次去见小军，他都找借口不见她。

自从那次吵架之后，他们已经有半年多没有联系了，但小霞心里还是放不下小军。她知道这样对自己不好，可是又无法控制自己。分手之后，小霞了解到小军没有结交其他女朋友，所以完全是她误会他了。小霞一想起自己的做法，就非常后悔，心里十分难受。她每天睡不好觉，总是梦见小军与她和好了。她不想去上课，不想与同学交往，觉得自己非常失败，什么都做不好。小霞觉得自己已经变得完全不像自己了，她感到很害怕。

点评：导致这种状况出现的原因很多，但可以肯定地说，最主要的原因是他们缺少了相互的交流和彼此的信任。分离固然会对情侣的感情发展带来一定的障碍，但如果两人都能珍惜已有的感情，主动与对方交流，及时分享自己的想法与情绪，谈论不同的观点与感受，就可以冲破客观条件的限制，不断增进相互的感情。另外，即使相互之间有些矛盾和不愉快，也不能随便怀疑对方，猜想会有移情别恋的事情发生。对于彼此感情的坚定相信，是赢得幸福爱情的关键所在。

在异地恋的过程中，无论情侣使用什么方法，最重要的是要让对方始终感受到这样一个信息："你一直在想念着他/她，你们的心是连在一起的，从来都没有被遥远的距离分开过。"倘若情侣的异地恋能够达到这样的程度，彼此的感情就一定能够发展，更不会使温暖的爱情冷却下来。

第三节　性心理概述

克尔凯戈尔说过："由于女人，理想才出现在世界上——没有她，男人会是什么？许多人会由于一个姑娘成为一个天才，会由于一个姑娘而成为一个英雄，会由于一个姑娘成为一个诗人，会由于一个姑娘成为一个道德高尚的人。但如果这个姑娘被他弄到手，他就不会成为一个天才、英雄、道德高尚的人……只有男人还没有占有她，她才足够鼓舞。"虽然爱很重要，但是爱并不是占有，不是同居，不是一种婚前的性行为的放松和肆意而为。

一、性心理的成分

性心理是指在性生理的基础上，与性征、性欲、性行为有关的心理状态与心理过程，也包括了与他人交往和婚恋等心理状态。性心理涉及性有关的一切心理活动，如对性的认识、性的情绪体验、对性行为的控制等，其结构包括以下四种基本成分：性感知、性思维、性情绪、性意志。

性心理各成分之间存在着密切的关系，他们相互联系、相互制约，其中性思维起主要作用。通过性思维，个体不断地获得对有关性问题的理解，进而逐渐形成对有关性问题的某些观点。这些观点趋于系统化和稳定化，促使一定的性爱观的形成，成为个体价值的一部分。

二、性心理的发展阶段

性心理的发展在生命全程中表现出量和质的变化，且与人的年龄密切相关，既表现出连续性又表现出阶段性，形成典型的年龄特征。可以将人的性心理发展划分为四个阶段：婴幼儿性心理发展阶段、童年期性心理发展阶段、青少年性心理发展阶段以及成年期性心理发展阶段。

1. 婴幼儿性心理阶段

从幼儿的知觉能力尚未发展开始，孩子的环境便有了明显的性别差异。家长们都按照男性的习性来养育儿子，按照女性的习性来养育女儿，比如所取的名字、玩具，特别是衣着打扮，让孩子按照自己的性别健康正常成长。

2. 童年期性心理阶段

少男少女的青春期开始了，他（她）们发现自己的生理发生变化，比如，身高体重陡增，骨骼增长比肌肉增长快，四肢增长比躯干增长快；而神经系统的调节则明显滞后，特别是第二性征出现，性成熟开始，由此便产生明显的性不安、羞涩甚至对自身的反感。他（她）们对两性间的接触持敌视态度，认为男女间的接近、亲近、恋爱是耻辱，因而讥笑、辱骂亲近的双方，以示自己的清白。

3. 青少年性心理阶段

伴随着性生理的发育成熟和生活阅历的增加，青少年对异性产生了垂青和爱慕，接近异性、了解异性的愿望日益强烈，也乐于在异性面前展示自己的魅力，但是这一阶段的青少年想接近的不是某个特定的异性，注意的对象也容易转移，异性交往总体上没有明显的排他性和凝望性，所谓的"异性群友"就出现在这个阶段。

4. 成年期性心理阶段

此时的男女不再满足于对异性的泛泛好感与爱恋。他们可能在内心形成了所垂青、向往的一个或几个异性的"理想模型"，并且在现实交往中逐渐聚焦此类型，有的甚至萌生了对个别异性的爱恋之情，开始发展一对一的单线交往，这就是"异性密友"阶段。

三、大学生的性心理

当代大学生性心理带有校园文化的浓郁色彩，呈现出丰富多变而又复杂多元的特点。目前，我国在校大学生的性心理发育已基本成熟，性欲望和性冲动表现得更加强烈，但健全的性心理尚未很好地建立起来。性心理的成熟与健全性心理尚未确立之间存在的矛盾，常常使大学生不能正确地认识、评价社会和同学以及自身的种种性现象和性行为，不能很好地适应和调节由于性成熟所带来的一系列生理、心理变化，以保持身心的和谐统一。

首先，大学生明显地表现出对两性交往的渴求和文饰。男女大学生的两性交往的情感体验是由于性觉醒的内部冲突起主导作用而引起的，以接近异性、吸引异性为愿望。正是在此基础上，在朦胧纷乱的心理变化中，性意识逐渐强烈和成熟起来。在日常生活中，十分重视自己在异性心目中的印象和对方的评价，喜欢在异性面前表现自己，以引起异性的注意，但在与异性接触时，感情的交流是隐晦而含蓄的，常以试探方式进行，表现得拘谨、羞涩、冷漠，或者表面上对异性表现得无动于衷、不屑一顾或做出回避的样子，实际上双方都敏锐地注意着异性的身心变化和反应，渴望男女之间的亲昵。

其次，性心理反应和自身观念发生冲突。在性刺激作用下产生性心理反应，如性兴奋、性幻想、性情感、性梦等，对于大学生而言是一种客观现实。一方面，这是性成熟的男女大学生的一种自然现象，是正常的；另一方面，这是生理因素、心理因素和社会文化背景因素交互作用的结果，产生这种心理现象本身并无不道德和不纯洁之处，也无需有可耻心和罪恶感。但在现实生活中，有部分大学生难以接受自身的性冲动和性念头，产生羞愧、自责、苦恼和困惑，从而造成严重的心理冲突。

最后，性压抑和放纵并存。青年期是一生中性能量最旺盛的时期，而大学生健全的性心理结构尚未确立，对各种性现象、性行为的认知评价体系还不完善，再加上性的社会性要求的约束，使得大学生性心理的发展处于多种矛盾的相互作用之中。一部分大学生无法处理好这些矛盾，受外界不良的影响而动荡不安，对性持无所谓或放纵的态度，对自己的性心理发展和未来生活造成不良影响。

四、性心理健康

性是人人不能回避的问题，男女老少概莫能外。性的重要性不仅仅在于它是人类生存的基本需求，还在于它是人类文明大厦的重要基石。我们无法回避，也不用回避这个问题，性心理健康对一个人来说至关重要。世界卫生组织对性心理健康所下的定义是：通过丰富和完善人格、人际交往和爱情方式，达到性行为在肉体、感情、理智和社会诸方面的圆满和协调。性心理健康是人类健康不容忽视的重要组成部分，近年来正越来越受到人们的重视。

性心理健康必须具备以下四个条件。

一是个人的身心应有所属，有较明显的反差。如果阴阳莫辨，就难以实施健全的性行为与获得美满的爱情。

二是个人有良好的性适应，包括自我性适应与异性适应，即对自己的性征、性欲能够悦纳，与异性能很好相处。

三是对待两性一视同仁，不应人为地制造分裂、歧视或偏见。对曾因种种历史原因形成的一切与科学相悖的性愚昧、性偏见及种种谬误有清醒的认识，理解并追求性文明。

四是能够自然地高质量地享受性生活。

第四节　大学生健康性心理的培养

谢某是刚入学的大一新生，原本内向的他来到大学的新环境便更加不适，无论是生活方面还是学习方面，都觉得自己格格不入。大学住的是六人寝室，其他人都有恋爱经历，常常一起讨论女朋友的事情，甚至有室友与女朋友夜不归宿。而想想自己之前一心一意地学习，人际交往很一般，更不要说交女朋友了，感觉自己毫无魅力，很自卑。他常常听到寝室人谈论与性有关的话题，自己十分好奇，再加上对大学学习和生活的不适应，他也很少参加学校组织的活动，于是自慰行为越来越频繁，沉迷于此不能自拔，身体日渐消瘦，精神萎靡不振。

大学是性生理成熟的决定阶段，也是性心理发展的关键时期。性心理健康是人类健康不容忽视的重要组成部分，近年来正越发受到人们的重视，然而由于种种原因，国内大部分高校对大学生性的关注很少，导致大学生性内容的空泛和扭曲，进而引发许多心理障碍。

大学生的性心理的典型心理特征主要有三个表现：一是对性知识的渴望，为了解自己和异性身体发生的变化，私下里常常会阅读一些关于性知识的书籍，伙伴之间的谈话也会涉及性的内容；二是复杂的性观念与性态度；三是时常出现各种性心理困扰与性偏差行为，人们对性行为的表现方式，在很大程度上依赖于个人意志的控制，而不能只受性本能的生理机制的支配。

一、大学生性心理的表现

1. 性焦虑

性焦虑是指大学生对自己的形体特征、性别角色以及性功能产生焦虑感。随着第二性征的出现，个体开始日益关注自身的性别角色和与之相关的形体特征，男生希望自己魁梧高大，有男子汉气质；女生希望自己苗条漂亮，引人注目。例如，有些男生会为自己的生殖器的发育状况和性功能是否正常而担忧，有些女生会对自己乳房大小等问题异常敏感。

这种性焦虑的心理往往会使大学生因害怕遭到异性的否定而逃避与异性交往，即使有对异性的倾慕和对爱情的渴望，也会因自卑心理而被压抑，不能正常的表达自己的情感，久而久之就会变得内向、孤僻和自闭，影响正常的人际交往和心理发展。

2. 性冲动

性冲动是男女两性在性激素作用和外界刺激下产生性兴奋及性心理的反应，并希望得到性满足的心理反应状态，是人类的自然本能，对于大学生来说性冲动是身心发展的结果，是正常的生理和心理现象，是个体自然的、本能的行为表现。但是有一些大学生由于缺乏对性知识的了解，认为性冲动是不纯洁不道德的表现，他们不能正确地看待自己的性欲和性冲动反应，并因此感到羞愧、自责、苦恼、厌烦和恐惧这种不可避免的生理冲动与心理上对性冲动的否定，使大学生产生了极大的心理矛盾，进而引发困惑和不安等情绪。

3. 性梦

性梦是指在睡梦中发生有关性的行为，这是性成熟后出现的正常现象。异性间的爱慕、倾心或某种外界刺激会导致性冲动，但在清醒的意识控制下，个体会主动抑制这种冲动。而进入梦境后，这种被潜意识压抑的性冲动可以不受理智和道德的约束在梦中得到释放。心理学家认为，对于大学生而言，通过性梦的方式可以使白天被社会规范限制的性冲动中得到部分满足，从而缓解性紧张。

但是有一些学生由于不了解性梦产生的原因及其存在的合理性，而对自己做行为感到羞耻，在清醒后时常会责备自己思想肮脏龌龊，并心神不宁，感到惶惶不安。事实上，性梦是一种自然的宣泄可以缓解积压的紧张情绪，有利于性器官功能的完善和成熟，性梦并非病态，因此要合理看待。

4. 性幻想

性幻想是指在白天清醒的状态下想象与异性发生性行为的现象。性幻想表现为在某种特定的因素诱导下，自编、自导、自演与性交往内容有关的心理活动过程。它可以幻想在日常生活中不能满足的与异性一起约会、接吻、拥抱、发生性行为等活动。当大学生与异性交往的强烈渴求不能实现时，就可能产生性幻想。医学研究表明，在16 岁以后，很多人都会有性幻想，这是一种普遍的心理现象，也是性冲动不可避免的结果。性幻想可以导致生理上的性兴奋，偶尔也会出现性高潮，这在一定程度上可以缓解人对性的需求。但是，如果性幻想过分发展，使人整日沉溺于其中，甚至把幻想当作现实，就容易出现一些极端行为。

5. 自慰

自慰是指用手或其他物品以不同方式刺激性器官，引起轻快感，获得性满足的行为，是疏泄性冲动的一种方式。许多大学生对自慰都持消极和怀疑的态度，他们认为自慰是罪恶的、下流的、道德败坏的行为，同时担心自慰会伤害身体，造成性功能障碍，但又不敢向其他人询问，因此背上沉重的思想包袱。伴随着自慰快感的消失，产生悔恨、紧张、害怕、忧虑和自责等心理，越是如此便越沉溺于自慰之中，借自慰来暂时释放紧张情绪，久而久之就会陷入恶性循环。大学生对自慰产生的内心紧张还会引起身体功能的紊乱，出现一系列不良的身心反应，进而影响学习工作和日常生活。

当今国内外对性自慰的看法越来越趋向于无害的观点，有医学家和心理学家研究认为，自慰并非不正常和有害身心健康的行为，可以认为自慰是没有正常性生活的一种代偿方式，其对于调节烦躁的神经系统也有一定的好处，所以应该以正确的态度对待性自慰这种生理行为。但是长期频繁的性自慰也会影响身体健康，对于大学生来说科学的做法是培养广泛的兴趣，在丰富的校园生活中不断充实自我，分散对性的注意力，将焦虑和压力转化为寻求学业事业成功的动力。

6. 亲昵过度导致婚前性行为的发生

热恋中的情侣常常会通过身体接触来表达对彼此浓烈的爱意，然而触觉是一切感觉中最缺乏理智的，其与性行为的发生具有密不可分的关系，特别是当双方的身体触及敏感部位，性行为的欲望会不可避免地被调动出来，爱抚本身就是性能量的积蓄过程，一旦性能量的积累到达了高峰，必然要寻找途径释放，而发生性行为就是最好的释放途径。

当性行为的发生并非彼此的初衷，事后所产生的懊悔、自责和罪恶感会给双方带来很多的困扰，这种行为并非是建立在彼此对婚姻程度的基础之上，因此受到道德规范的约束，既无法带来心理上的绝对满足，也会对婚后的生活产生一定的负面影响。

二、大学生性心理问题的特点

1. 性器官和性生理迅速发展与性心理尚未成熟的矛盾

大学生对性器官和性生理过程还充满着无知的好奇感，紧张恐惧感；尽管性生理已经发育成熟，但是由于社会经验的不足和校园环境的影响，心理发展相对落后，价值观念也尚未牢固形成，因此大学生性心理发展明显滞后。对异性的爱慕还具有生理的本能性和朦胧性的特点，情不自禁地对异性产生兴趣、好感和爱慕，并希望与异性交往。

2. 性意识觉醒，但性知识贫乏

性意识是指对两性同性心理、性生理和性别角色差异的认识和反映，伴随着性生理的成熟、大学生性意识明显增强。有调查表明，50.8%的大学生认为婚前性行为是大学生的生理心理需求，61%的学生承认自己偶有或常有性梦，80%的大学生有不同程度的性幻想，90%想接触与性有关联的媒介。但与此同时，也发现大部分学生对性的基本常识知之甚少，多从影视作品、医学书籍以及电脑软件等传播媒体获得，自我揣摩而了解，性知识匮乏且准确性低。

3. 性观念较为开放，但贞操意识仍存在

随着时代的发展和社会的变迁，尤其在西方文化的影响下，大学生的性态度和性观念比以前开放得多，对恋人或配偶的婚前性行为都有较高的容忍度，但这与媒体报道的"大学生性解放"有所不同，尽管当代大学生思想进步、意识超前，自诩为"新新人类"，但是传统文化的影响是根深蒂固的，传统性道德观还制约着大学生的性开放程度。一项关于高校学生性观念与性行为及影响因素的研究对东莞市8所高校的1500名大一至大四的在校学生发放问卷调查，调查涵盖了不同性别和恋爱经历的群体。结果显示，16.9%的学生在性观念方面认为自己属于传统型，65.3%属于中间型，17.8%

属于开放型。同时，女生相对比较保守（肖瑶，2020）。

4. 传统性价值观与当代西方价值观并存

大学生性观念一方面残留着中国传统文化的烙印，另一方面又越来越多地受到西方文化的影响，使大学生处在传统性道德和现代性观念的矛盾与冲突之中。对待婚前性行为，48.5％的大学生认为只要双方相爱就可以发生婚前性行为，但也有相当一部分大学生仍坚持传统的性道德观念和性价值观，特别是希望自己的性伴侣能坚守传统性的伦理道德，即传统性价值观和西方价值观并存。

5. 性偏离呈上升趋势，性行为公开化

这里所讲的性行为是广义的，不仅仅指性交，凡是可以带来性愉悦、获得性快感、引起性高潮、达到性满足的行为都是性行为。目前，大学生常见的性行为主要有自慰行为、婚前性行为、边缘性行为（指拥抱、亲吻、抚摸等）和失范性行为。在高校，大学生边缘性行为公开化趋势明显，以前恋爱双方大都含蓄深沉，多处于"地下活动状态"，而现在，大学生"秀恩爱"成了一种趋势，在公共场合旁若无人的搂抱、亲吻是常有之事。另外调查显示，大学生婚前性行为的比率也呈上升趋势，对婚前性行为的态度也较为宽容。

三、大学生性心理的影响因素

大学生性心理的发展会受到自身和外部条件的制约，家庭因素、学校因素、社会因素以及个人因素是影响大学生性心理健康发展的四大因素。这四方面因素的多变性，为大学生性心理状态提供了多种可能，只有四种因素都朝着开明、开放的方向发展，才能使大学生性心理健康地发展。

1. 个人因素

大学生性心理的发展也是个人主观能动力下的发展，这便离不开个人因素的影响。每个人都有自己选择获取知识来源内容等的权利，对性知识的不同理解和感受也就有了不同的性心理状态，同时，个性的独特性也在不同程度上影响着大学生性心理的发展。由于大学生更渴望交往异性，更渴望获得性知识，加之网络渠道的普及以及获取性知识正规渠道的缺乏，对是非善恶美丑的辨别能力不强，更容易收到网络不良信息及朋辈群体负面行为的影响。

2. 家庭环境

家庭的开明程度对大学生的性心理发展起着启蒙性的作用，比如父母的文化水平、教育方式和性启蒙程度等都对大学生性心理的发展产生一定的指引性的影响。父母的亲情是性心理发展的基础，能给孩子带来身心的安全感，同时，在性心理成熟过程中，父母性别角色的潜移默化也是性心理健康发展的首要前提。一个封闭传统的家庭环境，对性的掩藏和避而不谈，往往是大学生性心理发展走向偏差的推动因素，只有开诚布公地循循善诱，教导孩子性方面相关的知识，才能真正保证大学生性心理的健康发展。

3. 学校环境

大学生性心理的健康与正能量，和学校的方方面面息息相关。大学是全方位能力提高的阶段，大学生在这阶段会更加关注心理的发展，并且随着身体的成长完善，对性的求知欲望大大增强，此时，学校在教育阶段扮演的角色对大学生性心理发展的影响不容小觑。大学生性心理的健康发展需要生理知识与性道德的统一，而这种高度统一来源于学校的纯良校风和优质的师资队伍建设。

4. 社会环境

社会因素对大学生性心理的影响主要体现在社会开放程度和道德水平的高低，只有在足够开明的社会环境下，将信息科技的力量注入性的正确普及上，并辅以社会法制的完善和人们道德水平的提高，大学生对性才能有正面的认知，性心理的发展也才能健康地步入正轨。因此，社会因素在性心理发展中带来的影响也不得忽视。

四、性少数群体与性心理障碍

1. 性少数群体

性少数群体也叫彩虹族群(LGBT)，也就是女同性恋(Lesbian，只对同性产生爱情和性欲的女性)、男同性恋(Gay，只对同性产生爱情和性欲的男性)、双性恋(Bisexual，对男女两性皆会产生爱情和性欲的人)、跨性别(Transgender，在心理上无法认同自己与生俱来的生理性别，相信自己应该属于另一种性别)、酷儿(Queer，对其性别认同感到疑惑的人)、间性人(Intersex，解剖特征不符合常见男女标准的个体)、无性恋(A-sexual，不具有性欲望或者宣称自己没有性取向的人)以及以上未提及的其他非规范性的性取向和性别认同的人的总称。性少数群体在国际上也被称为"LGBTQIA＋"，简称"LGBT"。

由于历史文化传统等原因，性少数群体在世界各国普遍受到歧视和欺凌。欺凌会导致人们的绝望，为了摆脱这种绝望可能要很多年，有些人甚至在走出这片阴影之前就结束了自己的生命。紫色纪念日是性少数群体自己的纪念日，是目前世界上最大、最受公众关注的反歧视、反欺凌公益活动，由美国反歧视同性恋者联盟于2010年首次发起，其目的在于加快国际社会对性少数青年群体的接纳，共同维护该青年群体的基本权益和人格尊严。

2. 性心理障碍

性心理障碍指人满足性欲的行为方式或性质对象明显偏离正常，并以此类性偏离作为性兴奋、性满足的主要或唯一方式。性心理障碍患者一般无其他反社会行为，我们不应该简单地认为他们就是道德败坏或是流氓成性，与大多数人认为想象的相反，心理障碍的患者常常存在性欲低下的问题，甚至无法进行正常的性生活。而且性心理障碍的患者往往对自己的异常性行为有充分的认识能力，他们很清楚地认识到自己异常的性欲望、性行为与社会道德规范相冲突，他们也会为此感到相当的痛苦却无法自拔。另外性心理障碍也不等同于性犯罪。性犯罪是司法概念，包括卖淫、嫖娼、强奸等。当然，当性心理障碍的患者触犯了法律规范时，应当予以追究。

性心理障碍主要包括以下几种类型。

(1)性身份障碍

患者长期对自己的生理性别有强烈的厌恶和排斥感，同时具有强烈的转变性别的心理要求和实际行为，如异性癖。异性症患者往往为自身性别和性身份冲突感到巨大的痛苦，常常描述自己"身体里面住的是异性的灵魂"，因此，患者会想方设法减轻或消除这种不一致带来的冲突，比如选择异性服饰，拒绝承认自己的外在生理特征，最激烈的患者会坚决希望通过手术方式彻底"改造"自己。异性症患者其性爱倾向为纯粹同性恋，但与同性恋不同，患者将自身视为异性，同性恋者则认同自己的性别。男性异性症患者比女性更为多见。异性症的发病原因并不明确，除基因染色体异常以外，也可能与在患者在幼年时期父母的教养方式不当有关。

(2)性偏好障碍

长期或唯一的采用不同于正常人的性欲满足方式。有些人性兴趣则指向成人以外的个体，如动物、孩童、毛发，这样的行为会对他人造成影响，给自己和他人带来痛苦甚至危害，并且这样的行为也不为社会道德所接受。因此，这种把性对象象征化和性行为目的化的人就属于性偏好障碍。性偏好障碍不是精神病，这类患者除了获得性满足的方式偏离正常以外，其他均与他人无明显异常。在特定环境下，他们往往难以控制自己的行为。

五、大学生健康性心理的培养

1. 性道德与性功能

性道德作为道德的重要组成部分，是以善恶为评价标准，依靠社会舆论、传统习俗和内心信念，用以调整人类性行为规范的总和。性道德是人类发展进程中，逐渐形成的有效处理个体性本能欲求与他人及社会矛盾冲突的规则，这些规则有时更注重对集体社会的关注，而有时又倾向对个体权利与欲求的尊重，在不同时代、不同的文化背景也就形成了不同的性道德规范。

性道德本身在调整两性关系的过程中自然地形成了各种功效和作用，认识功能、调节功能和教育功能是最基本的三大功能：

认识功能指性道德能反映两性之间的利益和情感关系，认识自己在两性关系中应负的责任和义务，并且借助性道德观念、性道德准则等意识形态表达自己认识成果的能力。它以理性思维的方式指导制约着人们的思想、判断和选择活动，是人们性行为实践的思想认识前提。

调节功能使性道德具有通过善恶价值评价来指导和纠正人们的性意识、性行为、性活动以协调两性关系的能力，性道德的调节功能通过社会调节和自我调节两种方式得以实现。由于性道德发生在个人隐秘的私生活中，性道德的自我调节功能在个体性道德实践中就显得更为突出。

教育功能指性道德能够通过宣传、灌输、评价、激励、示范、引导等方式，造成社会舆论，形成社会风尚，树立典型榜样培养人们的性道德品质，实现对人们道德教化的目的。

2. 大学生健康性心理的培养

(1)遵守自由平等责任的性道德原则

异性交往虽然是一种自由自主的个体实践活动，但这种实践活动要与其他异性结成一定的社会关系，要在社会生活中进行，所以异性交往具有强烈的社会性，并涉及他人的利益、社会的道德风气和安定和谐。因此，要求大学生在异性交往中要具有强烈的责任意识，对自己的行为及其后果负起道德责任，任何随心所欲不负责任的态度和行为都是不道德的。

(2)自尊自爱，举止高雅适度

自尊自爱，代表着一个人的文化素养心理素质和美好形象，是对自己人格尊严、身体名誉尊重爱惜的一种自我意识。自尊自爱的性道德准则要求人们在与异性交往中，应诚恳待人，热情大方，既要随时检点自己的言谈举止和服饰打扮，防止自己不文明的言行，也要制止来自他人的轻佻举动和言辞。只有自尊自爱，才能提升自己的精神境界，得到异性的尊重，实现自我人格的发展和完善。

(3)加强和培养异性交往中的自制力

自制力是人的一种自我控制力，它既表现为人控制自己心理感情的能力，又表现为人能使自己的行为自觉服从社会规范的能力。自制力本质上是对人的欲望的一种约束，是人对自己思想和行为所做出的自我调控和自我约束，异性交往的需求源于追求异性的生物性动因，因此，我们在异性交往中特别需要增强自我约束的意识，自觉对这种生物性动因进行道德的规范。

(4)树立阳光、科学的性观念

由于我国经历了几千年的封建社会，长期以来，在两性关系上存在着许多错误观念，在短时间内还难以消除，尤其是对异性躯体、两性交往等，人们仍感到神秘。大学生应该消除性无知、性愚昧、性神秘等旧观念，应该像对待一切科学知识一样，学习性的科学知识，学会鉴别黄色影视片、淫秽书刊及社会丑恶现象，绝不能盲目地接受和模仿。对不健康的内容，要坚决抵制和批判。学习性知识，正是为了更好地了解自己、认识异性，也是保证身心健康的重要阀门。

(5)通过多种途径学习性知识

大学生面临的许多性心理困扰往往都是因为缺乏性知识而导致的。因此，大学生应通过书籍、网络等正规途径学习一些基本的性知识，了解有关性生理和性心理的普遍规律，以正确的态度看待性行为的各种表现，用科学的方法调节性心理问题，进而消除对性的困惑和误解，减轻心理负担。

需要注意的是，有关性的知识绝不是那些低俗、粗俗、不健康的书刊、光碟或淫秽传播品，大学生接纳性知识时一定要有所选择和过滤，以避免不良信息对身心的侵害和冲击。

(6)寻求知心朋友，实现角色定位

大学生性心理的困扰多是由于自己对性角色、性幻想和性冲动等的认识偏差和恐惧心理造成的，他们往往会认为只有自己才会遇到关于性的困扰，出现"不良"的性行为，因而会自卑、自闭、担心和恐惧，将有关性的秘密压抑在心里，羞于和人沟通。

面对此种情况，大学生应转变观念，寻求知心朋友，在遇到困扰时主动与好友进行交流和沟通，有助于缓解自己的不良情绪，当大学生了解到朋友或同龄人也会遇到自己同样的困惑与烦恼时，就会意识到这些有关性的问题是个体身心发展过程中的正常现象，自然就会以正确的态度对待内心的疑惑。

(7)进行心理咨询，消除心理困惑

在大学生遇到有关性的困惑和问题时，较为科学和恰当的方法就是通过校园心理咨询室或校外心理咨询机构进行相关的心理咨询。

一方面，心理咨询人员或心理医生具备专业的心理学知识，可以科学、准确、有针对性地解答大学生遇到的各种有关性的困扰，并提出有效的缓解方法和调节方式。另一方面，心理咨询具有一定的保密性，对于那些性格内向、自卑感强烈、不愿与他人交流心中隐私的大学生而言是一种最恰当的方式。

■ 心灵图书馆

10-2《亲密关系》

图书信息：罗兰·米勒著，王伟平译，人民邮电出版社，2005年出版。

推荐理由：爱情是人类情感中最美妙的一种体验，古今中外关于爱情的伟大文学作品有许多，但从心理学角度对两性关系进行科学而系统总结的专著尚为数不多。

《亲密关系》从一出版，就立即获得了读者的普遍喜爱，不仅得到了专业人士的首肯，更是得到普通读者的高度评价。作者综合了心理学多个分支的研究理论和成果，用饶有趣味的论述，总结出人们在交往与沟通、爱情与承诺、婚姻与性爱、嫉妒与背叛等方面的行为特点和规律。

本书内容丰富、语言优美；既注重专业性，又强调可读性。研究亲密关系的专业人士可以从中得到学习和参考；而对于社会大众来说，只要他(她)想获得一份满意的亲密关系都可以从中得到启发。

■ 心灵影院

10-1《恋恋笔记本》

影片信息：《恋恋笔记本》是导演尼克·卡萨维茨 2004 年的一部爱情片。改编于美国小说家尼古拉斯·斯帕克斯的同名小说，由莱恩·高斯利、瑞秋·麦克亚当斯等联袂出演。影片于 2004 年 6 月 25 日在美国上映。

该片讲述一对青梅竹马在第二次世界大战后历劫重逢，这段刻骨铭心的故事由一名天天来探望住在疗养院病人的老先生笔记本中娓娓道出，随着故事水落石出，显然这名躺在病床上的老太太就是故事中的女主角，而说故事者正是求婚的人。

推荐理由：一生至少该有一次，为了某个人而忘了自己，不求有结果，不求同行，不求曾经拥有，甚至不求你爱我，只求在我最美的年华里，遇到你。

■ 问题与讨论

1. 人类各年龄段性心理有什么特点？
2. 恋爱中的情侣容易出现哪些不良情绪？应如何加以预防和调节？
3. 根据你的个人观察或经历，尝试对失恋的原因做一个全面的总结。
4. 学完本章，你对性和性教育的认识发生了什么变化？
5. 性心理发展异常有哪些常见的表现？

参考文献

[1] 陈晓珊，曾迪等．大学生性心理现状、影响因素及教育对策[J]．市场周刊，2015：89－90．

[2] 陈昌霞．大学生情感规划与性健康教育[M]．北京：清华大学出版社，2018：148，160．

[3]［奥］弗洛伊德．性爱与爱情心理学[M]．廖玉笛译．南昌：江西人民出版社，2015：226－227．

[4] 叶洁芸，侯艳艳．大学生性心理健康教育初探[J]．新一代，2018(3)：67．

[5] 蔡敏．青年恋爱心理学[M]．北京：北京大学出版社，2013：11．

[6] 徐亮，张平，王灿．为心灵开一扇窗—大学生心理健康教育[M]．天津：南开大学出版社，2014：56－58．

[7]［美］杰拉德·克里．心理学与个人成长[M]．王晓波，译．北京：中国轻工业出版社，2015：146．

[8] 李建伟，等．大学生恋爱心理学：理论·案例·测量[M]．杭州：浙江工商大学出版社，2016：93．

第十一章 大学生压力管理与挫折应对——逆风飞扬

■ 思维导图

```
                                                      ┌─ 压力的含义
                                    ┌─ 压力与挫折概述 ─┼─ 挫折的含义
                                    │                 └─ 压力和挫折对大学生的影响
                                    │
                                    │                 ┌─ 大学生常见的心理压力
大学生压力管理与挫折应对 ───────────┼─ 轻松面对压力 ──┼─ 大学生压力产生的原因
                                    │                 └─ 压力应对的策略
                                    │
                                    │                 ┌─ 大学生常见的挫折
                                    └─ 轻松面对压力 ──┼─ 大学生挫折产生的原因
                                                      └─ 挫折应对的策略
```

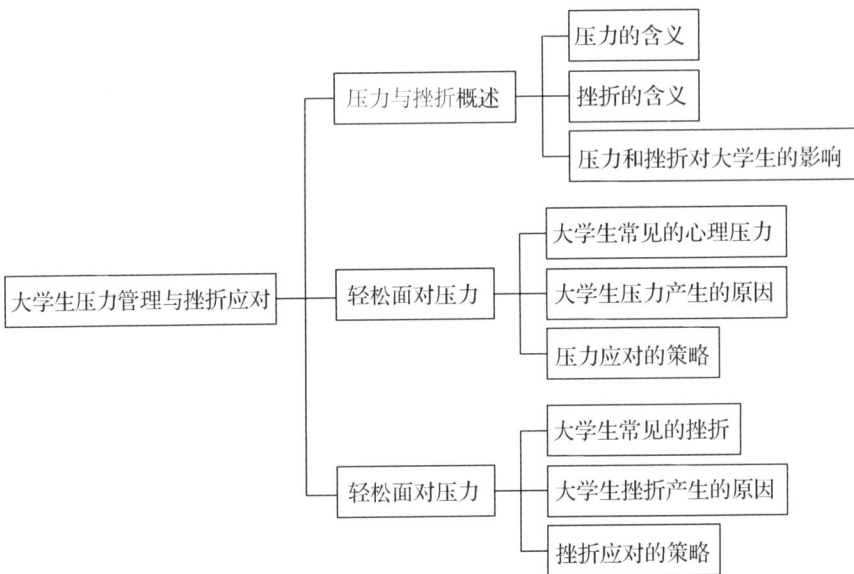

一位烧制陶器的工匠，用两块陶土，捏了两个泥娃娃。第一天晚上，他将一个泥娃娃放进火炉中，便去睡觉了。

在梦中，工匠梦到这个泥娃娃伤心地哭了起来，于是忍不住问道："你为什么哭得那么伤心呢？"泥娃娃以泪洗面道："被火烧好痛苦，我要热死了，求求你不要用火烧我。""可是你只要坚持一下，就可以变得更漂亮哦！"工匠鼓励道。"不行，我实在受不了啦！"说完这个泥娃娃又哭了起来，哭声非常凄凉。

这时，工匠猛然从梦中惊醒，于是把泥娃娃取出来，放到一边。

第二天，他把另外一个泥娃娃放进火炉后，又去睡觉了。

晚上他也梦到了这个泥娃娃，但是泥娃娃没有哭泣，它只是将身子卷缩起来，紧咬着牙关，汗如雨下。工匠感到很奇怪，于是问："既然你觉得很难受，为什么不说出来呢？"泥娃娃说："我的确很难受，但是我想变得漂亮，所以不想惊动你……"

这天晚上，工匠睡得很香，一觉到天亮，当他再去看炉子的时候，泥娃娃已经变成了瓷娃娃。工匠给瓷娃娃上了一层彩釉，再勾勒出轮廓，顿时今非昔此。瓷娃娃被摆在商店的橱窗里，被当作样品，引来了路人的赞叹声。

那个没有变成瓷器的泥娃娃被摆在一边，沾满了灰尘和蜘蛛网。工匠觉得可惜，于是也帮它上了一层彩釉，放在工作坊外面，供学徒制作瓷器时参考。这个泥娃娃每天风吹日晒，尝尽了酸甜苦辣，不禁感叹：当初我要是忍住疼痛，或许就会过得比现在更好。

第一节　压力与挫折概述

压力和挫折对大学生、甚至对于人的整个一生都是不可避免的。正是在经历压力和挫折中，个体才能够坚强地成长；也正是在迈过压力和挫折后，人们才能发现人生的魅力所在。

一、压力的含义

压力又称应激，是指人们在受到外界各种不同来源的刺激后，心理和身体所引起的反应，即外在因素引起的内在感受。任何压力都由压力源、个体对压力的认知评估和压力反应三个部分构成。

1. 压力源

压力源是指个体经认知评估后感觉到的威胁其身心健康的环境刺激，主要包括以下四种。

第一，躯体压力源，指对个体的身体造成损害的环境刺激，包括各种物理和生物刺激物，如噪音、灼热、细菌、病毒等。

第二，心理压力源，指个体经认知评估后感受到的冲击和挫折等，如人际冲突、抱负过高等。

第三，社会压力源，指影响个体生活方式，并需个体去适应和应对的社会生活情境和事件，如贫穷、政治动乱、婚姻不和谐等。

第四，文化压力源，指要求个体适应和应对的生活文化方面的刺激，如迁居异国他乡等。

第十一章　大学生压力管理与挫折应对
——逆风飞扬

2. 压力反应

压力反应是指个体自身在受到内外因素的作用下，在认知和行为上采用的应对方式，通常表现在心理反应、生理反应、行为反应等方面。

（1）心理反应

压力引起的心理反应有警觉、注意力集中、思维敏捷、情绪适度唤起，这是适度的反应，有助于个体应付环境。但过度的心理反应，如过分烦躁、紧张、抑郁、焦虑、激动不安、愤怒、消沉、沮丧、健忘等，会使人信心减弱、无所适从。

（2）生理反应

在压力状态下，机体必然会出现不同程度的生理反应，如心率加快、血压升高、呼吸急促、各种激素分泌增加、出汗等。这些生理反应，调动了机体的潜在能量，提高了机体对外界刺激的感受和适应能力。但过度的压力会使机体不适应，产生疾病。

（3）行为反应

在压力状态下，个体会产生各种各样的行为变化，轻微的压力会增强一些生物性行为，如唱歌、进食、吸烟、喝酒和攻击。进食是很多人用来对付日常压力最典型的行为反应。

压力源是一种客观存在，而压力反应是由个体对压力的认知评估决定的，只有当个体确实感受到压力源的威胁时，才能构成压力，否则不存在压力。

二、挫折的含义

从心理学角度讲，挫折有两种含义：一是指对个体的动机性行为造成障碍或干扰的外在刺激情境；二是指个体在挫折情境下所产生的烦恼、困惑、焦虑、愤怒等各种负面情绪和心理感受。两种含义合在一起看，前者是刺激，后者是反应。构成挫折的要素包含以下三个方面。

1. 挫折情境

这是指人们在有目的的活动中，使需要不能获得满足的内外障碍或干扰所实际呈现的情境状态或情境条件。如考试不及格、讲话被嘲笑、求爱遭拒绝等，都属于造成挫折的情境因素。

2. 挫折认知

这是指对挫折情境的感知、认识和评价。挫折认知既包含对实际遭遇的挫折情境的认知，又包含对想象中可能出现的挫折情境的认知，也包含对隐含的挫折情境的认知。此外，不同个体对相同情境的主观感受也不尽相同，个人的知识结构也会影响其对挫折情境的知觉判断，面对逆境，有人摇头叹息，有人勇敢前行。

3. 挫折反应

这是指个体伴随挫折认知，对于自己的需要不能得到满足而产生的情绪和行为反应，如愤怒、焦虑、紧张、躲避、敌对和攻击等。如体育拳击比赛中，双方选手在受到攻击后产生愤怒的情绪体验，进而猛烈地攻击对方，这属于经典的挫折反应。

上述三个要素同时存在，构成典型的心理挫折，即挫折情境引起挫折认知进而产生挫折反应。

三、压力和挫折对大学生的影响

压力和挫折对大学生的影响是客观存在的，但影响的性质却因人而异。也就是说，压力和挫折具有两重性。对于心理健康、认识正确、自我调节能力较强的大学生的来说，压力和挫折会成为人生路上的动力。相反，对于那些心理素质较差、认知误区较多、自我调节能力不足的大学生，压力和挫折往往会成为人生路上的绊脚石。

1. 压力和挫折的积极影响

（1）激励人拼搏进取、自强不息

生活中如果没有足够的压力引发生理激活状态，人就会倦怠、委顿，生理和心理都无法正常地成长。塞尔耶说："完全脱离压力等于死亡。"适度的压力是一种挑战，使人警觉性提高、反应加快、注意力集中、思维敏捷，提高工作效率，发挥更大的潜能。

挫折可以消除惰性，使人进步，催人奋进。培根曾说过："超越自然的奇迹多是在对逆境的征服中出现的。"对于有志向的大学生，挫折可以唤起他的斗志，激发他的进取心。

（2）磨炼大学生的意志和毅力

俗话说："宝剑锋从磨砺出，梅花香自苦寒来。"坚强的意志和优秀的品格不是天然成就的，而是生活的磨炼造就的。承受压力的过程也是人的能力和心智接受磨炼和考验的过程。从某种意义上说，经过压力和挫折的磨难，会使人开阔眼界、增长智慧，提高勇气和信心。

（3）提升能力和智慧

压力和挫折可以丰富学生的阅历，推进大学生的坚强成熟，使大学生学会独立思考、独立面对现实生活，提高分析问题、解决问题的能力。为了战胜困难，总要自我反省，探究失败的原因，认真总结经验教训，寻找摆脱困境的最佳途径。因此，压力和挫折可以使人学会反省、思考和创新，不断提升自我认识并增长才智。

2. 压力和挫折的消极影响

（1）降低学习效率

学习是一种复杂的心理活动。学习效率除受个体智力水平的制约外，还与学习者的情绪状态、自信心等因素密切相关。有些大学生在经受压力和挫折后，一方面，自信心会降低，出现自卑无能的感觉；另一方面，情绪状态长期处于焦虑不安中，使原有的学习能力受到影响，从而极大地降低了学习效率。

（2）损害身心健康

大量的研究表明，长期的、强烈的、超过了人自身调节和控制能力的压力，会导致人心理、生理功能的紊乱。因此，长期的压力会危及人的心理健康。近年来，抑郁症的发病率较高，就是过大的压力导致的。有些大学生在受挫后心态受到了严重影响，长时间处在痛苦之中，使身心一直处在一种紧张压抑或焦虑不安的状态，这种消极的心理如果延续很长时间得不到释放，就可能成为精神疾病的发病诱因，有时还会造成身体上的疾病。

（3）导致性格与行为的偏差

有些大学生面对巨大压力或重大挫折无法做出相应的调整时，往往会使某些行为反应变成相应的习惯模式或个性特征。如一个原本热情开朗的人，会因为在人际交往中屡屡受挫而变得孤僻内向；一个对爱情有着美好憧憬的人，会因为失恋而变得心灰意冷，甚至害怕与异性接触。同时，由于受挫的大学生处在应激状态下，感情易冲动，自控能力较差，不能正确评价自己的行为及其后果，可能会做出既损害他人又对自己不利的行为，甚至走上犯罪的道路。

第二节　轻松面对压力

小张同学，家庭生活十分拮据，但对自己的期望比较高，大学毕业后唯一的目标就是考研究生。没想过毕业后找工作的事情，还有一年的时间，有点茫然。近期，得知其父亲得了重病后，出现了许多问题：看不进书，坐在教室里总是东想西想，精神不能集中，对自己的行为很不满意，很烦，非常担心自己就一直这样下去。曾尝试着想改变自己，但不知从何做起，效果也不好。心情越来越坏，对任何事情好像都提不起兴趣。吃饭经常没有胃口，心理总有一个疙瘩。

小张同学的心理问题显然是由压力造成的，父亲生病是小张的主要压力来源。人生旅途中，压力好像影子一样，总是如影随形，不离不弃。现代社会生活节奏越来越快，给人们带来的心理压力也越来越大。现代医学统计资料表明，平均每四个人之中就有一个人感受压力，而感受压力的人当中呈现生理疾病（如胃溃疡、高血压）或心理疾病（如焦虑症、紧张症、自闭症）的比率高达80％。

一、大学生常见的心理压力

大学生是承载社会、家长高期望值的特殊群体，成才的欲望非常强烈，但心理发展尚未完全成熟、稳定。社会的发展、涉及大学生切身利益的各项改革措施、生活环境的变化、求职择业的竞争、成长过程中的问题等，都会使大学生面临诸多压力的挑战。

1. 学业压力

学业问题是大学生主要压力来源之一，表现为不适应学习环境、学习成绩不够理想等。大学课时相对较少，课程进度较快；课后不再有老师督促和安排，全凭自己管理时间，对自主学习能力的要求比中学高很多；在学习内容上，要求不仅是学习书本知识，还需要看很多课外书籍、专业文献；不仅要学习专业知识，还要掌握相应的技能，提高学以致用的能力。许多学生特别是刚进大学的新生往往处于难以适应的境地，久而久之倍感学习压力，产生厌学心理。有的学生对自己期望值很高。进入大学后，由于高手云集，很多学生发现自己的成绩平平，心理落差极大。为了找回自己在中学时曾经具有的学习优势，废寝忘食的学习，长期处于超负荷运转，反而不能正常的学习。

此外，专业发展压力也打击了一部分学生的学习积极性。有的学生由于高考填志愿盲目追求所谓的热门专业，但是进入大学后，才发现热门专业并不符合自己的兴趣爱好，学习时倍感压力，困难重重。还有的学生由于高考分数没有达到自己理想专业的分数线，只能服从分配，调剂到学校生源不足的冷门专业。这些学生觉得自己以后的前途暗淡，失去了学习兴趣和信心，产生不愿意努力的错误想法。

2. 就业压力

在优胜劣汰的市场经济大潮中，大学生面临用人单位的选择，是人才还是庸才都要到市场上去亮相，供需见面、双向选择。人才市场激烈的竞争，致使大学毕业很可能不能及时找到工作或者找不到称心如意的工作，因而感受到较大的压力。据调查，78.7%的大学生认为就业问题是使大学生产生心理压力的最大因素。一些冷门专业的学生担心毕业后能否找到工作；热门专业和来自边远地区的大学生一般都希望毕业后能留在经济发达的地区和城市工作。就人才需求市场而言，经济较发达地区和大中城市往往人才饱和，不易择业，对大学生的学历、能力、水平等整体素质要求也很高；在急需大学生的经济欠发达地区和农村，由于缺乏良好的工作条件和环境，大学生在择业时往往不愿前往。此外，由于大学生对社会了解不够，不能正确认识自己、认识社会，不能选择适合自身发展的择业目标。不少大学生面临越来越严峻的就业形势，忧心忡忡，倍感压力。

3. 交往压力

不适的人际关系问题给大学生造成了很大的心理压力。进入大学后，远离原来熟悉的生活和学习环境，人际交往范围增大，不同的生活习惯、不同的个人爱好、不同的性格等使大学生的人际关系变得更为复杂，使其在心理上产生不易沟通的压力。相当比例的新生承认自己不适应新的人际关系。有些大学生由于自我评价不恰当，或自命不凡或畏缩不前，无法与他人和谐相处，人际关系紧张，自然会产生心理压力。有的大学生由于协调能力较差，缺乏生活经验，以致在交往中常出现嫉妒、猜疑等消极情绪，甚至因误会出现朋友断交，而又苦于找不到知心朋友等情况。有的大学生因身高、容貌等先天不足或是性格内向、缺乏特长而感到自卑，不敢与人交往，往往表现为郁闷、消沉冷漠。

4. 生活压力

在生活上，大多数学生是第一次远离父母过完全自理的生活，生活琐事大到每学期的经济安排、开销支配，小到衣食住行的各个方面都需要自己费心和操持，对于缺乏生活自理能力的人无不是一个不小的挑战。在异地读大学的学生还需要面临生活环境的变化，适应当地的气候特点、饮食习惯。例如，北方人觉得南方的冬天太潮湿、阴冷，南方人觉得北方气候太干燥，这些都可能给大学生造成压力。由于生活长期完全依赖家庭，生活适应能力较弱，突然面对一切完全需要自理的大学生活，许多大学生无法适应，从而产生心理压力。

在经济方面，学费和在校的必要开支也会成为家庭经济困难的大学生的心理压力源。家庭经济困难的学生在学校仍占有相当大的比例，高额的学费和生活开支让这部分学生感受到不小的心理压力，来自边远和贫困地区的学生更是如此。父母、兄弟姐妹辍学打工供他们读书，他们背负着全家人的期望，这些学生从吃穿乃至言行举止都与城市学生有很大的反差，经济的窘迫使这些学生心理负担十分沉重。

二、大学生压力产生的原因

教育误区、家庭期望、校园环境、个人自身等方面存在问题是造成大学生心理压力的主要原因。

1. "成人"与"成才"认识上的误区给大学生带来的思想压力

传统教育在处理"成才"和"成人"的关系上有失偏颇，过于强调学习成绩，片面关注"成才"教育，却忽视了对学生的"做人"教育。有相当一部分学生缺乏艰苦奋斗的精神和受挫折的能力，缺乏适应能力和自立能力，缺乏合作精神和协调能力，缺乏自信心和社会责任感。一旦遭遇挫折，不如愿就感到委屈、苦恼，并把这种自己能力上的弱点归结为社会、家庭没有为自己创造一个良好的环境，产生一种对社会、家庭的抱怨和不满，从而造成严重的心理障碍。

2. 社会和家庭的期望值太高给大学生带来的精神压力

随着社会的发展，高等教育也进入了快速发展的阶段，逐步由高等教育精英化时期进入大众化和普及化的时代，高等教育规模和毛入学率大幅提升。但社会和大部分家长的传统观念并没有随着时代的进步相应的改变，仍然认为子女大学毕业后肯定能有一份舒适稳定的工作，能光宗耀祖；学生也以为只有这样才对得起父母和自己十多年的寒窗苦读。当学生逐步看清现状后，可能认为自己十几年的书白读了。更重要的是，中国人的传统心理就是无论如何也要让自己的下一代比自己强。因此，中国的父母往往比其他国家的父母活得更加辛苦，他们给了下一代太多太多的爱，有时这些爱甚至让他们的下一代感到一种难以承受的压力。

3. 缴费上学与校园消费给大学生带来的经济压力

一方面，大学四年的学费、生活费，对贫困生与其家庭来说，这笔数额不菲、来之不易的费用无疑是一项相当重的经济负担。因此，他们只有靠发愤图强，加倍地努力，以优秀的学业换得良好的前程，才能对得起父母。而这种责任感也往往是父母向子女们反复灌输的。所以，大学生初入校园时所怀有的雄心壮志也往往与由此带来的巨大的经济压力不无关系。

另一方面，受社会上攀比风、吃喝风的影响，当今的大学校园还存在一种为追求虚荣而产生的竞相消费现象。竞相消费现象强烈地刺激了部分贫困大学生的心理。有限的经济来源和实际的高消费欲望造成尖锐的矛盾冲突，成为大学生经济生活的一个重要心理障碍。对这部分学生来说，因贫穷造成的心理创伤大大超过贫穷窘迫的生活本身带来的压力。他们虽然家庭经济条件并不好，但为了面子，又不得不大大方方地花父母的血汗钱。富有与贫穷二者形成的不和谐组合，使一部分学生产生了强烈的自卑感，良心、面子和心理之间的冲突日益加剧。

4. 择业观念落后给大学生带来的就业压力

一方面受社会或家长的影响，不少大学生希望毕业后找到一份有固定收入且比较安逸的"铁饭碗"；另一方面，又希望自己能顺应潮流，到市场经济大潮中找到适合自己位置，成为开拓型人才。新旧两种人才价值观交相影响着大学生的心理，使其经常处于摇摆不定的茫然之中。

择业动机的盲目性和功利性也影响大学生顺利就业。许多毕业生选择职业时缺乏必要的心理准备，带有很大的盲目性和虚荣心理。有的以待遇高低确定择业目标，有的则以地域确定就业单位，把注意力集中在社会知名度高、经济上实惠的职位上。首先关心的是"收入如何""待遇如何"，而不是考虑自己的竞争能力和专业特长，不愿到急需人才的基层、农村或经济落后的地区工作。由于社会不可能充分满足每个大学生的职业理想要求，所以就业选择的心理冲突总是造成大学生心理上的压力。结果一旦求职未成，立即陷入苦闷、焦虑、失望等多种复杂的情绪体验，而且通常是期望值越高，挫折感越重，由此引起内心世界的负荷也就更为沉重。

三、压力应对的策略

压力是生活的一部分，是不可避免的。竞争越激烈、社会越进步，压力越大。生活的过程就是面对一个又一个压力、解决一个又一个困难的过程。面对压力时要认同、冷静、乐观，要想办法缓解压力，使自己不要被它压垮，然后，再想办法解除压力，将压力转化为动力。

1. 正确认识压力

大学生要认识到大学生活并不总是一帆风顺的，困难是不可避免客观存在的。因此，当遇到困难时，不应该退缩，要无畏地去正视它，解决它。应采取积极态度看待压力，那就是压力可以磨炼人的意志，激发人的智慧和潜能，把压力看成是生活的挑战、成长的机会。巴尔扎克说过："世界上的事情永远不是绝对的，结果完全因人而异。苦难对于人才是一块垫脚石，对于能干的人是一笔财富，对于弱者则是万丈深渊。"

在压力面前要保持勇气和信心，有心理准备去勇敢迎接各种各样的任务和挑战。自信是成功的基石，有了自信才会有克服困难的勇气和力量。要树立正确的奋斗目标，目标确定后，要用自己的毅力和坚强的意志去实现，不能好高骛远，也不能半途而废。特别是在学习方面，不能用经济价值和立竿见影的效益去衡量，知识是长远的利益和效益，不能简单地认为学习理论知识立刻就会在能力上有很大的提高。一些急功近利的思想永远都不利于我们意志的磨炼与健康心理的形成。

2. 加强自我分析

自我分析就是充分认识自己的优点和弱点，通过有效的自我分析，全面、客观地认识和评价自己。一个人只有正视自己，既承认自己的价值，又能坦然面对和接受自己的不足，才能变得成熟、自信，避免因过低的自我评价所带来的自卑和过高自我评价所产生的失落和抑郁。

对于大学生来说，自我规划就是在自我分析的基础上，充分考虑自我和外在因素，对自己的未来做出可行性设计，并制订行动计划。一个能自觉进行自我规划并成功执行计划的大学生会表现得充实、自信，使压力感较轻。

3. 积极行动

"好心情来自好行动"，这句话至少为我们应对压力提供两点启示：第一，面临困境时，积极行动；第二，要进行有效行动。实际上，大学生的心理压力得不到缓解，大多是只想不做，缺少行动。由于缺少行动，许多并不难于解决的问题又累积成新的困扰。因此，行动是摆脱压力最好的办法。为了确保行动取得效果，可以把任务进行分解，区分哪个先做、哪个后做，这样就容易各个击破，增加信心，最终实现摆脱压力的目标。

4. 寻求社会支持

社会支持是指来自家庭、亲友和社会其他方面(同学、老师、组织、团体和社区等)对个体的精神上和物质上的慰藉、关怀、尊重和帮助。

社会支持可以对处于压力情境下的大学生给予一定的心理保护和援助。首先，社会支持可以提供情感支持。当大学生面临困境时，如果能及时得到父母、朋友、同学和老师有效的安慰和鼓励，就会减少压力感，减少负性情绪的产生，降低压力对个体身心健康的危害性。其次，社会支持可以提供工具支持。当大学生面临压力情境时，社会支持良好的大学生可以从他人那里获得必要的指导，或应对压力的策略。

同时，我们可以广泛地参与志愿活动，在帮助别人的同时，忘掉烦恼，提升自己，获得别人的尊重和肯定，同时也可以获得可信赖且志同道合的朋友。

5. 开展放松训练

(1)运动

这是一种最为积极的减压方式，也是脑力劳动者最有效的休息和娱乐，运动时体会到的乐趣可以使人们从各类烦恼中解脱出来，并以较好的态度面对挑战。

(2)聊天

找一位朋友随心所欲的聊天，可以有效地缓解心理压力。

(3)玩游戏

人性中的游戏本能，不管是少年还是成年，都同样存在，处于游戏状态，可以放松思想、缓解压力、解除心理疲劳。

(4)深呼吸

面对纷杂的环境，深呼吸最有帮助，既能镇静，又能恢复精神。

(5)闭目养神

尽量放松神经和肌肉，在内心构想美好的图画。

(6)着眼当前

集中精力做好当前的工作，不要花太多时间追忆过去。

(7)尽情发泄

烦恼、忧虑不要积在心中，设法通过不损害别人、不伤害他人的途径及时宣泄。

(8)读书

找一本自己感兴趣的书，以陶冶情操，忘却烦恼。

(9)换一个角度

同一个事物和问题，不同的角度会产生不同的认识，从这个角度看，可能会引起消极的情绪体验，产生心理压力。这时只要能够转换一个视角，常会看到另一番景象，心理压力也就迎刃而解。

■ 心灵健身房

11-1 渐进式肌肉放松训练

渐进式放松训练是一种配合暗示与集中注意调节呼吸的、逐渐有序的使肌肉先紧张后放松的训练方法。这种放松训练可以有效地减轻肌肉的紧张感，同时由于练习时我们需要将注意力集中在肌肉紧张和放松的感觉上，因而精神也会随着放松下来，从而降低我们的压力和焦虑水平。另外也可以增加我们对肌肉松紧程度的敏感度，因为情绪的反应和生理的反应息息相关，精神紧张的时候很多肌肉不知不觉地跟着紧张，长时间就会造成腰酸背痛等症状，如果我们经常练习肌肉松弛法，一方面较能敏感察觉到肌肉的松弛状态，另一方面也可经由练习让肌肉处于放松的状态。这个方法的要点就是要循序渐进地、系统地将身体各部分的肌肉，通过先紧张后放松的练习，帮助我们注意并分辨肌肉拉紧和放松的感觉。

活动准备：

1. 环境：找一个安静、不会受到打扰的地方；选择一个最舒服的坐姿；把衣服的纽扣解开一些，让自己更轻松。

2. 心情：请你微微闭上眼睛，心情放松；在心里告诉自己，接下来是一段属于我自己的时间，我要排除所有思绪，专心放松自己。

正式练习步骤：

1. 手部的松紧：第一部分先进行手部肌肉的练习，将手握成拳头状，尽量握紧、握紧，这时候可以感受到手有震动的现象。然后持续5～10秒，再把拳头缓缓地放开、放开、放开……让手部的肌肉尽量放松。在拳头握紧的时候，集中你的注意力去体验肌肉放松的感觉。再重复手部肌肉握紧、放松的步骤两次。

2. 手臂的松紧：双手紧握成拳头状态，然后双手及前臂向上弯一曲，让手臂向上的肌肉出现紧张的状态，手腕尽量贴近肩膀，用力保持这种手臂拉紧的状态5～10秒，然后把双手慢慢放下来，把注意力集中在整个手臂拉紧的和放松的感觉中，松弛约10秒之后，再重复紧松的步骤一次。

3. 肩膀的松紧：用力使肩膀向上提，尽量让肩膀贴近耳朵，用力再用力，持续5～10秒之后，再让肩膀慢慢地自然垂下，尽量放松，松弛10秒之后，再重复一次紧松的步骤。

4. 颈部的松紧：颈部的松紧分前后两部分，首先将头尽量往后仰，让后颈部的肌肉出现紧张的状态，持续5～10秒，然后让头缓缓回到正常、正中、自然的位置，让后颈部的肌肉慢慢放松。下一步练习前颈肌肉的松紧，把头尽量往胸部垂下，让下颚尽量接近胸前，持续这种紧张的状态5～10秒，再缓缓把头抬至正常、正中、自然的位置，感受松弛的感觉约10秒，再重复一次前后颈部松紧的步骤。

5. 脸部的松紧：脸部肌肉分额头、眼部、牙关节、嘴唇和舌头五个部分。

(1)额头：把眼、眉尽量往上抬，让额头的骨肉处于紧张的状态，再恢复原状，感受额头的放松。

(2)眼部：用力把两眼紧紧地闭起来，可以感受到眼部肌肉的紧张，5～10秒后再慢慢放松。

(3)牙关节：用力把牙关节咬紧，就可以感受到牙关节肌肉紧张的状态，5～10秒后再慢慢放松。

(4)嘴唇：用力将上下嘴唇合在一起，就可以感受到嘴唇的紧张，5～10秒后再慢慢放松。

(5)舌头：用力将舌尖顶上颚，5～10秒后再慢慢放松。

6. 胸部的松紧：吸一大口气，使胸部和肺部尽量扩张，就可以使前胸的肌肉紧张。

7. 腹部的松紧：将腹部向内收缩，即可感到腹部肌肉紧张。

8. 背部的松紧：将两边肩膀向后压，胸部肌肉自然会向前挺起，而背部肌肉也会感到紧张。

9. 腿部的松紧：先将双脚直直抬高，离开地面，脚底尽量向下压，这样小腿的肌肉就会感到紧张，持续 5～10 秒后，再慢慢将双脚放到地上；再将双脚直直抬高，离开地面，这次将脚底往上钩，持续 5～10 秒后，再放回地上。

此套肌肉松弛法每个部分的练习，要重复两次才能达到理想的效果，而且必须做完一个部分的练习后，再进行下一个部分的练习，一次专心做一个部分的放松就好，否则注意力很难集中。做放松训练时应注意肌肉由紧张到放松要保持适当的节奏，与呼吸相协调。每一组肌肉的练习之间应有一个短暂的停顿。每次练习应从头至尾完整地完成。刚刚开始练习可能并不容易使肌肉达到深度放松，需要持之以恒，才会见到成效。一般可以每天练习 1～2 次，每次大约 15 分钟。

第三节　积极应对挫折

斯蒂芬·威廉·霍金(Stephen William Hawking)出生于 1942 年 1 月 8 日，毕业于牛津大学和剑桥大学，并获剑桥大学哲学博士学位。他因为在 21 岁时不幸患上了会使肌肉萎缩的卢伽雷氏症，所以只能坐在轮椅上，只有两根手指可以活动。1985 年，因患肺炎做了穿气管手术，彻底被剥夺了说话的功能，演讲和问答只能通过语音合成器来完成。在这种身体存在严重缺陷的情况下，他进行着超常的工作，在物理学和数学领域取得了巨大成就。《时间简史——从宇宙空间大爆炸到黑洞》(1988 年撰写)这本书是霍金的代表作。作者想象丰富，构思奇妙，语言优美，字字珠玑。更让人惊叹的是，"世界"之外，未来之变，是这样的神奇和美妙。这本书至今累计发行量已达 2500 万册，被译成近 40 种语言。1974 年，他被选入伦敦皇家学会，5 年后，又被任命为剑桥大学卢卡逊数学教授。

一、大学生常见的挫折

挫折是指个体动机、愿望、需要和行为受到内外因素阻碍的情境和相应的情感状态。人有各种愿望、需要和行为，有各种目标，但通常会遇到阻碍。这些阻碍有自身方面的因素，如生理缺陷、能力不足、内心冲突和压抑，或抱负水平过高等，还有来自外部的环境因素，如不良环境、不利条件、社会规范和父母的约束等。这些因素使需要不能满足，愿望不能实现，行为受到阻挠，使个体产生愤怒不满、失望和痛苦的体验，即挫折感。大学生在成长的过程中，不可避免地会遇到各种各样的人生挫折。

1. 家庭挫折

家庭是大学生学习生活的经济支柱和精神支柱。大学生虽离家异地求学，但与家庭仍紧密相连。一方面，成长过程中家庭对大学生的影响持续伴随，例如，父母间的矛盾冲突以及行为反应等都会影响其子女日后的行为方式；另一方面，家庭的经济状况、重大变故、重大生活事件都会给学生造成极大的精神压力和难以承受的打击。比如，来自低收入家庭和农村贫困家庭的学生容易产生自卑心理，影响正常的人际交往。另外，亲人故去或患严重疾病、父母离异、生意失败破产等，会严重影响大学生的生活，使一些学生背上沉重的心理负担。

2. 学业挫折

多数大学生都曾在学业上遭受过挫折。学业挫折表现在许多方面，例如，有的大学生学习困难，学习方法不当，事倍功半，学得很吃力；有的大学生缺乏学习兴趣，对所在学校或所学专业不满，出现厌学情绪；有的大学生学习压力过大，造成注意力不集中、考试焦虑、睡眠障碍等困扰；有的大学生学习动力不足，学习目标盲目，不能合理分配学习时间，忙于社会活动，或沉溺在网吧、游戏室，学习成绩大幅度滑坡。

3. 交往挫折

大学人际关系较中学时代复杂。大学生来自全国各地，性格、习惯、语言各不相同，如果缺乏有效的沟通了解，就容易出现矛盾、误解，造成人际关系紧张。另外，一些大学生在人际交往中的认知障碍，如"自我中心主义""完美主义"及"理想化认知"等，使大学生在人际交往中不能客观地认识自我，理性地分析与自己有关的人和事，容易造成人际交往中的偏差和失误，产生挫折感。

4. 恋爱挫折

随着性意识的觉醒，大学生开始关注两性之间的关系，渴望接触异性，向往美好爱情。但由于多种因素的制约，在追求爱情的过程中，或多或少会遇到波折。有的学生倾心于一个异性，好不容易鼓足勇气去追求，却被对方冷冷地拒绝；有的学生在恋爱过程中因为某个观点的不一致，发生激烈的争吵；有的是双方情投意合，可一方的父母却横加阻拦；有的是相爱已久的男（女）友突然移情别恋，无情地提出分手……失恋的学生往往认为失恋就是自己不被喜欢，没有魅力，于是变得情绪低落，行为上极端化，自卑感强烈，不能集中注意力而无法学习，其痛苦深沉而剧烈，如果得不到合理的情绪疏导，极有可能造成不良后果，如由失恋转变为失志、失德，行为上表现为报复、自杀或杀人者不乏其人。

5. 就业挫折

随着高校毕业生的日益增加，相当多的大学生在就业过程中体验到了就业挫折。有的大学生自我评价和自我效能感较低、缺乏自信，与就业机会失之交臂；有的大学生则盲目自大，过分夸张了自己的实力，被用人单位拒之门外；还有的大学生盲目冲动，片面追求高薪、高职、高待遇，陷入失败的泥潭。无论是对于顺利就业的大学生来说，还是对于没有找到签约单位的大学生来说，在就业过程中都会体验到压力、紧张、焦虑等情绪。

6. 健康挫折

健康的身体是人们从事学习、工作的基础。有的大学生由于体弱多病或身体有某种残疾，自卑感强烈。他们总担心别人瞧不起自己，同学间不经意的一个玩笑或行为都会深深刺伤他们的心灵。他们害怕受到歧视，于是自我封闭，不敢进行正常的人际交往，给学习生活造成了诸多困难，内心经受巨大的痛苦，久而久之对现实感到无能为力，失去了青年应有的朝气和活力。

7. 生活挫折

很多学生在上大学前，对大学生活充满了美好的期望，幻想着优雅、舒适的生活环境。然而，大学校园毕竟不是世外桃源，集体生活的环境有很多不尽如人意的地方，如熄灯睡觉时，偏有人说话，或是进进出出、打电话、发短信，让自己困极了却睡不着；睡觉睡得正香时，突然有人在梦中尖叫、说梦话或是磨牙，烦得自己半天不能重新入睡；自己早上打了一瓶开水还没用，晚上回来却发现水已被别人用掉了大半；自己刚把宿舍的垃圾倒了，不知谁又丢进去一些果皮……这一切都会使不少学生体会到深刻的挫折感受。

二、大学生挫折产生的原因

构成挫折的因素无外乎外界因素和个人因素两个方面。个人因素是指个体生理、认知、个性等身心特征所带来的某些限制，导致活动失败或目标无法实现。外界因素是指个人自身因素以外的自然环境等因素给人带来的限制与阻碍，使人的需要、目标不能满足和实现进而产生挫折。

1. 个人因素

（1）生理因素

生理因素是指个体与生俱来的身体、容貌、健康状况等先天素质的限制。例如，其貌不扬的同学很在意别人对自己容貌的负面评价；身高矮小的男生不愿与高个子女生交往；身体素质较差的学生选修体育课很难达标；长期生病缺课的同学面对考前复习更加紧张焦虑。对自身生理因素不满的同学，容易产生自卑情绪，在人际交往、学业、情感、就业等方面更容易产生挫折感。

（2）自我认知偏差

大学生自我意识发展很快，但是由于缺乏社会经验往往不能正确认识自我。取得一点成绩就会过高评价自己；相反，遇到失败或挫折，就会低估甚至怀疑、否定自我。例如，一位大一女生，在高中时成绩优异，经常受到老师和同学的赞扬，自我感觉良好，进入大学以后，突然发现很多同学都有特长，而自己的优越感荡然无存，非常失落，产生挫败感。

（3）个性因素

个性是一个人所具有的意识倾向性和较稳定的心理特征的总和。性格开朗、乐观、坚强、自信的人挫折耐受力强；性格孤僻、懦弱、内向、心胸狭窄的人挫折耐受力低。

此外，个人的兴趣、爱好、气质、态度、适应能力、意志品质、人生观、价值观等都与挫折感的形成有直接关系。

2. 外界因素

（1）自然环境

自然因素是指个人不能预料和控制的一切客观因素，如自然灾害、地震、洪水、交通事故、疾病、死亡等。

（2）社会环境

社会因素是指个人在社会生活中受到的各种人为因素的限制与阻碍，包括政治、经济、军事、宗教、风俗习惯、道德观念等方面。随着科学技术的飞速发展，社会生活节奏不断加快，生存竞争日益加剧，使人们的紧张感和心理压力大大增加，挫折感不断增强。

（3）家庭环境

发展心理学研究表明，家庭环境对青少年的人格形成、心理健康都有十分重要的影响。除父母教养方式外，其他早期的不良境遇直到个体成年后对其依然存在负面影响。因此，家庭的自然结构、成员关系、抚养方式、家长自身素质等对大学生产生心理挫折都有直接或间接影响。受到过分溺爱的孩子，面对困难更易产生挫折感；父母过分管制或放任不管的孩子，部分表现为蛮横无理或漠视社会规范，部分表现出内向、孤僻的性格，不善与人交往，这些也容易产生心理挫折；此外，贫困大学生面对生活和经济双重压力，对其学业和个人发展也会形成一定影响，从而导致更多的心理冲突，产生挫折感。

（4）学校环境

学校环境对大学生的心理影响主要表现为以下两个方面。

一是因校园环境设施陈旧产生的失望感。在迈入大学校门前，每个人心中都描绘了一幅美好的图画，憧憬美好的大学生活。但现实往往并不令人满意，很多新生抱怨："这哪里是大学，还不如高中的环境。"校园设施落后，住宿、进餐、洗澡等后勤保障不能满足大学生的需求，增加了他们的不满情绪。

二是教学内容与管理方式滞后。大学生具有强烈的成就动机和求知欲望，在选定专业时希望自己能够学习最新的知识技能，成为实用型人才。但是由于多种因素，部分高校的教学内容滞后于现代社会的变化与发展，知识观念陈旧，教学方法和手段落后于现行人才培养的需求，使大学生产生强烈的不满和受挫情绪。

三、应对挫折的策略

人生不可能一帆风顺，大学生在学习、生活中总会遇到这样或那样的困难与挫折。

这对大学生来说，既是成长的机遇，也是对自我的挑战。大学生必须学会一些应对挫折的方法，努力发挥主观能动性，积极地进行自我调适，把挫折带来的压力转化为前进的动力，这关系着每位大学生今后的人生幸福和事业成败。

1. 正确认识挫折

事实表明，对挫折的正确认识是大学生战胜挫折的先导和前提，大学生面对挫折，不要惧怕，不要逃避，而要坦然地面对，正确地认识，理性地分析，才能战胜挫折，促进自己的成长。

(1)挫折是普遍存在的

挫折普遍存在于每个人的生活中，它是无处不在，无时不有的。大学生在学习生活中必定会遇到各种各样的挫折，大学生要明白社会生活的复杂性，明白挫折是个人生活的组成部分。只有认识到这一点，大学生才能在遇到挫折时平静地面对、认真地分析、努力地应对，保持心理平衡，而不是去抱怨社会的不公和命运的坎坷。

(2)挫折是人生的宝贵财富

挫折能磨炼人的意志，增强个体情绪反应的力量，增强个体的容忍力，提高个体对挫折的认识水平。只有认识到这一点，我们才有勇气和信心去勇敢地面对挫折。不经历风雨，怎么见彩虹？不经过挫折的磨炼，也就没有成功的喜悦和人生的幸福。因此，大学生应懂得在人生的道路上没有平坦的，笔直的路可走，只有那些在布满荆棘的弯弯曲曲的羊肠小路上不畏艰难困苦，一次次跌倒又一次次顽强站起来并善于总结经验、勇于进取的人，才能创造人生的辉煌。那些经不起挫折考验的人必然被淘汰。

(3)挫折是人生的催熟剂

在现实生活中，那些担心挫折、害怕失败的人，总是把自己沉溺于万事如意的想象之中，不敢面对复杂的现实社会，更不能搏击人生，稍遇挫折就意志消沉，一蹶不振，甚至痛不欲生。大学生们应该记住贝多芬的一句话："卓越的人有一大优点，在不利与艰难的遭遇里百折不挠。"大学生要成为卓越的人，应当投身社会，历经磨难，不断克服困难，战胜困难。经历挫折、忍受挫折是人生修养所必需的一门课程，挫折是人生的催熟剂。

(4)挫折是可以克服和战胜的

挫折是不可预知的，也是必然的。但是，挫折却不是不可战胜的。古今中外，无数杰出的人先后以他们自身的人生经验，诠释着人类意志的力量。古人敢于和大自然抗争，所以人类才能逐渐成为地球上的主宰；被统治阶级敢于抗争，才能掀起一次又一次的革命战争，改朝换代；科学家、艺术家勇于抗争，才使得人类创造出灿烂的文化……历史长河中，无数人以他们坚强不屈的精神改变着自己的命运，也改变着人类的命运。

2. 正确合理归因

归因是指个体依照主观感受或经验对自己行为及结果发生的原因予以解释和推测

的心理活动过程。由于归因是凭个体经验和个体的主观感受进行，其结果可能是正确的，也可能出现偏差，甚至是错误的。在生活中，人们对行为的成功与失败进行归因是件很平常的事情，然而，在这一过程中形成的归因倾向，对人的心理挫折的应对非常关键。

美国心理学家韦纳（Weiner）的自我归因理论适用范围较广，对大学生战胜挫折有比较大的指导作用。一般情况下，挫折是由客观因素（包括任务难度和机遇）和主观因素（人的能力与努力）造成。人们把挫折归因于何种因素，对以后的活动、积极性和战胜挫折有很大的影响。比如，有的学生总是把自己学习的成败，归因于外在因素，如学习上受挫折后，把失败归因于运气不好，没能猜中题目或埋怨教师的命题和评分，而不努力去克服困难和改变失败的处境。也有的学生把失败归因于自身的能力、技能和努力的程度过低，因而抱怨自己，过多地责备自己。这两种习惯性归因，不可能找出造成挫折的真实原因，无助于战胜挫折。把挫折归因于主观因素，会使人感到内疚和无助；把挫折归因于客观因素，会产生气愤与敌意。

因此，大学生要学会合理地归因，避免归因的片面性，对挫折做出客观、准确、符合实际的归因，学会实事求是地承担责任，克服过分承担或完全推诿责任的倾向，避免过多自责带来的挫折感。

3. 提高挫折承受力

挫折承受力是指个体遭遇挫折情境时，能否经得起打击和压力，有无摆脱和排解困境而使自己避免心理与行为失常的一种耐受能力。最早提出"挫折承受力"这一概念的是美国心理测验专家罗森茨威格（Rosenzweig），他将挫折承受力定义为抵抗挫折而没有不良反应的能力，即个体适应挫折、抗御和对付挫折的能力。简单地说，就是个体受到挫折后免于行为失常的能力。1977年，就任世界卫生组织精神卫生部主任的萨托拉斯先生提出三条精神健康标准，其中一条就是能够经受生活的挫折，及时地调适自己的情绪，不仅能适应环境，而且能有效地改造环境。由此可见，培养抗挫折能力对精神健康的意义之大。抗挫折能力是大学生个体在后天生活过程中为适应环境而习得的能力之一，可以经过学习和锻炼而获得提高。

（1）调整认知，改变不合理观念

心理学研究表明，引起强烈挫折感的与其说是挫折、冲突，不如说是受挫者对所受挫折的看法，以及所采取的态度。对于生活中的磨炼和挫折，有人认为是不幸，有人则把它看作是发展的机会。因此，当遭遇挫折时，应转换视角，调整认知，改变不合理的观念。

（2）积极参加社会实践，加深挫折体验

实践活动是提升个体挫折耐受力的最好途径和方法，"百炼成钢"就是这个道理。因此，大学生要积极主动地投身到社会实践活动中去，比如，勤工俭学、家教、社会服务等，不断地接受考验，从中体会生活的艰辛，人生的艰难。是自己变得更加成熟，逐渐提高挫折耐受力。

（3）调整抱负水平

抱负水平是一个人从事某种活动之前，对自己所要达到的目标的期望值。而挫折总是跟行为目标连在一起，挫折就是行为受阻，目标不能实现。因此，遭受挫折以后，要重新衡量一下，目标定得是否过高，是否符合主客观条件。如果目标一直过高，屡次不能实现，这样挫折过于频繁，大学生的自信心就会显著降低，挫折耐受力也会下降。因此，大学生在确立自己的目标时，一定要全面、客观地评估自己的资源和能力，制定切实可行的目标，使挫折耐受力得到不断提高。

（4）采取积极的心理防御机制

心理防御机制是挫折发生后人在内部心理活动中所具备的有意或无意地摆脱挫折造成的心理压力、减少精神痛苦、维护正常情绪、平衡心理的种种保护方式。心理防御机制作用具有两重性。积极的心理防御机制有助于适应挫折，化解困境；消极的心理防御机制只能起到暂时平衡心理的作用，并不能解决问题。因此，大学生在遭遇挫折后，采取积极的心理防御机制，能够使自己减轻或免除精神压力，激发主观能动性，激励自己以顽强的毅力克服困难，战胜挫折。前文中对挫折后的心理防御形式进行了详细分析，目的就是让大学生在遭受挫折后会正确地分析自己的挫折行为并有选择地使用，进而提高对挫折的耐受力水平。

■ 心灵加油站

11-1 心理防御机制

心理防御机制是由西格蒙德·弗洛伊德（Sigmund Freud）提出的，后经他的女儿安娜·弗洛伊德（Anna Freud）进行了系统研究后逐渐成熟的理论。

心理防御机制，又叫心理防卫机制，是指个体面临挫折或心理冲突的紧急情境时，心理活动中具有的自觉的或不自觉地解脱烦恼，减轻内心不安，以恢复心理平衡与稳定的一种适应性倾向。

心理防御机制具有以下特征：①防御机制不是蓄意使用的，他们是无意识的或至少是部分无意识的。②防御机制是通过自我美化而保护自己免受伤害。③防御机制有自我欺骗的性质，即通过掩饰或伪装我们真正的动机，或否认可能引起我们焦虑的冲动、动作或记忆的存在而起作用。因此，它是借歪曲知觉、记忆、动作、动机及思维，或完全阻断某一心理过程而使自己免于焦虑。实际上，它是一种心理上的自我保护法。④防御机制本身不是病理的，相反，它们在维持正常心理健康状态上起着重要作用，但需要适度使用。⑤防御机制可以单一地表达，也可以重叠地表达。

心理防御机制有积极的一面，也有消极的一面。积极意义在于能够使主体在遭受困难和挫折后减轻或免除精神压力，恢复心理平衡，甚至激发主体的主观能动性，激励主体以顽强的毅力克服困难，战胜挫折；消极的意义在于使主体可能因压力的缓解而自足，或出现退缩甚至恐惧而导致心理疾病。

常见的心理防御机制包括压抑、否认、逃避、升华、补偿、冷漠、攻击、反向等。

4. 及时寻求心理支持

遇到挫折时请求帮助，这在有些人看来，似乎是很丢脸面的事。实际上，大胆地请求帮助，或者求助心理咨询，也是意志坚强的表现。与人分忧是助人为乐的一种形式。生活中绝大多数人都有一颗助人之心，因此，遇到挫折和难以自我解决问题之时，要学会倾诉和寻求帮助，这并非是软弱和无能的表现。"当局者迷，旁观者清"，亲人、同学、好友、师长对挫折原因的分析，往往能够对症下药，带当事者找到走出困境、跨进成功大门的途径。正如人们常说，一个痛苦两人分担，痛苦就减轻了一半。当一个人感到有可以信赖的人在关心、爱护和尊重自己时，就会减轻挫折反应的强度，增强挫折的承受力。

■ 心灵密室

11-1 挫折心理测验

测试的目的是检验自己面对困难、挫折时的承受能力。测试时间为 5 分钟。测试题目如下：

1. 在过去的一年中，你自认为遭受挫折的次数（   ）

A.0～2 次　　　　　　　　B.3～4 次　　　　　　　　C.5 次以上

2. 你每次遇到挫折（   ）

A. 大部分都能自己解决　　　B. 有一部分能解决　　　C. 大部分解决不了

3. 你对自己才华和能力的自信程度是（   ）

A. 十分自信　　　　　　　B. 比较自信　　　　　　C. 不太自信

4. 你对问题经常采用的方法是（   ）

A. 知难而进　　　　　　　B. 找人帮助　　　　　　C. 放弃目标

5. 有非常令人担心的事时，你（   ）

A. 无法工作　　　　　　　B. 工作照样不误　　　　C. 介于 A、B 之间

6. 碰到讨厌的对手时，你（   ）

A. 无法应对　　　　　　　B. 应对自如　　　　　　C. 介于 A、B 之间

7. 面临失败时，你（   ）

A. 破罐子破摔　　　　　　B. 使失败转化为成功　　C. 介于 A、B 之间

8. 工作进展不快时，你（   ）

A. 焦躁万分　　　　　　　B. 冷静地想办法　　　　C. 介于 A、B 之间

9. 碰到难题时，你（　　）

A. 失去自信　　　　　　　　　B. 为解决问题而动脑筋　　C. 介于A、B之间

10. 工作中感到疲劳时，你（　　）

A. 总是想着疲劳，脑子不好使了　　　　　B. 休息一段时间，就忘了疲劳

C. 介于A、B之间

11. 工作条件恶劣时，你（　　）

A. 无法工作　　　　　　　　　B. 能克服困难干好工作　　C. 介于A、B之间

12. 产生自卑感时，你（　　）

A. 不想再工作　　　　　　　　B. 立即振奋精神去工作　　C. 介于A、B之间

13. 上级给了你很难完成的任务时，你会（　　）

A. 顶回去了事　　　　　　　　B. 千方百计干好　　　　　C. 介于A、B之间

14. 困难落到自己头上时，你（　　）

A. 厌恶之极　　　　　　　　　B. 认为是个锻炼　　　　　C. 介于A、B之间

测评方法：

(1)1～4题，选择A、B、C分别得2、1、0分；

(2)5～14题，选择A、B、C分别得0、2、1分。

评价参考：

(1)19分以上。说明你的抗挫折能力很强。

(2)9～18分。说明你虽有一定的抗挫折能力，但对某些挫折的抵抗力薄弱。

(3)8分以下。说明你的抗挫折能力很弱。

■ 问题与讨论

1. 大学生如何有效消解压力？

2. 大学生受挫后有哪些行为表现？你常用的应对方式有哪些？哪种更有效？

3. 压力和挫折对大学生有哪些影响？

参考文献

[1] 陈桂香，王凤兰. 大学生心理健康教育[M]. 北京：中国农业出版社，2010：101，103－105.

[2] 林崇德，杨治良，黄希庭. 心理学大辞典[M]. 上海：上海教育出版社，2003：1498.

[3] 周春明，徐萍. 大学生心理健康[M]. 北京：北京理工大学出版社，2009：229－233.

[4] 李明，邵琑菊，李岚冰. 大学生心理健康教育[M]. 北京：现代教育出版社，2012：178－197.

[5] 孟娟，周华忠. 自助与成长——大学生心理健康教育[M]. 北京：国家行政学院出版社，2013：168－189.

第十二章　大学生生命教育与心理危机应对——生命如歌

■ 思维导图

```
                                        ┌─────────────────┐
                                        │  生命意识的含义  │
                                        └─────────────────┘
                                        ┌─────────────────────┐
                                        │ 大学生生命意识的含义 │
                    ┌──────────────┐    └─────────────────────┘
                    │ 大学生生命意识 │    ┌─────────────────────┐
                    └──────────────┘    │ 大学生生命意识的表现 │
                                        └─────────────────────┘
┌──────────────┐                        ┌─────────────────────┐
│ 大学生生命教育与│                        │ 大学生生命意识的表现 │
│  心理危机应对  │                        └─────────────────────┘
└──────────────┘
                                        ┌─────────────────┐
                    ┌──────────────┐    │   心理危机概述    │
                    │  心理危机应对  │    └─────────────────┘
                    └──────────────┘    ┌─────────────────┐
                                        │  心理危机干预概述  │
                                        └─────────────────┘
                                        ┌─────────────────────────┐
                                        │ 大学生个人危机干预：自杀 │
                                        └─────────────────────────┘
```

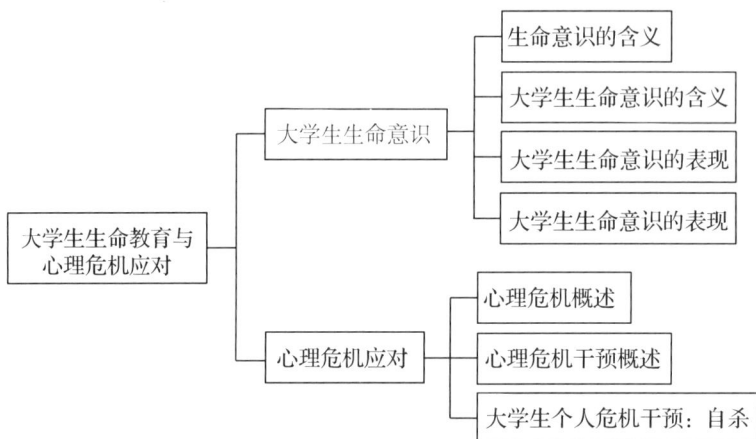

第一节　大学生生命意识

人越是敬畏自然的生命，也就越敬畏精神生命。

人连对动物、植物的生命都要敬畏，难道能不敬畏人的生命吗？

——《敬畏生命》史怀泽

一、生命意识的含义

生命意识是个人对生命的理解与态度。它是人的生命为了适应自身生存和发展的需要，依据先天的基因，加上后天的教化而形成的对于生存和生存价值的体验和感悟。生命意识包括浅层次的生存意识和深层次的生命价值意识。

生存意识即人的生存意志，是个体维护生命存在和延续的欲望。生存意识是作为主体生命的人意识到的主客体存在，意识到生命存在所需要的一切，从而珍惜生命，热爱生活和生命。生存意识的强烈与否，是与个体的成长小环境及当时的社会大环境紧密相连的。

生命价值意识是指个人对有关生命及生命的价值、生命的意义、人生理想、人生信仰等的根本看法和态度。它是由个体自我意识和个体生命的社会价值两方面来决定的。自我意识是生命价值意识形成的基础。自我意识的确立，其标志是个体意识的分化，即原来完整的自我分化成理想的自我和现实的自我，前者体现个体的主观愿望和设计，它所关注的是"我是谁"，"我做什么"，"我应该是怎样的"。后者表明个体的实际状态或"别人是怎样看待我的"，"给我什么"等。个体生命的社会价值是生命价值意识形成的决定性因素。一方面，个体生命价值意识的形成与社会现实存在着密切的联系，因为生命价值意识属于人的社会意识，是对人的社会现实存在的能动反映。尤其是一定的生产方式、政治与文化环境、时代特点，对个体的生命价值观具有极大的影响作用。因而在不同的社会历史条件下，个体会有不同的生命价值意识；另一方面，个体生命的社会价值大小决定着个体生命价值意识的形成，这是因为个体生命价值意识的形成，从根本上说就是个体总在不停地追问自己，生命的存在究竟有何意义，活着是否值得，是否有所得。这些思考积淀升华便形成个体的生命价值意识。因此，个体生命的社会价值影响着个体生命价值意识的形成，并最终决定个体生命价值意识的取向。

二、大学生生命意识的含义

大学生的生命意识，就是大学生对生命所持有的基本观念、看法和态度，以及他们对生命所持有的基本的价值判断。大学生的生命意识与大学生的现实状况是紧密联系在一起的。大学生的年龄不同、性别不同、专业不同、生源地不同、家庭经济状况不同、性格不同、个人经历不同，其生命价值观就有可能不同。虽然他们所处的时代大背景是相同的，但是小环境是有差异的。大学生的生命观，反映了大学生的生活方式、成长经历等不同的社会存在。它在大学生的生命价值活动中发挥着目标选择、情感激发、评价标准和行为导向的作用，即指导着他们在日常生活、学习中的有关生命的行为和选择。

三、大学生生命意识的表现

大学生生命意识的表现，就是大学生对生命所持有的基本观念、看法和态度，以及他们对生命所做出的基本判断，主要包括以下几个方面。

1. 对时间的认知

时间组成了我们每个人的生命历程。我国魏晋时代诗人陶渊明曾在诗中写到"盛年不重来，一日难再晨"。时间是单向的，是一去不复返的。如果说生命是一条奔流的大河，那么时间就是组成这河流的无数水珠。从"时间就是生命"这个角度来说，如何对待时间是大学生的生命意识表现之一。如果大学生珍惜时间、惜时如金，他们会充分尊重并有效利用每一分钟，在有限的时间中做他们认为应该做的事情。如果他们无视时间的宝贵，那么就会虚掷光阴、虚度年华。如果他们明白时间的转瞬即逝、一去不返，就会充分地利用时间。如果认为时间会用之不竭，就不会对时间倍加珍惜。可以说，大学生是否将时间视为生命的组成、生命的衡量维度以及他们对待时间的态度在一定程度上反映了他们的生命意识。

■ 心灵加油站

12-1 至少再活六天

人有幸来到这个世界上，获得了这独一无二属于自己只有一次的生命，是立足于"养"它，还是立足于"用"它？

对于这个问题，法国伟大作家巴尔扎克的一生给出了最好的回答。一次，巴尔扎克心脏病大发作，问医生说："我能活半年吗？"医生摇摇头，"至少我还可以活六天吧？我还可以写个提纲，还可以把已经出版的 50 卷书校订一下。"医生回答的是："你还是马上写遗嘱！"

面对无情的病魔，巴尔扎克每天工作 12～14 小时，他把医生认为连六天都没有的弥留期延长了 20 多年，他曾在自己的手杖上刻了这样一句话："我粉碎了每一个障碍！"

当他离开人世时，留下由 96 部中长篇小说组成的雄伟史诗《人间喜剧》，我们从巴尔扎克身上看到了人的生命潜力的巨大，也看到了用好生命的价值和意义。

胡适在 20 世纪 40 年代曾写过一首诗："不做无益事，一日当三日，人活五十岁，我活百五十。"胡适的诗脱胎于明代的徐文长，徐诗云："无事此游戏，一日当三日，我活七十岁，便是二百一。"徐文长的诗又源自宋代苏东坡的诗，苏诗云："无事此静坐，一日如两日，人活七十岁，我活百四十。"

三位文豪都是重视生命质量的高手，他们或工作，或游戏，或静坐，都力争积极用好生命，因而他们都著作等身，青史留名，哲人说得好："生命是一篇小说，不在长，而在精。"

——摘自：孙洪军. 意林体作文素材大全[M]. 长春：吉林出版集团，2014.

2. 对生命的把握

生命对于每个人来说都只有一次，虽说这人人都知道，但并非每一个人对这一点都了然于心。大学生能否意识到，或者是能在多大程度上意识到生命的宝贵需要加以珍惜，就反映了其对生命的看法。

一方面，大学生对生命的把握主要体现在大学生是够真正认识到自己生命的宝贵，真正尊重自己的生命。同时，大学生对生命的把握还体现在他们是否能够尊重他人的生命。很难想象，不珍惜热爱尊重自己生命的大学生怎么会真正珍惜热爱尊重别人的生命，因为许多事情都是推己及人的。许多大学生生命意识的扭曲不只是表现在对自己生命的无视或者是伤害上，还表现在对他人或其他生物生命的漠视上。

另一方面，大学生对生命的把握还体现在是否将生命视为历程，是否能够对生命有科学的规划。从宏观的角度出发，对生命有一个整体的把握、客观的认识，就容易对生命做出较为科学的判断。在具体的行为中，做出正确的人生选择，积极地面对人生、充分地利用时间、过充实的生活，而不是片面地看待生命、肆意地挥霍生命、漫无目标地过生活。从个体上看，生命有产生、有灭亡，从生到死便是生命的过程，经历着生命的周期。既然生命是一个过程，那么，大学生就应该根据生命周期的特点对生命做出较为合理的安排，进行科学的规划。

3. 对感恩的见解

许多人将自己的存在、所享有的一切看作是理所当然的。阳光、空气、水、亲人的关爱、师长的指点、朋友的关怀等，大学生对这些是怀有感恩之情还是安之若素，从一个侧面也反映出了大学生秉持着怎样的生命意识。感恩，就是对有助于自己生存、发展的人或物的一种感激之心、报答之情。人的生存和发展离不开阳光、空气、土地、水和其他生命的存在，个体要感恩自然社会为之提供了生存、发展的机会和条件，应当感恩社会。接受了他人的帮助，也要知道感恩，正所谓"滴水之恩，涌泉相报"。感恩思想不仅是人的一种基本修养，更是社会文明的重要标志。感恩会使大学生心胸恬淡，胸怀宽容广博。感恩能使大学生处于友爱温馨的社会环境中，增加同学与同学之间的团结、信任、理解和宽容，促进和谐人际关系的建立，有助于大学生个人精神生命的完善，进而有助于未来个人事业的成功。所以，如果大学生能够怀有一颗感恩的心去面对世界、面对生活，那么，他们同样会以积极乐观的心态来看待生命、好好生活。

12-2 删了电话没了家

通往老家的乡村公交车发车不按点，且一天只有三趟，每次回老家，我总得提前预约。平时我不太喜欢打电话，但是父亲有病那阵子，我的电话记录上，打得较多的是这个公交车司机的电话。

母亲有病去世，父亲最近又因骨折去世，这些年里，家成了我最忧伤的挂念。可现在，公交车司机的电话还在重要位置存放着，我已快三个月没动过它了。

我觉得这个号码现在对我来说已毫无用处，就先删去它吧。

不知为何，当删完号码，我却泪流满面，接着，我忍不住痛哭失声。此时，我感觉删去的不是一个电话号码，而是删去了一个孩子对亲人的无限依恋。

回家的路依然通达，我却踟蹰不前，是因为路那边已经不再有人急切地盼我回家。删去了"阿公交"的电话，也删去了我最后的牵挂。那一刻，我刻骨铭心地明白：子欲养而亲不待。父母在，我还有家；父母不在，我彻底没了家。

——摘自：孙洪军. 意林体作文素材大全[M]. 长春：吉林出版集团，2014：58.

4. 对自我的认同

自我评价是指一个人在社会化过程中逐步形成和发展起来的，关于自我及周围环境关系的多方面、多层次的认知和评价，是个体对自我所有的思想、情感和态度的总和。自我的概念本身就言明了人是不同于物和其他生命存在的，人是可以对自己加以审视和评断的，人是有独立的意识和尊严感的。现代心理学意义上的"认同"是指个人与他人、群体或模仿人物在情感上、心理上趋同的过程，是个体与他人有情感联系的最初表现形式。如果个体不能建立并保持自我认同感，则会出现自我认同危机，即不能确定自己是谁，不能确定自己的价值和生活方向。如果大学生能够有较高程度的自我认同的话，他们就能够理智地看待并且接受自己以及外界，能够热爱生活，充满尊严感和自豪感，而不会被负罪感和耻辱感所困扰，也不会整日沉浸在否定、怨恨、遗憾、悔恨等负面情绪之中不能自拔，而是会奋发向上，积极而独立地面对生活、注视生命，这些就足以表明他们拥有较为积极地生命观。相反，如果一个人不能接受自己的特征，比如，年龄、相貌、身材、声音、脾气等，那么他能够积极乐观生活的可能性也就很小了。不能接受自己，就不能认可自己，进而就会疏离周围的人，逃避或者是抵触社会。

5. 对生命价值的定位

生命的价值、意义，都是人赋予的。不同的人由于其所处的历史时期不同、社会背景不同、家庭背景不同，拥有的知识水平不同、社会经验不同、个人经历不同，他们的生命价值定位就会产生很大的不同。甚至同一个人在不同的生命阶段或者是经历过不同的事情之后，其生命价值定位都会产生很大的变化。大学生的生命价值定位，直接影响着其生命价值观的确立。人们的生命价值定位多种多样，大学生也是如此，或为温饱，或为名利，或为学问，或为德行，或为事功，或为享受。大学生的生命价值定位，直接影响着其生命价值观的确立。因为一旦生命价值定位确定以后，人们就会在现实生活中自觉，不自觉地朝着那个方向努力。

6. 对死亡的理解

海德格尔曾说，死亡是人的最本己的可能性。所以，从一定意义上说生命的终极深意是需要借助死亡的意义来彰显的。我们对死亡越了解，对生命的看法就越积极，进而能够创造并实现生命的意义，大学生也是如此。正确认识死，是为了能够更好地生。周国平曾说："没有死，就没有爱和激情，没有冒险和悲剧，没有欢乐和痛苦，没有生命的魅力。总之，没有死就没有了生的意义。"死亡就像一面镜子，从死亡之镜中看到生命的有限性、生命的历程性和生命的美好性。以死观生，人更能充分地领悟和把握人生的价值，更加珍惜生命的价值，促使自己在有限的一生中创造尽可能多的价值，让自己创造的价值滋润生命的每一段时间。如何看待死亡，将直接影响着我们如何看待生命。对死亡的看法和态度将直接影响到大学生对生命本身的看法和态度，进而也会影响到他们具体的现实生活。比如，他们如何对待时间，如何对待困难，如何对待挫折，如何对待压力，如何对待幸福，如何对待机遇，如何对待自己以及周遭的一切。大学生需要知道生命是宝贵的，对于我们每一个人来说都只有一次。然而，大多数人都把生命看成是理所当然的。正如海伦·凯勒在《假如给我三天光明》中写道，"我们知道有一天我们必将面对死亡，但总认为那一天还在遥远的将来。当我们身体强健之时，死亡简直不可想象，我们很少考虑到它。日子多得好像没有尽头。因此我们一味忙于琐事，几乎意识不到我们对待生活的冷漠态度"。死亡是每个活着的人都逃脱不了的、回避不了的归宿，但多数情况下死亡又是遥遥无期的，至少是在人们可预见的未来不会发生的，那么，如果人们总是被这种生命是无尽的感觉麻痹的话，就很有可能无视生命的珍贵很有可能过无意识的生活。

四、大学生生命意识的培养

大学生要不断强化正确的思想观念，摒弃错误或偏位的思想认识，在正确的思想指导下获得生命的健康成长。而积极的情感体验有助于大学生确立正确生命意识，完善对于生命内涵的理解。

1. 培养正确的时间理念

大学生要积极体悟生命的有限性，从而珍惜生命。古人面对时光匆匆，流水年华，发出"逝者如斯夫"的感叹。但更多地是以积极地人生态度去面对时光："发愤忘食，乐以忘忧，不知老之将至"；"莫等闲，白了少年头"；"多少事，从来急，天地转，光阴迫，一万年太久，只争朝夕"。苏联作家奥斯特洛夫斯基在《钢铁是怎样炼成的》中借保尔·柯察金之口说出了这段我们都很熟悉的话："人最宝贵的是生命。它给予我们只有一次。人的一生应当这样度过，当他回首往事时不因虚度年华而悔恨，也不因碌碌无为而羞愧。这样在他临死的时候就能够说，我已把我整个的生命和全部精力都献给最壮丽的事业——为人类的解放而斗争。"大学生也应该积极有为地去面对人生时间的有限，激发个体为社会多做贡献的意识，使自己的生存更有价值和意义。

2. 培养自我教育意识

林语堂曾说，"人们当学会感受生命韵律之美，像听交响乐一样，欣赏其主旋律、激昂的高潮和舒缓的尾声。这些反复的乐章对于我们的生命都大同小异，但个人的乐曲却要自己去谱写。在某些人心中，不和谐音会越来越刺耳，最终竟然能掩盖主曲，有时不和谐音会获得巨大的能量，令乐曲不能继续，这时，人们或举枪自杀或投河自尽。这时他最初的主题被无望地遮蔽，只因他缺少自我教育。否则，常人将以体面的进展和进程走向既定的终点。在我们多数人心中常常会有太多的断奏或强音，那是因为节奏错了，生命的乐曲因此而不再悦耳。我们应该学恒河，学她气势恢宏而永不停息地缓缓流向大海。"由此可见，自我教育在塑造自己生命的过程中起着非常重要的作用。印度哲人克里希那穆提也曾说过，一定要用自己的光照亮自己。

3. 培养感恩意识

感恩意识的增强，有助于大学生树立积极科学的生命观。中国自古就有"感恩"的传统。《诗经》有"投桃报李"之说，孟郊留下过"谁言寸草心，报得三春晖"的动人诗句，民间更有"滴水之恩，当涌泉相报"的谚语。有了对生命的感恩之情，大学生才会爱护和珍惜他人和自己的生命，而不是轻贱地践踏他人和自己的生命。有了对生命的感恩之情，大学生才会珍惜有限的生命，尊重自己、他人、社会、自然，在自己与他人、社会相互尊重以及对自然和谐共处中追求生命的意义。

4. 培养正确的生存价值意识

大学生要正确认识和了解自己的生命与他人和社会的关系。人从出生到死亡，没有一刻不与他人发生联系。人并不是孤立存在，他需要别人的理解、尊重，脱离与他人的联系，人就不能称之为人。同样，人是社会的人，人的成长离不开他所生活的社会，社会是人的社会，没有生命个体的存在，就不会有社会。同样，社会的发展为每一个生命个体的发展提供广阔的舞台。他人和社会成就了个体生命的绚丽，同样因为自己的存在使这个世界更精彩。大学生应该明确生命是属于自己的，但生命又不只属于自己，生命同时也属于父母和家庭，属于他人和社会。家庭和社会提供给了每个人生存和发展的机会和条件，因此每个人对家庭和社会都负有不可推卸的道德义务。大学生只有充分认识到自己的生命和社会的关系，才会更加珍惜自己和他人的生命，从而形成正确的生命意识，在社会提供的舞台上充分展示自己，推动社会不断向前发展。

12-1 青少年生活事件量表

测验指导语：

青少年生活事件量表由 27 个题目组成，每个题目都简单地陈述一个生活事件，请仔细阅读每个题目，并思考在过去一年内，您或您的家庭是否发生过下列事件？如果该事件发生过，请根据事件给您造成的影响程度在相应方格内打个"√"。如果该事件未发生，仅在事件未发生栏打个"√"。

这些题目用于测试您的个人情况，没有对错之分，请您根据第一反应如实作答。请结合最近 12 个月的情况与相应描述对照。每个题目有且只有一个选择，不要遗漏，也不要多选。

青少年生活事件量表

生活事件名称	未发生	发生过，对您影响的程度				
		没有	轻度	中度	重度	极重
1. 被人误会或错怪						
2. 受人歧视冷遇						
3. 考试失败或成绩不理想						
4. 与同学或好友发生纠纷						
5. 生活规律(饮食、休息)等明显变化						
6. 不喜欢上学						
7. 恋爱不顺利或失恋						
8. 长期远离家人不能团聚						
9. 学习负担重						
10. 与老师关系紧张						
11. 本人患重病						
12. 亲友患重病						
13. 亲友死亡						
14. 被盗或丢失东西						
15. 当众丢面子						
16. 家庭经济困难						
17. 家庭内部有矛盾						

生活事件名称	未发生	发生过，对您影响的程度				
		没有	轻度	中度	重度	极重
18. 预期的评选(三好学生)落实						
19. 受批评或处分						
20. 转学或休学						
21. 被罚款						
22. 升学压力						
23. 与人打架						
24. 遭父母打骂						
25. 家庭给你施加学习压力						
26. 意外惊吓，事故						
27. 其他挫折事件请说明						

青少年生活事件量表(ASLEC)适用于评定青少年尤其是中学生和大学生生活事件发生的频度和应激强度。该量表为自评问卷，由27项可能给青少年带来心理反应的负面生活事件构成。受测者根据自己的实际情况进行自评，对每个条目进行6级评分。该量表的统计指标包括事件发生的频度和应激量两部分，事件未发生按无影响统计。完成该量表约需要5分钟。

该量表包括6个因子：人际关系、学习压力、受惩罚、亲友与财产丧失、健康与适应问题及其他方面。

人际关系因子　　　　　包括条目1、2、4、15、25

学习压力因子　　　　　包括条目3、9、16、18、22

受惩罚因子　　　　　　包括条目17、18、19、20、21、23、24

亲友与财产丧失因子　　包括条目12、13、14

健康与适应问题因子　　包括条目5、8、11、27

其他　　　　　　　　　包括条目6、7、10、26

第二节　心理危机应对

我坚信每个人都具有自我向善的能力，关键是怎样给他们一个深刻认识错误与改过自新的机会。

——《登天的感觉》岳晓东

"捧心西子"林黛玉

"两弯似蹙非蹙笼烟眉，一双似喜非喜含情目。态生双靥之愁，娇袭一身之病。泪光点点，娇喘微微。娴静时如姣花照水，行动处如弱柳扶风。心较比干多一窍，病如西子胜三分。"曹雪芹这段脍炙人口的描写展示了林黛玉的绝代姿容和极高智慧。林黛玉在贾宝玉眼中美若天仙，但她的外表之下蒙上了一层不散的忧郁。

《红楼梦》的女主人公林黛玉，虽出自官宦之家，但天生体质纤弱，加上母亲早丧，在她的童年就蒙上了一层不散的忧郁。环境的改变并没有使这个少女的生活态度随之改变，而是更加重了她的自尊、高傲、敏感和多疑，她经常自叹自怜，触景生情，于是"多愁善感"便成为这个少女的性格特征，抑郁性格在其个性特征中占据主导地位。她与贾宝玉性格相投，两小无猜，但是爱情并没有给她带来幸福，她一面渴望宝玉向她倾诉衷肠，却又不断考验宝玉的忠诚，加之他们之间的爱情始终得不到贾母的认可，使她陷于极端矛盾的漩涡中而不能自拔。宝玉和宝钗结亲的消息恰似天崩地裂的一击，使她悲痛欲绝，却又无处倾诉。她身子晃晃悠悠，两眼发直，后来，完全失去了控制，不言不语，不吃不动，愁肠郁结，惟有流泪。在极度的痛苦磨难中，她便"焚诗稿，断痴情"，以此"抗浊世"。终于耗尽心气，"泪枯"夭亡。

一、心理危机概述

1. 心理危机的含义

日常生活中，我们经常听到"经济危机""政治危机"这样的概念，对于"心理危机"很多人感到还很陌生。什么是心理危机呢？

心理危机这一概念是美国心理学家卡普兰（G. Caplan）首次提出的。他认为，心理危机是当个体面临突然或重大生活事件（如亲人死亡、婚姻破裂或天灾人祸）时所出现的心理失衡状态。他认为，每个人都在努力保持一种内心的稳定状态，使自身与环境稳定协调，当重大问题和剧烈变化使个体感到问题难以解决，平衡就会打破，正常的生活受到干扰，内心的紧张不断积累，继而出现无所适从甚至思维和行为紊乱，进入一种失衡状态，这就是心理危机的状态。

这种阻碍是在一定时间内使用现有的资源和惯常应对机制不能解决的问题。危机是一种解体状态，在这种状态中人们遭受重要生活目标的挫折或其生活周期和应对刺激的方法受到严重的破坏，它指的是个人因这种破坏所产生的害怕、震惊、悲伤的感觉而不是破坏本身。

当一个人出现心理危机时，当事人可能及时察觉，也有可能"未知未觉"。构成危机有三个要素：存在重大心理应激；引起急性情绪扰乱，认知改变，躯体不适和行为改变，但这些均不符合任何精神疾病的诊断标准；来访者用寻常解决问题的手段暂时不能应付。心理危机发生后，如果得不到及时有效的帮助和支持，通过调动其自身的潜能重新建立和恢复其危机水平前的心理水平，则可导致精神崩溃，产生自杀或攻击他人的不良后果。

在这里主要是指当事学生主观认识上的失衡，即当事学生认为自己所经历的某一事件或境遇是其个人资源和原有的应付能力所无法解决的困难，这种困难引发了无助感和困扰冲突，当得不到及时缓解或帮助时，导致当事学生情感认知和行为等方面的功能失调，甚至冲动地自残或伤及他人，其后果是令人心痛和震惊的。

2. 心理危机的特征

心理危机是一种失衡的心理状态，即在一定时间内，当人们面临困境时，使用常规的方法不能解决所遇到的问题时产生的一种心理状态。心理危机不是疾病和病理过程，而是一种人生经历。

心理危机引发的个体心理、行为的改变不符合任何精神障碍的诊断标准，不属于精神疾病。引发心理危机的应激事件是突如其来的或是在人生中必然面对的威胁性生活事件。它既可使来自外界的，如自然灾害；也可能源自自身，如患重病；也可能是突发性的灾难，如车祸；还可能是一系列生活事件的积累，如不良的人际关系等。

心理危机的发生及其严重程度与当事人对事件的认识及应对能力、既往经历和个性等方面的因素有关，与事件的大小、严重程度没有绝对关系。所以面对同样的事件，对不同的人影响不同，其严重程度及能否产生心理危机也因人而异。

心理危机具有自限性。急性期通常在1～6周，时间的长短取决于当事人自身的经历及个性特征等因素。

心理危机的成功解决是一个人成长的重要契机。虽然心理危机会给当事人的生活带来影响，但是若个体能够从克服危机中学到更好地处理危机的应对策略和手段，能对过去的冲突重新认识，那么心理危机便会成为个体成长的重要机遇。

3. 心理危机的种类

（1）发展性危机

是指在正常成长和发展过程中，急剧的变更或转变所导致的异常反应。如考研、就业、人际交往、性需求等因素导致的心理危机。这是人人都会遇到的危机，但是每个人的危机又都是独特的。

（2）境遇性危机

是指当出现罕见或超常事件，且个人无法预测和控制时出现的危机。如遭遇交通意外、突然的疾病、家庭经济来源中断等诱发的危机，它具有随机性、突发性、强烈性、灾难性和不可预见性。

（3）存在性危机

是指伴随着重要的人生问题，如人生的目的、责任、独立性、自由和承诺等出现的内部冲突和焦虑。它可以是基于现实的，也可以是基于深层次的思考，它是潜藏于心伴随个人终身的课题。

12-3 十只狐狸吃葡萄

在一位农夫的果园里，紫红色的葡萄挂满了枝头，令人垂涎欲滴。当然，这种美味也逃不过在附近安营扎寨的狐狸们的眼睛，它们早就想享受一下了……

第一只狐狸：第一只狐狸来到了葡萄架下，它发现葡萄架远远高于它的身高。它站在下面不愿就此放弃，机会难得啊！想了一会儿，它发现葡萄架旁边的梯子，回想起农夫曾经用过它，因此，它也学者农夫的样子爬了上去，顺利地摘到了葡萄。

点评：这只狐狸采用的就是问题解决方式，它直接面对问题，没有逃避，最后解决了问题。

第二只狐狸：第二只狐狸来到了葡萄架下，它发现以它的个头这辈子是无法吃到葡萄了，因此，它心想，这个葡萄肯定是酸的，吃到了也很难受，还不如不吃。于是，它心情愉快地离开了。

点评：这只狐狸运用的是心理学当中经常提到的"酸葡萄效应"，也可以称为文饰作用或合理化解释，即已能够达到个人心理平衡的理由来解释不能实现自我目标的现象。

第三只狐狸：第三只狐狸来到了葡萄架下，它刚刚读过《钢铁是怎样炼成的》，深深地被主人公的精神打动。看到高高的葡萄架，它并没有气馁，它想：我可以向上跳，只要我努力，我就一定能够得到。"有志者事竟成"的信念支撑着它。可是事与愿违，它跳的越来越低，最后累死在了葡萄架下，献身做了肥料。

点评：这只狐狸的行为在心理学上我们称之为"固执"，即反复重复某种无效的行为，有时我们也称之为强迫症。它说明，不是任何事情的最佳方案都是解决问题，要看自己的能力，当时的环境等多种因素。

第四只狐狸：第四只狐狸来到了葡萄架下，它一看自己的身高在葡萄架下显得如此渺小，便伤心地哭起来了。它伤心为什么自己如此渺小，如果像大象那样，就可以想吃什么就吃什么了；它伤心为什么葡萄架如此高，自己辛辛苦苦等了一年，本以为能吃到，没想到是这种结果。

点评：这只狐狸的变现我们在心理学上称之为"倒退"，即个体在遇到挫折时从人格发展的较高阶段退到人格发展的较低阶段。

第五只狐狸：第五只狐狸来到了葡萄架下，它仰望着葡萄架，心想，既然我吃不到葡萄，别的狐狸肯定也吃不到。这样的话，我也没什么好遗憾的了，反正大家都一样。

点评：这只狐狸的行为在心理学上被称之为"投射"，即把自己的愿望与动机归于他人，断言他人也有此动机和愿望，这些东西往往都是超越自己能力范围的。

第六只狐狸：第六只狐狸来到葡萄架下，它尝试着跳起来去够葡萄，但没有成功；

它试图让自己不再去想葡萄，可是它做不到；它还试了些其他的办法，也没有奏效。它听说有别的狐狸吃到了葡萄，心情更加不好，最后它一头撞死在葡萄架下。

点评：这只狐狸的下场是由于它心里不平衡造成的，在现实生活中我们经常会遇到类似的"不患无，患不均"的现象。很多人在与别人比较的时候因为心理不平衡而选择了不适当的应对方式。

第七只狐狸：第七只狐狸来到了葡萄架下，它看到了自己的能力与高高的葡萄架之间的差距，认识到以自己现在的水平和能力想吃到葡萄是不可能的，因此它决定花些时间给自己充电。它报了一个技能培训班，学习采葡萄的技术，最后当然是如愿以偿了。

点评：这只狐狸采用的是问题指向应对策略，它能够正确分析自己和问题的关系以及问题的性质，找到最佳的解决方案，是一种比较好的应对方式。

第八只狐狸：第八只狐狸来到了葡萄架下，发现自己无法吃到向往已久的葡萄。它轻蔑地看着落在地上的已经腐烂的葡萄和其他狐狸吃剩下的葡萄皮，作呕吐状，嘴上说："真让人恶心，谁吃这些烂东西啊！"

点评：这只狐狸的行为在心理学上称之为"反向作用"，即行为与动机完全相反的一种心理防御机制。

第九只狐狸：第九只狐狸来到了葡萄架下，它发现吃葡萄的愿望不能实现后便产生了胃痛、消化不良的状况。这只狐狸一直不明白一向很注意饮食的它怎么会在消化系统出现问题。

点评：这只狐狸发生情况在心理学中称之为"转化"，即个体将心理上的痛苦转化为躯体上的疾病。

第十只狐狸：第十只狐狸来到了葡萄架下，它心想我自己吃不到葡萄，别的狐狸来了也吃不到葡萄，为什么我们不学习猴子捞月的合作精神呢？前有猴子捞月，现有狐狸摘葡萄，说不定也会传为千古佳话呢！于是它动员所有想吃葡萄的狐狸合作，搭成"狐狸梯"，这样大家都吃到了甜甜的葡萄。

点评：这只狐狸采取的是问题取向的应对方式，它懂得合作的道理，最终的结果是既利于己，又利于大家。

二、心理危机干预概述

1. 心理危机干预的概念

心理危机干预是一种心理治疗方式，指对处于困境或遭受挫折的人，主动予以心理关怀和短程帮助的一种方式。它能够帮助受心理危机所困者正确认识自己的心理状态，正确理解生活中的困境与自身心理障碍之间的关系。

2. 心理危机干预的重点对象

大学生心理危机预防的重点对象是心理普查、心理排查以及日常生活中发现的具有严重心理问题、心理障碍或具有自杀及伤害他人倾向的学生。研究发现，在每年春季和秋冬季换季的时候，大学生自杀人数相对较多，对此应予以高度关注。

对存在下列因素之一的学生，应作为心理危机干预的高危个体予以特别关注：情绪低落抑郁者，对什么事情都没有兴趣，觉得没有意思，没有价值（超过半个月）；过去有过自杀的企图或行为者；存在失恋、学业失败、躯体疾病、家庭变故、人际冲突或突然遭受重大挫折者；家庭亲友中有自杀史或自杀倾向者；性格有明显缺陷者，或性格过于内向、孤僻而出现心理或行为异常的学生；长期有睡眠障碍者；有强烈的罪恶感、缺陷感或不安全感；因身边同学出现危机状况而受到影响，产生恐慌、担心、焦虑、困扰的学生；患有严重心理疾病（如患有抑郁症、恐怖症、强迫症、癔症、焦虑症、精神分裂症、情感性心理疾病等疾病）的学生；存在明显的攻击性行为或暴力倾向者，或其他可能对自身、他人、社会造成危害者；网络成瘾及其他有情绪困扰、行为异常的学生。上述多种特征并存的学生，要作为重点干预对象。

3. 心理危机干预的基本原则

（1）坚持以人为本

以人为本的理念，就是在危机处置的过程中，要学会尊重生命和生命第一的理念，以确保生命安全作为第一要务；无论事件多么纷繁复杂、瞬息多变，都要牢牢把握"以人为本"和"生命第一"的原则，要把保障人的生命安全、抢救人的生命、维护人的健康平安作为重中之重和首要目标。

（2）坚持预防为主

所谓预防为主是第一要素，是要求我们将大学生危机事件的处置关口前移，把工作做在前，把问题的预防和防范作为重要的任务，抓好落实。这个原则告诉我们，大学生危机事件的处置策略是贯穿整个大学生思想政治教育全过程的重要环节。

（3）坚持依法处置

相关法律法规或高等学校有关学生管理规定是大学生危机事件处置的理论依据和法律凭证。在大学生危机事件处置的过程中，始终都要坚持"依法处置"的原则，任何措施和行为都不能触犯国家的法律、地方法规和高等学校有关学生的教育管理的规章制度，要遵章办事，遵守法纪，文明处置。

同时还要坚持准确及时原则、心理信息保密原则和院系具体处理原则等。

三、大学生个人危机干预：自杀

自杀是一种自我毁坏的冲动行为，以自我结束生命为临床表现的一类问题，主要是一种个体行为，但与心理过程、社会环境、文化影响的因素关系密切。自杀不仅是对任何一个家庭的打击，也是比较严重的社会事件。其实，在很多情况下，自杀的真实原因是难以识别和判断的虽然自杀从总体上又很多相似的地方，但每一个自杀者都有其特殊性。

1. 为何他们会选择自杀

第一，精神病理学因素：抑郁症、精神分裂症等。

第二，个人心理因素：性格扭曲、人际关系扭曲等。

第三，社会因素：人际关系紧张、社会竞争激烈；家庭纠纷；成长环境不良、压力过重等。

第四，环境因素：经济变动；环境改变；季节等。

在对危险因素评估时，一般认为有以下情形的4～5项，属于处在自杀的高危时期。具体包括：生命质量低；慢性心理压力大；有抑郁症或处于抑郁症恢复期，或因抑郁住院；是精神病患者；有药物或酒精滥用史；最近有躯体或精神创伤；有失败的医疗史；有血缘关系的人有过自杀行为；朋友或熟人有过自杀行为；求助者已经形成了一个特殊的自杀计划；有自杀未遂史；最近经历了亲人离婚、分居等事件；家庭成员去世；个人由于遭受虐待、暴力等原因失去稳定；陷入特别的创伤难以自拔；独居并与他人失去联系；情绪与行为特征发生改变，有严重的绝望和无助感，陷于以前的经历过的躯体、心理或性虐待的情节中不能自拔，显示一种或多种深刻的情感是求助者个体非特异的正常心理行为特征。但是这些和自杀没有任何直接的因果联系。

部分大学生很要强，在学校中对学业期望过高，社交方面的障碍造成的紧张以及在职业选择方面与自我价值的冲突等，使他们不能继续适应大学生活，满足他们对生活情境的期望。

2. 自杀行为的警告信号

(1)流露出自杀的意念

在言谈、文章或美术作品中表达死亡或自杀的意念，直接或间接表达寻死、逃避或永别的念头，例如，"我希望我已经死了"，"我真想一了百了。"或从不同渠道(例如朋辈、互联网等)探索各种自杀方法(例如服用安眠药、上吊等)。或安顿好各样事情，订下计划及/或临终安排。

(2)呈现的生理症状

劳累及疲倦；越来越多的身体不适症状，例如头痛、胃痛、身体疼痛等；睡眠或饮食习惯改变，做噩梦、饮食失调；反常地不注重个人卫生或外表仪容。

(3)认知功能减弱/负面思维

认知功能减弱，日常生活混乱，难以集中精神或保持思路清晰，感到迷惘，易生意外；萌生事情永不会变好或改变的想法，看不到生命的意义或活下去的理由；看不到自我价值，例如，"我本来就不应该生于这个世上"，认为自己是他人的负担，例如，"没有我，你会生活得更好"。

(4)情绪出现异常

脾气暴躁；高度焦虑或恐惧；易情绪化，或情绪异常低落，或情绪突然从低落变为平静；终日闷闷不乐，容易哭泣；强烈的愧疚感、羞耻感及感到无价值。

（5）行为明显改变

上课无故缺席，迟到早退，学习成绩突然下滑；对周围事物失去兴趣，疏远朋友及家人，越来越孤立及渴望独处；经常在校内闹事，与朋友及家人冲突增加；开始参与高危活动，滥药或酗酒情况加剧，屡次做出伤害自己的行为；不明原因突然给同学、朋友或家人转送心爱物品、请客、赔礼道歉、道谢、述说告别的话。

3. 大学生自杀的紧急干预方案

当我们周围突然出现准备自杀的同学时，如果专业危机干预人员没有赶到现场，应做好以下五个方面的工作。

（1）危险评估信息反馈

在危机现场，首先要迅速通知相关部门及专业人士，在专业人员未到之前，对当下的情况进行评估，当事人是否是我熟悉的同学，最近是否出现了一些危机事件，他现在打算做出什么样的行为，会对其自身造成什么伤害，周围是否还有其他人在，是否会对他人造成人身伤害。第一时间将以上信息进行反馈，保证干预的及时开展。

（2）建立良好沟通关系

与当事人保持适当的距离，耐心地寻找话题，向其表示自己的诚意，注意倾听和同感，如果对方需要什么，一定要及时满足。如果一时满足不了，也要表明正在努力的积极态度，争取获得对方的信任，为下一步的营救争取时间。

（3）积极引导情绪宣泄

注意稳定当事人的情绪，因为如果当事人情绪失控，就会采取不理智的行为，可以引导当事人采取合适的方式宣泄情绪，如哭泣、言语的表达等。

（4）努力探明自杀原因

不要指责和评价对方自杀想法的对错，通过和当事人的交流，找出问题的症结所在，有针对性地进行疏导，让他自己对自己的行为有一个正确的认知。

（5）探讨可行替代出路

可以告诉当事人：很多人在面临巨大挫折的时候都想过不活了，你不是唯一的一个。自杀虽然是一种应对的方法，但不是最好的。你想象以下过去遇到类似的情况时，你是怎么处理的，现在有谁能联系上，能够帮助你解决问题。

4. 自杀干预的策略

倾听。任何一个处于心理危机中的人，他最迫切的需要就是有人能倾听他所传达出的信息，对有自杀可能的人的指责只会阻碍有效的交流。专业人员应努力去了解有自杀可能的人潜在的情感。

对处于危机中的人的思想和情感进行评估，对任何自杀的想法都要认真对待。如果处于危机中的人已对自杀做了详细的计划，那么自杀的可能性要比仅仅想到自杀时大得多。在做出自杀行动之前，他们既可能表现得很安静，也可能表现得情绪激动，如果既处于明显的抑郁之中又伴有焦躁不安，这时出现自杀的危险性最大。

接受所有的抱怨和情感。对处于危机中的人的任何抱怨都不应轻视和忽视，因为这可能对他们是非常严重的问题。在某些情况下，处于危机中的人可能以一种不经意的方式谈到他们的不满或抱怨，但内心却有着剧烈的情感波动。

不要担心直接问及自杀。处于情绪危机中的人可能会隐约涉及自杀问题，但却不一定明确提出来。根据过去的经验，在适当的时候直接询问这一问题并不会产生不良的结果。但一般应在会谈进展顺利时再询问这一问题，因为当处于危机中的人建立良好的协调关系后再问这一问题效果会更好。处于危机中的人一般也比较喜欢被直接问及自杀的问题，并能公开地对此进行讨论。

要特别注意那些很快"反悔"的人。处于危机中的人经常会因为讲出了自杀的念头而感到放松，并且容易错误地以为危机已过。然而问题往往会再次出现，这时的自杀预防工作就更为重要。

成为他们的辩护者。处于危机中的人，他们的生活中需要有坚定、具体的指导者。这时，治疗者要向他们传达这样的信息：他们所面对的问题已处于控制之中，并且治疗者会尽全力阻止病人自杀，这样可以让处于危机中的人有力量感。

充分利用合适的资源。每个个体既有内部资源(个人的、心理的)，又有外部资源(环境中的，来自家庭、朋友的)。心理资源包括理性化、合理化，以及对精神痛苦的领悟能力等。如果这些资源缺乏，问题就很严重，必须有外界的支持和帮助。

采取具体的行动。要让处于危机中的人了解你已做好了必要的安排，例如在必要时安排他住院或接受心理治疗等。对一个处于危机中的人来说，如果他觉得在咨询会谈中一无所获，他会感到一种挫折感。

及时与专家商讨和咨询。根据问题的严重程度，要及时与有关专家取得联系。任何事都由自己一个人去处理是很不明智的，但同时应在处于危机中的人面前表现得沉着，让对方感到他的问题已处于完全的控制之中。

绝不排斥或试图否认任何自杀念头的"合理性"。当有人谈到自杀时，决不能把这一问题看作是"操纵性的"或并不是真的想自杀。如果这样做，处于危机中的人会真切地感受到这种排斥或谴责，这是很不明智的。

不要试图"大喝一声"就让试图自杀的人幡然悔悟。公开向试图自杀的人讨论并劝告他停止自杀，并相信这种评论会使对方认清自己的问题，这种想法是很危险的，可能会导致悲剧的发生。治疗者应该指出如果他的选择是去死，那么这样的决定就是不可逆的。只要生命尚存，就有机会解决存在的问题；而死亡同时也终止了任何出现转机的机会。同时也应强调情绪低落的阶段是会过去的，情绪低落虽然是对自我的限制，但它也是有周期的。当抑郁症状再次出现时，人们也应同时看到它不久又会小时。当正处于自杀或其他的情绪危机中时，不能自己一个人去面对。当一个人孤立无援或缺乏人际接触时，自杀的危险性会大大提高。

5. 自杀的预防

自杀预防，是在珍惜生命价值的理念指导下，依据对自杀行为发生规律的研究，针对自杀高危人群和自杀危险因素采取的一切预警策略和防范措施。从构成上来说，要发挥社会群体的功能，构成互相联系、互相补充的社会网络。总体上让社会、学校、家庭构成一个有机整体，共同努力减少社会失范、文化震惊、目标置换带来的影响，引导正确的生活习惯、积极的心理状态，减少大学生自杀现象。

（1）自杀的自救

想要自杀的学生，从面对生活中的危机到实施自杀之间要经过几天或几周的时间。自杀的学生中大多数人有想死和期待得到帮助的矛盾心情。想自杀的学生在采取行动之前，在考虑到自己的死将给至爱亲朋带来极大痛苦和震惊时，心理压力特别沉重，会有一些可观察到的反常表现。

平常注意建立一个有一定规模、密度并具异质性的支持系统，学会和他人交流与沟通（即会聆听也会倾诉）；培养参与体育运动或文娱活动的习惯，在一定程度上有助于不良情绪的释放和宣泄；提高自我觉察力，一旦发现产生自杀意念，便及时实施自我救助（如转移注意、避开刺激物等）；必要时可向心理辅导等专业人士咨询或寻求帮助。

（2）预防自杀的可能性

在社会方面，由政府主导组成国家级的大学生心理研究机构，进行大学生心理研究，为学校、家庭的生命教育提供智力支持。为已经有过自杀行为的学生提供心理恢复场所。注重社会变动对大学生群体的影响，加强社会、文化、目标的整合。即在社会主义核心价值观教育下，营造积极正向的社会环境，以此为前提不断完善社会规范；加强主流文化的教育和英雄模范人物事迹的引导。

在学校方面，做好调查和教育工作。心理健康教育中加强对自杀预防知识的宣传，包括对学生的宣传和对学生管理干部的宣传。对新入校的学生进行心理健康普查，为每一个学生建立心理档案，筛选其中有自杀倾向的学生，给予专业的心理疏导，并与社会、家庭沟通，共同寻找解决方法。提供生命线或热线电话等电话服务，随时为处于危机状态的学生提供及时的服务。建立合理的"安全阀"机制，让大学生通过同学之间、师生之间交流，把不满的情绪发泄出去。注重心理健康教育，将心理健康课程列入考核机制。

在家庭方面，要积极做好配合教育工作。重视转变传统粗放式的教育方式，特别是粗暴的教育方式、单一的目标要求。要更多更细致地关注孩子在新环境中的心理变化，即使采取更符合孩子思想实际的方法，为孩子提供心理疏导。在无法解决孩子问题时，积极主动寻找社会组织和学校的帮助，形成教育合力，共同做好教育疏导工作。

大学生群体的自杀并非一个国家、一个地区、一个学校的现象，而是一个世界性的问题。也绝不是无法阻止、无法干预、不可解决的问题。只要相关主管部门高度重视，将其作为一项系统工程，由社会、学校、家庭协同努力，共同关心大学生成长，就一定可以减少甚至杜绝大学生自杀现象的发生。

12-2 自杀态度调查问卷

指导语：本问卷旨在了解国人对自杀的态度，以期为我国的自杀预防工作提供资料与指导，在下列每个问题的后面都标注有 A、B、C、D、E 五个字母供您选择，字母 A～E 分别代表您对问题从完全赞同到完全不赞同的态度，请根据您的选择圈出相应的字母。谢谢合作！

1. 自杀是一种疯狂的行为。	A	B	C	D	E
2. 自杀死亡者应与自然死亡者享受相同的待遇。	A	B	C	D	E
3. 一般情况下，我不愿意和有过自杀行为的人深交。	A	B	C	D	E
4. 在整个自杀事件中，最痛苦的是自杀者的亲属。	A	B	C	D	E
5. 对于身患绝症又极其痛苦的病人，可由医务人员在法律的支持下帮助病人结束生命（主动安乐死）。	A	B	C	D	E
6. 在处理自杀事件的过程中，应该对其家属表示同情和关心并尽可能为他们提供帮助。	A	B	C	D	E
7. 自杀是对人生命尊严的践踏。	A	B	C	D	E
8. 不应为自杀者开追悼会。	A	B	C	D	E
9. 如果我的朋友自杀未遂，我会比以前更关心他。	A	B	C	D	E
10. 如果我的邻居家里有人自杀，我会逐渐疏远和他们的关系。	A	B	C	D	E
11. 安乐死是人生命尊严的践踏。	A	B	C	D	E
12. 自杀是对家庭和社会一种不负责任的行为。	A	B	C	D	E
13. 人们不应该对自杀死亡者评头论足。	A	B	C	D	E
14. 我对那些反复自杀者很反感，因为他们常常将自杀作为一种控制别人的手段。	A	B	C	D	E
15. 对于自杀，自杀者的家属在不同程度上都应负有一定的责任。	A	B	C	D	E
16. 假如我自己身患绝症又处于极度痛苦之中，我希望医务人员能帮助我结束我的生命。	A	B	C	D	E
17. 个体为某种伟大的、超过人生命价值的目的而自杀是值得赞许的。	A	B	C	D	E
18. 一般情况下我不愿去看望自杀未遂者，即使是我的亲人或好朋友也不例外。	A	B	C	D	E

19. 自杀只是一种生命现象，无所谓道德上的好和坏。	A	B	C	D	E
20. 自杀未遂者不值得同情。	A	B	C	D	E
21. 对于身患绝症又极度痛苦的病人，可不再为其进行维持生命的治疗（被动安乐死）。	A	B	C	D	E
22. 自杀是对亲人、朋友的背叛。	A	B	C	D	E
23. 人有时为了尊严和荣誉而不得不自杀。	A	B	C	D	E
24. 在交友时，我不太介意对方是否有过自杀行为。	A	B	C	D	E
25. 对自杀未遂者应给予更多的关心和帮助。	A	B	C	D	E
26. 当生命已无欢乐可言时，自杀是可以理解的。	A	B	C	D	E
27. 假如我自己身患绝症又处于极度痛苦之中，我不愿再接受维持生命的治疗。	A	B	C	D	E
28. 一般情况下，我不会和家中有自杀者的人结婚。	A	B	C	D	E
29. 人应该有选择自杀的权利。	A	B	C	D	E

自杀态度调查问卷共 29 个项目，分为 4 个维度：

1. 对自杀行为性质的认识，共 9 项，即 1、7、12、17、19、22、23、26、29 项。

2. 对自杀者的态度，共 10 项，即 2、3、8、9、13、14、18、20、24、45 项。

3. 对自杀者家属的态度，共 5 项，即 4、6、10、15、28 项。

4. 对安乐死的态度，共 5 项，即 5、11、16、21、27 项。

计分标准：1、3、7、8、10、11、12、14、15、18、20、22、25 项为反向计分，即选择 A、B、C、D、E 分别计 5、4、3、2、1 分。其余条目均正向计分，即选择 A、B、C、D、E 分别计 1、2、3、4、5 分。在此基础上，计算每个维度的条目均分和总分，分值在 1～5 分之间。

结果解释：

2.5 分以下：对自杀持肯定、认可、理解和宽容的态度。

2.6～3.4 分：对自杀持锚段或中立态度。

3.5 分以上：对自杀持反对、否定、排斥和歧视态度。

■ 心灵健身房

12-1 把握生命——活出精彩

活动目标：帮助学生认识生命的意义，尊重与珍惜生命的价值，热爱生命并将自己的生命与他人、环境之间建立起美好的共荣关系。并能够规划自己的人生，初步明确自己人生的发展方向。

暖身活动：我做你猜

以 4 人小组为单位，一人用动作演示或用语言描绘自己将来最希望从事的职业，其他同学猜一猜。

正式活动：设计成长计划

①10 年后，我最大的愿望是 _____

②因为我现在的爱好和优势是 _____

③为了实现我的愿望，我现在会 _____

我在大学里会 _____

大学毕业后，我会 _____

■ 问题与讨论

1. 你如何认识大学生生命意识的特点？

2. 结合自身实际，谈谈如何培养正确的生命意识。

3. 影响大学生自杀的原因有哪些？

4. 你在大学生活中遇到过怎样的心理危机？你是如何处理的？

5. 如果发现有同学有自杀倾向，你应该怎么做？

参考文献

[1] 常素芳，李明. 生如夏花：大学生生命教育学概论[M]. 北京：清华大学出版社，2017.

[2] 武光路，李剑锋. 大学生心理危机的预防与干预[M]. 北京：国防工业出版社，2016.

[3] 孟娟，周华忠. 自主与成长——大学生心理健康教育[M]. 北京：国家行政学院出版社，2013.

[4] 柳建营. 关于当代大学生生命意识教育的几点思考[J]. 传承，2010，5：122－124.